VOLTAIRE

SON RETOUR ET SA MORT

OUVRAGES DU MÊME AUTEUR

VOLTAIRE ET LA SOCIÉTÉ FRANÇAISE

AU XVIIIᵉ SIÈCLE

(Ouvrage couronné par l'Académie française.)

1ʳᵉ série. — La Jeunesse de Voltaire. 1 vol. (Épuisé.)		
2ᵉ série. — Voltaire au château de Cirey. 1 vol. in-8°.	7	50
3ᵉ série. — Voltaire a la Cour. 1 vol. in-8°.	7	50
4ᵉ série. — Voltaire et Frédéric. 1 vol. in-8°.	7	50
5ᵉ série. — Voltaire aux Délices. 1 vol. in-8°.	7	50
6ᵉ série. — Voltaire et J.-J. Rousseau. 1 vol. in-8°.	7	50
7ᵉ série. — Voltaire et Genève. 1 vol. in-8°.	7	50

LA MUSIQUE FRANÇAISE AU XVIIIᵉ SIÈCLE
GLUCK ET PICCINNI
1774-1800

Un vol. in-8°. — Prix : 7 fr. 50

LES COURS GALANTES

ÉTUDES HISTORIQUES SUR LA DERNIÈRE MOITIÉ DU RÈGNE
DE LOUIS XIV

Dentu, 1860-1864. — 4 vol. in-12.

Paris. — Imp. Viéville et Capiomont, 6, rue des Poitevins.

VOLTAIRE ET LA SOCIÉTÉ FRANÇAISE
AU XVIIIe SIÈCLE

VOLTAIRE

SON RETOUR ET SA MORT

PAR

GUSTAVE DESNOIRESTERRES

PARIS
LIBRAIRIE ACADÉMIQUE
DIDIER ET Cⁱᵉ, LIBRAIRES-ÉDITEURS
35, QUAI DES AUGUSTINS, 35

1876

Tous droits réservés.

VOLTAIRE

SON RETOUR ET SA MORT

I

CLÉMENT, DE DIJON. — LETTRES A M. DE VOLTAIRE.
MESDAMES SUARD ET DE GENLIS A FERNEY.

Tous les ennemis de Voltaire ne sont pas morts ; et en voici un qui, comme Sabatier de Castres, survivra à l'éternel vieillard, Clément, de Dijon, Clément l'*inclément*, qu'il ne faut pas confondre avec Clément *maraud* et les autres (car les Clément pullulent comme les Rousseau dans cette vie de luttes acharnées et de combats sans fin). Peu estimable par le caractère, cet adversaire de la dernière heure n'est pas, il s'en faut, un écrivain méprisable. Avec la verve de La Beaumelle, il en aura l'audace et l'impudence. Esprit emporté, sans nulle mesure, Clément commencera par batailler avec son père qui voulait faire de son fils un procureur à son image. Il sera mal avec ses supérieurs du collège de Godran, où il professait la philosophie, et ne se retirera point sans un éclat qui allait nécessiter une prompte fuite. Nous ignorons ce qui amena cette rupture avec ses chefs ; mais il joignait à l'envoi de sa démission deux lettres, l'une à la date du 26 octobre, l'autre du 18 novembre 1768, tellement offensantes, que le bureau d'administration, après avoir décidé qu'il serait pourvu à la place vacante, crut devoir remettre ces deux inqualifiables écrits aux mains du procureur général.

A la suite du réquisitoire de ce magistrat [1] et sur le rapport du conseiller Le Bault (l'un des pourvoyeurs de la cave de Ferney), Clément était ajourné « à comparoir » en personne, par-devant le commissaire de la cour, pour répondre sur les faits à lui imputés. La situation était grave pour le professeur démissionnaire du collége de Godran, qui le comprit ainsi, et ne jugea point prudent d'attendre à Dijon le résultat d'une affaire où il ne pouvait avoir que le dessous. L'arrêt de la cour est du 20 décembre; l'exploit d'assignation, daté du 31 du même mois, ne le trouvait plus chez son père, qui déclarait que son fils avait établi son domicile à Paris, rue Bourg-l'Abbé, près de la porte Saint-Denis. Mais les perquisitions faites à la requête

---

[1] « Le procureur général du roy, était-il dit, croit inutile de caractériser cet écrit, qui n'a pu être fait que dans un esprit d'injure et dont la simple lecture fera connoître à la cour la nécessité de prévenir, par la punition du coupable, les suittes que pouvoient (sic) occasionner un si dangereux exemple; à ces causes, requéroit ledit procureur général qu'il fût ordonné que lesdites lettres seront assoupies au greffe de la cour, procès-verbal de l'état d'icelles préalablement dressé en sa présence par commissaire de la cour à ce député; qu'il soit ordonné qu'à la diligence du procureur général du roy ledit Clément sera adjourné à comparoir en personne dans les délais de l'ordonnance, par-devant commissaire de la cour, pour répondre sur les faits dont il sera enquis, auquel effet l'arrêt qui interviendra luy sera signifié à la diligence dudit procureur général du roy. »

du procureur général furent sans résultat, Clément sut dérober sa demeure à des recherches qui ne furent peut-être pas très-vives. La cour ne pouvait point, toutefois, en rester là; elle convertit le décret d'ajournement en décret de prise de corps (13 mars 1769 [1]). Ce fut là tout. On ne voulait pas pousser les choses à l'extrême contre cet étourneau dont la fuite était une satisfaction suffisante; et Clément pourra désormais circuler à sa guise dans Paris, sans redouter d'être inquiété pour une frasque vite oubliée et que nous n'aurions pas rappelée, avec ces détails, si elle n'aidait point au portrait du personnage.

En somme, il ne tenait qu'à lui de s'écrier : *felix culpa!* tout cela n'avait eu d'autre effet que de l'implanter dans cette capitale des beaux esprits, où les fils de procureurs défroqués faisaient jouer et applaudir leurs tragédies et devenaient les maîtres de la scène, comme cela était arrivé notamment pour un compatriote, l'illustre auteur de *Rhadamiste*. Épris des belles-lettres à un âge où l'on sait à peine lire, car il nous apprend qu'il cultivait les Muses dès l'âge de sept ans, impatient de se faire connaître et de conquérir un nom dans cette carrière plus féconde en mécomptes qu'en triomphes, Clément ne put résister à la tentation d'informer M. de Voltaire qu'il y avait quelque part, dans cette bonne ville de Dijon, où les lettrés ont toujours été en nombre, un jeune homme de grand avenir, qui n'attendait que ses encouragements, ses bontés, et aussi ses bienfaits, pour prendre son essor et faire

---

[1]. Cour d'appel de Dijon. Greffe de la cour. Criminel. 2 décembre 1768; 13 mars 1769.

honneur à sa protection. Sa lettre ne nous est pas parvenue. Il paraîtrait que le poëte se hâta peu de répondre; au moins Clément lui reproche-t-il doucement son silence dans une seconde épître datée de la cité bourguignonne, pleine de beaux sentiments et de phrases redondantes. Nous citerons ce passage, parce qu'il contraste étrangement avec la conduite future de notre Clément. « Peut-être, hélas! vous êtes-vous imaginé que vous me verriez payer votre amitié, vos bienfaits par la plus noire ingratitude; que je serais assez lâche, assez criminel, pour n'en être pas plus reconnaissant. Ah! monsieur, n'ayez pas, si vous le voulez, égard à mes autres prières, mais ne me faites pas l'injure de soupçonner ainsi ma probité! » Clément, qui a de la peine à s'imaginer que l'on ait pu lire sa première dépêche sans en être touché et y répondre, finissait celle-ci avec toute la candeur de ses dix-sept ans : « Peut-être, monsieur, n'avez-vous pas reçu ma première lettre; si cela était, et que vous désirassiez la voir, vous pourriez me le dire [1]. » Pour plus de précautions, il donnait son adresse, chez son père, derrière les Minimes. Ces protestations, sincères alors, cet engagement de ne pas oublier les bienfaits, ces bons billets à La Châtre, qui sont rarement soldés à échéance, étaient autant de pièces probantes à garder pour un homme public qui ne sait que trop la vanité et l'inconstance des choses de ce monde. Voltaire eut parfois ce genre de prévoyance, et fut souvent à même

1. Voltaire, OEuvres complètes (Beuchot), t. I, p. 442, 444. Lettre de Clément à M. de Voltaire; Dijon, 6 décembre 1759. Clément était né, dans cette ville, le 25 décembre 1742.

d'en sentir l'utilité ; et il disait à Condorcet, à l'époque des attaques impudentes du professeur de Dijon : « L'inclément Clément n'aura pas beau jeu à désavouer les clémentines qu'il m'a écrites : j'ai tous les originaux de sa main [1]. »

Mais Voltaire ne devait pas rester sourd à l'appel de l'adolescent, et il lui répondait, comme il l'avait fait à tant de débutants auxquels il vint en aide, à Linant, à Lefebvre, à Marmontel, à Baculard. Il faut le croire, quoique nous n'ayons point sa lettre, puisque Clément se loue de ses bontés, et part de là pour en implorer de nouvelles. Il a fait une tragédie, dont la mort de Charles Ier et l'usurpation de Cromwell sont l'objet, et il aurait grand besoin de conseils dans une entreprise aussi ardue et pour laquelle il ne sent que trop son insuffisance. Il lui est revenu, d'ailleurs, que l'auteur de *Mahomet* travaillait sur une même donnée, et il le suppliait de lui dire ce qu'il en était. « Vous devez bien penser, monsieur, que ma témérité n'irait pas jusqu'à me donner un concurrent tel que vous. » On sait que Crébillon avait été séduit par cet épisode incontestablement tragique et qui allait à son génie sombre et heurté ; et, lorsqu'il y renonça, il eut soin de transporter dans son *Catilina* tout ce qui était applicable aux deux actions [2]. Pour Voltaire, nous ne trouvons traces nulle part d'un semblable dessein ; et nous

---

1. Condorcet, *Œuvres* (Paris, Didot), t. 1, p. 18. Lettre de Voltaire à Condorcet; 4 auguste 1773. Ne se trouve pas dans les Œuvres.

2. Voltaire, *Œuvres complètes* (Beuchot), t. XL, p. 491, 492. *Éloge de Crébillon*, 1762.

sommes plutôt disposé à prendre le compliment pour une finesse de notre Dijonnais, qui pense que l'on sera touché de la délicatesse de son procédé. « Vous m'animerez dans un travail difficile, ajoutait-il, vous me montrerez les écueils, je m'y précipiterais sans vous, et votre génie m'aidera à les franchir. Ne refusez pas, de grâce, un jeune homme qui cherche à s'instruire, et qui respecte ses maîtres; qui vous aime parce qu'il aime vos ouvrages, et que votre âme y est; qui vous doit tout, parce que vos écrits lui ont appris à penser [1]. »

Clément ne voulait pas être procureur, il ne voyait d'autre carrière que les lettres; mais il s'écoule un long temps avant qu'elles fassent vivre celui qui les cultive, si elles y arrivent jamais. Il avait vingt et un ans; pressé sans doute par son père indisposé et indigné de tels dédains, il s'adressait au poëte comme au seul appui qu'il eût, ce qui nous est révélé par un billet de celui-ci au président Fyot de la Marche, dans lequel l'auteur futur des *Lettres à M. de Voltaire* était chaudement épaulé par le même homme qu'il devait un jour si odieusement outrager. Clément sollicitait alors la protection du premier magistrat de la cour pour obtenir un modeste emploi d'instituteur. « Permettez-moi de vous dire que, par toutes les informations qu'on m'a données de lui, il paraît très-digne de l'emploi qu'il vous demande [2]. » Il se pourrait, d'après cela, que

---

1. Voltaire, *OEuvres complètes* (Beuchot), t. I, p. 444, 445, 446. Lettre de Clément à Voltaire; Dijon, 17 mai 1760.

2. Henri Beaune, *Voltaire au collége* (Amyot, 1867), p. 103. Lettre de Voltaire à M. Fyot de La Marche; à Ferney, 10 septembre 1763.

c'eût été à la protection de Voltaire qu'il serait entré au collége de Godran dont nous le voyons se séparer à la suite d'un éclat au moins fâcheux.

L'on s'est établi à Paris, où l'on espère conquérir sa place au soleil, aussi bien que nombre de gens qui ne nous valent point. Voltaire, auquel il a fait part de son arrivée, s'est empressé de lui envoyer des lettres de recommandation auprès de confrères en état de venir en aide au nouveau débarqué. « Je viens enfin, lui écrivait Clément, au principal objet de ma lettre, qui est de vous remercier de la connaissance que vous m'avez procurée de M. de La Harpe. Je n'ai qu'à me louer de sa politesse et de ses conseils, et surtout de la vénération qu'il témoigne pour vous. Il jure par votre nom, comme Philoctète jurait par Hercule [1]. » Mais cette gratitude, qu'il manifeste à l'égard de La Harpe, n'aura pas plus de durée que sa reconnaissance pour le maître, et l'auteur de *Warwick* ne sera pas le moins maltraité de ceux auxquels s'en prendra l'humeur chagrine du poëte dijonnais [2].

Mais il n'a pas été ébloui, mais il a été, bien plutôt, lourdement désenchanté par tout ce qu'il a vu et entendu. Les arts, les lettres, le bon goût sont en pleine décadence. L'on pleure aux comédies, quand on y devrait rire, et, pour sa part, il est tenté de rire aux tragédies à succès. Il n'a pas, non plus, trouvé les esprits fort prévenus en faveur de sa *Médée*, car il

---

1. Voltaire, *OEuvres complètes* (Beuchot), t. I, p. 446, 447, 448. Lettre de Clément à Voltaire; Paris, le 5 décembre 1768.

2. Voir la *Lettre à M*** sur un écrit intitulé : Éloge de La Fontaine, par M. de L. H.* (Amsterdam, 1775.)

a composé une *Médée*, une *Médée* sans évocations magiques, sans cette mise en scène absurde, qui font hausser les épaules au public. Mais voilà le mal, voilà ce que ne lui pardonne pas ce même public, et ce qui fait qu'on repousse sa pièce pour le présent, et ce qui la fera siffler lorsqu'elle sera jouée (20 février 1779). « Dans ce siècle philosophe, dit-il, j'ai trouvé qu'on aimait encore assez les sorcières, sans y croire. » Quoi qu'il en soit, il faut vivre; l'on cherche à se placer honnêtement, comme secrétaire ou comme instituteur, dans quelque maison considérable; et c'est encore à l'auteur de *Mérope* que l'on a recours; car Clément semble avoir souverainement compté sur sa protection et ses bons offices. Aussi, avec quelle admiration, quelle respectueuse soumission il lui parle! Il lui adressera une fable, *le Rossignol et le Geai*, où il apprendra à la terre que les rossignols sont faits pour livrer à la brise des chants mélodieux, et les geais pour leur porter envie, essayer de les imiter et se venger de leur impuissance en outrageant l'Orphée empenné. Ces vers étaient accompagnés d'un envoi des plus affectueux dont voici le début :

O toi que j'aime autant que je t'admire[1]!...

Hélas! Clément ne tardera pas à briser ce qu'il avait adoré et à jeter l'insulte à celui qu'il aurait pu louer avec moins d'excès. « Vous voyez, monsieur, dit Voltaire à ce propos, que ce Clément qui me traitait

---

1. Voltaire, *Œuvres complètes* (Beuchot), t. XLVII, p. 2, 4. *Lettre de M. de Voltaire à un de ses confrères à l'Académie.* (Mars 1772.)

impudemment de rossignol, est devenu geai; mais il ne s'est point paré des plumes du paon. Il s'est contenté de becqueter MM. de Saint-Lambert, Delille, Watelet, Marmontel. » Clément, qui avait espéré que les portes de la Comédie française se seraient ouvertes devant lui à deux battants et qui n'avait rencontré qu'indifférence ou mauvais vouloir, devint tout aussitôt misanthrope; il prit en haine un siècle, une société où il était si peu accueilli. Comme ce n'était pas un sot, il comprit que le plus sûr moyen de s'imposer, c'était de se rendre redoutable. Les exemples, d'ailleurs, ne lui manquaient pas : Fréron, La Beaumelle lui avaient montré le chemin, et leur succès (succès qui avait eu ses jours néfastes; mais quelle carrière n'a point ses alternatives de biens et de maux?) le décida. « Ce Clément, dit encore Voltaire, maître de quartier dans un collège de Dijon, et qui se donnait pour maître dans l'art de raisonner, était venu à Paris vivre d'un métier qu'on peut faire sans apprentissage. Il se fit folliculaire. M. l'abbé de Voisenon écrivit : *Zoïle genuit Mævium, Mævius genuit Guyot Desfontaines, Guyot autem genuit Fréron, Fréron autem genuit Clément*; et voilà comme on dégénère dans les grandes maisons[1]. » Le citoyen de Dijon renia donc ses dieux, comme Sabatier, et se fit pamphlétaire. Le métier, s'il est bon, n'est pas constamment bon, ainsi que nous venons de le dire. A cette époque du privilége, il ne fallait qu'avoir des amis, même pour faire mettre Clément en prison.

---

1. Voltaire, OEuvres complètes (Beuchot), t. XLVIII, p. 393. *Commentaire historique.*

Clément a dit, dans une de ses satires, en termes équivalents, qu'il ne tenait point à lui de ne pas céder à son indignation devant de plats écrits, qu'il obéissait, en dépit des conséquences graves qui en pouvaient résulter, à cette susceptibilité d'organes dont il était la première victime : c'était un délicat, à qui il était impossible de lire ou d'entendre, sans s'exalter, sans bondir, toutes les pauvretés qui se débitaient avec ou sans privilége et sous toutes les rubriques, dans cette bonne et trop facile Lutèce. Tout cela est au mieux. Mais il faut remarquer que Clément, comme c'est d'usage, essayera de rimer de belles épîtres aux dames [1], composera des tragédies qu'il estimera des chefs-d'œuvre, et qu'il ne s'armera du fouet des satiriques qu'après s'être vu, à tort ou à raison, évincé par les comédiens et méconnu par de dédaigneux confrères. Il est juste que quelqu'un expie tant de mécomptes et de déboires ; et l'on s'en prendra naturellement à ceux qui auront réussi. Ainsi, cet abbé Delille, qui avait bien eu l'insolence de traduire les *Géorgiques* en des vers élégants, faciles, trop faciles peut-être, et de sortir de cette tentative épineuse avec tous les honneurs de la guerre ; cet abbé Delille ne méritait-il pas qu'on lui dît son fait avec toute la rudesse d'une critique qu'aucune considération ne saurait fléchir ? Il faut voir comme on le malmène, comme on lui prouve irréfutablement qu'il est au-dessous de Segrais, de Martin et de Dulard, quand il ne les copie point !

---

1. *Épître à mademoiselle Delestre*, 1761.

Il se trouve, en effet, que Delille, qui a lu attentivement ses devanciers, ne se fait pas scrupule à l'occasion d'utiliser tel hémistiche qui lui agrée[1], procédant en cela comme le Cygne de Mantoue, et tous ceux qui, riches de leur propre fonds, ont cru faire œuvre pie en sortant de leurs fumiers ces perles d'Ennius : témoin Racine[2], témoin Voltaire auquel, il est vrai, ses ennemis l'ont reproché avec tant d'amertume[3], témoin ce créateur, s'il en fut au monde, Shakespeare. Un compilateur maniaque, Malone, n'a-t-il pas prétendu que, sur six mille quarante-trois vers, il ne s'en trouvait que dix-huit cent quatre-vingt-dix-neuf appartenant légitimement à l'auteur de *Macbeth*, auxquels, du moins, l'on n'avait pu découvrir d'autres pères[4]? Cela enlève un peu de gravité aux accusations et aux démonstrations de Clément, car il faut lui rendre cette justice qu'il cite impitoyablement, sans faire grâce du moindre larcin. L'Aristarque de Dijon a du goût, et, s'il manque de la probité du critique, il sent ce qui est beau, mais il sent comme son époque, dont il a les fausses

---

1. « On pourroit croire, dit le hargneux Clément, que toutes ces imitations viennent plutôt de ce que M. de L. a traité le même sujet après *Segrais* et *Martin*, que de l'envie de les copier; mais qu'on fasse attention que *Segrais* et *Martin*, dans la même entreprise, n'ont pas deux vers qui se ressemblent. » *Observations critiques* (Genève, 1771), p. 228.

2. Suard, *Mélanges de littérature* (Paris, 1804), t. IV, p. 82. Coup d'œil sur l'histoire de l'ancien Théâtre-Français.

3. Des Sablons, *Les grands hommes vengés* (Amsterdam, 1769), t. I, p. 5. — Lepan, *Commentaires sur les tragédies et les comédies de Voltaire* (Paris, 1826), t. I, p. 38, 42, 45, 50, 52, 55. Remarques sur OEdipe.

4. D'Israéli, *Amenities of literature* (Paris, Baudry, 1842), vol. II, p. 142.

délicatesses. Ce qui nous choque le plus dans l'abbé Delille, c'est cet amour et aussi ce talent de la périphrase appliquée à tout. Eh bien ! c'est cet abbé Delille, le classique de la périphrase savante, élégante et surtout abondante, auquel, entre autres crimes de lèse-poésie, il reprochera l'odieux emploi du mot propre, et qui, dans un poëme sur l'agriculture, osera bien souiller ses alexandrins de ces ignobles mots de sainfoin, de lupin, de vesce et d'avoine[1] ! Cette traduction, remarquable dans son ensemble, ainsi épluchée, donne souvent prise à ce peseur de diphthongues auprès duquel l'auteur d'*Iphigénie* ne trouverait pas grâce. Mais, en dépit de toutes ces chicanes dont la justesse étroite ne peut être niée, l'on n'en persiste pas moins dans son estime pour ce jeune talent, qui eut son éclat et devait continuer Voltaire jusqu'au grand mouvement romantique du commencement de ce siècle.

Delille, en définitive, n'est qu'un traducteur à qui

---

1. Clément, *Observations critiques* (Genève, 1771), p. 6. Mais Fréron se fera le défenseur chaud et judicieux de Delille. « M. Clément, dit-il, soutient que c'est une chose impossible de faire entrer des termes d'agriculture dans notre versification. J'avoue qu'avant l'ouvrage de M. *Delille* c'étoit un sentiment commun à presque tous nos littérateurs. Mais depuis que cet ouvrage a paru, l'*Observateur* est peut-être le seul qui ait conservé ce privilége. Sans doute les termes isolés de *lupin*, de *vesce*, de *pois*, de *cosses*, de *rateau*, de *glèbe*, etc., feroient le plus mauvais effet en vers. Mais il y a un art de les rendre poétiques, soit par des épithètes nobles, soit par des tours heureux. » *Année littéraire* (1771), t. V, p. 219. Mais Racine lui-même n'a-t-il pas introduit dans sa tragédie d'*Esther* le mot bride, et dans *Athalie*, cette œuvre encore plus lyrique que dramatique, les mots de chien, de sel, de pain, de froment, de plomb, de mamelle, d'ours? Cubières, *Éloge de Voltaire* (La Haye, 1783), p. 12, 13.

l'on ne peut demander que d'être élégant et exact. Mais Saint-Lambert, qui n'a pas traduit Thompson, dont les *Saisons* n'ont que des rapports lointains avec les *Saisons* du poëte anglais, est responsable à tous les points de vue d'une œuvre personnelle, longtemps méditée, travaillée lentement, et à laquelle de fréquentes lectures dans les salons avaient fait à l'avance une réputation que la publicité ne devait pas accroître. Quelle volupté de mordiller, de déchirer, de dépecer ce pauvre poëme qui ne tenait pas sans doute toutes ses promesses, en dépit de qualités incontestables mais bien insuffisantes quand c'est l'ennui qui ferme le livre ! Clément n'y va pas de main morte avec lui. Le genre d'abord n'est pas un genre. En tous cas, un poëme descriptif doit renfermer encore autre chose que des descriptions ; et il n'y a que cela dans les *Saisons*, descriptions cousues les unes aux autres, avec un art douteux, mais évidemment avec une recherche pénible au lecteur qui demanderait à se reposer dans quelque épisode souriant.

Il nous faut passer rapidement sur des critiques pointilleuses, chagrines, malveillantes, et arriver au seul incident qui nous intéresse directement. Saint-Lambert, dont nous avons raconté les amours avec madame du Châtelet et les rapports troublés avec Voltaire, touché de la facilité et de la magnanimité de son illustre rival, semble, à dater de ce moment, lui avoir voué une admiration absolue, avivée sans doute par une même répulsion contre les entraves de la pensée. Cette admiration avait pris même, extérieurement du moins, les proportions d'un véritable fétichisme, et

notre marquis n'hésitera pas à proclamer l'auteur de
Zaïre et de *Mérope*, en un vers de son poëme :

Vainqueur des deux rivaux qui règnent sur la scène.

Clément caractérise une pareille prétention « la plus
grande hérésie qu'on puisse avancer au Parnasse. »
Saint-Lambert, à la suite des *Saisons*, en des notes fort
étendues, a essayé d'étayer son jugement de considérations moins victorieuses qu'il ne le suppose. Clément
reprend ses notes une à une et bat l'adversaire qu'il se
donne, sur le dos de Voltaire. Le chantre des *Saisons*
prétend que M. de Voltaire est celui qui a mis le plus
de spectacle dans ses tragédies ; Clément répartira que
Tancrède, *Olympie*, *les Scythes* sont des pièces à décorations et que, par cet exemple funeste, l'auteur a
égaré les jeunes talents qui ont fait en l'imitant de la
scène française une lanterne magique[1]. L'on affirme
que, de tous nos écrivains, M. de Voltaire est celui qui
a le plus répandu les lumières et la sainte philosophie.
« Vous verrez, s'écrie encore l'*inclément*, qu'il n'y a eu
de lumières en France que depuis que *Jocaste* débite des
maximes contre les prêtres, *Zaïre* sur la loi naturelle,
et *Alzire* sur le suicide. » Saint-Lambert était allé jusqu'à dire que les vers de Voltaire ont plus de force et
d'énergie que ceux de Racine. « Si cela étoit, lui auroit-il pris tant de vers ? M. de V. n'a peut-être pas une
métaphore, une expression forte, une image qui ne soit
dans Racine. » Et, parodiant le vers de Boileau, Clé-

---

1. Clément, *Observations critiques* (Genève, 1771); p. 330, 331, 332.

ment ajoutera qu'il a bien peur que la postérité ne préfère pas, comme on le fait aujourd'hui,

Le clinquant de Voltaire à tout l'or de Racine.

Il a raison, au fond, et, loin d'être vainqueur de ses deux rivaux, Voltaire demeure à d'incommensurables distances de Corneille et de Racine. Mais on devine, à ces coups, le critique aigri, haineux, qui frappe pour frapper, qui ne doute pas que ses hardiesses ne lui valent des lecteurs et des protecteurs, faisant bon marché de ses relations passées et ne comptant pour rien la bienveillance qui lui a été témoignée. S'il se croyait une mission, il pouvait ramener au vrai cet ami maladroit et compromettant, tout en conservant la forme du respect et les plus grands égards envers l'écrivain de son temps qui honorait le plus les lettres, et qu'il avait invoqué, dans sa détresse, comme un Dieu tutélaire.

Quoi qu'il en soit, les *Observations critiques* s'imprimaient, elles allaient paraître, quand Saint-Lambert, prévenu, se mit en mouvement pour en obtenir la suppression. Clément lui décoche aussitôt une épître dont nous ignorons les termes, mais peu ménagée, c'est à croire, puisqu'elle lui valut son incarcération immédiate au For-l'Évêque, qui lui sauvait, il est vrai, une correction toute militaire de la part du belliqueux marquis[1]. De semblables procédés, d'auteur à auteur, sont

---

1. Techener, *Bulletin du Bibliophile* (1861), XVᵉ série, p. 534. État des gens de lettres demandant des pensions (vers 1786). — *Voltaire à la cour*, p. 239.

jugés sévèrement; et le plus faible, en pareil cas, n'a pas de peine à retourner à lui l'opinion : c'est ce qui ne manqua point d'arriver pour Clément. Jean-Jacques Rousseau, se trouvant, nous dit-on, chez une femme de haut rang (serait-ce la maréchale de Luxembourg?) s'éleva avec horreur contre un tel abus d'influence, et ce réquisitoire éloquent ne demeura pas sans effet. Après trois jours de captivité, le prisonnier était relâché, et il eut même la permission, ce qui était significatif, de faire paraître ses *Observations* dont la fortune n'était pas douteuse. La conduite de Saint-Lambert est inexplicable, dans un philosophe particulièrement, qui doit être et se mettre au-dessus de telles attaques. Mais, s'il poursuivit l'assaillant avec cet acharnement, c'est qu'il n'était pas l'unique but de ses invectives, c'est que certaines licences à l'adresse de la Doris du poëme pouvaient être appliquées à madame d'Houdetot, dont on connaissait les rapports avec lui. Au moins, y eut-il quelque fondement dans ces griefs, puisque des cartons furent exigés de l'auteur[1]. Mais, comme le fait fort bien observer Grimm : « Sans tout cet éclat, personne n'aurait vu, ni ce que M. Clément pense de M. de Saint-Lambert, ni ce qu'il dit de sa Doris[2]. »

L'on apprenait bientôt ces nouvelles chiffonneries à Ferney ; et, comme toujours, on feignait beaucoup d'ignorance pour pouvoir interroger à sa fantaisie et réfléchir au parti qu'on prendrait. Le patriarche écrivait le 27 janvier (1771) à Marin : « S'il n'est coupable

---

1. Clément, *Observations critiques* (Genève, 1771), p. 252.
2. Grimm, *Correspondance littéraire* (Paris, Furne), t. VII, p. 133. Février 1771.

que d'être un fat, cela ne méritait pas la prison. » Peut-être ne connaissait-il pas encore les irrévérences du Zoïle de Dijon à son égard. Mais il ne devait pas tarder à être complétement édifié, et il dira à D'Alembert, sans toutefois paraître préoccupé de ses propres griefs : « Avez-vous entendu parler de ce nouveau législateur de la littérature, nommé Clément, qui juge à mort M. de Saint-Lambert et l'abbé Delille... Est-il vrai que ce maroufle a l'honneur d'être mis au For-l'Évêque?... Ce polisson, qui juge si impérieusement ses maîtres, présenta, il y a deux ans, une tragédie aux comédiens, qui ne purent en lire que deux actes... (2 février). » Quatre jours après, s'adressant à Chabanon : « Dites-moi donc ce que c'est que ce Clément ; j'en connais un qui est fils d'un procureur de Dijon. » En réalité, il savait bien que c'était à celui-là qu'il avait affaire ; et il ajoutait : « Voilà les barbouilleurs qui se mêlent de juger les peintres. Ce qu'il y a de pis dans cet ouvrage c'est qu'on y trouve par-ci par-là d'assez bonnes choses, et que les gens malins, à la faveur d'une bonne critique, en adoptent cent mauvaises. » Un mois plus tard, il répondait à Saint-Lambert lui-même, qui lui avait fait la relation longue et amère de l'aventure : « Ce petit procureur de Dijon ne gagnera pas son procès, ou je me trompe fort. Il rend des arrêts comme le parlement sans les motiver. Il est bien fier ce Clément... j'aurai l'honneur de lui rendre incessamment la plus exacte justice (7 avril). » Et il n'était pas homme à manquer à pareil engagement. En effet, à la fin de juin, paraissait une clémentine dont l'exorde était particulièrement consacré à l'auteur de *Médée*.

Barbouilleur de papier, d'où viennent tant d'intrigues,
Tant de petits partis, de cabales, de brigues?
S'agit-il d'un emploi de fermier-général,
Ou du large chapeau qui coiffe un cardinal?
Êtes-vous au Conclave? Aspirez-vous au trône,
Où l'on dit qu'autrefois monta Simon Barjone [1]?
Car que prétendez-vous? « De la gloire. » Ah! gredin!
Sais-tu bien que cent rois la briguèrent en vain?
Sais-tu ce qu'il coûta de périls et de peines
Aux Condés, aux Sullis, aux Colberts, aux Turennes,
Pour avoir une place au haut du Mont Sacré
Du sultan Mustapha pour jamais ignoré?
Je ne m'attendais pas qu'un crapaud du Parnasse
Eût pu, dans son bourbier, s'enfler de tant d'audace.
 « Monsieur, écoutez-moi : j'arrive de Dijon,
Et je n'ai ni logis, ni crédit, ni renom.
J'ai fait de méchants vers, et vous pouvez bien croire
Que je n'ai pas le front de prétendre à la gloire;
Je ne veux que l'ôter à quiconque en jouit.
Dans ce noble métier l'ami Fréron m'instruit.
Monsieur l'abbé *profond* [2] m'introduit chez les dames;
Avec deux beaux esprits nous ourdissons nos trames.
Nous serons dans un mois l'un de l'autre ennemis;
Mais le besoin présent nous tient encore unis.
Je me forme sur eux dans le bel art de nuire :
Voilà mon seul talent; c'est la gloire où j'aspire. »
 Laissons là de Dijon ce pauvre garnement,
Des bâtards de Zoïle imbécile instrument;
Qu'il coure à l'hôpital, où son destin le mène... [3].

Ce début de la satire des *Cabales* ne rappelle-t-il pas, et même un peu trop, l'impitoyable satire du *Pauvre Diable*, n'en a-t-il pas l'insolence et ce ferme coup de

1. Saint Pierre.
2. L'abbé de Mably.
3. Voltaire, *Œuvres complètes* (Beuchot), t. XIV, p. 255, 256. Les Cabales.

fouet qui révèle chez son auteur toute la plénitude de sa force? Voltaire du reste, dans une note de son *Épître à D'Alembert*, indique suffisamment qu'il s'est inspiré de ce diabolique chef-d'œuvre, qu'on ne dépassera point et qu'il n'a pas dépassé. « Le *Pauvre Diable*, mourant de honte et de faim, se fit satirique pour avoir du pain. Vous trouverez dans l'histoire du *Pauvre Diable* la véritable histoire de ces petits écoliers qui, ne pouvant rien faire, se mettent à juger ce que les autres font[1]. » Cependant la ressemblance est encore plus frappante avec la satire *sur la Vanité*. Ces « sais-tu? » ont une parenté d'idées et d'images qui saisit, avec le couplet fameux qui se clôt sur ce vers d'une ironie si heureuse mais si terrible :

Et l'ami Pompignan pense être quelque chose.

Si Clément avait senti quelque scrupule à s'attaquer à qui lui avait souri et s'était ingéré à lui venir en aide, ces vers devaient le sortir d'embarras ; et nous le voyons, en effet, s'employer tout aussitôt à faire regretter à l'illustre vieillard des duretés dignes assurément d'un autre nom. Il voulut répondre à la satire par la satire. Voltaire, en 1769, avait composé une *Épître à Boileau* qui ne pouvait manquer d'être discutée. Clément s'avisa d'y répondre par une épître de *Boileau à M. de Voltaire*, précédée d'un avertissement où l'on démontre dès l'abord que l'on n'entend rien ménager. « Si nous vivions, dit-il, dans un siècle moins lâche que le nôtre, où l'esprit et le goût fussent moins

---

1. Voltaire, *Œuvres complètes* (Beuchot), t. XIII, p. 308. *Épître à M. D'Alembert*, 1771.

corrompus, plusieurs plumes auroient brigué l'honneur de venger Despréaux des pasquinades dont on ose barbouiller son tombeau ; et on ne l'auroit pas réduit à se défendre lui-même [1]. » C'est donc Boileau qui parlera. Peut-être l'eût-il mieux fait de son vivant, avec plus de verve, de style, d'élégance, bien que, de temps en temps, l'on rencontre des vers bien tournés et des traits suffisamment aiguisés. Quelques notes malignes ou perfides ornent le texte et complètent l'exécution, car on comprend bien que Boileau ne conte pas de douceurs au fils de son notaire. Mais la réponse de Boileau ne sera pas elle-même sans réplique, et Voltaire rimera une *Épître à Horace*, dont l'exorde était consacré à Clément l'*inclément*.

> Toujours ami des vers et du diable poussé,
> Au rigoureux Boileau j'écrivis l'an passé.
> Je ne sais si ma lettre aurait pu lui déplaire;
> Mais il me répondit par un plat secrétaire
> Dont l'écrit froid et long, déjà mis en oubli,
> Ne fut jamais connu que de l'abbé Mably [2].

Dans le cahier de mars 1773 du *Journal encyclopédique* paraîtront encore des observations sur une nouvelle épître de Boileau à M. de Voltaire, où l'on ne procédait pas autrement que Clément, et qui n'étaient, comme les critiques dont l'abbé Delille avait été l'ob-

1. *Boileau à M. de Voltaire* (1762), p. 3.
2. En effet, l'abbé de Mably s'était fait assez étrangement le protecteur et le prôneur de Clément. « Le grand prôneur de la pièce, le grand protecteur de l'auteur est M. l'abbé de Mably, qui mène M. Clément sur le poing de porte en porte et qui le présente à toutes ses connaissances. » Voltaire, *OEuvres complètes* (Beuchot), t. LXVII, p. 377. Lettre de D'Alembert à Voltaire ; 6 mars 1772.

jet, qu'une série de remarques pointilleuses sur les défauts de style et de goût, les impropriétés de termes qui abondaient dans l'œuvre d'un poëte si difficile pourtant à contenter à tous égards.

J'ai lu depuis peu une épître adressée à M. de Voltaire, sous le nom de Boileau. Boileau est mort; et quand nous ne le saurions pas, cet ouvrage suffirait pour nous en convaincre. En général, il est rare qu'un homme qui n'a pas le courage de se servir de son propre nom ait la force de porter celui d'autrui. Mais je ne sache point que, depuis feu Cotin, qui en a donné l'exemple, le nom de Despréaux ait été aussi étrangement prostitué... Le téméraire qui évoque aujourd'hui les mânes de Boileau, ou n'a jamais lu ses préceptes, ou les a parfaitement oubliés... C'est (ajoutait l'auteur anonyme de ces observations, après une longue énumération des fautes de grammaire et de langage de ce secrétaire sans mandat), c'est avec ce degré de talent, d'étude, de lumière et de goût qu'on s'érige en Aristarque de tous les poëtes et de tous les philosophes vivants, et qu'on insulte nommément MM. de Voltaire, D'Alembert, Diderot, Marmontel, Saurin, Thomas, de Saint-Lambert, du Belloi, Delille, de La Harpe, et plus qu'eux tous encore, Boileau, sous le nom duquel on met tant de sottises[1] !

Si Clément avait dit quelques vérités blessantes à l'auteur de *Mérope*, c'était Saint-Lambert qui l'y avait contraint; en dernier lieu, il n'avait écrit que sous la dictée de Boileau. Il s'agissait, désormais, d'abreuver d'outrages celui dont on avait cassé le nez à coups d'encensoir et c'était bien quelque peu embarrassant, en présence de lettres qui, répandues adroitement

---

1. Voltaire, *OEuvres complètes* (Beuchot), t. XLVII, p. 200, 208. Lettre anonyme adressée aux auteurs du *Journal encyclopédique*, au sujet d'une nouvelle *Épître de Boileau à M. de Voltaire*. 1773.

dans le public, auraient leur éloquence. Mais, avec de
l'adresse et beaucoup d'impudence, on se tire des
pas les plus difficiles. Clément commence ainsi sa
Première lettre à M. de Voltaire :

> Vous savez, monsieur, que j'étois, il y a quinze ans, un
> de vos plus ardens admirateurs. Je sortois à peine de l'en-
> fance, et la haute réputation dont vous jouissiez mettoit vos
> ouvrages dans les mains de tout le monde. Je me sentois un
> goût très-vif pour les lettres, vos livres seuls furent mes pre-
> mières études. Je les dévorois : leur lecture agréable, légère,
> si séduisante pour un âge plus amoureux du brillant que
> du beau, dégoûtoit mon esprit de tout autre lecture, et d'un
> aliment plus nourrissant et plus solide. Enfin, vous m'aviez
> enivré ; mon admiration pour vous alloit jusqu'au fana-
> tisme : et je grossissois la foule de ceux qui vous barbouil-
> loient de leur encens.
>
> J'étois sincère alors ; je ne le suis pas moins aujourd'hui,
> quoique je pense différemment... [1].

L'on était jeune, et on ne l'est plus ; inexpérimenté,
et l'on a comparé, réfléchi ; l'on était sous le charme,
et l'on a heureusement secoué son aveugle et trompeur
engouement. Tout cela est dans la nature, et le pro-
grès même n'existe qu'à la condition de ces transformations qu'amènent l'âge et la maturité. Après cette
unique page où l'on s'est maintenu, quoique à grand'
peine, sur le ton de la convenance et de la décence,
les gros mots, les outrages débordent et ne cessent
plus ; c'est une fougue, un emportement, une violence qui se rapprochent plus de La Beaumelle que de

---

1. Clément, *Première lettre à M. de Voltaire* (La Haye, 1773).
Cette lettre dut paraître en décembre 1772. L'analyse qu'en donne
l'*Année littéraire* est datée du 28 de ce mois, t. VIII, p. 289 à 308.

Fréron, témoin ce passage dont il n'y a pas à souligner l'excès. Il s'agit des moyens de parvenir, mis en œuvre par l'auteur de *la Henriade* qui avait compris, dès l'abord, qu'indépendamment du mérite personnel, il fallait encore cette considération souveraine que donnent les richesses, afin d'éblouir les yeux et d'entraîner plus sûrement les suffrages.

Vous avez donc eu l'adresse de devenir le mieux renté de tous les beaux esprits. Je laisse à d'autres le soin de ramasser les bruits qui courent à la honte de votre opulence. Que ces compilateurs scandaleux nous racontent combien vous vous entendez à des affaires qui n'ont jamais occupé un instant les Boileau, les Racine, les Lafontaine et les Molière; qu'ils nous disent avec quelle sagacité vous épluchiez tous les plus petits détails de l'avarice. Je passerai sous silence toutes ces plaintes des libraires, des juifs

Surpris d'être vaincus dans leur propre science.

Et vaincus par qui? par un poëte.

Suit un tableau des mille manéges employés par cet écrivain sans conscience, sans scrupules, pour forcer la renommée, écarter, écraser les rivaux, gagner, embaucher des trompettes sonores, se recruter des amis nécessiteux que leur indigence condamnait à servir de marche-pied au grand homme millionnaire.

Craignez, poursuivait-il après une longue énumération de ces iniquités, craignez que la postérité ne trouve dans le tableau de votre vie des lumières qui l'éclaireront sur vos ouvrages, et qui l'empêcheront d'être éblouie, par exemple, de tout cet étalage d'humanité que vous affectez à tout propos. Elle reconnaîtra bientôt que votre âme, et par conséquent le génie, n'étoit presque jamais pour rien dans tous ces beaux sentimens que vous exprimiez avec emphase :

> Et ne verra dans votre air emprunté
> Qu'un charlatan sur les tréteaux monté [1].

Il ne s'agit ici ni de *la Henriade*, ni de *Mérope*, ni de Quinault que Voltaire loue trop, ni de Corneille qu'il ne loue pas assez. C'est l'homme, c'est la vie privée qu'on attaque, que l'on diffame. Après avoir imploré son appui, ses secours, c'est sa fortune à laquelle on en veut, c'est elle que l'on hait plus encore que son talent et ses succès. Le mieux renté de tous les beaux esprits! Tout est là; le secret de ce déchaînement contre un vieillard dont, après tout, la bourse a été constamment ouverte à ces mendiants littéraires qui ne le payèrent qu'en ingratitude et en noirceur, les Thiériot, les Mouhi, les La Marre, les Mac-Carty, et les autres. Dieu merci! le For-l'Évêque n'existe, et depuis bien des années, que dans la mémoire des érudits; il n'y a plus de Saint-Lazare et de Bicêtre au service des puissants qui ont à se venger et à frapper. Mais la première ligne seule de la tirade injurieuse que l'on vient de lire trouverait devant les tribunaux de notre temps la plus sévère répression. Quoi qu'on puisse dire de notre époque, la conscience des devoirs envers les autres et envers soi est un sentiment universel; et de pareils excès ne se rencontrent plus, si bas qu'on les aille chercher. Nous ne pouvons (à quoi bon, d'ailleurs?) relever cette succession d'outrages

---

1. Ces deux vers appartiennent à l'*Épître au baron de Breteuil*, de J.-B. Rousseau.

qui affluent sous la plume de Clément et dont le succès, disons-le, dut le mettre en verve. Cependant, il sentit que le lecteur se fatigue vite de ces personnalités stériles et que, s'il voulait porter des coups durables, c'était à l'œuvre qu'il fallait s'en prendre. Les lettres suivantes ne s'adressent plus qu'à l'écrivain. Ce Clément, après tout, est un homme de goût, un littérateur éclairé, il a de la lecture, il connaît ses classiques, il aime sincèrement et judicieusement les grands poëtes et les grands prosateurs du dix-septième siècle ; et c'est en cela qu'il sera un adversaire redoutable.

Clément aurait été un personnage, comme Pompignan, qu'il ne se serait point relevé des traits de la satire des *Cabales* ; son obscurité, contre laquelle ils s'étaient émoussés, faisait sa force et devait augmenter son audace. Voltaire, qui croyait avoir bon marché du fils du procureur de Dijon, qui avait promis d'éteindre les feux du bel esprit bourguignon, s'avoua son peu de prise sur un tel champion. Il l'avait compris, avant l'apparition même de la première lettre, tout en le dissimulant sous une apparence de dédain.

> Il est bien vrai que l'on m'annonce
> Les lettres de maître Clément ;
> Il a beau m'écrire souvent,
> Il n'obtiendra point de réponse.
> Je ne serai pas assez sot
> Pour m'embarquer dans ces querelles :
> Si c'eût été Clément Marot,
> Il aurait eu de mes nouvelles [1].

---

1. Voltaire, *OEuvres complètes* (Beuchot), t. XLVIII, p. 394. *Commentaire historique.*

Et il ne demanderait pas mieux, pour cette fois, de se décharger sur d'autres du soin de châtier ce drôle qui le harcèle. « Ce Clément ne cesse de vous attaquer, écrit-il à Marmontel, dans les admirables lettres qu'il m'adresse. Est-ce que vous ne replongerez pas un jour ce polisson dans le bourbier dont il s'efforce de se tirer [1] ? »

Voltaire crut avoir saisi l'occasion de faire intervenir les puissances contre un impudent qui ne reculait devant rien, même les plus inavouables procédés. Dans un pamphlet contre le chancelier que nous avons cité et où son neveu le conseiller a sa petite part, l'on fait descendre l'abbé Mignot du fameux traiteur si mal mené par Despréaux. Clément se garde bien d'aller s'enquérir du plus ou moins de fondement de l'assertion; il la ramasse parce qu'elle convient à sa thèse, et s'en sert pour expliquer le fiel que l'on rencontre dans l'*Épître à Boileau.* « Peut-être M. de V*** veut-il se venger par là de ce que ce fameux satirique avait traité d'*empoisonneur* le traiteur Mignot, dont M. de V*** est le petit-neveu, à ce qu'on dit. Cette vengeance est assez bizarre et assez petite; mais c'est pour cela même que nous nous croyons fondés à penser qu'elle a dicté ces vers [2]. » L'abbé Mignot serait descendu du traiteur Mignot qu'encore eût-ce été du fait de son père, le beau-frère du poëte; et,

---

1. Voltaire, *OEuvres complètes* (Beuchot), t. LXVIII, p. 402. Lettre de Voltaire à Marmontel, 22 décembre 1773.

2. Clément, *Quatrième lettre à M. de Voltaire* (La Haye, 1773), p. 83. L'analyse qu'en donne l'*Année littéraire* est datée du 22 novembre, t. VII, p. 181 à 200.

conséquemment, aucune parenté n'eût existé pour cela entre les Arouet et cette victime de Boileau. Quoi qu'il en soit, il y avait là injure, il y avait là outrage, non pour Voltaire qui sait s'effacer, mais pour son neveu, pour la tête à cheveux blancs d'un conseiller de la grand'chambre, ce qui a bien son importance. « Les libelles contre les grands sont des grains de sable qui ne peuvent aller jusqu'à eux ; mais les libelles contre de simples citoyens sont des cailloux qui leur cassent quelquefois la tête [1]. » C'est à M. de Maupeou que Voltaire écrit cela et demande au moins la suppression du libelle. Le chancelier envoya chercher le coupable, auquel sans doute il lava la tête, et dont au moins il exigea une rétractation et des excuses [2].

Mais cette semonce anodine n'était pas faite pour

---

1. Voltaire, *OEuvres complètes* (Beuchot), t. LXVIII, p. 399. Lettre de Voltaire au chancelier ; à Ferney, 20 décembre 1773.

2. Voici cette lettre d'une allure assez cavalière :

« M. le premier président m'a fait l'honneur de m'apprendre qu'étant neveu de M. de Voltaire, vous vous trouvez compromis dans une note où je disois ce que plusieurs personnes m'avoient dit à moi-même, que M. de Voltaire étoit petit-neveu du fameux Mignot, pâtissier-traiteur, contemporain de Boileau. M. le premier président m'a bien voulu apprendre aussi que M. de Voltaire ni vous ne descendiez du Mignot dont il s'agit, mais d'une famille ancienne de Paris qui a passé du commerce en gros dans la magistrature au commencement du siècle. Comme je n'avois point l'honneur de vous connoître, je ne pouvois pas avoir l'intention de vous offenser. Je suis fâché, néanmoins, d'avoir publié sur la foi d'autrui une erreur sur monsieur votre oncle et sur votre famille : je vous en fais mille excuses bien sincères, et vous prie de me croire avec respect... » *Mercure de France*, mars 1774, p. 179. Lettre de M. Clément à M. l'abbé Mignot, conseiller en la grand'chambre du parlement. — *Mémoires secrets pour servir à l'histoire de la République des lettres* (Londres, John Adamson), t. XXVII, p. 187, du 22 mars.

désarmer l'ennemi, qui continuera de harceler le poëte dans ces lettres souvent judicieuses, dont la neuvième et dernière paraîtra en 1776. Nous sommes, moins rarement que nous nous le figurons, responsables des malheurs, des ennuis qui nous assaillent : on accuse la fortune, quand c'est à soi que l'on devrait s'en prendre. Toute cette tourbe de poëtes, qui n'ont cessé, qui ne cesseront d'aboyer, de mordre les jambes du trop susceptible écrivain, devant plus de calme et de flegme, eût bien été forcée, de guerre lasse et sous le mépris public, de mettre fin à ces attaques dont le mobile n'était que l'envie et une haine impuissante. Ah! que l'attitude du châtelain de Montbard est et plus digne et autrement habile! Montesquieu, Buffon sont, en même temps, l'objet des critiques outrageantes de la *Gazette ecclésiastique*. Le nerveux président, piqué au vif, prend la plume et relève vertement son ténébreux adversaire. Que fera Buffon? Quel sera son sentiment à l'égard de ces piqûres d'insectes, qui ont pu l'agacer, mais qui ne méritent pas sa colère? « Il a répondu, écrivait-il à l'abbé Le Blanc, en parlant de la requête de Montesquieu, par une brochure assez épaisse et du meilleur ton; sa réponse a parfaitement réussi. Malgré cet exemple, je crois que j'agirai différemment, et que je ne répondrai pas un seul mot. Chacun a sa délicatesse d'amour-propre. La mienne va jusqu'à croire que de certaines gens ne peuvent pas même m'offenser [1]. »

---

1. Buffon, *Correspondance inédite* (Paris, Hachette, 1860), t. I,

A la bonne heure, et voilà qui est excellemment dit et pensé. L'on pourrait objecter que Buffon, n'ayant point l'instrument, avait, à coup sûr, moins de vertu à s'enfermer dans un noble et dédaigneux silence. Mais, même au prix de ces terribles chefs-d'œuvre qui s'appellent la *Crépinade*, le *Pauvre diable*, la satire *sur la Vanité*, on regrettera pour le repos comme pour la dignité de la vie du poëte cette ardeur, cette impétuosité de haine, qui le commettront incessamment. Mais c'est, à notre avis, avoir suffisamment insisté sur les écarts d'une susceptibilité qu'il n'expia que trop par des angoisses presque perpétuelles; il ne faut pas que l'agacement, que l'humeur qu'ils inspirent, aillent jusqu'à innocenter et rendre même sympathiques ces bandits sans aveu que n'excusent ni la passion, ni la conviction, ni un fanatisme quelconque.

Si Voltaire survivait à La Beaumelle et au vieux Piron, il s'en était peu fallu qu'il ne les précédât dans la tombe. « Il m'est arrivé un petit accident, écrivait-il à celui qu'il avait surnommé Alcibiade[1], c'est que je me meurs, au pied de la lettre. On m'a fait baigner

---

p. 45. Lettre de Buffon à l'abbé Le Blanc; Montbard, le 21 mars 1750. — *Revue des Provinces* (15 mars 1866), t. II, p. 59 à 62. *Buffon et son château de Montbard*, par G. Desnoiresterres.

1. « C'est un nom que je lui avais donné dans mes goguettes, quand il n'était point antique. » *OEuvres complètes* (Beuchot), t. LXIX, p. 114. Lettre à d'Argental, 24 novembre 1774. Il écrivait au maréchal lui-même : « Ce que je ne saurais pardonner à M. le marquis de Vence, c'est d'avoir profané le nom d'Alcibiade que je vous avais très-justement donné il y a longtemps, quoique Alcibiade n'ait jamais rendu à la Grèce autant de services que vous en avez rendu à la France. » *Lettres inédites* (Didier, 1857), t. II, p. 382. Lettre à Richelieu, 22 novembre, même année.

au milieu de l'hiver pour ma strangurie, votre exemple m'encourageait ; mais il n'appartient pas à tout le monde d'oser vous imiter : mes deux fuseaux de jambes sont devenus gros comme des tonneaux[1]. » Cette fois encore, il en aura été quitte pour la peur et pour une fausse joie. Cette fausse joie, c'était l'annonce mensongère de la mort du titulaire de l'*Année littéraire*: « On nous avait mandé que Fréron était mort bien ivre et bien confessé. Je suis bien aise que la nouvelle ne se confirme pas, car il aurait pour successeur Clément, l'ex-procureur, ou Savetier ou Sabathier, l'ex-jésuite. Il est plaisant que, dans votre France, l'emploi de gredin folliculaire soit devenu une charge de l'État[2]. » Il devra se résigner à attendre un peu ; mais, au moins, enterrera-t-il celui-là. Voltaire parle avec une certaine légèreté de sa maladie, et semble l'avoir envisagée plus flegmatiquement. Il n'en avait pas été de même de ceux qui l'entouraient, car il était la fortune, il était la vie de tout un monde que la reconnaissance attachait à lui autant que l'intérêt. « L'établissement de Ferney, mandait notre résident au duc d'Aiguillon, qui s'augmente chaque jour, vient d'être dans de vives alarmes, on a cru M. de Voltaire menacé d'une mort prochaine, et, selon toute apparence, la manufacture d'horlogerie qu'il a établie et qu'il soutient auroit été bientôt dispersée. Heureusement sa maladie s'est décidée par une violente attaque de goutte. Comme c'est

---

1. Voltaire, *OEuvres complètes* (Beuchot), t. LXVIII, p. 147. Lettre de Voltaire au maréchal ; Ferney, 12 février 1773.
2. *Ibid.*, t. LXVIII, p. 153. Lettre de Voltaire à Marmontel ; 15 février 1773.

la première qu'il ait eue, malgré ses quatre-vingts ans, on la regarde comme l'assurance d'une vie qui n'est pas prête de finir[1]. »

On comprend que le ministre ne partageât point cet optimisme. Si Voltaire était en butte, comme il le prétendait, à cinq ou six infirmités mortelles, ses quatre-vingts ans n'étaient pas assurément la moindre, et il fallait bien qu'un jour ou l'autre ce fanfaron de maladie, qui s'écriait avec une indignation plaisante : « Il y a des gens assez barbares pour avoir dit que je me porte bien ! » finît par avoir raison. Dans toutes ses lettres il se disait à l'agonie ; et, dans la prévision d'un dénoûment prochain, l'on crut en haut lieu devoir prendre ses sûretés. Sur un rapport fait au roi, il fut décidé qu'aussitôt que l'auteur de la *Henriade* aurait fermé les yeux, les scellés seraient apposés sur ses papiers, de façon à ce qu'on pût être maître de s'emparer de ceux qu'on pouvait avoir intérêt à faire disparaître. Ces précautions, d'ordinaire, ne s'exerçaient qu'à l'égard de personnages qui avaient été, de leur vivant, les confidents et les dépositaires des secrets de l'État. Mais il ne faut pas oublier que, quoique occultement, depuis le cardinal Dubois jusqu'à M. de Choiseul, il avait trempé dans plus d'une affaire, et que son intervention ignorée n'en avait pas moins été, à certaines heures, des plus actives et des plus importantes. L'on a retrouvé une série de pièces relatives à

---

[1]. Archives des affaires étrangères. 80. Genève, 1771, dix derniers mois : 1772, 1773. N° 7. Lettre de M. Hennin au duc d'Aiguillon ; à Genève, le 22 février 1773.

ces mesures auxquelles la mort de Voltaire, à Paris, semble avoir fait renoncer[1].

L'alerte passée, Voltaire avait repris son train de vie, préoccupé autant du dehors que des choses domestiques, saluant d'un adieu bienveillant et sans fiel le décès du roi, qu'il n'avait pas eu pourtant à compter parmi ses amis[2], saluant de ses vœux l'aurore du nouveau règne, qui s'annonçait pour les peuples d'une façon si heureuse. L'homme qui arrivait aux affaires, non moins vieux que lui, n'était pas précisément un ami; et, si Voltaire pouvait compter sur sa modération, sa parfaite insouciance de tout, il n'avait pas de grâces à lui demander. Deux courants, il est vrai, se disputaient l'influence, le courant des réformes dont on sentait le besoin, et celui d'une résistance systématiquement armée contre toute modification quelconque à des institutions qui n'en pouvaient mais. Le choix de Turgot sera plus qu'une compensation au retour inespéré de Maurepas, il sera le triomphe des idées et la garantie la plus solide des établissements et des créations du poëte. Il est vrai que le patriarche de Ferney vivra assez pour assister à sa chute. Mais, ferme dans le but impersonnel qu'il veut atteindre, il ne demandera aux circonstances que ce qu'elles pourront lui donner; et, tout en regrettant le ministre renvoyé, il se fera volontiers, comme il le dit plaisamment,

---

1. Voltaire, *OEuvres complètes* (Beuchot), t. I, p. 417 à 430. Voir, aux pièces justificatives, un ensemble de notes, de rapports, de lettres, d'instructions et d'ordres qui ne s'élève pas à moins de onze ou douze pièces : la première à la date du 19 juillet 1774, la dernière au 15 janvier de l'année suivante.

2. *Ibid.*, t. XLVIII, p. 9 à 19. *Éloge funèbre de Louis XV.*

moine de Clugny avec le nouveau contrôleur général[1]. En somme, son influence ne laissera pas de se faire sentir jusqu'à la fin, et la ville industrielle qu'il a fondée, tant qu'il sera là, malgré l'insuffisance des secours, résistera aux causes dissolvantes qui préparaient sa ruine.

Genève devait tout tenter pour ramener au bercail ces brebis aliénées, et l'on prévoyait le moment où, mieux conseillée, elle se résignerait à des concessions dont l'effet ne serait que trop puissant auprès de braves gens qui n'avaient pas perdu tout souvenir comme tout amour de la patrie. Ces prévisions et ces appréhensions se trouvent nettement et ingénument déduites dans une note du résident à M. de Vergennes relative aux natifs de Ferney. « Il est à désirer, disait-il au ministre, que ceux-ci, quoique persécutés injustement, n'obtiennent pas le redressement de leurs griefs, qui aboutiroit à les faire rentrer à Genève et à faire tomber l'établissement que M. de Voltaire a fait à Ferney, par le moyen de ces exilés[2]. » Mais le patriarche s'était conquis tout ce monde dont il avait été la providence et qu'il avait secouru de ses deniers avec une générosité d'autant plus grande qu'il n'était rien moins qu'assuré, au début et même alors, de rentrer dans ses avances.

Madame Denis, elle aussi, s'était fait aimer, un peu

---

1. Voltaire, OEuvres complètes (Beuchot), t. LXX, p. 121. Lettre de Frédéric à Voltaire; Postdam, le 7 septembre 1776.

2. Archives des affaires étrangères. 81. Genève, 1774 et 1775, p. 162. Notes sur certaines dispositions des natifs à retourner à Genève, jointes à une lettre d'Auzières, du 24 juillet 1775.

sans doute parce qu'elle était la nièce de son oncle ; et la colonie lui témoignait son affection par des démonstrations publiques, dont le retentissement devait s'étendre bien au delà des limites du pauvre petit pays de Gex. Elle n'était pas non plus sans ressentir les atteintes de l'âge, et elle avait été à la mort, pendant un mois entier. Sa résurrection fut une allégresse dans tout Ferney, qui voulut la célébrer de son mieux. « Mon cher ami, écrivait le poëte à l'avocat Christin, c'est dommage que vous ne soyez point à Ferney, vous partageriez la fête qu'on donne jeudi 18 du mois, pour la convalescence de madame Denis. Nous avons des compagnies d'infanterie, de cavalerie, des cocardes, des timbales, des violons, et trois cents couverts en plein air [1]. » Il faut rarement prendre les descriptions de l'auteur de *Mérope* à la lettre, car il n'a que trop de penchant, même quand il est sincère, à grossir les objets, à tout voir *grand* [2]. Mais, présentement, il n'exagère rien, ni la reconnaissance ni les manifestations.

Nous avons eu jeudi dernier, mandait Hennin à M. de Vergennes, dans le pays de Gex une fête assez remarquable. Madame Denis, nièce de M. de Voltaire, étant hors de dan-

---

1. Voltaire, *OEuvres complètes* (Beuchot), t. LXIX, p. 284. Lettre de Voltaire à M. Christin ; 14 mai 1775.
2. « Il lui fallait de l'exagération dans tout, dit Tronchin des Délices. Ainsi, il m'écrivait chaque jour, quand il lui fallait de l'argent : « qu'il avait à sa table cent cinquante personnes à nourrir. » Il finissait par croire que ce qu'il affirmait était vrai, et il n'était pas ce qu'on peut appeler de mauvaise foi. » Gaullieur, *Étrennes nationales* (Genève, 1855), IIIe année, p. 203, 204. Anecdotes inédites sur Voltaire racontées par François Tronchin.

ger après une maladie longue et très-fâcheuse, les habitans de Fernex ont voulu donner des marques de leur joye : ils ont entre autres fait une cavalcade de près de cent hommes à cheval en uniforme, avec tout l'appareil et tout l'ordre militaire. Quand on se rappeloit qu'il y a douze ans il n'y avoit en ce lieu que vingt familles de malheureux paysans, c'étoit un spectacle singulier que de voir une fête que beaucoup de villes du royaume seroient hors d'état d'égaler par l'appareil et la dépense. C'est cependant la présence d'un seul homme riche et bienfaisant qui a opéré ce changement en peu d'années [1].

Madame Denis devait être haranguée aussi bien que son oncle. Ferney lui appartenait en propre, elle était le vrai seigneur de Ferney : elle était l'avenir, si Voltaire était le présent.

L'allégresse nous a transformés en militaires, disaient ces bons Fernésiens : cette décoration nouvelle convient à des hommes charmés de sacrifier leurs jours pour conserver les vôtres. Le bruit des canons relèvera celui de nos acclamations; les feux que nous ferons éclater vous peindront l'ardeur de nos sentimens et la vivacité de nos transports.

Daignez, madame, honorer toujours de vos bontés cette colonie naissante fondée par l'immortel Voltaire; nous tâcherons de nous en rendre toujours plus dignes par nos travaux et notre industrie [2].

---

1. Archives des affaires étrangères. 81. Genève, 1774 et 1775, p. 143. Lettre de M. Hennin à M. de Vergennes; à Genève, le mardy 23 may 1775.

2. *Mémoires secrets pour servir à l'histoire de la République des lettres* (Londres, John Adamson), t. XXX, p. 277, 278, 279. Les deux compliments furent attribués, à Paris, à M. de Florian; ils sont, en réalité, de Rival, l'orateur en titre de la petite colonie. Longchamp et Wagnière, *Mémoires sur Voltaire* (Paris, André, 1826), t. I, p. 385. Examen des *Mémoires de Bachaumont*, du 20 octobre 1775.

Le rétablissement de madame Denis sembla secouer le pays de sa torpeur et rendre une apparente jeunesse à l'intérieur alourdi du perpétuel malade. En dépit de sa sauvagerie et de ses réelles infirmités, les visiteurs allaient affluer ainsi que les visiteuses, et forcer la porte de l'auteur de *la Henriade*, habitué, du reste, à être pris d'assaut. En somme, le mal n'est point tant dans l'importunité même que dans l'indiscret qui n'a pas ce qu'il faut pour se la faire pardonner. Soyez spirituel, aimable, ayez du monde, apportez votre contingent de nouvelles, de commérages de la cour et de la ville, dont on médit mais dont on n'est pas fâché de savoir la chronique, et l'on oubliera que l'on est à la mort, et vous serez le bienvenu et le bien vu du maître du logis. Parmi ces touristes, nous rencontrons à cette date un couple original qui fit parler de soi en son temps, le marquis et la marquise de Luchet : le marquis, le futur historien de Voltaire, homme à idées plus vastes que pratiques, qui s'était mis à la tête d'une exploitation de mines, et n'en était déjà plus à connaître ce qu'il avait à en attendre ; la marquise, une demoiselle Delon, genevoise d'origine, sans consistance, drôle de corps, en résumé, serviable et bonne femme. « Madame de Luchet, écrit Voltaire à l'ange gardien, n'est plus que garde-malade : vous l'avez vue marquise très-plaisante et très-amusante[1] ;

---

1. Elle avait eu, à Paris, un salon composé de toute espèce de monde, le centre, le rendez-vous de plaisants et de farceurs de société, pour lesquels avait été créée l'appellation récente de « mystificateurs », et qui passaient leur temps à turlupiner des naïfs comme le pauvre Poinsinet, au grand divertissement de la galerie. Parmi

mais les mines de son mari ont un peu allongé la sienne. Ce mari est, à la vérité, un homme de condition, plus marquis que le marquis de ***[1] ; mais il a bien plus mal fait ses affaires que..., il est actuellement à Chambéry, et ni lui ni sa femme ne m'ont pleinement instruit de leur désastre. Il y a dans toutes les confessions un péché qu'on n'avoue pas[2]. » Voltaire n'a pas eu de peine à les juger l'un et l'autre, et il les a peints des pieds à la tête dans ces cinq ou six lignes qu'il écrivait, à d'Argental encore, quinze jours plus tard. « Madame de Luchet ne peut rien vous écrire touchant ses affaires et les vôtres, par la raison qu'elle n'y entend rien. Elle n'a jamais songé et ne songera qu'à rire. Son pauvre mari cherche de l'or. Mais toujours rire comme le veut sa femme, ou s'enrichir dans des mines comme le croit son mari, c'est la pierre philosophale. Et cela ne se trouve point[3]. » Madame de Luchet, « qui était venue ici pour deux jours, » sut

ces vauriens spirituels, citons le comte d'Albaret, un commis dans les fourrages, connu sous l'appellation de Lord Gor, les acteurs Préville et Bellecour, et l'avocat Coqueley de Chaussepierre. Mais ces mystifications n'étaient pas sans quelque péril, et madame de Luchet, pour sa part, l'apprit à ses dépens. Une femme de qualité, cruellement bafouée, porta plainte. Lord Gor fut jeté en prison, et la marquise réprimandée à la police. « Or, une femme reprise par la police, nous dit Grimm, n'est plus reçue nulle part, et la pauvre diablesse de Luchet est tombée dans la dernière misère. » *Correspondance littéraire* (Paris, Furne), t. VII, p. 203, 204, mars 1771. — L'abbé Galiani, *Correspondance inédite* (Paris, Treuttel et Würtz, 1818), t. I, p. 36. Naples, 3 mars 1770.

1. Peut-être le marquis de Pezai, peut-être Villette.
2. Voltaire, *OEuvres complètes* (Beuchot), t. LXIX, p. 255. Lettre de Voltaire à d'Argental ; 16 avril 1775.
3. *Ibid.*, t. LXIX, p. 273, 274. Lettre du même au même ; 1er mai 1775.

se rendre utile parmi tous ces gens languissants ou mourants, et se transformer en intendante de cet hôpital, où vint la rejoindre son mari, qui était loin d'apporter l'or de ses mines[1]. Ils s'y trouvaient encore, lors de l'arrivée à Genève de madame Suard.

Madame Suard a raconté ses visites à Ferney avec une sensibilité, une admiration excessives, mais qui ont bon air chez une jeune femme spirituelle, connaissant le monde et recevant la meilleure compagnie dans son modeste salon parisien. Nous avons vu déjà plus d'une femme à Ferney, les unes s'abandonnant au charme qu'exerçait l'irrésistible vieillard, les autres bien décidées à se roidir contre la séduction et à s'y prendre de leur mieux pour faire acheter leur défaite. Nous avons les récits tant soit peu différents de madame du Boccage, toute flamme celle-là, et de madame d'Épinay, appartenant à la classe des sceptiques et des railleuses, ne se rendant qu'à bon escient mais déposant loyalement les armes, en fin de compte, devant tant de grâce, de bienveillance et d'envie de plaire. Pour madame Suard, elle serait bien fâchée de lutter et de se défendre; entourée depuis son mariage de tous les amis et les admirateurs de Voltaire, amusée, enchantée, comme elle le dit elle-même, par le charme de ses écrits, elle est venue pour se prosterner et adorer, et c'est par là qu'elle commence.

J'ai vu M. de Voltaire... Il est impossible de décrire le fin de ses yeux ni les grâces de sa figure : quel sourire enchan-

---

[1]. Voltaire, *OEuvres complètes* (Beuchot), t. LXIX, p. 279. Lettre de Voltaire à madame de Saint-Julien; 5 mai 1775.

teur ! il n'y a pas une ride qui ne forme une grâce. Ah! combien je fus surprise quand, à la place de la figure décrépite que je croyais voir, parut cette physionomie pleine de feu et d'expression; quand, au lieu d'un vieillard voûté, je vis un homme d'un maintien droit, élevé, noble quoique abandonné, d'une marche ferme et même leste encore, et d'un ton, d'une politesse qui, comme son génie, n'est qu'à lui [1].

Ce fut madame Cramer qui se chargea de la présentation. Madame Suard était accompagnée de Panckoucke, son frère, qui venait s'entendre avec le patriarche pour une édition complète de ses œuvres, que Voltaire ne verra point et qu'un autre que Panckoucke accomplira. Elle bouillait d'impatience de voir le poëte; mais une sorte de terreur la prit dans la cour du château, et elle éprouva un véritable soulagement en apprenant qu'il était à la promenade. Madame Cramer s'était détachée pour les annoncer, et revenait bientôt après avec le seigneur de Ferney, qui s'écriait : « Où est-elle, cette dame? Où est-elle? C'est une âme que je viens chercher... On m'écrit, madame, que vous êtes toute âme. — Cette âme, monsieur, est toute remplie de vous, et soupirait, depuis longtemps, après le bonheur de s'approcher de la vôtre. » Ce disant, ils faisaient leur entrée dans le salon où se trouvaient une douzaine de personnes, Audibert, de Marseille, entre autres, le premier et le meilleur ami des Calas, le jeune d'Etallonde, alors en instances pour sa réhabilitation, et un Russe, M. Soltikof. M. Poissonnier, le médecin de Catherine, venait également

---

1. Suard, *Mélanges de littérature* (Paris, Dentu, 1803), t. II, p. 5, 6. Voyage de Ferney, première lettre; Genève, juin 1775.

d'arriver et n'avait pas encore vu Voltaire. Il a été déjà question de Poissonnier, relativement à une saillie de l'auteur de l'*Histoire de Pierre le Grand*, que Chamfort a le tort de prendre au sérieux[1]. Madame Suard nous le représente comme un bavard présomptueux, infatué de ses grands talents et de son mérite. « Il alla se placer à ses côtés, et ce fut pour lui parler sans cesse de lui. M. de Voltaire lui dit qu'il avait rendu un grand service à l'humanité, en trouvant des moyens de dessaler l'eau de la mer. Oh! monsieur! lui dit-il, je lui en ai rendu un bien plus grand depuis; j'étais fait pour les découvertes; j'ai trouvé le moyen de conserver des années entières de la viande sans la saler... »

Sauf pour le patriarche dont elle baise les mains à tout instant, qu'elle accable de caresses et de mots tendres, qui ne fait et ne dit rien que d'admirable, la jeune femme n'est pas d'un optimisme si absolu qu'elle ait renoncé à tout droit de juger avec une complète indépendance. Elle tiendra même tête à son hôte, dans une ou deux rencontres où ses amis seront discutés ou attaqués. Quelque bien disposée qu'elle soit à s'arranger de tout, son sens critique persiste, et sa prévention n'ira point jusqu'à trouver de l'esprit à M. de Florian, qui lui donnait à dîner pourtant dans sa jolie maison. Elle est ravie à juste titre de l'accueil qui lui est fait. On ne saurait être plus constamment charmant que ne le fut ce vieillard, attendri lui-même de l'admiration et de l'affection qu'on lui témoignait,

---

1. *Voltaire et J.-J. Rousseau*, p. 362.

et qui se traduisaient en mille enfantillages, en mille chatteries d'une grâce exquise. Le poëte, quoique obéissant et de vieille date à un régime assez sévère, avait ses fantaisies gourmandes, et il lui arrivait, devant des primeurs, des fraises, par exemple, de perdre de vue ce qu'il devait à une santé qui ne se soutenait que par la sobriété la plus rigide.

Je lui parlai de sa santé ; il avait, me dit-il, mangé des fraises qui lui avaient donné une indigestion. Hé bien! en lui prenant la main et en la lui baisant, vous n'en mangerez plus, n'est-ce pas? Vous vous ménagerez pour vos amis, pour le public dont vous faites les délices. Je ferai, dit-il, tout ce que vous voudrez ; et comme je continuai mes petites caresses : Vous me rendez la vie! Qu'elle est aimable! s'écriait-il ; que je suis heureux d'être si misérable ; elle ne me traiterait pas si bien si je n'avais que vingt ans. Je lui dis que je ne pourrais l'aimer davantage, et que je serais bien à plaindre de ne pouvoir lui montrer toute la vivacité des sentimens qu'il m'inspire. En effet, ses quatre-vingts ans mettent ma passion bien à l'aise [1]...

Madame Suard a été une des femmes les plus aimables, les plus spirituelles, les plus sensées, avec cette pointe de sensibilité et d'imagination, d'une époque où tant de femmes remarquables se révèlent. Si nous disons cela, c'est que nous commençons à nous éloigner de ces temps ; mais, pour ses contemporains, elle ne fut ni une ingénue ni une caillette, et

---

1. Suard, *Mélanges de littérature* (Paris, Dentu, 1803), t. II, p. 15. Lettre II. Voltaire récompensait cette admiration, qui allait jusqu'à l'adoration, par de ces mots charmants, comme il savait en dire quand il tenait à plaire. « Notre résident lui dit que, si jamais ses ouvrages se perdaient, on les retrouverait tout entiers dans ma tête. Ils seront donc corrigés, dit-il avec une grâce inimitable? »

les jolis souvenirs qu'elle a laissés témoignent de la finesse et de la distinction de son esprit. Ses lettres sur son apparition à Ferney, qui d'ailleurs n'étaient faites que pour M. Suard, ont une sorte de lyrisme qui pourrait donner d'elle une idée rien moins qu'exacte. Encore une fois, elle savait à qui elle parlait, et savait aussi que son mari n'irait pas au delà de sa pensée. Si elle était tout amour, elle défendait ses dieux, comme on l'a dit déjà, et son Dieu, contre cet esprit irréligieux à outrance, mais plus en philosophe qu'en chrétienne, ce qui est bien un signe de ces temps tout sceptiques.

> Je n'osais pas relever sérieusement ses sarcasmes, et je voulais encore moins paraître les approuver. Je défendis Jésus-Christ comme un philosophe selon mon cœur, dont la doctrine était divine et la morale indulgente. J'admire, disais-je à M. de Voltaire, son amour pour les faibles et les malheureux ; les paroles que plusieurs fois il avait adressées à des femmes, et qui sont ou d'une philosophie sublime, ou de la plus touchante indulgence. Oh! oui, me dit-il avec un regard et un sourire remplis de la plus aimable malice, vous autres femmes, il vous a si bien traitées que vous lui devez de prendre toujours sa défense [1].

Mais ce qui étonne surtout la jeune femme, ce qui l'émerveille, c'est le naturel charmant du poëte, quand il vient se réunir à ses hôtes. Il n'est ni distrait ni préoccupé, il est tout à tout et à tous, il se dépouille de sa supériorité presque à son insu et s'intéresse, comme le plus frivole, aux riens que l'on

---

1. Suard, *Mélanges de littérature* (Paris, Dentu, 1803), t. II, p. 29, lettre IV.

débite et qui sembleraient devoir le rebuter. « Si vos yeux le cherchent, on est sûr de rencontrer dans les siens les regards de sa bienveillance, et une sorte de reconnaissance pour les sentimens dont il est l'objet. » Voilà ce qu'a vu, ce qu'a cru voir cette femme éprise et enthousiaste. Opposons aux siennes des appréciations bien différentes de ton et qui pècheront manifestement par l'excès contraire.

Lorsque madame de Genlis posait le pied dans Genève, elle avait trente ans, elle était dans le développement de sa beauté, de son esprit, et avait cet aplomb que donnent la naissance, l'habitude du monde, une situation importante à la cour d'un prince du sang. Les succès littéraires ne viendront que plus tard. Madame de Genlis aura des principes religieux en harmonie avec son étrange condition de *gouverneur* des enfants du duc d'Orléans, en harmonie avec son éducation, et nous ne doutons nullement de la sincérité de ses sentiments ainsi que de la profonde horreur qu'elle étala plus tard pour cette école philosophique qui faisait table rase de toutes croyances comme de tout culte. Elle avait, particulièrement, Voltaire en grande antipathie, bien que le poëte eût été jadis avec sa mère en commerce de lettres[1]. Mais alors pourquoi aller relancer jusque dans son repaire cet homme affreux, auquel encore on est obligé de demander la permission de se présenter à Ferney, car on ne s'était munie d'aucune lettre d'introduction? Il y avait bien

---

1. Nous mentionnons le fait sur l'assertion même de madame de Genlis; car aucune de ces lettres ne s'est retrouvée jusqu'à ce jour, que nous sachions.

là volonté et préméditation. Lors du retour de Voltaire à Paris, elle ne se bornera pas à une visite qu'elle lui devait, elle ira le voir trois ou quatre fois [1]. « On se souvient encore, raconte l'abbé Duvernet, des choses vraies et flatteuses qu'elle lui dit. C'était tout à la fois un devoir qu'elle remplissait, et un tribut de louanges qu'elle rendait à titre de *littératrice* et de philosophe, au patriarche de la littérature et de la philosophie [2]. » Il y a, dans cette inconséquence apparente, une raison toute logique et qui se devine, mais sur laquelle nous ne voulons pas trop appuyer [3].

Quoi qu'il en soit, tout en implorant une faveur qu'on ne refusait jamais « aux jeunes femmes de Paris », madame de Genlis n'était pas disposée à la moindre concession, à la moindre faiblesse; et elle data sa lettre du mois « d'août. » On ne sent pas tout d'abord ce que cela a de courageux et d'héroïque. « Il n'y avoit dans mon billet, ni esprit, ni prétentions, ni fadeurs, et je le datai du mois d'août. M. de Voltaire vouloit qu'on écrivît du mois d'*auguste*. Cette petite pédanterie me parut une flatterie, et j'écrivis

1. Madame de Genlis, *Mémoires* (Paris, Ladvocat, 1825), t. II, p. 376.
2. L'abbé Duvernet, *Vie de Voltaire* (Genève, 1786), p. 311.
3. L'abbé Duvernet ajoutait : « Aujourd'hui elle se déchaîne sans ménagement contre lui, et il est fâcheux de voir une femme de mérite ne répéter dans ses amertumes que ce que M. l'abbé Sabatier et autres gens sans mérite en ont écrit. Voilà, certes, en madame *de Genlis*, deux conduites bien opposées. C'est une énigme dont elle seule peut nous dire le véritable mot. C'est aussi ce que nous la prions de faire dans un supplément au petit catéchisme en quatorze volumes qu'elle a composé et imprimé, pour apprendre à vivre et à penser à la jeune noblesse française. »

fièrement du mois d'août. » Madame de Genlis, qui aurait dû se connaître en pédanterie, se trompe ici du tout au tout, et il nous semble qu'elle aurait fait preuve de bon goût en se pliant à cette exigence d'un écrivain qui donne de bonnes raisons d'une réforme qu'il a été d'ailleurs impuissant à faire adopter. Mais que va dire M. de Voltaire? quelles seront sa colère et son indignation, devant cette sorte de protestation? Sa réponse fut plus inoffensive qu'on ne s'y attendait : il dit qu'en faveur de la visite d'une aussi belle dame, il quitterait ses pantoufles et sa robe de chambre, et il invitait la coupable à dîner et à souper.

Dans le récit de cette visite à Ferney, l'on songe bien plus à entretenir de soi le lecteur que de l'homme célèbre que l'on venait saluer ; et vraiment ce dernier ne sera qu'au second plan, au moins dans les préoccupations de la comtesse. Quelle attitude aura-t-elle ? quelle sera sa contenance? Cela a été discuté à l'avance comme l'orthographe du billet. « Quand j'eus reçu la réponse aimable de M. de Voltaire, il me prit tout à coup une espèce de frayeur qui me fit faire des réflexions inquiétantes. Je me rappelai tout ce qu'on racontoit des personnes qui alloient, pour la première fois, à Ferney. Il étoit d'usage, surtout pour les jeunes femmes, de s'émouvoir, de pâlir, de s'attendrir et même de se trouver mal en apercevant M. de Voltaire; on se précipitoit dans ses bras, on balbutioit, on pleuroit, on étoit dans un trouble qui ressembloit à l'amour le plus passionné. » C'est là une petite malice à l'endroit de madame Suard, dont les lettres à son mari sur son voyage à Ferney furent imprimées par madame de Montmorency, à Dampierre, dès 1802, bien qu'à l'égard même de cette correspondance toute intime, durement traitée par Fiévée dans le *Journal des Débats*, l'on se targue d'une générosité chevaleresque [1].

Elle a pris son parti en femme de cœur et de tête, elle ne se précipitera point au cou de M. de Voltaire, et ne tombera pas davantage en syncope, quelque impertinente et grossière que pût paraître une toute autre conduite : elle se résolut bravement à « n'être point ridicule, » bien qu'en violentant encore une simplicité et une réserve dont elle ne se départait guère. La comtesse s'était fait accompagner d'un peintre allemand qui revenait d'Italie, M. Ott, dont les dispositions à l'enthousiasme agaçaient terriblement notre sceptique. L'on pénètre dans la cour du château et l'on descend de voiture. Les visiteurs sont introduits dans une antichambre assez obscure. M. Ott tressaille, pousse un cri : « c'est un Corrège ! » Il avait aperçu, en effet, un Corrège, qui eût mérité les honneurs du salon et que M. Ott, malgré son optimisme, ne put s'empêcher de trouver déplacé dans un pareil lieu. Cela nous étonne un peu et nous pensions que, du vivant de Voltaire, ce tableau occupait l'un des lambris de la pièce principale. Les yeux de madame de Genlis s'étaient portés, en entrant, sur la pendule du salon qui lui eût appris qu'elle était arrivée trois quarts d'heure trop tôt, si l'espèce d'effarement des domestiques désorientés, le bruit répété des sonnettes ne l'eussent déjà avertie que l'on ne comptait pas si tôt

---

1. Madame de Genlis, *Mémoires* (Paris, Ladvocat, 1825), t. V, p. 260, 261.

sur elle; ce qui ne laissa point de la déconcerter un peu, car ce sont là des torts presque impardonnables entre gens qui savent vivre. Cependant, madame Denis apparaît avec madame de Saint-Julien; cette dernière offre de la meilleure grâce à la survenante une promenade dans le parc, qui est acceptée avec empressement. Elles s'engagent sous cette allée de charmille qui existe encore et qui avait l'effet malheureux de cacher la vue la plus magnifique [1]. Cela choque à juste titre les instincts artistes de la dame, qui ne tarde pas à avoir contre cette maudite charmille de bien autres griefs. Le berceau était si bas et ses plumes si élevées que ces dernières s'accrochaient à chaque instant aux branches, en dépit de toutes les précautions.

Je me courbois extrêmement, et comme pour me rapetisser encore, je ployois beaucoup les genoux; je marchois à toute minute sur ma robe, je chancelois, je trébuchois, je déchirois mes jupons, et, dans l'attitude la plus gênante, je n'étois guère en état de jouir de la conversation de madame de Saint-Julien, qui, petite, en habit négligé du matin, se promenoit très à son aise, et causoit très-agréablement. Je lui demandai, en riant, si M. de Voltaire n'avoit pas trouvé mauvais que j'eusse daté ma lettre du mois d'août. Elle me répondit que non; mais elle ajouta qu'il avoit remarqué que je n'écrivois pas avec son orthographe.

On vint dire que M. de Voltaire entrait dans le salon, et les deux promeneuses en reprirent le chemin.

---

1. Les trouées ménagées de distance en distance pour jouir de ce beau paysage y furent pratiquées plus tard par M. de Budée. Depery, *Biographie des hommes célèbres du département de l'Ain* (Bourg, 1835), t. I, p. 153, 154.

En passant dans une des pièces, la jeune femme rencontre son visage dans une glace : elle était décoiffée, toute ébouriffée, et avait une mine complétement décomposée. Il fallut bien se rajuster un peu, après quoi elle suivait madame de Saint-Julien au salon. L'auteur de *la Henriade* lui prit la main et la baisa. « Je ne sais pourquoi cette action si commune me toucha, comme si cette espèce d'hommage n'étoit pas aussi vulgaire que banal ; mais enfin je fus flattée que M. de Voltaire m'eût baisé la main, et je l'embrassai de très-bon cœur... » Mais le poëte allait tout aussitôt gâter ses affaires par cette monomanie d'irréligion, qui le poussait aux saillies les plus inopportunes et les plus indécentes. Nous avons vu madame Suard, sans être une chrétienne très-fervente, gênée, sinon offensée par une tirade impie contre Jésus-Christ, dont elle crut devoir défendre la morale, l'esprit de charité et de tolérance. Pareille chose allait arriver, et cette fois l'auteur du *Sermon des Cinquante* ne se trouvait plus devant un être sympathique et d'une foi un peu tiède. L'artiste allemand, ravi de s'entendre nommer par M. de Voltaire, s'imaginant qu'il ne lui était pas tout à fait inconnu, avait tiré de sa poche des miniatures qu'il avait faites à Berne.

Malheureusement un de ces tableaux représentoit une Vierge avec l'enfant Jésus : ce qui fit dire à M. de Voltaire plusieurs impiétés aussi plates que révoltantes. Je trouvai qu'il étoit contre les devoirs de l'hospitalité et contre toute bienséance de s'exprimer ainsi devant une personne de mon âge, qui ne s'affichoit pas pour un *esprit fort*, et qu'il recevoit pour la première fois. Extrêmement choquée, je me tournai du côté de madame Denis, afin d'avoir l'air de ne pas écouter son oncle. Il changea d'entretien [1].

Là, madame de Genlis est dans son droit, et son attitude, qui était une protestation muette mais significative, était aussi légitime que les propos de Voltaire étaient peu mesurés et malséants.

Madame Suard nous représente le patriarche presque jeune, solide sur ses jambes, et ne s'apercevant pas qu'il dût être fatigué; la comtesse, qui a les motifs opposés d'exagérer les choses, nous le peint, au physique comme au moral, sous un aspect tout différent.

Il étoit fort cassé, nous dit-elle, et sa manière gothique de se mettre le vieillissoit encore; il avoit une voix sépulcrale qui lui donnoit un ton singulier, d'autant plus qu'il avoit l'habitude de parler excessivement haut, quoiqu'il ne fût pas sourd. Quand il n'étoit question ni de religion ni de ses ennemis, ajoute-t-elle, sa conversation étoit simple, naturelle, sans nulle prétention, et par conséquent, avec un esprit tel que le sien, parfaitement aimable. Il me parut qu'il ne supportoit pas que l'on eût, sur aucun point, une opinion différente de la sienne; pour peu qu'on le contredit, son ton prenoit de l'aigreur et devenoit tranchant. Il avoit certainement beaucoup perdu de l'usage du monde, qu'il avoit dû avoir, et rien n'est plus simple : depuis qu'il étoit dans cette terre, on n'alloit le voir que pour l'enivrer de louanges; tout ce qui l'entouroit étoit à ses pieds; il n'entendoit parler que de l'admiration qu'il inspiroit, et les exagérations les plus ridicules dans ce genre ne lui paroissoient plus que des hommages ordinaires. Les rois mêmes n'ont jamais été l'objet d'une admiration si outrée... [2].

1. Madame de Genlis, *Mémoires* (Paris, Ladvocat, 1825), t. II, p. 325.
2. *Ibid.*, t. II, p. 329.

Cette appréciation est au moins bien légère. « Il me parut, dit madame de Genlis, qu'il ne supportoit pas que l'on eût, sur aucun point, une opinion différente de la sienne. » Est-ce un soupçon ou une appréciation motivée? Dans ce dernier cas, la belle dame eût bien fait, elle qui est si prolixe, de citer quelques frasques de ce terrible enfant. Nous savons, nous autres, quel hôte poli, aimable, caressant il est pour tous; et sa mansuétude à l'égard de La Harpe, notamment, nous a démontré surabondamment qu'on pouvait non-seulement être d'une opinion différente de la sienne, mais encore le contrecarrer, avec peu de mesure même, sans provoquer en lui ces emportements furibonds qu'on lui suppose à la moindre résistance. Quant à cet usage du monde, quant au sentiment de réciprocité que donne la fréquentation de la bonne compagnie, et qu'aurait à la longue émoussé et complétement effacé la flatterie subalterne des touristes d'aventure, madame de Genlis nous semble se méprendre étrangement sur le personnel incessamment renouvelé des hôtes de Ferney. C'est tout ce que l'Europe renferme de plus considérable qui vient rendre visite au patriarche, et il faut voir, au contraire, avec quel tact il sait allier ce qu'il doit au mérite et à la naissance. Disons plus : jamais Voltaire, dans sa jeunesse et son âge mûr, ne vécut dans un plus grand monde, n'eut occasion de rencontrer meilleure et plus illustre compagnie, que pendant les quelque vingt ans qu'il passa soit aux Délices, soit à Ferney.

Mais, à l'exception de madame de Genlis, qui lui a reproché de manquer d'urbanité, d'égards, de savoir-vivre, de ces raffinements mêmes dont un vieillard malade se trouverait dispensé? M. de Voltaire est un écrivain irréligieux, sans foi ni loi, nous le voulons bien; c'est un homme qui a essentiellement les vertus de société et qui jusqu'au dernier moment conservera le ton d'une exquise politesse. Son ajustement, cette ample perruque sous laquelle il disparaît presque, peuvent être surannés et même grotesques, et nous nous inclinons devant la compétence d'une Parisienne à prononcer en dernier ressort sur cette grave matière. Mais, sur le reste, nous serons moins accommodants. Quelque peu bienveillant qu'il soit, il échappe à l'auteur d'*Adèle et Théodore* des aveux bons à enregistrer. La comtesse est de l'avis de madame Suard sur l'expression de douceur de ce regard que la passion et la fureur allument à certaines heures. « Tous les portraits et tous les bustes de M. de Voltaire sont très-ressemblans; mais aucun artiste n'a bien rendu ses yeux. Je m'attendois à les trouver brillans et pleins de feu : ils étoient en effet les plus spirituels que j'aie vus; mais ils avoient en même temps quelque chose de velouté et une douceur inexprimable : l'âme de Zaïre étoit tout entière dans ces yeux-là. »

Dans la soirée, l'on proposa à la jeune femme une promenade en voiture. Les chevaux sont attelés, et le patriarche, madame Denis, madame de Saint-Julien et madame de Genlis s'installent dans la berline. L'on prit le chemin du village et des établissements de cet homme si diversement jugé, mais sur l'avarice duquel ses partisans même semblent passer condamnation.

Il est plus grand là que dans ses livres, nous dit madame de Genlis; car on y voit partout une ingénieuse bonté, et l'on ne peut se persuader que la même main qui écrivit tant d'impiétés, de faussetés et de méchancetés, ait fait des choses si nobles, si sages et si utiles. Il montroit ce village à tous les étrangers, mais de bonne grâce; il en parloit simplement, avec bonhomie; il instruisoit de tout ce qu'il avoit fait, et cependant il n'avoit nullement l'air de s'en vanter, et je ne connois personne qui pût en faire autant.

Ce dernier trait du portrait, que la vérité arrache, compense et rachète la dureté et la sécheresse de certaines appréciations qui ne sont rien moins qu'amicales. Nous avons cru qu'il était piquant d'opposer deux récits de femmes du monde, bien différentes d'esprit, si elles en avaient l'une et l'autre infiniment. Mais il nous faut revenir un peu sur nos pas, car ce voyage de madame de Genlis est d'août 1776, et, par conséquent, postérieur d'un peu plus d'une année à l'époque où nous sommes.

II

VOLTAIRE ET DENON. — AFFRANCHISSEMENT DU PAYS DE GEX. — BELLE ET BONNE. — MORT DE FRÉRON.

Ces visiteurs que Ferney voyait journellement se produire un instant pour s'évanouir n'étaient pas tous taillés sur le même patron. Il y en avait de tous les âges, de tous les sexes, de toutes les conditions, de toutes les humeurs; et, vraiment, sans cette bigarrure, ces disparates, cet imprévu, la place n'eût pas été tenable pour un vieillard de quatre-vingts ans, aux yeux duquel le plus grand des malheurs était le gaspillage et la perte du temps. Cette indemnité, du moins, ne lui était pas refusée; le philosophe et le moraliste avaient de quoi satisfaire leur instinct observateur et critique. Quelques jours après le départ de madame Suard, dont le succès avait été si complet à Ferney, le patriarche recevait le petit billet qui suit, à la date du 3 juillet :

Monsieur, j'ai un désir infini de vous rendre mes hommages. Vous pouvez être malade, et c'est ce que je crains. Je sens aussi qu'il faut souvent que vous vouliez l'être, et c'est ce que je ne veux pas dans ce moment-ci. Je suis gentilhomme ordinaire du roi, et vous savez mieux que personne qu'on ne nous refuse jamais la porte. Je réclame donc tout privilége pour faire ouvrir les battans.

J'étais l'année dernière à Pétersbourg; j'habite ordinairement Paris, et je viens de parcourir les treize cantons, dont vous voyez que j'ai pris la franche liberté. Si avec cela vous pouvez trouver en moi quelque chose qui vous dédommage des instans que je vous demande, alors mon plaisir sera sans reproches et deviendra parfait.

Voltaire répondait aussitôt :

Monsieur, mon respectable camarade, non-seulement je peux être malade, mais je le suis, et depuis environ quatre-vingts ans. Mais, mort ou vif, votre lettre me donne une extrême envie de profiter de vos bontés. Je ne dîne point, je soupe un peu [1], je vous attends donc à souper dans ma caverne. Ma nièce, qui vous aurait fait les honneurs, se porte aussi mal que moi. Venez avec beaucoup d'indulgence pour nous deux; je vous attends avec tous les sentiments que vous m'inspirez.

Cet étrange confrère, qui se révélait d'une manière si inattendue et si dépourvue de la moindre gêne, était Vivant Denon, ce même Denon qui sera baron de l'Empire, et se fera un nom dans la diplomatie, l'administration aussi bien que dans les arts. La fortune de Denon fut le résultat de ce caractère osé qui s'effrayait de peu de choses, mais qui savait la façon de

1. « Il ne paraît plus à table et ne dîne plus; il reste couché presque tout le jour, travaille dans son lit jusqu'à huit heures; alors il demande à souper; et, depuis trois mois, c'est toujours avec des œufs brouillés qu'il soupe; il a pourtant toujours une bonne volaille toute prête, en cas qu'il en ait la fantaisie. Tous les villageois qui passent par Ferney y trouvent aussi un dîner prêt et une pièce de vingt-quatre sous pour continuer leur route. » Suard, *Mélanges de littérature* (Paris, Dentu, 1803), t. II, p. 18, 19. Voyage de Ferney, lettre II.

s'y prendre et ne s'aventurait qu'à bon escient. Avant d'en user ainsi avec M. de Voltaire, il n'en avait pas autrement agi avec Louis XV, sur le passage duquel il se tenait obstinément : « Que voulez-vous? lui demanda Sa Majesté, qui avait fini par remarquer son assiduité. — Vous voir, Sire, répondit Denon. » Sans faire l'histoire des débuts de cet esprit retors, qui, introduit dans la place, sut flatter également les instincts artistiques de madame de Pompadour et se vit bientôt élevé au grade de gentilhomme ordinaire, racontons cette anecdote unique qui suffit à donner la mesure de la bonne opinion qu'il aura su donner de lui. Un courtisan, mieux intentionné qu'habile, s'efforçait, un jour, de sortir d'une histoire entamée péniblement et qu'il ne réussissait pas à rendre plaisante : « Allons, Denon, racontez-moi cela, » dit le roi en se tournant vers le jeune Denon[1]. Il avait été chargé, comme sa lettre nous l'apprend, d'une mission à la cour de Saint-Pétersbourg, d'où il revenait après y avoir obtenu des succès d'homme du monde et d'homme d'esprit. Au moment où il posait le pied chez le philosophe, il avait vingt-huit ans et demi ; il n'avait donc pas perdu de temps, surtout si nous remarquons que sa curiosité s'était appliquée à plus d'un objet, et que, dès 1769, il faisait jouer, à la recommandation de Dorat, une petite pièce, le *Bon père*, qui faisait dire malignement à Lekain : « C'est la comédie de ce jeune auteur couleur de rose que nos dames ont reçue[2]. »

---

1. Lady Morgan, *La France* (Treuttel et Würtz, 1817), t. II, p. 301.
2. « L'écolier de rhétorique qui a fait cette amplification, écrit

Quoi qu'il en soit, Denon se rend avec empressement à l'invitation, et, dans cette entrevue, réussit pleinement auprès du vieux malade, qui se laissa gagner par sa gaieté, son aplomb, son esprit et ses contes. De retour à Genève, notre gentilhomme de la chambre trouvait les lettres de recommandation de La Borde, le valet de chambre de Louis XV ; c'était arriver après le dernier plat. Il n'envoyait pas moins ses « passe-ports » à Ferney. Dans le billet qu'il joignait à ces inutiles pièces, Denon disait que La Borde le priait de lui rapporter le portrait du poëte, et il était aux regrets, ajoutait-il, de ne pouvoir lui donner ce contentement. Mais Voltaire ne sembla pas comprendre. « Je voudrais, répondait-il, pouvoir envoyer à M. de La Borde le portrait qu'il veut bien demander, mais je n'en ai pas un seul. Le meilleur buste qui ait été fait est celui de la manufacture de porcelaine de Sèvres : j'en fais venir quelques-uns, et je vous en présenterais, si j'étais assez heureux pour vous voir (5 juillet 1775). » Devant toute ouverture de ce genre, Voltaire ne varie point : copiez mon buste de Sèvres ; il ne connaît que cela. Et quand, cinq ans auparavant, en 1770, il se vit menacé du voyage de Pigalle, il se hâtait d'écrire à madame Necker : que Pigalle ne se dérange pas, il a mon buste

Collé, qui appelle la pièce *Julie*, mériterait un *pensum*, et son régent doit l'avertir qu'il n'aura jamais ni talent ni génie, et qu'il doit absolument renoncer à composer. Cet écolier s'appelle M. Denon ; il a vingt-deux ans ; il est gentilhomme ordinaire du roi et aura quelque jour vingt ou vingt-cinq mille livres de rente ; on le dit d'ailleurs un fort aimable enfant... » *Journal* (Paris, 1807), t. III, p. 424 : juin 1769.

de Sèvres, il ne lui en faut pas davantage. Denon n'insista point et ne reparut plus à Ferney.

Voltaire, qui chaque jour avait à accueillir ou à éviter les empressements de l'Europe voyageuse, avait complétement oublié sans doute l'apparition fugitive de son jeune collègue, lorsqu'il reçut, cinq mois plus tard, une estampe avec le billet qui suit :

> Si je n'ai joui que quelques instants, Monsieur, du bonheur d'être près de vous et de vous entendre, un peu de facilité à saisir la ressemblance a prolongé ma jouissance; et, m'occupant à retracer vos traits, j'ai arrêté par le souvenir le plaisir qui fuyait avec le temps.
> Les secours d'un artiste habile, ceux d'un ami aussi aimable par les grâces de l'esprit que par les qualités du cœur[1], tout a concouru à décorer et à éterniser l'hommage que je voulais vous faire d'un talent que vous venez de me rendre précieux : je désire qu'il soit auprès de vous l'interprète de la reconnaissance que je conserve des politesses vraiment amicales par lesquelles, pendant mon séjour à Ferney, vous avez voulu absolument me prouver votre confraternité[2].

A coup sûr, on ne saurait s'exprimer en meilleurs termes, et le patriarche de Ferney eût été mal reçu à se plaindre. Mais ce ne sera point du poulet qu'il se montrera médiocrement satisfait. Le dessin, qui devait, selon son auteur, consolider leur amitié et leur alliance, ce dessin fit pousser des cris d'indignation et d'horreur à tous les hôtes de Ferney, car le sentiment fut unanime. Denon pouvait-il bonnement

---

1. Saint-Aubin et La Borde.
2. *Monuments des arts du dessin chez les peuples tant anciens que modernes*, recueillis par le baron Denon (Paris, Brunet-Denon, 1829), t. I, p. 17. Lettre de Denon à Voltaire; 5 décembre 1775.

s'être imaginé que l'on applaudirait à cette figure grimaçante, surannée, du grand écrivain qu'il livrait ainsi aux brocards des plaisants? Voltaire est hors de lui. Il écrira à ce confrère en gentilhommerie de sa bonne encre, et il ne cachera point ce qu'il pense et ce que l'on pense autour de lui de cet indigne charbon. Mais le temps, heureusement, calmera ce premier emportement; il sentira qu'il serait ridicule de se mettre en colère, et que, tout en gardant un masque de bienveillance, on peut aisément indiquer son chagrin, son étonnement tout au moins. Cette correspondance, avec ses teintes et ses demi-teintes, est précieuse. Elle n'a été reproduite dans aucune des éditions de Voltaire, même les dernières, et le recueil d'où nous l'extrayons n'est certes pas le lieu où l'on irait la chercher. C'était plus qu'il n'en fallait pour nous décider à entrer dans les détails de ce petit incident qui, d'ailleurs, ne nous sort pas de notre sujet.

La lettre d'envoi de Denon est du 5 décembre. Voltaire mit quinze jours à se calmer et à y répondre. S'il est un peu amer, il fait patte de velours et tient à ne pas casser les vitres. Il persifle, sans toutefois dissimuler sa sensibilité et sa contrariété.

> De ce plaisant Callot vous avez le crayon ;
> Vos vers sont enchanteurs, mais vos dessins burlesques.
> Dans votre salle d'Apollon
> Pourquoi peignez-vous des grotesques?

Si je pouvais, Monsieur, mêler des plaintes aux remerciements que je vous dois, je vous supplierais très-instamment de ne point laisser courir cette estampe dans le public. Je ne sais pourquoi vous m'avez dessiné en singe estropié, avec une tête penchée et une épaule quatre fois plus haute que l'autre. Fréron et Clément s'égaieront trop sur cette caricature.

Permettez-moi que je vous envoye, Monsieur, une petite boîte de bouis doublée d'écaille, faite dans nos villages. Vous y verrez une posture honnête et décente et une ressemblance parfaite. C'est un grand malheur de chercher l'extraordinaire et de fuir le naturel, en quelque genre que ce puisse être.

Je vous demande bien pardon. J'ai dû non-seulement vous dire librement ma pensée, mais celle de tous ceux qui ont vu cet ouvrage...

Convenons que, sur la foi de son entourage, Voltaire exagère la laideur et l'horreur de son portrait. Denon ne l'a pas flatté, mais encore n'est-ce pas une caricature, il l'a dessiné en toute conviction, d'après une impression et des souvenirs très-frais, car l'estampe est datée du 6 juillet, le lendemain même de son entrevue à Ferney. Aussi ressentira-t-il vivement le reproche, les petits traits malins, et l'envoi de cette tabatière de « bouis, faite dans nos villages. » Sa réplique est verte et presque impertinente. Elle n'est pas datée, mais elle doit être écrite sans désemparer, après lecture de ce billet aigre-doux.

Monsieur, M. Moreau n'a pu me remettre que dans ce moment la lettre et la boîte que vous avez eu la bonté de m'adresser. Je vois avec plaisir le zèle que vos bons villageois mettent à vous plaire; j'applaudis à leurs efforts, et je reçois la boîte comme un cadeau qui m'est agréable, parce que je le tiens de vous.

Je suis en vérité désolé de l'impression que vous a faite mon ouvrage. Je ne plaiderai point sa cause; mon but est manqué, puisqu'il ne vous a pas fait le plaisir que je désirais, mais je dois vous rassurer sur la sensation qu'il fait ici : on le trouve plein d'expression; chacun se l'arrache, et ceux qui ont l'honneur de vous connaître assurent que c'est ce qui a été fait de plus ressemblant. C'est un grand malheur, en peinture comme en autre chose, de voir autrement les objets qu'ils n'existent. Pardon, monsieur; mais j'ai dû non-seulement vous faire l'aveu de mon erreur sur ce portrait, mais vous dire naturellement et pour votre tranquillité tout ce que je savais du succès de cette estampe.

Denon était piqué. On lui dit : « C'est un grand malheur de chercher l'extraordinaire et de fuir le naturel, en quelque genre que ce soit. » Et il riposte : « C'est un grand malheur, en peinture, comme en autre chose, de voir autrement les objets qu'ils n'existent. » Œil pour œil, dent pour dent. En somme, on peut bien excuser un mouvement de susceptibilité dans un artiste aussi convaincu. Ce n'est pas en se fâchant, d'ailleurs, que l'on dispose aux concessions, et Voltaire espérait obtenir au moins une retouche à son hideux portrait.

Je suis bien loin, monsieur, de croire que vous ayez voulu faire une caricature dans le goût des plaisanteries de M. Huber.

J'ai chez moi actuellement le meilleur sculpteur de Rome, à qui ma famille a montré votre estampe : il a pensé comme tous ceux qui l'ont vue. On l'a prié d'écrire ce qu'il fallait pour la corriger : je vous envoie sa décision.

Il court dans Paris une autre estampe, qu'on appelle mon *Déjeuner*; on dit que c'est encore une plaisanterie de M. Huber. J'avoue que tout cela est fort désagréable. Un homme qui se tiendrait dans l'attitude qu'on me donne, et qui rirait comme on me fait rire, serait trop ridicule.

Vous m'auriez fait plaisir si vous aviez pu corriger l'ouvrage qui a révolté ici tout le monde; et s'il en était encore temps, ma famille vous aurait beaucoup d'obligation. Je n'en suis pas moins sensible à votre bonté, et je n'en estime pas moins vos talents. Je vous supplie de ne rien imputer à une fausse délicatesse de ma part. Je sais bien que vous m'avez fait beaucoup d'honneur ; mais je vous prie de pardonner à mes parents et à mes amis, qui ont cru qu'on avait voulu me tourner en ridicule.

Maintenant, voici cette décision du « meilleur sculpteur de Rome, » qu'on a retrouvée jointe à la lettre du poëte dans les papiers de Denon.

Étant consulté sur cette estampe, je crois que, pour la corriger, il faudrait premièrement : mettre le portrait d'ensemble ; — moins maniérer la tête ; — venir la dessiner d'après nature ; — prendre un parti sur l'effet total ; enfin, rendre la chose plus pittoresque.

Les défauts que je trouve : l'épaule haute ; — M. de Voltaire n'a pas de dessus d'yeux ; — le nez est trop long, et le front aussi ; la bouche n'est pas bien, parce qu'elle cercle trop.

Nous avouerons que nous doutions un peu de la présence à Ferney du meilleur sculpteur de Rome, venu là, tout exprès, pour corriger le dessin de Denon. C'était calomnier Voltaire, qui avait bien véritablement alors chez lui un statuaire de la Ville éternelle, comme cela résulte de ce billet à D'Alembert : « Je vous avertis, illustre secrétaire de notre Académie, que M. Poncet, l'un des plus célèbres sculpteurs de Rome, vient exprès, à Paris, pour faire votre buste en marbre. Il s'est, en passant, essayé sur moi, pour arriver jusqu'à vous par degrés. Ce n'est pas un simple artiste qui copie la nature, c'est un homme de génie qui donne la vie et la parole (6 février 1776). »

C'est là une lettre d'introduction non fermée, et dans laquelle il ne faut pas chercher la pensée véritable.

Mais, deux jours après, il écrivait à son ami pour qu'il sût bien que tout cela était très-sincère. « Je vous préviens que je ne vous trompe pas dans cette lettre, quand je vous dis qu'il donne la vie et la parole. » Voltaire l'avait goûté, durant le séjour rapide qu'il avait fait chez lui ; Poncet n'avait, d'ailleurs, rien négligé pour gagner son amitié ; et le jour même où le poëte écrivait la lettre de recommandation à D'Alembert, il recevait de l'artiste un petit présent qui sembla le flatter beaucoup. « Je suis pénétré de la bonté avec laquelle vous vous êtes souvenu de la Saint-Barthélemy, lui écrivait-il, cette médaille m'est bien précieuse [1]. »

Il s'agit ici d'une médaille frappée à Rome à la glorification de cet abominable massacre, et qui servait trop sa thèse pour qu'il n'eût pas toute l'envie du monde d'en avoir une en propre. « On frappa des médailles sur cet événement (j'en ai eu une entre les mains), » dit-il dans son *Histoire du Parlement*, qui parut en 1769 [2]. Désormais, la pièce de conviction était en sa possession. Cette médaille n'était pas commune ; et le marquis de Bièvre, un prôneur de Poncet, mandait à Beaumarchais auquel, précisément, il dépêchait pour son édition des lettres relatives à son protégé [3] : « Si vous êtes curieux d'avoir cette

---

1. *Voltaire à Ferney* (Paris, Didier, 1860), p. 441. Lettre de Voltaire à Poncet, sculpteur ; de Ferney, 6 février 1776.

2. Voltaire, *OEuvres complètes* (Beuchot), t. XXII, p. 132. *Histoire du Parlement*, ch. XXVIII.

3. Il s'agit de la lettre à D'Alembert du 6 février 1776 citée plus haut et reproduite dans les *OEuvres complètes* (Beuchot), t. LXIX, p. 497 ; de la lettre à Poncet, du même jour, reproduite dans *Voltaire à Ferney* ; et d'une troisième à M. Tabareau, du 25 décembre 1775, qui manque, si la date est exacte.

médaille, je pourrais vous la procurer, mais en vous demandant le plus grand secret : car tout le monde voudrait l'avoir, et je ne suis pas en état de faire face sur ce sujet[1]. »

L'illustre géomètre, moins prompt à s'éprendre, ne fut pas si facile de composition, et, malgré la belle épître de Voltaire, il semble avoir reçu « le célèbre sculpteur » assez mal. « Ce Poncet est venu chez moi avec une lettre de vous : je lui ai demandé quels étaient les Italiens, si jaloux d'avoir ma figure, qui désiraient que je me soumisse encore à l'ennui de la faire modeler. Il m'a dit que c'était un *secret*. J'en ai conclu que ce grand sculpteur était encore un plus grand hâbleur, et je l'ai remercié de sa bonne volonté, en lui disant qu'un sculpteur célèbre de ce pays-ci venait de faire mon buste[2], et qu'il pouvait le copier, s'il le voulait (25 avril 1776). » Hâbleur ou non, Poncet existe, et c'est lui, « le meilleur sculpteur de Rome, » l'auteur de la *décision* que Voltaire envoyait à Denon.

Dans cette même lettre à Denon, Voltaire parle d'une autre estampe « qu'on appelle mon *Déjeuner*, » et qu'il suppose d'Huber. A juger par l'humeur que lui avait causée son portrait, qui n'était point flatté mais qui n'était pas une charge, sans doute aurait-il poussé de bien autres clameurs, si l'estampe lui fût déjà parvenue. Tout le monde connaît cette plaisante et grotesque scène. Voltaire dans son lit,

---

[1]. Étienne Charavay, *Catalogue de lettres autographes*, du 7 mai 1875, n° 44. Lettre du marquis de Bièvre à Beaumarchais; à Rome, ce 5 novembre 1781.

[2]. Houdon. Voir la gravure de Saint-Aubin.

embéguiné; la grosse madame Denis, assise à son chevet, près de la table où le café au lait est servi; un gros homme réjoui, aux pieds du lit, que l'on avait présumé jusque-là être l'auteur de l'estampe. Une chambrière à droite, le père Adam à gauche, tout cela très-vivant, mais à faire pouffer de rire. Poncet, dans son appréciation du portrait, estime que « la bouche n'est pas bien, parce qu'elle cercle trop. » Hélas! dans cette dernière composition, elle bride d'une oreille à l'autre, et donne une vraie physionomie de singe au patriarche. Quant à madame Denis, tout est bouffissure en elle, joues, bras, gorge. Et elle n'eut pas plus à se louer du peintre que son vénérable oncle. Il est à croire que la réponse de Denon vint clore cette correspondance, toujours polie, mais où l'aigreur se sentait, si elle s'efforçait de ne point trop percer.

Je viens de recevoir votre lettre du 24; je vous réitère mes excuses au sujet de votre portrait et de l'estampe de votre *Déjeuner*. Je me reproche bien sincèrement le chagrin que cela vous a causé, ainsi qu'à votre sensible famille. J'étais bien loin de penser, lorsque je fis ces dessins, qu'ils feraient autant de bruit. Je ne voulais que me retracer les moments que j'avais passés à Ferney, et rendre pour moi seul la scène au naturel, et telle que j'en avais joui : j'occupais même une place dans le groupe que compose le tableau du Déjeuner; mais, dès qu'il fut question de graver ce morceau, je me hâtai bien vite d'en exclure mon personnage. Soit par modestie, soit par amour-propre, je me trouvai ridicule en figurant auprès de vous, et je ne voulus point jouer le nain où l'on montrait le géant[1]. Je ne réfléchis pas, dans

---

1. Ce personnage gros et gras que Denon s'est substitué est La Borde, dont la ressemblance avec ses portraits de profil est frappante.

le moment, que tout ce qui tient à vous doit avoir de la célébrité ; et je laissai graver sans réflexion ce que j'avais dessiné sans conséquence. Au reste, la plus grande partie de ceux qui se sont procuré cette estampe n'y ont vu que la représentation d'une scène de votre intérieur qui leur a paru intéressante. Je ne connais point les ouvrages de M. Hubert : je n'ai donc voulu imiter personne. Je ne sais quel acharnement on met à vous effrayer sur cette production : si vous la connaissiez, vous verriez que votre figure n'a que l'expression simple que donne une discussion vive et familière. C'est m'affliger réellement que de vous faire croire que j'ai pu penser à vous ridiculiser ; c'est dénaturer dans votre esprit tous les sentiments que je vous ai voués, et dégrader mon caractère. Eh ! monsieur, pourquoi voir toujours des ennemis ? Les triomphes ne servent-ils qu'à multiplier les craintes ? Qu'est-ce donc que la gloire si la terreur habite avec elle ?

Quant aux complaisantes observations de votre habile artiste romain, quoiqu'elles ne m'aient ni édifié ni convaincu, je veux lui montrer que je ne suis pas moins complaisant que lui ; car je tiens si peu à ce que vous appelez mes talents, que je conviendrai de tout ce que vous voudrez qu'il contredise, et serai même plus que lui de l'avis qu'il faut que je retourne dessiner votre tête d'après nature. C'est un conseil que je me laisserai toujours donner bien volontiers, par le plaisir qu'il en résulterait pour moi de vous revoir et de travailler plus efficacement à vous convaincre de l'attachement et de la vénération avec laquelle je serai toute ma vie,

---

Cette pochade ne vint pas à Ferney en droiture. « On nous a apporté, écrit Villette à Villevieille deux ans après, une estampe, intitulée : *Le déjeuner de Ferney*. La Borde, auteur de cette gravure, y est représenté à table, dans toute sa plénitude et beau comme un ange. M. de Voltaire y est dans un coin, maigre comme la mort et laid comme le péché. En jetant les yeux sur cette caricature, il s'est écrié : *C'est Lazare au dîner du mauvais riche.* » Œuvres (Edimbourg, 1788), p. 118. — *Mémoires pour servir à l'histoire de M. de Voltaire* (Amsterdam, 1785), IIe partie, p. 89. Ce qui étonne un peu, c'est que Villette attribue à La Borde une estampe signée et avouée par Denon.

mon respectable camarade, votre très-humble et très-obéissant serviteur. Denon[1].

Ce ne sont là que des politesses. Denon n'avait pas la moindre idée de retourner à Ferney où il eût été froidement accueilli de la *sensible* famille. Quant aux promesses de se soumettre aux décrets du Phidias romain, il ne se piqua pas d'y faire honneur, et l'estampe demeura ce qu'elle avait été dans l'origine.

Nous avons vu Voltaire lui envoyer une petite boîte « de bouis » doublée d'écaille, sur laquelle il était représenté « dans une posture honnête » et « d'une ressemblance parfaite » ; et Denon, prenant le cadeau pour une épigramme ou, tout au moins, une leçon, remercier son confrère d'une façon assez revêche. Cela nous amène tout naturellement à dire deux mots de ces autres petits chefs-d'œuvre, en bois, en ivoire, produits inattendus de ce pauvre pays de montagnes, que Voltaire essaiera de sortir de son honteux et humiliant esclavage. Lorsque l'auteur de *Mahomet* vint s'implanter dans ces contrées, existait à Saint-Claude un brave homme d'artiste, très-original, de génie même, si on tient compte du manque de culture et de comparaison (il n'était jamais sorti de sa petite ville), Rosset-Dupont, qui, durant une carrière aussi longue que bien remplie[2], exécuta des milliers d'ouvrages étonnants par la naïveté, la vérité de la composition, en marbre, en albâtre, en buis, en ivoire ; car toute

---

1. *Monuments des arts du dessin chez les peuples tant anciens que modernes*, recueillis par le baron Vivant Denon (Paris, Brunet-Denon, 1829), t. I, p. 19. Lettre de Denon à Voltaire, sans date.
2. Il mourut, le 3 décembre 1786, à près de quatre-vingts ans.

matière lui semblait également bonne. « L'ivoire, si cassant et si dur, devenait entre ses mains, nous dit le marquis de Villette, une pâte amollie à sa volonté. J'ai entendu dire à Pigalle qu'il n'avait rien vu des anciens qui eût plus de perfection [1]. » Falconnet ne pensait pas moins favorablement de l'obscur artiste, et ne parlait qu'avec admiration de son saint Jérôme. Sans rien exagérer, Rosset était créateur, et ses ouvrages frappent par le sentiment très-vif de la nature physique et morale.

Le poëte accueillit avec bienveillance le rustique statuaire et se prêta de bonne grâce aux desseins qu'il pouvait avoir sur son individu. Un jour, il ôtait sa perruque et lui abandonnait durant une partie d'échecs sa tête dénudée. Mais le succès dut le récompenser de sa complaisance. L'auteur de *Zaïre* donne la description du buste en ivoire qui semble avoir été le coup d'essai de Rosset avec lui. « Le buste est long, dit-il, et les bras sont coupés. Il y a une draperie à l'antique sur un justaucors : on a coiffé le visage d'une perruque à trois marteaux, et, par dessus la perruque, d'un bonnet qui a l'air d'un casque de dragon. Cela est tout à fait dans le grand goût et dans le costume. J'espère que ces pauvres sauvages étant conduits feront quelque chose de plus honnête [2]. » Voltaire, auquel manque le sentiment des arts, ne sait pas trop encore quoi penser : mais le succès fixera ses incerti-

---

[1]. Marquis de Villette, *OEuvres* (Edimbourg, 1788), p. 230, lettre XLII. 4 janvier 1787.

[2]. Voltaire, *OEuvres complètes* (Beuchot), t. LXIII, p. 46, 47. Lettre de Voltaire à Damilaville ; 27 janvier 1766.

tudes. Tout se sait à Paris, et l'existence de ce buste microscopique fut bientôt connue des amis de Voltaire, qui le tourmentèrent pour en avoir des copies. « Le buste en ivoire d'un homme très-tolérant partit à votre adresse, le 13 de ce mois, écrivait-il à Damilaville, le 21 mai, il est vrai que c'est un vieux et triste visage; mais ce morceau de sculpture est excellent. » Il écrivait, le 28 novembre, à D'Alembert : « Puisque vous daignez mettre le petit buste d'un petit vieillard sur votre cheminée avec des magots de la Chine, je vais commander un nouveau magot à celui qui a imaginé cette plaisanterie. » Il finira par l'offrir. « Il s'est trouvé, dira-t-il à d'Argental, un sculpteur dans les rochers du Mont-Jura, qui s'est avisé de m'ébaucher de toutes les manières; si vous m'ordonnez de vous envoyer une de ces figures de Callot, je vous obéirai (11 avril 1767). »

Mais, nature d'instinct, Rosset n'obéissait qu'à l'inspiration du moment. « J'écris lettre sur lettre au sculpteur qui s'est avisé de faire mon buste : c'est un original capable de me faire attendre trois mois au moins, et ce buste sera au rang de mes œuvres posthumes (4 mai). » C'était calomnier cet artiste laborieux qui, comme Huber, reproduira le patriarche sous tous les aspects. Le dédain trop manifeste qu'affecte Denon pour cette boîte « qui lui sera agréable parce qu'il la tient de son hôte », pouvait, comme on le voit, être plus justifié; et, s'il applaudit au zèle et aux efforts « de ces bons villageois », le travail seul avait droit à quelque louange équitable de sa part. La réputation de ces petits ouvrages n'était plus à faire, et les commandes venaient des pays les plus lointains. Le roi de Pologne écrivait, en mai 1767, à madame Geoffrin : « J'ai trouvé dans le numéro sept des *Nouvelles littéraires* manuscrites que vous m'avez procurées [1], que le sieur Simon, habile mouleur, fait à un louis pièce des copies en plâtre d'un buste parfait de Voltaire, dont l'original est en ivoire, d'un ouvrier de Saint-Claude, en Franche-Comté. Envoyez-moi une de ces copies en plâtre, je vous prie [2]. » Mais ces bustes en plâtre étaient effroyables, et madame Geoffrin répondit qu'il ne fallait songer qu'aux bustes en ivoire ou en biscuit de porcelaine de France, et elle annonçait l'envoi d'un Voltaire en ivoire, revenant, avec les frais, à cent deux francs. Stanislas le recevait seulement en juin de l'année suivante, et l'accueillait par un cri de joie et d'admiration. « J'en viens à présent au petit Voltaire... Figurez-vous combien je me suis amusé à le comparer au grand buste que j'en avais [3], et j'y ai trouvé, à mon grand contentement, dix ans de plus sur l'ivoire, mais absolument les mêmes traits, le même fond de physionomie, et cela prouve bien la ressemblance de tous deux. C'est un charmant petit bijou [4]. » Et cet éloge a son prix,

---

1. La correspondance de Grimm. Dans ce qui en a été publié, il n'est point question de Rosset-Dupont.
2. *Correspondance inédite de Stanislas-Auguste Poniatowski et de madame du Deffand*, publiée par M. de Mouy (Paris, Plon, 1875), p. 287. Lettre du roi à madame Geoffrin ; 13 mai 1767.
3. Du sculpteur Weltschaffer.
4. *Correspondance inédite de Stanislas-Auguste et de madame du Deffand* (Paris, Plon, 1875), p. 339. Lettre du roi à madame Geoffrin ; 1er juin 1768.

car Poniatowski était un amateur et un connaisseur également éclairé.

Voltaire fait souvent allusion, dans ses lettres, à madame de Saint-Julien, à « papillon-philosophe, » nature charmante, enjouée, serviable, avec la pétulance, la vivacité, la vaillance d'un jeune garçon. Née Latour-du-Pin, elle se trouvait être la nièce du marquis de Latour-Du-Pin-Gouvernet, le mari de mademoiselle de Corsembleu. Liée avec le plus grand monde, au mieux avec les Choiseuls, ses parents, et le maréchal de Richelieu, elle avait été à même de rendre plus d'un bon office au poëte, dont la reconnaissance intarissable se formulera en vers comme en vile prose. Elle fera plusieurs séjours au château de Ferney, en 1766, en 1772, et au moment où nous sommes, en 1775, séjours plus ou moins prolongés, mais toujours trop courts au gré de ses hôtes. Le portrait que Voltaire a laissé d'elle est des plus gracieux. C'était une chasseresse intrépide, maniant le fusil avec autant d'aisance que Diane, sa patronne, décochait ses flèches divines[1]. Elle apparaissait en habit d'amazone, avec cet air délibéré, un peu éventé, qui ne messied pas à une jolie femme. Était-elle aussi philosophe que le dit le poëte ? Nous voyons, dans cette seconde dénomination de « papillon » un correctif, un atténuant, qui nous donne la mesure. Mais on nous la dit pleine de mépris pour ces grossières impostures sous le poids desquelles dort d'un sommeil hébété le commun des hommes, et c'est bien l'important :

---

1. Voltaire, *OEuvres complètes* (Beuchot), t. LXIX, p. 381. Lettre de Voltaire à Richelieu ; 1er octobre 1775.

Femme aimable, honnête homme, esprit libre et hardi [1].

Si dans les démarches en apparence les plus généreuses il entre encore une notable part d'intérêt personnel, il est juste de dire que l'auteur du *Siècle de Louis XIV*, dès en mettant le pied dans ce pays déshérité, s'était imposé la louable tâche de lui venir en aide, et de toutes les façons. Mais il était plus aisé de se rendre compte du mal que d'y apporter remède. La misère n'aurait été comptée pour rien par cette population brisée à la souffrance, si la pauvreté avait été sa seule lèpre. Mais, là plus qu'ailleurs, le despotisme des délégués du fisc pesait impitoyablement sur les habitants de ce sol ingrat. L'impôt du sel, si généralement odieux, dans la condition particulière que leur faisait leur situation de pays de frontière, rendait l'existence de ces pauvres gens presque impossible. Il y avait là une question vitale, que Voltaire s'attachait bientôt à trancher avec son impétuosité habituelle, non sans rencontrer une résistance aussi passionnée et mieux armée que ne pouvait être l'attaque. Déjà, en 1761, il adressait une lettre à M. Bouret pour obtenir un abonnement du sel forcé [2]. Mais les fermiers généraux, intéressés à ce qu'aucune modification ne fût apportée à leur contrat, se montrèrent plus que froids devant les coquet-

---

1. Voltaire, *OEuvres complètes* (Beuchot), t. XIII, p. 250. Épître à madame de Saint-Julien. Cela ne rappelle-t-il pas le portrait de madame de la Sablière, dans la fable *le Corbeau, la Gazelle, la Tortue et le Rat*? La Fontaine, *OEuvres complètes* (édit. Walkenaer), t. II, p. 322.

2. *Ibid.*, t. LX, p. 70 à 74. Lettre de Voltaire à M. Bouret; 20 novembre 1761.

teries. Les prétentions, quelque misérable que l'on fût, ne pouvaient aller jusqu'à se faire exonérer de toutes charges; les ambitions étaient plus modestes et l'on n'eût demandé qu'à proportionner le fardeau aux forces de chacun. Mais c'était beaucoup et trop encore, et les tentatives d'arrangement n'avaient guère chance d'être écoutées et accueillies, quand l'avénement de M. Turgot (*Sully*-Turgot, comme l'appellera l'auteur de l'*Homme aux quarante écus*) vint ranimer le courage et l'espérance de tout le monde.

Sa venue aux affaires sembla la date d'une ère nouvelle, et bien des gens crurent que le mal allait disparaître de la terre. Hélas! le mal est de nature plus tenace, et il était à craindre que M. Turgot ne fût point le plus fort. Raison de plus, toutefois, de se hâter et de profiter du passage de la philosophie au contrôle général. « Il n'y a peut-être point de pays en France, disait Voltaire à l'avocat Dupont, où l'on ait ressenti plus vivement que chez nous tout le bien que les intentions de M. Turgot devaient faire au royaume. Tout petits que nous sommes, nous avons des états, et ces états ont pris de bonne heure toutes les mesures nécessaires pour assurer la liberté du commerce des grains et l'abolition des corvées. Ce sont deux préliminaires que j'ai regardés comme le salut de la France[1]. » Le seigneur de Ferney n'avait pas remis au lendemain pour déposer aux pieds du contrôleur général les cris de détresse de la province, lui demandant la dis-

---

[1]. Voltaire, *OEuvres complètes* (Beuchot), t. LXIX, p. 363, 364. Lettre de Voltaire à Dupont; 10 septembre 1775.

traction de son petit pays d'avec les fermes générales; projet ancien d'ailleurs qu'avait déjà élaboré M. Trudaine, et qui devait conserver au roi ses meilleurs sujets. Le mémoire envoyé par les états avait été retourné aussitôt par M. Turgot à l'intendant, pour qu'il rédigeât des propositions qui furent toutes acceptées, avec humble prière au contrôleur général d'envoyer le plus diligemment possible ses ordres afin que la province pût prendre ses mesures et acquitter ses engagements.

Le patriarche, qui se hâtait trop peut-être de chanter victoire, pour saluer l'aurore des destinées nouvelles, allait donner des fêtes dont le retentissement devait s'étendre jusqu'à Versailles; au moins y comptait-il. On sait en quel honneur était, à Genève, le tir à l'arquebuse; la plus grande joie qu'il pouvait faire aux exilés était de leur rendre ces divertissements qui avaient passionné leur jeunesse. Un prix devait être décerné au plus habile tireur : c'était une médaille d'or, représentant Turgot, gravé au burin « par un de nos meilleurs artistes[1]. » Il paraîtrait assez indifférent de

---

[1]. Elle offrait, d'un côté, le buste de ce ministre, et de l'autre cette légende : *Tutamen regni.* Avant cela, une des compagnies de dragons avait déjà fait faire une médaille d'or, avec l'effigie de Voltaire, pour être donnée à celui qui se montrerait le plus adroit à l'exercice du fusil. Wagnière nous apprend, un peu fastueusement, qu'il fit frapper de ses deniers une troisième médaille en tout conforme à celle-ci (sauf la lettre initiale de son nom qu'il fit ajouter sur le revers, au bas de l'inscription), et si ressemblante, qu'il en faisait hommage plus tard à l'Impératrice de Russie. Autour du portrait, on lisait : *Erroris tenebras hic quantâ luce fugavit;* au revers : *Voltario et Denisæ Fernesii fondatoribus ; coloni quos fecit amor milites, se, suas artes, ipsam que vitam devovent;* et autour : *Omnibus hoc unum*

connaître le vainqueur de cette lutte pacifique et courtoise ; mais l'indifférence fait place à l'intérêt, si l'on dit que le triomphateur fut une femme. Cette femme, on l'a deviné, c'est papillon-philosophe, c'est madame de Saint-Julien, qui, fière à juste titre de ce succès, portera désormais la médaille à son côté. « J'ai cru que c'était un ordre, nous dit madame de Genlis, qu'avait intriguée cette décoration, mais c'est un prix d'arquebuse donné par M. de Voltaire, et qu'elle avait gagné depuis peu de jours. Une telle adresse est un exploit pour une femme [1]. » L'auteur de *Zaïre* dira de même : « Cela vaut bien un prix de l'Académie française [2]. »

Trois semaines s'étaient à peine écoulées que l'heureux Ferney retentissait de nouveaux cris de joie et était dans tout le tourbillon des réjouissances et des plaisirs.

Figurez-vous, mandait Voltaire à papillon-philosophe, qui n'était déjà plus à Ferney, qu'hier le bas de notre maison était illuminé ; que toute votre ville l'était depuis le fond du jardin du château jusqu'aux défrichements, et jusqu'au grand chemin de Meyrin ; que toutes les troupes étaient sous les armes, et escortaient quarante-cinq carrosses, au bruit du canon. Il y eut un très-beau feu d'artifice ; et la

---

votum est : O vivat uterque. Longchamp et Wagnière, *Mémoires sur Voltaire* (Paris, André, 1826), t. I, p. 63, 64. Additions au *Commentaire historique*.

1. Madame de Genlis, *Mémoires* (Paris, Ladvocat, 1825), t. II, p. 322. Madame de Genlis dit : « quelques jours. » C'est quelques mois qu'elle devrait dire, et presque un an.

2. Voltaire, *OEuvres complètes* (Beuchot), t. LXIX, p. 366. Lettre de Voltaire à d'Argental ; 15 décembre 1775.

journée finit, comme toutes les journées, par un grand souper.

Vous me demanderez pourquoi tout ce tintamarre? C'était, ne vous déplaise, pour M. saint François d'Assise. Et pourquoi tant de tracas pour ce saint? C'est qu'il est mon patron, et que ce n'était pas ce jour-là la fête de M. de Saint-Julien, car on en aurait fait davantage pour lui [1].

Madame de Saint-Julien était, en effet, fort aimée des Fernésiens, qui savaient qu'elle leur rendait les meilleurs offices. Elle affectionnait aussi ces braves gens, et l'architecte Racle, son protégé [2], lui bâtissait dans le pré de la Glacière une maison que Voltaire appelle « le palais Dauphin. » Hélas! ce palais devait s'effondrer avant d'être achevé. Racle s'étant avisé de faire une cave en sous-œuvre, l'édifice s'écroula en un moment; il fallut démolir ce qui en restait, et l'on n'eut plus le courage de recommencer sur nouveaux frais.

Si les négociations relatives au conflit entre le pays de Gex et la ferme générale étaient en bonne voie, si l'on avait la parole du ministre, tout n'était pas terminé, et les efforts de messieurs de la ferme pour empêcher l'accord si désiré étaient de nature à inspirer

---

1. Voltaire, *Œuvres complètes* (Beuchot), t. LXIX, p. 387, 388. Lettre de Voltaire à madame de Saint-Julien; 5 octobre 1775. Le compliment au nom de la colonie de Ferney ne fit pas défaut ce jour-là encore, et était de la composition de Rival. *Mémoires secrets pour servir à l'histoire de la République des lettres* (Londres, John Adamson), t. VIII, p. 213, 214; 20 octobre 1775.

2. Léonard Racle, né à Dijon le 30 novembre 1736, mort à Pont-de-Vaux le 8 janvier 1791. Il avait établi à Ferney, dont il était l'architecte, une manufacture de faïence qu'il appelait *argile-marbre*. Depéry, *Biographie des hommes célèbres du département de l'Ain* (Bourg, 1835), t. I, p. 377.

plus d'une inquiétude aux intéressés. Mais Voltaire n'était pas homme à s'endormir, il savait la vivacité de la résistance, et il n'allait rien négliger pour la vaincre et en triompher. « Il faut que ces pandours déguerpissent avant que je meure de mes fatigues, » s'écriait-il. Le projet était de souscrire à un abonnement annuel de trente mille livres, qui avait pour effet d'exonérer le pays de tous autres droits. Bien que la différence fût grande entre ces derniers arrangements et les charges dont la province était grevée, il ne manquera pas, comme c'est d'usage, de gens qui, sans tenir compte de la situation, prétendront qu'il y avait quelque chose de mieux à faire que ce qu'on avait fait. Voltaire se rendit aux états pour faire voir clair à ces aveugles ou acculer des obstinés aux yeux desquels l'évidence est peu de chose.

> M. de Voltaire, qui avait lieu de croire que quelques personnes s'opposeroient au projet utile auquel il travaille avec tant de zèle, résolut d'aller aux états. En arrivant on le fit asseoir, et tout le monde se rangea autour de lui; il leur dit : Messieurs, nous avons bien des grâces à demander; mais je crois qu'avant tout nous devons accepter le bien qui nous est offert aujourd'huy, et qui a été sollicité depuis si longtems. Il lut ensuite une lettre de M. Turgot et une de M. Trudaine. Le député du clergé remercia alors de la manière la plus honête M. de Voltaire de ses soins pour la province, déclara que son ordre étoit unanime à accepter les conditions portées dans le projet d'arrêt du Conseil; les autres ordres firent la même chose. On dressa le protocole, les députés le signèrent ; on pria M. de Voltaire d'aider les états de ses conseils dans la répartition de l'impôt, et de continuer à s'occuper des avantages du pays dont il faisoit le bonheur. Il sortit ; et dès que le peuple rassemblé à Gex sçut que le projet avoit été accepté, il y eut des cris de

Vive le Roy! Vive Voltaire! On orna ses chevaux de lauriers et de fleurs, on en remplit son carrosse. Il fut escorté par sa bourgeoisie de Ferney, à cheval; dans tous les villages par où il passa, mêmes acclamations, même profusion de lauriers. Pour l'homme le plus insensible au bonheur de ses semblables et à sa gloire personnelle, c'eût été certainement une journée bien brillante, à plus forte raison pour M. de Voltaire, qu'on peut dire qui réunit à l'excès ces deux sentimens [1].

Il serait étrange que Voltaire n'eût pas fait au moins allusion à une besogne à laquelle il avait eu la meilleure part. Il écrivait, deux jours après, à papillon-philosophe, dont l'entremise n'avait point été vaine en haut lieu, une description vive et allègre de ce beau triomphe, mais, cette fois, sans abuser de l'hyperbole, en écrivain aussi modeste que scrupuleux. Nous renverrons donc à sa correspondance [2]. En définitive, jamais popularité ne sembla plus méritée et mieux acquise; et le rapport du résident au ministre est un témoignage d'une autorité d'autant plus imposante qu'il est confidentiel et n'a pas été dicté par Voltaire. Dans sa lettre à madame de Saint-Julien, ce dernier fait allusion à ceux « qui s'opposaient au salut du pays et qui avaient mis des prêtres dans leur parti. » La vérité est que si la grande majorité applaudit à ces arrangements qui affranchissaient le pays des « pan-

---

1. Archives des affaires étrangères. 81 (Genève, 1774, 1775), p. 197, n° 31. Dépêche de M. Hennin à M. de Vergennes; à Genève, le mardy 19 décembre 1775.

2. Voltaire, *OEuvres complètes* (Beuchot), t. LXIX, p. 444, 445. Lettre de Voltaire à madame de Saint-Julien; Ferney, 14 décembre 1775. — Voir aussi ce que dit Wagnière dans ses additions au *Commentaire historique*. *Mémoires sur Voltaire* (Paris, André, 1826), t. I, p. 90, 91.

dours de la ferme générale, » une minorité hostile s'efforça d'atténuer le succès et d'en faire ressortir les côtés insuffisants. Comme cela n'arrive que trop souvent, il allait entrer, dans l'opposition qu'il rencontrerait, une part grande de jalousie et d'antagonisme d'influences, des arrière-pensées purement personnelles où n'avait que faire le bien public, quoique l'intérêt de la province fût le prétexte de ce déchaînement contre des empiétements et un despotisme que l'on disait sans bornes.

Convenons que la fortune considérable du poëte, sa générosité, ses bienfaits, son crédit effectif, la popularité qui en était la suite, tout concourait à exalter ces instincts de domination, qui ne s'éveillent que trop d'eux-mêmes. La question, en somme, semblerait être de décider si son influence avait été avantageuse ou funeste, et ce qu'elle promettait d'être dans l'avenir. Force était bien d'avouer que l'argent, les démarches de M. de Voltaire auprès des puissances, ses efforts pour fertiliser ce pays si dénué et l'enrichir par le commerce et l'industrie, avaient été couronnés d'un succès aussi inespéré que rapide. Que tout cela eût vivement agi sur ces peuples pressurés, quoi de plus juste? Quoi de plus naturel qu'on songeât à lui en témoigner sa reconnaissance, autant qu'il était au pouvoir de ces braves gens qui n'avaient que leurs larmes, leurs transports de joie à offrir à leur protecteur? Les amis, moins désintéressés, mêlaient leurs voix à toutes ces voix émues; et il ne tiendra pas à eux que le philosophe ne se grise tout à fait en présence d'un tel délire.

Villette écrivait au marquis de Villevieille : « Le patriarche a autant d'argent que de gloire ; mais il enfouit ses trésors dans sa nouvelle ville ; nous l'engageons à demander au premier ministre qu'elle prenne le nom de *Ferney-Voltaire;* et certainement le Mentor de notre jeune Télémaque[1] fera droit à sa requête[2]. » Ces lignes sont postérieures de deux années à l'époque présente ; mais, à l'heure où nous sommes, l'auteur du *Siècle de Louis XIV* écrivait à d'Argental, au sujet de madame de Saint-Julien : « Elle a fait pendant deux mois la moitié de mon bonheur, et vous auriez fait l'autre, si mon Ferney, qu'on veut actuellement nommer *Voltaire,* avait été plus près de Paris[3]. » Toutefois, bien que la dénomination de *Voltaire-Ferney* ait été admise dans l'usage, nous n'avons trouvé nulle part d'acte qui autorisât la petite cité à adjoindre à son nom celui de son Amphion. On voit que tout cela était encore à l'état de projet en 1777. Après le décès du patriarche, le soin du ministère avait été d'écarter, autant que faire se pourrait, jusqu'au souvenir de cette personnalité tapageuse, et l'on n'aurait pas accordé aisément, lui mort, ce qu'il eût été plus difficile de lui refuser de son vivant. Il était dans l'esprit de la Révolution, qui honorera magnifiquement ses cendres, d'accoler ces deux noms d'ailleurs inséparables. Nous ne voyons pas qu'elle y ait songé ; au

---

1. Le comte de Maurepas.
2. Marquis de Villette, *OEuvres* (Edimbourg, 1788), p. 113. Lettre de Villette au marquis de Villevieille ; Ferney, 1777.
3. Voltaire, *OEuvres complètes* (Beuchot), t. LXIX, p. 366. Lettre de Voltaire à d'Argental ; 15 septembre 1775.

moins ne rencontrons-nous, soit au *Bulletin des Lois*, soit dans les colonnes du *Moniteur*, rien qui justifie une appellation dont les Fernésiens sont fiers, et qu'ils ne verraient pas effacer sans d'énergiques protestations[1]. Il y aurait lieu de s'étonner que Villette, qui engageait si fort le poëte à solliciter cette faveur du ministre, n'ait pas usé de son influence, en 1790 et 1791, pour réclamer l'accomplissement facile alors d'anciens vœux. Mais, en un temps où l'on prenait sans demander, où la plus petite bourgade se gouvernait arbitrairement, qui se serait avisé que la sanction du pouvoir central fût chose indispensable, surtout en semblable cas? Bien des localités modifièrent alors ou changèrent leurs noms de leur propre autorité. Le 6 août 1791, nous voyons Ferney prendre, dans une adresse à la Constituante, la dénomination de Ferney-Voltaire, ce qui ne souleva aucune réclamation[2]; et

---

1. Il y aurait plus que de la mauvaise grâce, il y aurait de la cruauté à marchander aux fils de ceux qui durent à l'auteur de la *Henriade* leur petite fortune, le droit de rappeler le bienfait en accolant son nom au nom de cette contrée inhabitée qu'il avait si généreusement transformée. Au congrès de Paris, après bien des luttes, le duc de Richelieu avait fini par consentir une cession de territoire pour établir une contiguïté entre Genève et la Suisse. Six communes furent abandonnées : Versoix, Collex-Bossy, Pregny, le Grand Sacconex, Meyrin et Vernier. « Ferney ne fut préservé du démembrement que par le souvenir de Voltaire. » C'est l'abbé Martin qui nous donne ces détails dans son *Histoire de l'abbé Vuarin* (Genève, 1862), t. II, p. 95. L'on tenait tellement à joindre la petite ville au reste, que l'un des copistes du traité y introduisit furtivement le nom de Ferney, et que M. de Richelieu, qui s'aperçut de la fraude à temps, dut le faire rayer.

2. Nous avons également sous les yeux, à la date du 27 février 1793, une lettre de Wagnière au ministre de la guerre, et dans laquelle il prend le titre de maire de « Ferney-Voltaire. » Charavay,

ce consentement tacite aura suffi aux Fernésiens qui, jusqu'ici, n'ont point été inquiétés dans leur possession[1].

Nous avons fait allusion à une certaine opposition, résistance sourde plus que déclarée[2]; il faut bien dire quels en étaient la cause et l'objet, et de quelle part elle venait. On sera un peu étonné, si l'on se rappelle les excellents rapports qui existaient naguère encore entre Voltaire et le subdélégué des états de Gex, de voir figurer, en tête des mécontents, ce M. Fabry, si bien accueilli, si choyé à Ferney. Des pièces récemment découvertes aux archives de la Côte-d'Or soulèveront un coin du voile, et nous mettront à même de pénétrer dans le secret de ces petites intrigues, bien petites, à coup sûr, si le nom de Voltaire n'en relevait l'insignifiance. La lettre qui suit édifiera sur les griefs, les appréhensions plus ou moins fondées du magistrat menacé, et sur la défiance ou la malveillance de certains personnages que leur parenté ne disposait que peu en faveur du poëte. La lettre est, en effet, adressée au président de Brosses, et remonte à la moitié de mars 1776.

Catalogue de lettres autographes, du 28 novembre 1853, p. 28, n° 246.

1. Nous avons cherché vainement, aux Archives nationales, un décret que le *Moniteur* ne nous donnait pas. Nous n'avons rien trouvé à la section administrative et judiciaire, ce qui nous a paru significatif.

2. Voir une lettre de Voltaire à M. Turgot, où il parle d'une délibération qu'on signa chez M. Fabry, « dès que j'eus le dos tourné et que j'eus fait signer l'acceptation pure et simple. » *Lettres inédites* (Paris, Didier, 1857), t. II, p. 460; à Ferney, jour de Noël, à ce qu'on dit.

L'ambition actuelle de notre vieux voisin est de gouverner le pays de Gex. C'est chez luy, c'est dans son château, que les sindics et conseils des trois ordres s'assemblent ; c'est lui qui règle tout. Son crédit, que tout le monde redoute, en impose au point que personne n'ose ni contredire ni parler, chacun signe aveuglément. Il n'y a plus ni ordre ni liberté dans les délibérations. J'ai l'honneur de vous envoier une copie de celle qui a été prise le 14 de ce mois, avec quelques observations en marge. Au nom de Dieu, monsieur, tirez-nous de cet esclavage. Il n'y a que vous qui puissiez nous rendre ce service. Il n'est pas possible que l'administration puisse se soutenir dans cet état, il vaudroit mille fois mieux que S. M. retirât ses lettres-patentes [1]. M. de Verny [2] sollicite et presse M. le comte de La Forest [3] pour faire élire un sindic à sa place : j'étois tout décidé à renoncer à celle de premier sindic du tiers-état; j'en avois déjà prévenu M. l'intendant et j'avois donné ma démission lorsque j'ai appris de bonne part que ce seroit entrer dans le plan qu'a M. de V. de s'emparer de toute l'administration, en la faisant passer dans les mains de gens qui sont entièrement à sa dévotion, et que, tandis qu'il me comble de louange, d'honnêtetés et d'amitiés, il trame sourdement le projet de me faire opter entre cette place et celle de subdélégué, sous prétexte d'une incompatibilité qui n'a de réalité que dans son imagination et dans celle des ambitieux qui l'obsèdent... Mon zèle bien sincère pour les intérêts de la province me fait d'ailleurs envisager avec inquiétude l'autorité que M. de V. veut usurper. Je sais qu'il a jeté les yeux sur M. Dupuis pour la place de premier sindic de la noblesse, et sur M. Rouph, procureur du roy, pour celle de premier sindic du tiers-état. Le premier, fils d'un auditeur de chambre des comptes de Dôle, n'est pas fait pour être mis à la tête de la

---

1. Lettres patentes sur la suppression de la ferme dans le pays de Gex.

2. Sauvage de Verny, représentant de la noblesse aux États du pays de Gex.

3. Le comte de La Forêt Divonne, président de la chambre de la noblesse.

noblesse de la province. Le second, fils d'un père qui jadis mit tout le pays en combustion, n'a d'autre mérite que de bien faire valoir ses prés et ses champs, dans son domaine de Vésignier, où il réside toute l'année. Ses alliances avec M. Emery, second sindic du tiers-état, et Migard, conseiller, ses cousins germains, l'excluent d'ailleurs de l'administration, qui, s'il y étoit admis, se trouveroit toute réunie dans une seule et même famille. Il n'y a, monsieur, aucune incompatibilité entre la place de subdélégué et celle de sindic, je crois l'avoir démontré dans le mémoire que j'ai l'honneur de vous adresser... [1].

Fabry écrivait encore, le lendemain, de Versoix, à M. de Brosses :

J'ai eu l'honneur de vous écrire hier et de vous faire un grand détail des projets de notre vieux voisin sur l'administration du pays de Gex. Comme il n'a aucune relation avec M. de Malesherbes [2], ce sera sans doute à M. Turgot ou à M. de Fargès [3] qu'il s'adressera. Tout ceci est l'affaire

---

1. *Revue des sociétés savantes* (5ᵉ série), t. VII, p. 157, 158. Lettre du subdélégué de Gex à M. de Brosses; Gex, 19 mars 1776. Communication de M. Henri Beaune.

2. La suppression des parlements et la part que Voltaire avait prise par ses écrits à ce coup d'État avait suspendu tout commerce entre lui et les parlementaires. Pourtant, lors de sa nomination à l'Académie française, Malesherbes envoya son discours à son vieux confrère, qui profita de cette politesse pour renouer les rapports interrompus et faire oublier le passé. Fabry s'abuse en supposant qu'il n'existait aucuns rapports entre Voltaire et l'ancien directeur de la librairie; dès le 18 juillet de l'année précédente (1775), le poëte recommandait précisément au nouveau ministre, « M. de Crassy, son ami, son voisin, très-ancien gentilhomme, très-ancien officier couvert de blessures, qui se borne à demander la plus exacte justice... » *OEuvres complètes* (Beuchot), t. LXIX, p. 311.

3. M. de Fargès, dont il a été question dans la querelle du poëte et du président, était l'oncle-germain, comme on l'a dit, de madame de Brosses. Nous avons vu qu'il s'était laissé prendre à cette langue dorée, « qui voulait paraître en disposer, » dira M. de Tournay.

d'une cabale des Déprés de Crassy et des Rouph, qui se sont emparés de notre vieillard à un point que l'une des filles du sieur Rouph de Varicourt demeure depuis environ six semaines au château de Ferney, où elle fait compagnie à madame Denis, et où elle rend compte à son père et à ses oncles de Crassy de tout ce que je dis et de tout ce qui se fait. Ces gens-là nous feront déserter le païs s'ils y acquièrent quelque autorité.

Ce qui résulte des lettres du subdélégué de Gex, c'est qu'il se sent menacé dans sa place de syndic, à laquelle il est plus attaché qu'il ne veut le paraître, et qu'il fera tout pour défendre sa maison. Remarquez que, des deux parts, on se fait des politesses, que l'on est au mieux, que les billets de Voltaire, à cette date, sont des plus affectueux, et que le subdélégué ne quitte pas Ferney, bien qu'il ne s'y trouve point en sûreté, bien qu'il y ait là une jolie demoiselle « qui rend compte à son père et à ses oncles de Crassy de tout ce que je dis et de tout ce qui se fait. » Fabry cumule, mais l'incompatibilité qu'on cherche à lui opposer, après dix-sept années d'exercice, ne saurait être sérieuse, et l'on ne songerait point à la faire valoir, si l'on ne nourrissait pas l'espoir de substituer ses créatures à l'administration présente. La plantureuse et tout autant nécessiteuse famille des Crassy était à pourvoir, elle obsédait Voltaire qui s'était laissé englumer par leurs caresses et n'aurait pas été fâché de voir les affaires de la province dans les mains de gens dont il aurait pu disposer. En somme, le pays de Gex s'en fût-il senti plus mal, et le joug eût-il été plus lourd et plus dur? Fabry, qui met tout en jeu (et on ne saurait lui en faire un crime) pour ne pas se laisser déposséder, comme tous les gens qui disposent du pouvoir, n'était pas sans faire le maître, lui aussi, et jouer au proconsul, ainsi qu'il résulte d'une lettre de M. de Tournay qui, parlant à son frère des manœuvres du « vieillard du mont Crapax » pour s'emparer de la vice-royauté, avoue qu'il avait craint également qu'elle ne tombât entre les mains de Fabry, « lequel nous est pourtant nécessaire et qu'il faut soutenir [1]. » C'était donc, de part et d'autre, une question d'intérêt particulier et d'influence, dans laquelle l'avantage de la province n'entrait que pour peu de chose. M. de Brosses, auquel on s'adressait, parce qu'on n'ignorait pas ses véritables sentiments à l'égard du patriarche de Ferney, M. de Brosses ne devait pas être disposé à envisager du bon côté ces tentatives d'envahissement, et il écrivait *ab irato* à madame de Fargès :

J'ai la tête cassée de l'ennui que me donnent les brailleries et les criailleries du pays de Gex. J'en reçois lettres sur lettres de gens qui crient miséricorde sur les entreprises et les tyrannies de Voltaire, qui veut tout gouverner, conduire à sa tête, et se rendre maître de l'administration dont il n'est pas membre, entreprenant de chasser ceux qui sont au fait et de mettre là des gens qui lui sont vendus et qui agiront à sa dévotion.

Je viens d'être obligé d'en écrire à M. de Malesherbes, sur la sollicitation de tout le pays, qui demande au nom de Dieu qu'on les tire de l'esclavage (ce sont leurs termes). Tout ce tripot m'ennuie fort. Il m'a pourtant bien fallu prier M. de Malesherbes d'attendre mon arrivée pour conférer ensemble.... Les sindics me marquent qu'ils n'y peuvent plus tenir,

---

1. *Revue des sociétés savantes* (5⁰ séric), t. VII, p. 159. Lettre de M. de Tournay au président de Brosses ; à Neuville, le 25 mars 1776.

et que, dès que les choses sont ainsi, ils vont quitter l'administration. Mais c'est justement ce qu'il demande; tout seroit, ma foi, bientôt au diable avec un tel premier ministre.

Qu'on écrive à cet homme-là de manière à le contenir en repos, et attendons la semaine prochaine à parler d'affaires, quand je serai près de vous, où nous raisonnerons avec plus de sang-froid qu'il n'y en a dans ce pays de Gex, depuis que l'encens des louanges et de la faveur a achevé de tourner cette vieille tête égarée.

Mon Dieu! qu'il parle de vers et de Fréron, mais qu'il laisse parler d'affaires aux gens qui les entendent. Je suis fort ennuyé d'être le bureau d'adresse de toutes ces sottises [1].

Cette lettre du président n'est pas bénigne; il avait ses motifs de rancune, bien que pour l'heure Voltaire lui adressât des missives doucereuses sur les intérêts du pays [2]; et les mécontents savaient qu'il aurait l'oreille ouverte à leurs clameurs. C'est ce qui explique les termes plus que vifs que nous y rencontrons. Mais est-il bien certain de ne pas exagérer, est-il bien sûr d'être dans le vrai? Il reçoit lettres sur lettres de gens qui crient miséricorde; ces gens, nous les connaissons. C'est Fabry, qui se sent menacé, et un ou deux autres, qui ne trouvent sans doute point leur compte à ce qui se passe. Quant à la majorité du pays, elle ne crie pas miséricorde, elle pousse des cris de joie et de reconnaissance, elle est toute acquise à Voltaire, ce

---

1. Foisset, *Voltaire et le président de Brosses* (Paris, Didier, 1858), p. 233, 234, 235. Lettre du président à madame de Fargès (1776).
2. *Ibid.*, p. 227, 228. Lettre de Voltaire à M. de Brosses; à Ferney, 28 novembre 1776.

qui déconcerte un peu ses adversaires ; ce qui met en fureur l'honnête frère du président qui traite cette population, jusqu'ici si misérable et si éprouvée, de « race avide, chicaneuse et querelleuse des Gexois, surtout lorsqu'elle est dirigée par un très-méchant et très-insolent homme. » M. de Brosses est également de cet avis et le dit durement à un bourgeois de Seigny : « Je reconnais bien, à tout ce que me marque votre lettre et à tout ce qui se passe là-bas, l'esprit remuant et avide du pays, si âpre à faire des projets sur toute espérance de gain, ainsi qu'à se supplanter les uns les autres [1]. » Il renvoie l'auteur de *Mérope* à ses vers et à Fréron, demandant qu'il laisse parler d'affaires à ceux qui les entendent. Cela étonnerait un peu, dans un homme très-fin lui-même et qui ne devait pas ignorer que Voltaire n'extravaguait que quand cela lui convenait, si l'on ne savait point qu'un magistrat s'imaginait difficilement qu'en dehors d'une chambre de parlement l'on pût rencontrer des gens capables et compétents : préjugé de vieille date et si bien établi alors, qu'à l'exception des grandes ambassades, nos ministres et nos envoyés s'étaient presque exclusivement recrutés parmi les intendants et les conseillers de cours souveraines. C'était, en définitive, mal choisir le moment d'afficher de pareils dédains, que celui où l'auteur de *la Henriade*, par ses démarches, son zèle, son dévouement,

---

1. Foisset, *Voltaire et le président de Brosses* (Paris, Didier, 1858), p. 229. Lettre du président à M. Lagros, bourgeois à Seigny (pays de Gex); Dijon, 7 décembre 1776.

obtenait, en dépit de la résistance obstinée de la ferme générale, un tarif fixe et modéré qui affranchissait le pays du despotisme d'un fisc impitoyable.

Au surplus, si Fabry était fondé à trembler pour sa charge, il en fut quitte pour la peur, et sa place de syndic lui fut laissée. Disons que Voltaire ne cesse de le traiter avec une cordialité, une distinction qui feraient craindre que celui-ci n'ait pris l'alarme trop aisément. Six jours avant la lettre du subdélégué que nous avons citée, il lui écrivait : « Tout va changer ici, comme dans le reste de la France; et, quelle que soit l'administration du ministère, ce sera toujours dans vous que sera la ressource de notre province, qui vous doit une reconnaissance inaltérable [1]. » Du reste, dans tout ce qu'il a tenté pour sa petite patrie, il s'est toujours effacé, laissant courtoisement à celui-ci le mérite des démarches et du succès. Il ne fera que « servir sous sa bannière, » il ne veut être que « son secrétaire, son fidèle commissionnaire [2]. » Dans une lettre du 3 janvier 1776, l'on rencontre ces lignes énigmatiques qui semblent une allusion à des griefs formulés ou tout au moins effleurés : « Vous voyez, lui dit-il, que rien n'était plus mal fondé que tous les bruits qui ont couru dans le pays de Gex; ils n'approchent guère de ma retraite; on n'y entend que les éloges de votre administration, et les expressions de tous les sentiments avec lesquels toute notre maison vous est

---

1. Voltaire, *Œuvres complètes* (Beuchot), t. LXIX, p. 552. Lettre de Voltaire à Fabry; 13 mars 1776.
2. *Ibid.*, t. LXIX, p. 297, 440, 494. Lettres du même au même des 1er juillet, 9 décembre 1775, 28 janvier 1776.

attachée [1]. » Et, deux jours après, il dira : « Je puis vous assurer, monsieur, que je n'ai jamais entendu parler du mémoire des douze notables dont vous faites mention dans votre lettre d'hier... Je ne sors de ma chambre que pour aller manger un morceau avec madame Denis : je lui ai demandé en général si jamais elle avait entendu parler d'un mémoire signé par douze personnes de Gex ; elle n'en a pas eu la moindre connaissance. » Sans savoir rien de précis, on devine que ce prétendu mémoire devait être une pièce inquiétante, non pour le subdélégué des États, mais pour le syndic de la ville de Gex. Fabry, s'il ne fut pas convaincu (et nous savons par sa lettre à M. de Brosses qu'il ne se paya point de ces bonnes raisons) se garda bien de rompre, il se borna à contreminer, sans qu'il y parût, les attaques dont il se croyait l'objet, et demeura dans les meilleurs termes extérieurs avec son turbulent voisin, qui prit sans doute plus aisément son parti du peu de succès de ses tentatives que ceux qui avaient compté faire leur chemin par son entremise.

Fabry parle de la cabale des Crassy et des Rouph de Varicourt. Les Crassy, nous les connaissons ; nous n'avons pas oublié ces gentilshommes pauvres et leur état de détresse, dont les jésuites d'Ornex étaient sur le point de tirer bon parti, quand l'auteur de *la Henriade* vint, bien à propos, annihiler ces projets d'inique spoliation, quoi qu'on ait pu dire pour les pallier et

---

1. Voltaire, *OEuvres complètes* (Beuchot), t. LXIX, p. 471. Lettre de Voltaire à Fabry, 3 janvier 1776.

les légitimer même [1]. Les services, s'ils enchaînent ceux qui en sont l'objet, ne lient guère moins ceux qui les rendent; il semble que le bien qu'on a fait crée des devoirs envers les obligés : on leur appartient, on ne saurait se dégager presque sans forfaiture. La reconnaissance avait fait des Crassy les assidus de Ferney; il était naturel qu'ils fréquentassent leur bienfaiteur, et cette nécessité même tournait à leur intérêt, en avivant une bienveillance à laquelle ils devaient tant déjà et qui pouvait beaucoup. Tout cela résulte des choses elles-mêmes, sans qu'on puisse accuser ceux-ci de machiavélisme.

Les Varicourt, que Fabry associe dans ses récriminations, beaux-frères des Crassy, n'étaient ni plus aisés, ni moins nécessiteux, et ils avaient saisi l'occasion de leur parenté pour entrer en relations avec le poëte qui leur fit le plus cordial accueil. Ils ne tarderont pas à être des mieux en cour; et le seigneur de Ferney, ainsi que sa nièce, prendra à ce qui les tou-

---

[1]. « En 1760, dit l'abbé Depery, il avança quinze mille francs pour dégager les biens des mineurs Dépré-Crassier, dont les jésuites d'Ornex s'étaient emparés, en vertu de lettres patentes, pour une dette que cette famille honorable du pays de Gex avait contractée envers eux et qu'elle tardait trop de leur payer. » *Biographie des hommes célèbres du département de l'Ain* (Bourg, 1835), t. I, p. 134. Qui devinerait, en lisant ces lignes, que les jésuites n'étaient les créanciers des Crassy que de leur plein gré et dans l'espoir de déposséder ces gentilshommes pauvres qui, à moins d'un miracle, étaient bien incapables de rembourser ces quinze mille livres empruntées, avant l'acquisition de ces religieux, à un syndic de Genève, M. de Chapeaurouge? *Voltaire et J.-J. Rousseau*, p. 59 à 62. Né dans le pays, l'ami de cette famille, M. Depery, ne pouvait ignorer cela; il savait bien que cette dette dont il parle n'avait pas été *contractée envers les jésuites*.

chera l'intérêt le plus vif. Il recommandera à madame de Saint-Julien « ce grand garçon de Varicourt (celui qui mourra évêque d'Orléans, en 1822[1]), qui est un des plus beaux prêtres du royaume, et un des plus pauvres, » pour qu'elle lui fasse donner un bon bénéfice « par le clergé qu'elle gouverne [2]. » Ce grand garçon a une sœur, vouée dès le berceau au couvent, et qui ne pouvait guère espérer d'éviter cette destinée, celle des filles sans dot qui, par aggravation, avaient de nombreux frères à pourvoir. Mais, avant le cloître, l'on ne refusait pas à ces nonnains en expectative de voir une échappée du monde, de prendre hâtivement leur part de la vie commune, ce qui n'était pas sans doute le meilleur moyen de les préparer à la vie claustrale. Mademoiselle Reine-Philiberte de Varicourt accompagnait sa famille à Ferney, où elle devait entendre parfois de singuliers discours; car nous ne savons que trop le peu de retenue du vieux malade du Mont-Jura, aussitôt qu'une question religieuse se trouvait sur le tapis. On l'appelait « la jeune religieuse, » et, en attendant l'heure fatale, elle réjouissait et embellissait de l'éclat de ses dix-huit ans, de sa grâce, de son esprit, de sa distinction, cet intérieur sérieux et parfois sourcilleux.[3]

1. Pierre-Marin Rouph de Varicourt, né à Gex le 9 mai 1755.
2. Voltaire, *OEuvres complètes* (Beuchot), t. LXIX, p. 453. Lettre de Voltaire à madame de Saint-Julien; 20 décembre 1775.
3. Voltaire avait déjà recueilli, quinze ans auparavant, en 1760, aux Délices, une demoiselle de Bazincourt, charmante, elle aussi, réunissant toutes les grâces et tous les talents, vouée au cloître, auquel elle n'échappa point. Il prenait sa revanche avec mademoiselle de Varicourt. *Voltaire aux Délices*, p. 398, 399.

Non-seulement elle était sans gaucherie, mais elle avait cette aisance modeste et ce monde, que les femmes s'assimilent si facilement, quand elles sont intelligentes et bien nées. « La jeune religieuse ne parle que de vous, écrivait Voltaire au comte Schowalow, le chambellan de l'impératrice Catherine, elle vous idolâtre, elle croit que le climat de la Russie est plus doux que celui de Naples [1]. » Hâtons-nous de dire qu'il s'agit de l'oncle et non du neveu, l'aimable auteur de cette *Épître à Ninon*, dont on s'opiniâtrait, à Paris, à donner la paternité à Voltaire. Quoi qu'il en soit, on sent une nature ouverte aux vanités mondaines, dont la vocation était sûrement ailleurs qu'entre les quatre murailles nues d'une cellule. Madame Denis, qui était bonne, au fond, si, comme l'oncle, elle avait ses moments, se prit de belle passion pour mademoiselle de Varicourt, et, d'accord avec le poëte, la demanda aux siens qui ne firent aucune difficulté de la lui confier : ils n'eurent, l'un et l'autre, qu'à se féliciter de cette bonne action. « C'est l'ange gardien du patriarche, dit un témoin qui ne demeurera pas longtemps insensible à tant de charmes et d'amabilité ; elle est devenue nécessaire à son existence. Les soins et les caresses qu'elle lui prodigue, l'air pénétré dont il baise les mains de cette jolie gouvernante ; vous ne sauriez vous imaginer combien ce tableau est touchant... [2]. »

---

1. Voltaire, *Œuvres complètes* (Beuchot), t. LXIX, p. 243. Lettre de Voltaire au comte Schowalow ; Ferney, le 28 mars 1775.

2. Marquis de Villette, *Œuvres* (Edimbourg, 1788), p. 114, 115. Lettre de Villette au marquis de Villevieille ; Ferney, 1777.

Elle tenait sa place dignement et brillamment, sachant, sans embarras et avec un tact exquis, sauver les difficultés et les écueils d'une position tant soit peu fausse. Villette, c'est notre témoin, dans le récit d'une fête donnée au fondateur de Ferney (la même vraisemblablement que nous avons décrite), s'étend avec complaisance sur le rôle gracieux qu'y jouait *belle et bonne*, son seul nom chez Voltaire. « Au milieu de ce cortége, digne des crayons du Poussin, paraissait la belle adoptée du patriarche. Elle tenait dans une corbeille deux colombes aux ailes blanches, au bec de rose. La timidité, la rougeur ajoutaient encore au charme de sa figure. Il était difficile de n'être pas ému d'un si charmant tableau... » Mais cette fête, dont Villette nous donne une description qui vient compléter ce que nous avons déjà relaté, va finir par un accès de colère des plus violents. « M. de Voltaire apprend que l'on a tué les deux beaux pigeons que sa chère enfant avait apprivoisés et nourris. Je ne puis rendre l'excès de son indignation, en voyant l'apathie avec laquelle on égorge ainsi ce qu'on vient de caresser. Tout ce que cette cruauté d'habitude lui a fait dire d'éloquent et de pathétique peint encore mieux son âme, que ne feraient les belles scènes d'*Orosmane* et d'*Alzire* [1]. »

Celui qui nous donne ces détails d'idylle n'était

---

1. Marquis de Villette, OEuvres (Edimbourg, 1788), p. 109, 112. Lettre de Villette à D'Alembert, sans date. Mais comme la fête dont il est question eut lieu le 4 octobre 1775, cette lettre doit être au plus tôt du 5 ou du 6. En ce cas, Fabry retarderait un peu l'installation à Ferney de *belle et bonne*, qu'il placerait vers la fin de janvier 1776.

rien moins, pourtant, qu'un berger de Théocrite. Fils d'un financier, trésorier général de l'extraordinaire des guerres, qui s'était pourvu d'un marquisat vers la fin de sa vie [1], Villette avait mené, comme on dirait de nos jours, la vie à grandes guides. Il avait fait des folies de plus d'une sorte, et s'il passait pour un garçon d'esprit, s'il troussait à l'occasion agréablement des vers, s'il était aimable, prodigue, s'il pétillait dans les soupers, si, pour en finir, il était doué de tous les travers élégants qui constituaient le mauvais sujet de bonne compagnie, de méchants bruits couraient sur son compte, qui, malheureusement, avaient pris une telle consistance que ses amis passaient volontiers condamnation sur ces graves inculpations. Voltaire lui-même y fait allusion et parle de conversion, ce qui serait accréditer peu charitablement les propos [2]. Villette avait des ennemis, qui ne devaient pas lui pardonner d'être riche (son père lui laissera cent cinquante mille livres de rentes). Il commit des imprudences et se compromit au point qu'à un certain moment, il sentit que le parti le plus sage était de s'éloigner. Sa terre de Bourgogne était sur le chemin de Paris à Ferney, c'était une occasion de rendre

---

1. Léon Lagrange, *Joseph Vernet* (Paris, Didier, 1864), p. 184. Il était seigneur du Plessis-Longeau, de Bassicourt et autres lieux. Citons ce petit dialogue qui n'éraille pas seulement Villette. « Brunoi est-il marquis? — Oui. — Villette est-il marquis? — Oui. — De Bièvre est-il marquis? — Oui. — Ce sont donc trois marquis? — Non, c'est un conte. » *Correspondance secrète politique et littéraire* (Londres, John Adamson), t. XIX, p. 48.

2. Voltaire, *OEuvres complètes* (Beuchot), t. LXIII, p. 23. Lettre de Voltaire à Damilaville; 13 janvier 1766.

visite, en 1765, à l'auteur de *Mérope* qui l'accueillit avec sa grâce habituelle[1]. Du reste il saura rendre de petits services. Il avait accès auprès de la philosophie dont il était un des serviteurs, et il devenait un entregent utile pour un homme qui, ayant plus d'une affaire, avait besoin de plus d'un aide.

En fait de services, en voici un que le patriarche requiert, et qui est assez plaisant, comme il en convient. Il avait remarqué, durant le séjour de ce mondain, que Villette ne se faisait pas raser et employait de petites pincettes épilatoires, dont le système lui parut ingénieux. Voltaire avait également de ces commodes outils qui dispensent de savonnette et de rasoir, et surtout d'un barbier; mais il avait épuisé son arsenal, et il en avait vainement fait chercher à Lyon aussi bien qu'à Genève. « Il n'y en a pas plus que de bons livres nouveaux[2], » s'écrie-t-il; et demande en grâce à son jeune ami de vouloir bien ordonner à un de ses valets de

---

1. Voltaire plaidera sa cause auprès de M. de Villette père, que toutes ces frasques avaient dû irriter. *Lettres inédites* (Paris, Didier, 1857), t. I, p. 406, 407. Lettre de Voltaire à M. de Villette père; Ferney, 22 mars 1765.

2. « J'ai oublié, en vous parlant du physique de M. de *Voltaire*, de vous dire une particularité que tout le monde auroit pu remarquer, et dont personne, que je sache, n'a encore fait mention : c'est qu'il n'a point de barbe; du moins, il en a si peu, qu'il ne se fait jamais raser. On voit sur sa cheminée trois ou quatre paires de petites pinces épilatoires, avec lesquelles il se joue, et s'arrache de temps à autre quelques poils en causant avec l'un et l'autre. » *Mémoires secrets pour servir à l'histoire de la République des lettres* (Londres, John Adamson), t. IX, p. 284; du 11 novembre 1776 : extrait d'une lettre de Ferney, du 4 novembre. Elle est de l'abbé de Saint-Rémi, qui avait, en effet, séjourné à Ferney, mais dont les commérages, s'il faut en croire Wagnière, ne sont pas tous d'une exactitude et d'une précision judaïque.

chambre de lui acheter une demi-douzaine de ces jolies pinces, qu'il devra lui envoyer dans une lettre à M. Tabareau, directeur des postes à Lyon. « Je suis, ajoutait-il, comme les habitants de nos colonies, qui ne savent plus comment faire quand ils attendent de l'Europe des aiguilles et des peignes. Enfin, les petits présents entretiennent l'amitié; et je vous serai très-obligé de cette bonté [1]. » Sans avoir de correspondance suivie, ils ne laissaient pas de s'écrire, et le solitaire de Ferney, qui s'arrange si bien de son éloignement de Paris, conseille à l'aimable vaurien d'en faire autant, avec des considérants qui donneraient fort à penser, lors même qu'on ne saurait rien de la vie de ce dernier.

Vous vous plaignez, lui écrit-il en réponse à une de ses lettres, de quelques tours qu'on vous a joués; j'aimerais mieux qu'on vous eût volé deux cent mille francs, que de vous voir déchirer par les harpies de la société qui remplissent le monde. Il faut absolument que vous sachiez que cela a été poussé à un excès qui m'a fait une peine cruelle. On dit : Voilà comme sont faits tous les petits philosophes de nos jours; on clabaude à la cour, à la ville. Vous sentez combien mon amitié pour vous en a souffert. Vous êtes fait pour mener une vie très-heureuse, et vous vous obstinez à gâter tout ce que la nature et la fortune ont fait en votre faveur [2].

Cette existence dissipée amène rarement la considération. Parmi les débauchés avec lesquels on vit, l'on se fait un certain renom; les louanges, les flatte-

---

[1]. Voltaire, OEuvres complètes (Beuchot), t. LXIII, p. 459. Lettre de Voltaire à M. de Villette; le 1er décembre 1766.

[2]. Ibid., t. LXIV, p. 366. Lettre du même au même; 20 septembre 1767.

ries intéressées peuvent griser et donner le change, et l'on n'arrive à soupçonner le tort que l'on s'est fait que quand la mésestime parle plus haut que les clameurs des complices. Les conseils de Voltaire étaient excellents, et Villette ne pouvait rien faire de mieux que de les suivre ; mais, soit qu'ils importunassent, soit tout uniment le train du monde, leur correspondance alla en s'affaiblissant et finit même par cesser, ou peu s'en fallait.

Un scandale public et qui devait porter le dernier coup à la réputation du marquis devint cependant la date d'une autre existence, en le forçant de se soustraire, au moins pour un temps, aux propos médiocrement bienveillants dont il était l'objet. Il se promenait, un jour, au Vaux-Hall, une dame au bras, lorsqu'il fut rencontré par une demoiselle du monde, une impure de haut style, fort connue de lui et qui le toucha de son éventail en lui disant : « Adieu, Villette. » Quelle que fût la femme qu'il accompagnait, il était naturel qu'il trouvât cette familiarité déplacée et qu'il en fût embarrassé et choqué. Toutefois, il se borna à ne pas répondre. Celle-ci, loin d'en rester là, répéta son impertinent salut ; Villette alors, n'y tenant plus, la cingla plus ou moins énergiquement de la baguette qu'il avait à la main. La victime fort peu intéressante de cette brutalité méritée était une fille très à la mode, mademoiselle Thévenin, qui n'avait pas de souliers, trois ans auparavant, et laissera une succession qu'on évalua à cent mille écus[1]. Mais la

---

1. *Correspondance secrète politique et littéraire* (Londres, John

demoiselle, comme toutes ses pareilles, ne manquait pas de protecteurs, et elle mettait aussitôt aux trousses du marquis un officier suisse qui se constitua son champion. Rendez-vous fut pris. Villette, par une impatience qui fait son éloge, s'y trouva trois heures avant l'heure indiquée. Il n'y aurait eu rien de grave à cela, si l'impatience qui l'avait appelé par trop tôt sur le terrain lui eût permis d'attendre son adversaire. Mais, ne trouvant personne, chose sur laquelle il devait un peu compter, il rentra chez lui, fit sa malle, s'éloigna hâtivement de Paris, sans trop savoir d'abord quelle direction prendre [1].

Cependant, il se décida « malheureusement » pour Genève, nous dit Wagnière, qui ne lui est pas favorable, et auquel nous empruntons ce petit récit qu'il tenait lui-même d'un homme « très-attaché à M. de Villette, et témoin oculaire, » et que nous supposons être M. de Villevieille, lequel ne devait pas tarder non plus à débarquer à Ferney. Le poëte fut enchanté à

Adamson), t. VII, p. 230; Paris, 13 janvier 1779. — Grimm, *Correspondance littéraire* (Paris, Furne), t. X, p. 58.

1. Villette, qui avait cependant fait comme officier de cavalerie les campagnes de la guerre de Sept ans, et était parvenu au grade de maréchal des logis de la cavalerie, passait pour poltron, bien qu'il eût tout fait pour se donner le renom tout contraire. On racontait à ce sujet une prétendue rencontre où il aurait tué roide un lieutenant-colonel, et qui, après vérification, se trouva être une fable aussi ridicule que mal imaginée. Un duel plus sérieux, mais qui ne devait pas aboutir, amenait devant la connétablie Villette et le comte de Lauraguais, pour se voir condamner, par jugement du tribunal des maréchaux, à une prison de six semaines, le premier à l'Abbaye, le second à la Bastille. *Mémoires pour servir à l'histoire de la République des lettres* (Londres, John Adamson), t. III, p. 66, 68, 80 ; 17, 22 août et 21 septembre 1766.

sa vue[1], et l'engagea à loger au château, ce qu'il accepta avec empressement. « Dès que M. de Villette fut arrivé (c'est encore Wagnière qui raconte), il dit qu'il voulait épouser mademoiselle de Varicourt; ce qu'il fit enfin, après avoir tergiversé près de trois mois[2]. » Le mariage dut avoir lieu vers la fin de septembre : ni Villette, ni Voltaire n'en précisent le jour. Le marquis, dans une lettre sans date à M. Lepelletier de Morfontaine, où il lui mande qu'il jouit, depuis quatre mois, « cinq heures par jour de la présence réelle de M. de Voltaire[3], » fait part de son mariage à l'intendant de Soissons de la façon suivante :

Il me reste à vous parler d'une petite pièce que l'on a représentée à Ferney, et dont je suis l'auteur : c'est le Mariage impromptu. Cette pièce, un peu dénuée d'intrigue, finit par un dénouement qui aura peut-être droit de vous surprendre. J'épouse, au château de Ferney, une jeune personne adoptée par M. de Voltaire : elle m'apporte pour dot un visage charmant, une belle taille, un cœur tout neuf, et l'esprit qui plaît[4]; j'ai préféré cela à un million tout sec que je

1. La mère de Villette avait été fort à la mode et galante. C'est pour lui plaire, nous apprend Duclos, qu'Helvétius, qui était beau comme le jour, fit le livre de l'Esprit. Voltaire l'avait beaucoup connue aussi, et Villette partait de là pour se croire et se dire son fils. Grimm, Correspondance littéraire, t. X, p. 28 ; XI, p. 325. Nous ne savons jusqu'à quel point la prétention pouvait se soutenir. Villette n'est pas le seul qu'on donne assez gratuitement à Voltaire, et le libraire Lambert passait également pour le fils du poëte, sans que rien, toutefois, de sérieux ne vînt corroborer cette étrange supposition.

2. Longchamp et Wagnière, Mémoires sur Voltaire (Paris, André, 1826), t. I, p. 117. Voyage de Voltaire à Paris, 1778.

3. Wagnière dit pourtant qu'il vint, en septembre, à Ferney. Nous ne trouvons pas trop de cette façon le moyen de parfaire ces quatre mois de séjour avant la cérémonie.

4. Voir le portrait de madame de Villette par Pujos et gravé par madame Lingée, en 1780.

trouvais à Genève. Les Pères de l'Église auraient échoué à ma conversion ; elle était réservée au Père temporel des Capucins, qui est aujourd'hui le Père spirituel de l'Europe [1].

Il donnait à d'Hell, avec lequel il était plus lié, quelques détails sur une cérémonie touchante et dans laquelle l'auteur de *la Henriade* était bien dans son rôle de patriarche.

La confidence que vous attendez, monsieur, commence à perdre un peu de son mérite pour le secret. J'ai épousé avant-hier, à minuit, dans la chapelle de Ferney, non pas une Babylonienne, mais la bergère des Alpes. Il était assez piquant, et peut-être unique, de la voir précédée de six oncles, tous frères, et l'un chevalier de Saint-Louis. Deux soutenaient le patriarche, qui, dans sa belle pelisse de l'impératrice des Russies, donnait l'idée d'un grand châtelain qui marie ses enfans. Les portes de l'église étaient obstruées par ses vassaux, qui lui rendent les hommages que Louis XII recevait de ses peuples [2].

Voltaire est enchanté de cette conversion, de ce miracle de la grâce opéré sur un pécheur plus qu'endurci ; et toutes ses lettres témoignent de sa joie, de son ravissement. « Notre chaumière de Ferney, s'écrie-t-il, n'est pas faite pour garder des filles. En voilà trois que nous avons mariées : mademoiselle Cor-

1. Marquis de Villette, OEuvres (Edimbourg, 1788), p. 127. Lettre de Villette à M. Lepelletier de Morfontaine ; Ferney, 1777.
2. *Ibid.*, p. 122, 123. Lettre de Villette à M. d'Hell ; Ferney, 1777. Thomas d'Hell, l'auteur du *Jugement de Midas*, de l'*Amant jaloux*, de *Gilles le Ravisseur*, anglais plein d'esprit, d'amabilité et de philosophie, dont Grimm nous a fait un crayon bienveillant. *Correspondance littéraire* (Paris, Furne), t. X, p. 418, 419 ; avril 1781.

neille, sa belle-sœur mademoiselle Dupuits, et mademoiselle Varicourt, que M. de Villette nous enlève. Elle n'a pas un denier, et son mari fait un excellent marché. Il épouse de l'innocence, de la vertu, de la prudence, du goût pour tout ce qui est bon, une égalité d'âme inaltérable, avec de la sensibilité; le tout orné de l'éclat de la jeunesse et de la beauté [1]. » Il dira à La Harpe : « Il est venu nous voir, et nous l'avons marié, pour lui faire les honneurs de la maison. Il épouse une jeune et belle demoiselle, fille d'un officier des gardes, que nous avions chez nous. Cette demoiselle n'a d'autre dot que sa beauté et sa sagesse. M. de Villette, qui possède cinquante mille écus de rente, fait un très-bon marché. Pour moi, je reste seul dans mon lit, et j'y radote en vers et en prose [2]. » Et au philosophe D'Alembert : « Il a épousé, dans ma chaumière de Ferney, une fille qui n'a pas un sou, et dont la dot est de la vertu, de la philosophie, de la candeur, de la sensibilité, une extrême beauté, l'air le plus noble; le tout à dix-neuf ans [3]. Les nouveaux mariés s'occupent jour et nuit à me faire un petit philosophe. Cela me ragaillardit dans mes horribles souffrances [4]... »

---

1. Voltaire, *OEuvres complètes* (Beuchot), t. LXX, p. 371. Lettre de Voltaire à d'Argental; 5 novembre 1777.

2. *Ibid.*, t. LXX, p. 385. Lettre de Voltaire à La Harpe; 19 novembre 1777. Voltaire dit : quarante mille écus, dans une lettre à M***, datée de Ferney, le 9 du même mois.

3. Elle était née à Pougny le 3 juin 1757. Elle avait donc bien ses vingt ans révolus.

4. Voltaire, *OEuvres complètes* (Beuchot), t. LXX, p. 393. Lettre de Voltaire à D'Alembert; 26 novembre 1777.

Villette a dépouillé entièrement le vieil homme, il a fait un mariage d'amour, purement d'amour. On répandit le bruit qu'il avait refusé la dot que Voltaire destinait à sa pupille; il épousa bravement sans compter sur le moindre apport, et le poëte, en effet, se borna à offrir, à *belle et bonne,* quelques bijoux, dont la beauté pouvait se passer. Le marquis ne cache pas sa passion, il l'affiche même comme un défi. Il n'ignorait point que, dans un certain monde, cette détermination honorable serait envisagée comme une sottise, et ses lettres indiquent un peu cette préoccupation. « Je sais par cœur toutes les jouissances de Paris, dit-il. J'en suis un peu honteux pour la bonne ville; mais il n'y a ni amour ni amitié, et pas tant de plaisir que l'on croirait. Le charme a cessé pour moi. Sortez un moment du tourbillon, vous ne voudrez plus y rentrer [1]. »

Ces bergeries, ces amours, ces noces, qui charmaient le solitaire de Ferney, n'entravaient rien; l'on n'en était pas moins à l'ouvrage sur le chantier, aux bruits du dehors, aux infiniment petites intrigues de cette république des lettres, la plus hargneuse, la plus querelleuse de toutes les républiques. Voltaire apprenait la mort du plus ancien comme du plus acharné de ses ennemis, de ce folliculaire qui le harcelait depuis près de trente années dans ses feuilles, et l'irritait cent fois plus par l'apparente modération de ses critiques, que les La Beaumelle et les Clément par l'impudente insolence de leurs attaques. Fréron

---

1. Villette, *Œuvres* (Edimbourg, 1788), p. 123. Lettre de Villette à d'Hell, déjà citée.

venait de s'éteindre, vaincu par le travail, les excès, a-t-on dit, surtout par les soucis, les anxiétés d'une carrière incessamment menacée[1]. Ses adversaires l'emportaient. *L'Année littéraire*, son gagne-pain, sa raison d'être, sa création, son juste orgueil, allait être supprimée. Il en reçut la nouvelle à la comédie. Il mangeait fortement, l'émotion décida une indigestion terrible : il était goutteux avec cela, la goutte lui remonta à l'estomac; quand madame Fréron, qui était partie aussitôt pour solliciter à Versailles contre un tel arrêt, rentra chez elle, elle ne trouva plus qu'un cadavre (10 mars 1776)[2].

L'auteur de *la Henriade* était instruit de l'événement par une lettre sans signature, où l'on essayait de l'apitoyer sur le sort de madame Fréron et de sa famille. Il parle à plusieurs reprises de cette démarche, avec des variantes, avouons-le, assez notables. « Savez-vous que j'ai reçu, mandait-il à Thibouville, une lettre très-tendre d'une dame qui est sûrement parente de Fréron, si elle n'est pas sa veuve? Elle m'avoue que ce pauvre diable est mort banqueroutier, et elle me conjure de marier sa fille, par la raison, dit-elle, que j'ai marié la petite-fille de Corneille; elle me propose le curé de la Madeleine pour l'entremetteur de cette affaire; ces curés se fourrent partout. J'ai répondu que si Fréron a fait le *Cid* et *Cinna*, je marierai sa fille sans difficulté[3]. » Ailleurs, ce n'est plus une parente,

---

1. Né à Quimper en 1719, il avait environ cinquante-sept ans.
2. Charles Nisard, les *Ennemis de Voltaire* (Paris, Amyot, 1853), p. 296, 297.
3. Voltaire, *Œuvres complètes* (Beuchot), t. LXIX, p. 543, 544.

c'est la veuve Fréron, indubitablement. « Croiriez-vous que la veuve Fréron m'a envoyé un billet d'enterrement, et m'a fait proposer d'avoir soin d'une de ses filles, par la raison, dit-elle, que j'ai marié la descendante de Corneille[1]? » Il serait assez curieux qu'on s'avisât de reprocher à Voltaire de n'avoir point fait pour la fille de l'auteur de *l'Année littéraire* ce qu'il avait entrepris avec tant d'empressement généreux pour la petite-nièce de l'auteur du *Cid* et de *Cinna*. Il en aurait eu l'idée que l'on eût infailliblement attribué à une arrière-pensée machiavélique un bienfait auquel la postérité de Fréron n'avait aucun titre. Aurait-il eu davantage le droit d'accabler sous sa magnanimité la famille d'un homme qu'il avait traîné sur la claie, dans *l'Écossaise ?* Dans son *Commentaire historique*, dont l'apparition suivit d'assez près la mort de Fréron, le poëte fait également allusion à cette lettre anonyme, et ne manque pas de dire quelle fut sa réponse à cette plus qu'étrange démarche. L'interdiction, dont avait été frappée *l'Année littéraire*, venait d'être levée, et le fils du journaliste avait été autorisé à en reprendre la publication; ce dernier n'eut rien de plus pressé, et on l'en loue, que de

---

Lettre de Voltaire à M. de Thibouville ; Ferney, 7 mars. Cette lettre, comme le fait remarquer Beuchot, est composée de plusieurs lambeaux empruntés çà et là. Si elle était du 7 dans toutes ses parties, il ne pourrait y être fait allusion à la mort de Fréron arrivée trois jours plus tard. Que de lettres, dans la correspondance, ne sont faites que de tels amalgames! Voir aussi la lettre à d'Argental du 30 mars, p. 573, 574.

1. Cabinet de M. Feuillet de Conches. *Lettres autographes de Voltaire au comte de La Touraille;* Ferney, 22 mars 1776.

relever une allégation flétrissante ; et il le fit avec une émotion d'honnête homme, une éloquence indignée qui devait réussir et réussit pleinement.

Je puis vous protester, monsieur, qu'il n'y a point dans ma famille de personne assez lâche pour mendier les secours de M. *de Voltaire* en faveur de ma sœur. La pitié du persécuteur de mon père seroit pour nous le comble du malheur.... Si les loix de l'honneur et du devoir, si le respect dû à la mémoire du chef respectable de notre famille ne nous avoit point arrêtés, notre intérêt du moins nous eût détournés d'une action aussi basse ; aurions-nous voulu souiller, en y joignant le nom de *Voltaire*, la liste des personnes augustes qui ont honoré mon père de leurs regrets, et sa famille de leur protection ?... Puisque la lettre que M. *de Voltaire* prétend avoir reçue est anonyme, de quel droit suppose-t-il qu'elle est d'une *personne de ma famille ?* M. *de Voltaire* ignore-t-il donc qu'on ne doit jamais produire des lettres anonymes, qui ne sont la ressource que des lâches calomniateurs ? Ne serois-je pas beaucoup plus autorisé à dire que cette lettre est l'ouvrage de M. *de Voltaire* lui-même ?... Mais si M. *de Voltaire* a réellement reçu cette lettre, il faut qu'elle soit l'ouvrage de quelqu'un de ces auteurs justement censurés par mon père, qui, connaissant les sentimens de M. *de Voltaire*, aura cru faire sa cour par cette misérable plaisanterie, ou bien un de ces lâches envieux qui, toujours prêt à s'approprier les dépouilles de ses ennemis, aura cru que le moyen le plus infaillible pour nous enlever notre unique ressource étoit de nous représenter comme des âmes viles, capables d'embrasser les genoux du persécuteur de mon père... [1].

Cette réponse est digne, elle est habile. Elle retourne le trait contre l'assaillant, et jette au moins un doute dans l'esprit du lecteur qui se demande, en effet, si la

1. *Année littéraire* (1776), t. IV, p. 223 à 226.

lettre de l'anonyme n'était point de pure invention. Restait encore le choix des hypothèses, et, en admettant que M. de Voltaire eût bien réellement reçu cette requête à intentions perfides, la question était de savoir si la famille Fréron avait été victime d'une simple mystification, de ressentiments soulevés par les critiques du défunt, ou de mobiles plus vils encore. Le marquis de Luchet affirme que Fréron fils se trompait, quant à Voltaire. « Elle existe véritablement, ajoute-t-il en parlant de la lettre ; mais cette invitation est d'un mauvais plaisant, qui l'imagina pour venger son amour-propre humilié dans un numéro de *l'Année littéraire* de 1774[1]. » Il garde le secret à ce mauvais plaisant. Quel peut-il être ? Après avoir inventorié, à cette année 1774, les exécutions de Fréron, nos soupçons se sont arrêtés sur Delisle de Salles, drapé d'importance par le journaliste dans le tome V de ses feuilles[2]. Mais ce ne sont là, après tout, que des présomptions.

1. Marquis de Luchet, *Histoire littéraire de Voltaire* (Cassel, 1781), t. II, p. 206.
2. *Essai philosophique sur le corps humain pour servir de suite à la* PHILOSOPHIE DE LA NATURE, par un M. de Lille, autre que M. l'abbé de Lille, traducteur des Géorgiques de Virgile. *Année littéraire* (1774), t. V, p. 217 à 245; à Paris, ce 14 août 1774.

III

LETTRE SUR SHAKESPEARE. — BARETTI ET LADY MONTAGUE. — GUÉNÉE. — VOLTAIRE JOURNALISTE.

Sauf Clément, qui était encore nouveau dans cette carrière du journalisme agressif, tous, les uns à la suite des autres, étaient tombés devant l'implacable vieillard. Mais le combat ne finira pas faute de combattants, et les *casus belli* ne manqueront point à un belligérant qui se constitue le champion de toutes les causes. A cette époque, il a sorti tout son arsenal de guerre, il s'agit de défendre ses dieux, et de savoir si Shakespeare, un barbare ! devra être salué comme le plus beau génie, et s'il n'y a rien à opposer à l'auteur d'*Othello* et d'*Hamlet*, dans le pays qui a donné le jour au grand Corneille, à l'auteur de *Phèdre* et d'*Athalie;* la pudeur nous empêchera de dire à l'auteur de *Zaïre*, de *Mérope* et de *Mahomet*. Mais à quel propos Shakespeare, et cette supériorité prétendue, qui fera bondir le nerveux poëte sur son lit de mourant, et le précipitera dans l'arène avec cette fougue, cette ardeur, cette furie, qu'il met à repousser les attaques; les invectives les plus directes? Disons que, s'il défendait ses dieux, il défendait tout autant sa maison, et qu'il serait injuste d'exiger de lui cette parfaite indépendance que, faute d'autres mobiles, ne nous laissent ni les préjugés nationaux, ni les préjugés tout aussi absolus d'école. Les deux premiers volumes d'une traduction du grand William venaient de paraître. C'était toute une initiation dans la pensée du traducteur principal, qui n'avait garde de ne point escorter son texte de comparaisons peu flatteuses pour nos classiques et notre théâtre [1].

Auriez-vous lu, écrit *ab irato* l'auteur de *Tancrède* à d'Argental, les deux volumes de ce misérable, dans lesquels il veut nous faire regarder Shakespeare comme le seul modèle de la véritable tragédie? Il l'appelle le *Dieu du théâtre*. Il sacrifie tous les Français, sans exception, à son idole, comme on sacrifiait autrefois des cochons à Cérès. Il ne daigne pas même nommer Corneille et Racine; ces deux grands hommes sont seulement enveloppés dans la proscription générale, sans que leurs noms soient prononcés... Avez-vous une haine assez vigoureuse contre cet impudent imbécile? Souffrirez-vous l'affront qu'il fait à la France? Vous et M. de Thibouville vous êtes trop doux; il n'y a point en France assez de camouflets, assez de bonnets d'âne, assez de piloris pour un pareil faquin. Le sang pétille dans mes vieilles veines en vous parlant de lui... Ce qu'il y a d'affreux, c'est que le monstre a un parti en France; et pour comble de calamité et d'horreur, c'est moi qui autrefois parlai le premier de ce Shakespeare [2]; c'est moi qui le premier montrai aux Fran-

---

1. Letourneur, Cathuélan et Fontaine-Malherbe. Cette traduction de Shakespeare (1776-1781) est en vingt volumes in-8°. Si elle parut alors trop hardie, les traducteurs tenaient encore trop compte du goût français pour oser être judaïquement fidèles. Elle n'est plus lue depuis longtemps, pas plus que celle de Laplace, qui avait essayé avant eux (1745-1748) de nous faire connaître et admirer le grand tragique anglais.

2. Voltaire, *Œuvres complètes* (Beuchot), t. XXXVII, p. 220, la dix-huitième des *Lettres philosophiques*.

çais quelques perles que j'avais trouvées dans son énorme fumier; je ne m'attendais pas que je servirais un jour à fouler aux pieds les couronnes de Racine et de Corneille, pour en orner le front d'un histrion barbare [1].

Et cela était vrai. Plein d'enthousiasme pour le gouvernement, pour le génie libre de cette fière nation, Voltaire rapportait de Londres, où il avait vécu près de trois années, ses *Lettres anglaises* (les *Lettres philosophiques*) dans lesquelles il exaltait les institutions, les mœurs de nos voisins, leur philosophie, leur littérature, les découvertes de Newton, pour lequel il devait rompre tant de lances et s'attirer tant de tracasseries et d'aigres ripostes. Nous sommes entrés à cet égard dans des développements auxquels nous nous bornerons à renvoyer le lecteur [2]. Dans sa dix-huitième lettre sur la tragédie, Voltaire aborde le théâtre anglais et l'auteur d'*Hamlet*, qui en est l'expression la plus élevée. Nourri de nos classiques, les oreilles encore remplies des beaux vers de Racine, si excellemment récités, nous pourrions dire chantés par cette pléiade d'acteurs incomparables qui avaient les traditions directes, il ne pouvait ne pas être choqué des inégalités, des duretés, des bouffonneries qu'il rencontrait dans Shakespeare, dans Otway et les autres. Mais il arrivait sans esprit de dénigrement, sans parti pris, et il ne tint pas à lui d'apprécier équitablement ces écrivains étrangers avec lesquels les nôtres avaient si peu de rapports et d'analogie.

1. Voltaire, *Œuvres complètes* (Beuchot), t. LXX, p. 90, 91. Lettre de Voltaire à d'Argental; 19 juillet 1776.
2. *Voltaire à Cirey*, p. 40, 41.

Disons plus, il forcera sa nature, il violentera sa conviction ; quelles que fussent ses réserves, il sera relativement bienveillant, il plaidera les circonstances atténuantes, et le fera avec une générosité chevaleresque, car, au fond, il sera plus bienveillant que persuadé.

Vous vous plaindrez sans doute que ceux qui, jusqu'à présent, vous ont parlé du théâtre anglais, et surtout de ce fameux Shakespeare, ne vous aient encore fait voir que ses erreurs, et que personne n'ait traduit aucun de ces endroits frappants qui demandent grâce pour toutes ses fautes. Je vous répondrai qu'il est bien aisé de rapporter en prose les sottises d'un poëte, mais très-difficile de traduire ses beaux vers. Tous ceux qui s'érigent en critiques des écrivains célèbres compilent des volumes. J'aimerais mieux deux pages qui nous fissent connaître quelques beautés ; car je maintiendrai toujours, avec tous les gens de bon goût, qu'il y a plus à profiter dans douze vers d'Homère et de Virgile que dans toutes les critiques qu'on a faites de ces deux hommes.

Et, pour donner une idée de ce classique étranger, on essayera de traduire en vers le monologue d'Hamlet : *to be, or not to be, that is the question*, tout en prévenant le lecteur avec une modestie et une méfiance louables que la meilleure traduction n'est qu'une faible esquisse d'un beau tableau. Voltaire aura été pour nous le véritable révélateur de Shakespeare, il se le reproche comme un crime. Il fut pour ce fait l'objet des persécutions des lettrés, qui considéraient comme une impiété l'exaltation de ce barbare auquel il fallait laisser ses tréteaux et qu'on appela « son Shakespeare[1]. » Les

---

1. *Réponse ou critique des lettres philosophiques* de M. de V***, par le R. P. D. P. B. (Lecoq de Villeray) ; Bâle (Amiens, 1735), p. 79.

temps ont donc bien changé, et l'on fait donc bien du chemin dans un intervalle de quarante années que l'on arrive à dire avec impunité à un public français que cet histrion est le plus grand des poëtes et des tragiques; et que l'homme qui ose soutenir de pareilles hérésies recrute des souscripteurs jusqu'au sein de la famille royale?

A mesure que la langue anglaise nous devient plus familière, que les grands auteurs d'outre-Manche nous deviennent moins étrangers, on les discute, on les critique, et le goût perd de son exclusivisme; l'on commence à comprendre qu'il n'y a point d'absolu dans les arts, et que la poésie, la poésie théâtrale par dessus tout, n'est et ne peut être que le reflet des mœurs, des aspirations de la nature physique et morale d'un peuple. A ce compte, pour apprécier sainement, il faut s'isoler de ses propres habitudes, de ses propres conventions, et se poser sur le terrain de celui que l'on veut juger. L'on se rencontrera toujours, cela va sans dire, dans les grands mouvements de l'âme, dans la passion vraie, dans les déchirements ou les joies du cœur. Et c'est là où le génie de Shakespeare retrouve sa puissance, sa supériorité, son universalité. Tout cela, qui n'est plus à dire, tant c'est devenu un lieu commun, n'était ni plus ni moins qu'une odieuse et insoutenable hérésie; et la colère, l'indignation furibonde du poëte étaient si bien dans le sentiment général, que, sauf quelques clameurs, quelques protestations isolées dont il va être question, elles ne rencontrèrent parmi les lettrés que des approbateurs: il y allait de l'honneur national, de la gloire du pays. Et ce n'est pas à autre fin qu'il écrivait cette curieuse lettre à l'Académie, « son factum, comme il l'appelle, contre *Gilles* Shakespeare et contre *Pierrot* Letourneur. »

Par la seule citation qui précède, on voit que son auteur se targue avant tout d'équité, de modération, de l'impartialité la plus stricte. S'il est sincère, il s'illusionne terriblement et commet en parfaite innocence la pire des trahisons, celle de l'insuffisance dans la traduction. On sait le cri de lord Byron : « *traduttore traditore*, » qui peut s'appliquer indistinctement à la généralité des traducteurs. Quant à Voltaire, le reproche qu'il est le moins disposé à accepter, c'est le manque d'exactitude et de fidélité. Il répond à l'avance à toute inculpation de ce genre. Dans ses *Commentaires* sur le père de notre théâtre, il joignait à la pièce de *Cinna* une traduction du *Jules César* de Shakespeare, pour qu'on pût se rendre compte de la différence de l'un et de l'autre génie, dans deux situations identiques, la conspiration de Cinna et d'Émilie opposée à celle de Brutus et de Cassius. L'original tantôt en vers, tantôt en prose, tantôt en vers blancs, tantôt en vers rimés, n'est pas moins disparate dans son style tour à tour d'une incroyable élévation et d'une tout aussi incroyable bassesse. L'auteur de *Zaïre* s'est efforcé de se plier à cette incessante variété de tons et de formes ; non-seulement il a traduit les vers blancs en vers blancs, les vers rimés en vers rimés, la prose en prose, mais il a rendu figure pour figure, opposant l'ampoulé à l'enflure, la naïveté et même la bassesse à tout ce qui est naïf et bas dans l'original. « C'était la seule manière, dit-il, de faire connaître Shakespeare. Il s'agissait d'une question de littérature, et non d'un marché de typographie : il ne fallait pas tromper le public. »

Que dire? qu'opposer à cela? est-il procédé plus loyal, et en même temps plus sûr; et n'est-ce pas réduire les choses presque à une vérité algébrique? Mais il est difficile de contenter tout le monde; les intentions les plus pures ne sauraient trouver grâce devant les fanatiques, et ces gens-là ou mettront en suspicion votre bonne foi ou, si vous avez été loyal, vous reprocheront de n'avoir pas compris le poëte [que vous vous êtes fait fort de traduire, de n'avoir pu vous élever à sa hauteur.

Si le commentateur de Corneille, dit un défenseur de Shakespeare, avait connu, s'il avait senti les différences de l'idiôme anglais et du nôtre, la seule idée de traduire les vers blancs de Shakespeare en vers blancs français serait suffisante pour rendre suspecte toute sa bonne foi. Il n'y eut jamais de vers blancs dans notre langue, sa marche et son génie n'en comportent point : ôtez la rime, et l'effet de la versification s'anéantit; on n'a jamais fait d'essai en ce genre qui ait approché d'une prose forte et bien cadencée : il n'en est pas de même de la langue anglaise. Par une suite de son abondance et de son énergie, et encore plus de l'*appuyé* de toutes ses terminaisons, on y fait des vers sans rimes aussi harmonieux que ceux qui sont rimés. Le plus beau poëme qui soit écrit dans cette langue, le mieux soutenu, l'ouvrage le plus véritablement poétique qui existe, le *Paradis perdu* de Milton, est en vers blancs. Le langage en est plein et sonore, et la musique du discours, si l'on veut permettre l'expression, aussi sensible et aussi harmonieuse que celle de la poésie grecque et latine. Les vers blancs de Shakespeare ont le même avantage. Ou M. de Voltaire ne l'a point senti, ou il aurait dû chercher un moyen équivalent pour le rendre; si la disparité des langages ne lui en avait pas fourni, il ne lui restait de parti à prendre que de convenir de l'impossibilité de l'entreprise, et d'en prévenir ses lecteurs [1].

Cela est bien dit, cela est judicieux et sans injures ; et il serait à désirer que l'auteur des *Observations* eût conservé ce ton jusqu'à la fin. Tout en affectant de se maintenir dans la limite d'une discussion polie et même respectueuse envers l'auteur de *Brutus* et de *la Mort de César*, il ne sortira que trop souvent de cette réserve, de cette polémique courtoise qu'on voudrait rencontrer parmi les esprits les plus divisés d'opinions, les plus séparés par leur foi, leurs préjugés littéraires. Au moins la brochure du chevalier Rutlidge est-elle relativement modérée d'accent, et ce n'est que par instant que l'assaillant oublie quel il est et à qui il s'adresse. L'auteur du *Discours sur Shakespeare et sur M. de Voltaire* n'a pas de ces intermittences de politesse et de retenue. Il appelle un chat un chat, et M. de Voltaire un présomptueux, un ignorant.

Cet Aristarque si peu ménager des termes est un Italien du nom de Baretti et qui s'intitule « secrétaire pour la correspondance étrangère de l'académie royale britannique. » A l'entendre, M. de Voltaire ne saurait pas même l'anglais, et il croit le démontrer en citant plusieurs confusions dans le sens d'un ou deux mots qu'il a le soin de relever. En est-ce assez pour refuser à un homme qui avait vécu près de trois ans dans la société de Bolingbroke, de Pope, de Swift et d'Young, et qui, fort incertain sur l'époque de son retour en France,

1. Chevalier Rutlidge, *Observations à messieurs de l'Académie française*, au sujet d'une lettre de M. de Voltaire (1776), p. 12, 13.

s'était si bien et si exclusivement appliqué à la langue de Milton qu'il eut quelque peine, s'il faut l'en croire, à se remettre à composer des vers français; en est-ce assez pour nier à l'auteur de l'*Essai on epic poetry* une suffisante connaissance de l'anglais[1]? Qu'on lui conteste cet affranchissement de goût sans lequel il n'y a point de juge; que l'on constate, en revanche, tout ce qui vicie le jugement: la passion, la partialité, voire une préoccupation toute individuelle. La question est tout autre, et, sur ce terrain, bien des gens, même en France, eussent été de son avis. Mais l'Italien Baretti ne s'en tient pas là. Il le prend de haut, avec ses compatriotes et ses contemporains aussi bien qu'avec M. de Voltaire. Il faut voir comme il traite Algarotti, Bettinelli, Frugoni et Goldoni. Cette brochure, ce *Discours*, comme il l'appelle, est impertinent, outrecuidant et

---

1. S'il avait été capable de s'exprimer dans cette langue avec aisance, est-il croyable qu'aussitôt sorti d'Angleterre il n'eût point écrit une lettre, une simple lettre en anglais aux amis qu'il avait laissés à Londres? Et Baretti met au défi, à l'exception d'une épître relative à l'amiral Bing, « si détestable du côté de la langue, » d'en produire une seule : « Il n'a jamais écrit une lettre anglaise à personne, s'écrie-t-il, depuis qu'il quitta ce païs; non, pas une, vous dis-je : et je vous défie, tous tant que vous êtes, de m'en montrer une courte ni longue. » Voilà un argument de fait qu'il n'est que trop facile de retourner contre le pauvre Baretti. Nous renverrons à une lettre très-curieuse que M. Edward Mason écrivait à La Harpe, en octobre 1780, dans laquelle il lui mande qu'il a en sa possession une vingtaine de lettres de la propre main de Voltaire et adressées au chevalier de Falkener, de 1735 à 1753, « où le tour des phrases est tel, qu'on sent bien clairement que l'écrivain est maître dans la langue en laquelle il écrit. » Ces lettres, du reste, ont été publiées, en 1857, dans le tome premier des *Lettres inédites* (Paris, Didier); mais elles ne sont pas, à beaucoup près, les seules qui existent et qui aient été imprimées, comme on l'a dit déjà.

pédant. Il est écrit en mauvais français, ce qui est une inconséquence dans un Aristarque si à cheval sur la pureté, sur le génie des langues, qu'il n'entend pas qu'on aborde à la légère. Il a senti, du reste, que l'argument pouvait lui être rétorqué, et il a essayé d'y répondre à l'avance.

Je n'ai jamais rien imprimé de ma façon en votre langue (c'est à Voltaire lui-même qu'il s'adresse), et je me serois bien gardé de vous parler françois, si quelque habile Anglois eut voulu prendre la peine de vous « confuter » sur l'article de Shakespeare, dans la seule langue que vous entendez. En écrivant cette pauvre apologie de ce poëte, je ne cherche pas à me donner pour un maître passé dans votre langue, quoique, à vrai dire, je l'aie beaucoup étudiée. Mais voyant que tout le monde dort, et qu'on vous laisse dire sans jamais vous combattre, j'ai entrepris d'apprécier les connoissances d'un homme qui, depuis un demi-siècle, a cherché à faire accroire à toute l'Europe qu'il est très-savant en anglois et en italien, quoiqu'il ne sache goute ni de l'un ni de l'autre [1].

1. Joseph Baretti, *Discours sur Shakespeare et sur M. de Voltaire* (Londres, Nourse, 1777), p. 132, 133. Nous avons répondu à une première accusation d'ignorance; mais Baretti veut que Voltaire ne sache pas plus l'italien que l'anglais. Il ignorait que le poëte, en 1746, envoyait à l'Académie de Bologne une dissertation anonyme en langue italienne, sur les changements arrivés dans notre globe, et dont il a été question dans notre précédent volume à propos de Buffon. L'accueil qu'il fera à ce même Goldoni, traité si dédaigneusement par Baretti, en février 1778, est le démenti le plus formel à cette dernière allégation. « Nous étions tous confondus, raconte un des témoins de l'entrevue, de voir M. de Voltaire parler la langue italienne avec autant de facilité et de prestesse que la langue françoise. M. Goldoni a augmenté notre surprise en nous apprenant que M. de Voltaire lui avoit écrit autrefois une lettre non-seulement en italien, mais en vénitien. » *Journal de Paris* (vendredi 20 février 1778), p. 204. Lettre de François de Neufchâteau aux auteurs du journal; Paris, ce 19 février.

Cela exposé, Baretti se met tout à fait à son aise et n'épargne point les duretés à M. de Voltaire. Nous disons les duretés, parce qu'il n'a pas toujours tort dans le fond, s'il se le donne comme à plaisir dans la forme. Il s'agit de Voltaire considéré comme écrivain dramatique. « Il est certain, dira-t-il, que M. de Voltaire a moins de défauts dans ses pièces, que n'en a Shakespeare. Pour un que M. de Voltaire puisse en avoir (*sic*) Shakespeare en a cinquante, en a cent, en a deux cents, si l'on veut. Je conviens de tout cela sans la moindre difficulté : mais je prétends qu'on convienne aussi que chaque beauté de Shakespeare vaut un très-grand nombre de beautés de M. de Voltaire, même des plus travaillées et des mieux choisies. » Cela établit l'intervalle qui séparera toujours un grand talent éclos et développé dans un milieu très-avancé, très-éclairé, d'un vigoureux génie, abrupt, sauvage, sans poétique, représentant bien en cela son époque, mais incomparable, mais sublime quand c'est le cœur, quand c'est la passion qui ont la parole. Ce que nous disons là n'aurait pas été senti des esprits les plus droits, les plus judicieux; et La Harpe, entre autres, donnera la mesure et la note du goût en France à cette date, à propos même de la brochure du correspondant de l'académie royale de Londres.

Il est arrivé de Londres, dit-il, quelques exemplaires d'une brochure assez curieuse par le ridicule... c'est l'ouvrage d'une espèce de fou nommé *Baretti*, retiré à Londres depuis fort longtemps, et presque nationalisé Anglais. Sa brochure, écrite à faire·pouffer de rire, a pour objet de relever la prééminence de Shakespeare au-dessus de tout ce qui existe.

L'auteur dit dans un endroit qu'il donnerait un doigt de sa main pour avoir fait le seul rôle de *Caliban* dans la *Tempête* de Shakespeare [1].... Il prétend d'ailleurs que personne ne peut ni bien traduire ni bien entendre Shakespeare, à moins de venir s'établir à Londres, et d'aller tous les jours à la comédie.... Ces sophismes de trois ou quatre énergumènes qui s'efforcent de mettre leur Shakespeare au-dessus des Sophocle et des Euripide, des Corneille et des Racine, sont au nombre des extravagances de l'esprit humain [2].

On a accusé Voltaire d'avoir pillé ce beau génie qu'il couvre de boue; loin de lui faire quelque emprunt, que ne s'est-il prémuni davantage contre une influence plus funeste à son goût que profitable au développement de ses facultés dramatiques! Écoutons Palissot, dans ce passage autrement caractéristique et qui est l'expression même du sentiment français.

Né avec trop de goût pour ne pas sentir que, malgré quelques scènes admirables, ce grand poëte, en créant son art, l'avait laissé dans la barbarie, il sut se défendre d'une admiration superstitieuse qui aurait pu l'entraîner dans les mêmes excès. Ne dissimulons pas pourtant que si, en lui donnant de nouvelles vues, son voyage d'Angleterre ne fut pas inutile à sa gloire, ce fut peut-être dans ce même voyage qu'il puisa quelques-uns des défauts qu'on lui a le plus souvent reprochés. Cette habitude de sacrifier trop souvent la vraisemblance aux grands effets, et, comme il le disait lui-même, de frapper fort plutôt que de frapper juste; cette indépendance des règles qui laisse toujours quelque chose à désirer dans l'ordonnance de ses pièces, et qui combat quelquefois dans le cabinet l'impression victorieuse qu'on avait

---

1. Baretti, *Discours sur Shakespeare et sur M. de Voltaire* (Londres, Nourse, 1777), p. 61.
2. La Harpe, *Correspondance littéraire* (Paris, Migneret, 1804), t. II, p. 159, 160.

éprouvée au théâtre : voilà, nous le croyons du moins, ce que dut en partie l'auteur à son commerce avec les Anglais [1].

Ce qui a mis la plume, nous allions dire l'épée à la main de Baretti, c'est qu'aucun compatriote de Shakespeare ne semblait se soucier de prendre sa défense. Il aurait eu un peu plus de patience qu'il se serait assuré que son intervention n'était pas aussi indispensable qu'il se l'était figuré. En effet, une femme, lady Montague, se précipitait bientôt dans l'arène et s'escrimait de la belle façon, sans trop de mesure comme cela arrive aux femmes, presque inévitablement, quand elles se mêlent de polémique, qu'il s'agisse de religion ou de belles-lettres. *L'Apologie de Shakespeare en réponse à la critique de M. de Voltaire*, dont la traduction ne paraîtra en France qu'en octobre de l'année suivante, est une œuvre quelque peu âpre, qui rappelle, avec plus d'esprit, la critique de notre madame Dacier contre les détracteurs des anciens. Grimm, qui, à titre d'étranger, ne partage point tous nos préjugés, fait une analyse assez judicieuse de ce pamphlet, et y rencontre autant de partialité, de préjugés exotiques, de passion étroite que l'auteur prétend lui-même en trouver chez l'adversaire. Ainsi, Corneille est accusé de n'avoir peint les Romains que d'après les romans de La Calprenède et de Scudéri. Ces Romains des *Horaces* et de *Cinna* sont-ils des Romains qu'un contemporain de ceux-ci eût reconnus sans conteste? cela est douteux; mais on pourrait en

---

1. Palissot, *Le génie de Voltaire apprécié dans tous ses ouvrages* (Paris, Patris, 1806), p. 88.

dire autant de tout tableau d'histoire le mieux étudié et le plus profondément fouillé. Ce qu'on ne peut nier, c'est que les Romains de Corneille ont la taille des Romains de la vieille Rome; et, si la taille diffère, c'est qu'il les a grandis. Mais vouloir qu'ils aient été détachés des indigestes élucubrations des La Calprenède et des Scudéri, c'est presque aussi monstrueux que mesurer les appréciations de l'œuvre entière sur des citations d'*Othon* et de *Pertharite*, ce que fait lady Montague, et ce que, malgré son emportement aveugle, ne s'est point permis l'auteur de *Mérope* et de *Mahomet*.

Ce livre, après tout, n'est ni sans valeur, ni sans esprit, ni sans connaissances; et nous lui emprunterons, avec Grimm, une citation qui a ici son à propos, très-judicieuse en tous temps, mais bonne à rappeler dans notre pays où, quelle que soit notre apparente légèreté, notre prétendu amour de l'indépendance, nous ne sommes et nous n'avons été, à toutes les époques, que trop esclaves des règles et des poétiques, croyant, avec l'abbé d'Aubignac, que rien n'existe sans elles et qu'elles dispensent de génie. « Le pédant, dit-elle, qui acheta à grand prix la lampe d'un philosophe célèbre[1], dans l'espérance qu'avec ce secours ses ouvrages acquerraient la même célébrité, n'était guère moins ridicule que ces poëtes qui s'imaginent que leurs drames doivent être parfaits dès qu'ils sont réglés sur la pendule d'Aristote[2]. »

---

1. Epictète, dont la lampe d'argile fut payée trois mille drachmes après sa mort.

2. *Apologie de Shakespeare en réponse à la critique de M. de Vol-*

Nous avons été amené à parler des répliques avant l'apparition de la Lettre à l'Académie française, tout fraîchement saisie de la question. Voltaire, qui la lui avait fait parvenir par D'Alembert, recevait, à la date du 4 août (1776), l'assurance de son plein succès auprès de l'aréopage du Louvre. « Vos réflexions sur Shakespeare, lui mandait ce dernier, nous ont paru si intéressantes pour la littérature en général, et pour la littérature française en particulier, si utiles surtout au maintien du goût, que nous sommes persuadés que le public en entendrait la lecture avec la plus grande satisfaction, dans la séance du 25 de ce mois, où les prix doivent être distribués... » Mais cette plaisante et mordicante épître ne pouvait guère être lue dans une assemblée publique sans certaines suppressions tout à fait indispensables, relatives les unes aux traducteurs, sur le compte desquels on s'exprimait avec trop peu de calme, les autres relatives à des échantillons trop crus de ce poëte sauvage. « Vous pourriez, ajoutait l'académicien, en *post-scriptum*, au lieu des grossièretés (inlisibles publiquement) que vous citez de Shakespeare, y substituer quelques autres passages ridicules et lisibles qui ne vous manqueront pas. Vous pourriez même ajouter à votre diatribe tout ce qui peut contribuer à la rendre

taire, traduite de l'anglais de madame Montague (Paris, Mérigot, 1777), p. 6. *Introduction*. — Voltaire y fait allusion, dans son épître dédicatoire d'*Irène* à l'Académie française, mais sans aucune aigreur : « On s'appuie, dit-il, de l'opinion de madame Montague, estimable citoyenne de Londres, qui montre pour sa patrie une passion si pardonnable... » Voir aussi les *Nouvelles lettres d'un voyageur anglais*, de Martin Sherlock (Londres, 1780), p. 219 à 248.

piquante, quoiqu'elle le soit déjà beaucoup... Pour abréger le temps, envoyez-moi, si vous voulez, vos additions, en cas que vous en ayez à faire, et je me chargerai des retranchements qui ne sont pas difficiles et qui ne feront rien perdre à l'ouvrage[1]. » D'Alembert en était-il bien sûr?

En tout cas, ce ne sera pas sans regret et sans chagrin qu'on en passera par ces nécessités; et encore comptera-t-on sur l'adresse et la bonne volonté du lecteur pour aiguiser la curiosité sur ce qu'une convenance bien cruelle aura fait retrancher. « A l'égard des turpitudes qu'il est nécessaire de faire connaître au public, répondait Voltaire à son ami, et de ces gros mots de la canaille anglaise qu'on ne doit pas faire entendre au Louvre, serait-il mal de s'arrêter à ces petits défilés, de passer le mot en lisant, et de faire désirer au public qu'on le prononçât, afin de laisser voir le divin Shakespeare dans toute son horreur et dans son incroyable bassesse? Si c'est vous qui daignez lire, vous saurez bien vous tirer de cet embarras, qui, après tout, est assez piquant[2]. » A y bien réfléchir même, tout sera pour le mieux, et ces sous-entendus auront leur effet. « M. D'Alembert, mandait Voltaire à La Harpe, cinq jours après, peut, en supprimant le mot propre, avertir le public qu'il n'ose pas traduire ce décent Shakespeare dans toute son énergie. Je pense que cette réticence et cette mo-

---

[1]. Voltaire, *Œuvres complètes* (Beuchot), t. LXX, p. 97, 98. Lettre de D'Alembert à Voltaire; à Paris, ce 4 auguste 1776.

[2]. *Ibid.*, t. LXX, p. 101. Lettre de Voltaire à D'Alembert; 10 auguste 1776.

destie plairont à l'Assemblée, qui entendra beaucoup plus de malice qu'on ne lui en dira. » Du reste, c'est le monde entier qu'il convoque, bien assuré qu'il ne peut y avoir deux opinions à ce sujet. « Le 25 du mois, monsieur, écrivait-il à de Vaines, je combats en champ clos, sous les étendards de M. D'Alembert, contre Gilles le Tourneur, écuyer de Gilles Shakespeare, je vous réitère ma prière d'assister à ce beau fait d'armes, et je vous prends pour juge du camp (14 auguste). »

Tout cela a son côté plaisant et même grotesque. Shakespeare n'est plus le vieux William de la vieille Angleterre, c'est un moderne qui n'est pas moins présent à l'esprit du solitaire de Ferney que Le Franc de Pompignan et Fréron. Ne demandez désormais à ce nerveux poëte ni modération ni équité. Équitable, il l'a été, il croit l'avoir été, ce qui est même chose pour lui. Mais il n'en est plus à comprendre le danger de telles générosités, et à se frapper la poitrine d'avoir été le premier introducteur en France de cette littérature barbare qui aura trouvé chez nous, à notre honte éternelle, des fanatiques capables de l'opposer aux chefs-d'œuvre de nos grands maîtres. Se peut-il qu'on accepte, en toute conviction et dans leur crudité, ces informes, ces grossières ébauches qui choquent la pudeur, les convenances les plus sommaires aussi bien que le goût? Richard Twiss, tout à la fois homme de lettres et musicien, à la seconde visite qu'il faisait au patriarche, trouvait dans la Bibliothèque de Ferney trois tragédies anglaises : la *Cléone*, de Dodsley, le *Caracacus* et l'*Egrida*, de Masson ; elles étaient cartonnées ensemble, et on lisait sur le dos du volume : *Tragédies barbares*[1]. Cela est tout un trait de caractère. A l'égard de Shakespeare, Voltaire se bouchera les oreilles, il n'acceptera aucune discussion, et, malgré sa politesse, malgré les exigences de l'hospitalité, il ne saura s'imposer la moindre réserve en présence des touristes anglais qui perdront leur peine et leur temps à essayer de le faire revenir sur le plus gros de la sentence[2].

Le succès du factum de Voltaire n'était pas de légère importance; ç'allait être une journée décisive, une bataille de Pharsale ou d'Actium. « Il faut que Shakespeare ou Racine demeure sur la place[3], » lui mandait le géomètre D'Alembert. L'on comprend, dès lors, quelle devait être l'impatience, l'anxiété, la fièvre du solitaire du Mont-Jura. Ce fut M. de Villevieille qui fut chargé de lui apporter le récit de la journée, et, hâtons-nous de le dire, du plus complet triomphe.

---

1. *Biographie universelle et portative des contemporains* (Paris, 1834), t. IV, p. 1451.

2. « Un soir, à Ferney, où il fut question dans la conversation du génie de Shakespeare (c'est l'anglais Moore qui parle), Voltaire déclama contre l'impropriété et l'absurdité qu'il y avait d'introduire dans la tragédie des caractères vulgaires et un dialogue bas et rampant; il cita plusieurs exemples où notre poëte avait contrevenu à cette règle, même dans ses pièces les plus touchantes. Un monsieur de la compagnie, qui est un admirateur zélé de Shakespeare, observa, en cherchant à excuser notre célèbre compatriote, que, quoique ses caractères fussent pris dans le peuple, ils n'en étaient pas moins dans la nature. « Avec votre permission, monsieur, lui a répliqué Voltaire, mon c. est bien dans la nature, et cependant je porte des culottes. » *A wiew of society and Manners in France switzerland, and Germany* (London, 1779), t. I, p. 275.

3. Voltaire, *OEuvres complètes* (Beuchot), t. LXX, p. 112. Lettre de D'Alembert à Voltaire; à Paris, ce 20 auguste 1776.

M. le marquis de Villevielle a dû, mon cher et illustre maître, partir pour Ferney hier de grand matin : il se proposait de crever quelques chevaux de poste, pour avoir le plaisir de vous rendre compte le premier de votre succès. Il a été tel que vous pouviez le désirer. Vos réflexions ont fait très-grand plaisir et ont été fort applaudies.... Je n'ai pas besoin de vous dire que les Anglais qui étaient là sont sortis mécontents, et même quelques Français, qui ne se contentent pas d'être battus sur terre et sur mer, et qui voudraient encore que nous le fussions au théâtre.... Je vous ai lu avec tout l'intérêt et tout le zèle que donne la bonne cause, j'ajoute même avec tout l'intérêt de ma vanité; car j'avais fort à cœur de ne pas voir rater ce canon, lorsque je m'étais chargé d'y mettre le feu. J'ai eu bien regret aux petits retranchements qu'il a fallu faire, pour ne pas trop scandaliser les dévots et les dames ; mais ce que j'avais pu conserver a beaucoup fait rire, et a fort contribué, comme je l'espérais, au gain de la bataille [1]....

Malgré un succès écrasant, D'Alembert convient que quelques Français, fort peu patriotes (patriotes en matière de goût!) se sont montrés chagrins d'un tel résultat. Cela n'aurait eu, en tout état de causes, rien de bien étonnant à une époque où il était de bon air chez nous de singer nos voisins, d'adopter leurs modes, d'endosser leurs fracs, de trotter et de se crotter à l'anglaise. Il était moins surprenant encore que des étrangers, Français par un long séjour, par les intérêts, par l'adoption, se séparassent de leurs hôtes sur ce terrain, mieux placés que nous pour être équitables. Madame Necker, la correspondante et l'amie du poëte, n'en écrivait pas moins à Garrick, dans les premiers jours d'octobre :

---

1. Voltaire, *Œuvres complètes* (Beuchot), t. LXX, p. 112, 113. Lettre de D'Alembert à Voltaire; Paris, ce 27 auguste 1776.

Savez-vous, monsieur, que Voltaire et beaucoup d'autres beaux esprits françois ont profité de l'instant où vous avez quitté le théâtre pour chercher à détrôner Shakespeare. Quant à moi, c'est en vain qu'on veut me montrer dans cet auteur quelques fautes de goût et même de jugement; je réponds toujours : vous n'avez apperçu que son cadavre; mais je l'ai vu, moi, quand son âme animoit son corps. Ils répliquent : vous vous trompez, ce n'étoit qu'un majestueux fantôme que monsieur Garrick, ce puissant enchanteur, avoit évoqué du sein des tombeaux : le charme cesse, il faut que Shakespeare rentre dans la nuit [1].

Voltaire, un mois auparavant, écrivait, en effet, à M. de Vaines : « Je sais que Garrick a pu faire illusion par son jeu, qui est, dit-on, très-pittoresque; il aura pu représenter très-naturellement les passions que Shakespeare a défigurées, en les outrant d'une manière ridicule; et quelques Anglais se seront imaginé que Shakespeare vaut mieux que Corneille, parce que Garrick est supérieur à Molé [2]. » Mais, en dépit du convenu et de la routine, en dépit des amours-propres surexcités, il y avait en France des gens que la grandeur, le naturel, le côté humain de ces créations avaient subjugués. Sedaine, le bon Sedaine, qui ne savait pas un mot d'anglais, à la lecture de cette traduction si défectueuse et si insuffisante, fut pris d'une sorte d'ivresse, et il demeura quelques jours dans un état d'incroyable surexcitation. « Vos transports ne m'étonnent point, lui dit Grimm, qui le vit dans tout

---

1. *The private correspondance of David Garrick* (London, 1832), t. II, p. 624. Lettre de madame Necker à Garrick; ce 5 octobre 1776.

2. Voltaire, *OEuvres complètes* (Beuchot), t. LXX, p. 119. Lettre de Voltaire à M. de Vaines; 7 septembre 1776.

le fort de l'accès, c'est la joie d'un fils qui retrouve un père qu'il n'a jamais vu [1]. » Ce mot courut Paris, et il le méritait, il est aussi vrai qu'ingénieux. Dès la première scène, Sedaine s'était trouvé transporté dans un monde inconnu, mais dont le climat était le climat qui convenait au développement de cette nature d'inspiration et d'instinct. C'était un naïf que Sedaine. Diderot, qui l'était peut-être plus qu'on ne le croirait, avait été frappé, lui aussi, de l'étendue du génie de Shakespeare, mais par des côtés bien différents.

Diderot avait du gigantesque dans l'esprit plus que du naturel, et ce fut par le gigantesque qu'il fut conquis. Un jour, à l'hôtel de Villette, l'auteur de l'*Encyclopédie* et celui du *Dictionnaire philosophique* discouraient sur une foule de sujets; Diderot apportant dans ses opinions et ses jugements cette impétuosité chaleureuse qu'il mettait dans tout, Voltaire l'écoutant (c'est Diderot qui en convient [2]) avec cette condescendance bienveillante et polie qui lui était ha-

---

[1]. Grimm, *Correspondance littéraire* (Paris, Furne), t. IX, p. 16. Mars 1776.

[2]. « J'ai pris la liberté (c'est Diderot qui parle) de contredire de vive voix et par écrit M. de Voltaire, avec les égards que je devais aux années et à la supériorité de ce grand homme, mais aussi avec le ton de franchise qui me convenait, et cela sans l'offenser, sans en avoir entendu des réponses désobligeantes. Je me souviens qu'il se plaignait un jour avec amertume de la flétrissure que les magistrats imprimaient aux livres et aux personnes; mais, ajoutai-je, cette flétrissure qui vous afflige, est-ce que vous ne savez pas que le temps l'enlève et la renverse sur le magistrat injuste? La ciguë valut un temple au philosophe d'Athènes... Alors le vieillard, m'enlaçant de ses bras et me pressant tendrement contre sa poitrine, ajouta : Vous avez raison, et voilà ce que j'attendais de vous... D'autres en ont éprouvé la même indulgence. D'où naît cette légèreté à juger des

bituelle. L'on en vint à parler de Shakespeare. « Ah ! monsieur, lui dit Voltaire en sortant de son calme, est-ce que vous pouvez préférer à Virgile, à Racine, un monstre dépourvu de goût? J'aimerais autant que l'on abandonnât l'Apollon du Belvédère pour le saint Christophe de Notre-Dame. » Diderot demeura un moment décontenancé, mais son embarras dura peu. « Que diriez-vous, cependant, monsieur, reprit-il, si vous voyiez cet immense Christophe marcher et s'avancer dans les rues avec ses jambes et sa stature colossale[1]. » Ce saint Christophe était une statue gigantesque, une sorte de colosse de Rhodes, élevé au premier pilier de droite de la grande nef de Notre-Dame, en 1413, par la piété d'un chambellan de Charles VII, Antoine des Essarts, et n'avait de recommandable, avec l'intention, que ses dimensions disproportionnées. Il disparut avant la révolution, six ans après ce dialogue entre Voltaire et Protagoras-Diderot, en 1784[2].

Voltaire n'avait, à son tour, rien trouvé à riposter devant cette image imposante. Cette saillie est bien dans le tempérament de Diderot; c'est bien sa conversation imagée, coupée d'exclamations et de perpé-

---

choses qu'on ignore et à parler des hommes qu'on ne connaît pas? » *Essais sur les règnes de Claude et de Néron* (Londres, 1782), t. II, p. 304.

1. Hérault de Séchelles, *Voyage à Montbard* (Paris, Salvet, an IX), p. 133. La *Correspondance secrète* rapporte l'anecdote avec des détails un peu différents, t. VI, p. 425.

2. Piganiol de La Force, *Description historique de la ville de Paris* (Paris, 1765), t. I, p. 310. — Théry, *Guide des amateurs et des étrangers dans Paris* (Paris, 1787), t. II, p. 88.

tuelles digressions, ce dialogue à lui tout seul où il n'écoute que le son de sa voix, où il s'emporte, s'exalte, sans tenir compte du partenaire, qu'il s'appelle Voltaire, Buffon ou Catherine II. On sait l'impression étrange et presque fâcheuse qu'il produisit à la cour de Saint-Pétersbourg que devait scandaliser cette éloquence sans discrétion, sans frein, d'une familiarité embarrassante quoique mitigée par une bonhomie désarmante. Il n'est pas difficile de s'imaginer l'effet de cette faconde sur un homme qui, comme l'auteur de *la Henriade*, était habitué à être écouté, s'il laissait à chacun placer son mot, avec le tact et la courtoisie de l'homme bien élevé. Certes, cette éloquence l'étonna, et il admira cette parole colorée, abondante, se passionnant avec une sincérité qui avait quelque chose de touchant. Voltaire ne connaissait Diderot que par ses écrits, où l'on retrouve, du reste, cette même puissance entachée d'incontinence; il ne l'avait jamais vu. « Cet homme, dit-il, après la première visite du philosophe, a de l'esprit assurément; mais la nature lui a refusé un talent et un talent essentiel : celui du dialogue [1]. » Le président de Brosses constatait, dès 1754, et les mêmes qualités et la même exubérance d'imagination et de sève dans l'auteur du *Neveu de Rameau* [2].

Au plus fort de cette lutte, Voltaire se découvrait un nouvel adversaire, adversaire anonyme, dont les attaques étaient loin d'être méprisables. « Dites-moi aussi,

---

1. *Correspondance secrète, politique et littéraire* (Londres, John Adamson), t. VI, p. 292. Paris, 13 juin 1778.
2. *Voltaire et J.-J. Rousseau*, p. 124.

je vous prie, écrivait-il à D'Alembert, le 22 octobre, quel est le chrétien qui a fait trois volumes de lettres à moi adressées sous le nom de trois juifs; tâchez de vous en informer. Je viendrai à lui quand j'aurai achevé d'étriller Shakespeare. Je suis comme Beaumarchais : *A vous, M. Marin! à vous, M. Baculard!* » D'Alembert lui répondit : « Le secrétaire de ces juifs est un pauvre chrétien, nommé l'abbé Guénée, ci-devant professeur au collége du Plessis, et aujourd'hui balayeur ou sacristain de la chapelle de Versailles. On dit que ses lettres lui ont valu quelque pour-boire du cardinal de La Roche-Aymon, un des plus dignes prélats qui soient dans l'église de Dieu, et à qui il ne manque rien que de savoir lire et écrire [1]. » Mais le sacristain, lui au moins, savait lire et écrire, lire les textes sacrés dans leur langue originale, et écrire comme peu de balayeurs de chapelle l'avaient fait jusqu'à lui. La courte et insuffisante biographie que nous donne de lui D'Alembert est assez exacte. Né le 23 novembre 1717, à Étampes, Antoine Guénée [2], ses

---

1. Voltaire, *OEuvres complètes* (Beuchot), t. LXX, p. 156, 172. Lettres de D'Alembert à Voltaire, des 5 et 23 novembre 1776.

2. Madame du Châtelet écrivait à Maupertuis, le 23 octobre 1734 : « Je suis ici dans une solitude profonde dont je m'accommode assez bien ; je partage mon temps entre les maçons et M. Coet ; car je cherche le fond des choses tout comme un autre. Vous serez peut-être étonné que ce ne soit pas à M. Guenée que je donne la préférence ; mais il me semble qu'il me faut ou vous ou M. Clairaut pour trouver des grâces à ce dernier. » *Lettres inédites de madame la marquise du Châtelet* (Paris, Lefebvre, 1818), p. 15, 16. L'éditeur ne met pas en doute qu'il s'agisse du futur auteur des *Lettres de quelques juifs*. Antoine Guenée, en 1734, n'avait pas encore dix-sept ans, et, à cet âge, on est au collége et l'on ne supplée pas des savants de premier ordre, tels que des Maupertuis et des Clairaut. Il faut être très-

études faites, avait été agrégé à l'Université de Paris; déclaré émérite après, vingt ans de professorat au Plessis, il s'était retiré avec la modique pension à laquelle il avait droit. Plus tard, utilisant une série de voyages en Italie, en Allemagne et en Angleterre avec des élèves dont l'éducation lui avait été confiée, il apprenait les langues de ces pays, ne laissait échapper aucune occasion d'ajouter à l'ensemble de ses connaissances; et il était tout armé pour la lutte, quand l'idée lui vint de se mesurer avec l'auteur de l'*Essai sur les mœurs*.

Voltaire comprit vite qu'il avait affaire à un jouteur d'un tout autre ordre, à un érudit qui possédait sa matière, et à un bel esprit maniant la plaisanterie, l'ironie avec une légèreté, une urbanité auxquelles ne l'avaient pas habitué les Berthier, les Kroust, les Larcher, les Nonnotte. Cependant, il se mettra en campagne, se recommandant à ses bons amis, qui ne laisseront pas écraser Raton sans lui venir en aide. « Raton joue actuellement avec la souris Guénée ; mais ses pattes sont bien faibles. Je ne sais si ce combat du chat et du rat d'église pourra amuser les spectateurs. Le parti du rat est bien fort ; il est toujours prêt à étrangler Raton, et on viendrait le prendre dans sa chatière, si on ne disait pas quelquefois que ce n'est pas la peine, et que Raton est mort, ou autant vaut [1]. » En définitive,

---

circonspect devant les analogies de noms. Ainsi, madame d'Épinay donnera à son jeune fils un précepteur qui s'appellera Linant, et qui sera tout autre que le Linant de madame du Châtelet. Ces causes d'erreurs se rencontrent à tous moments.

1. Voltaire, *Œuvres complètes* (Beuchot), t. LXX, p. 169. Lettre de Voltaire à D'Alembert ; 18 novembre 1776.

Raton compte bien venir aisément à bout de cette souris grignoteuse, qui le mordille et l'agace. Aux *Lettres de quelques juifs portugais* on opposera *Un chrétien contre six juifs*[1]. La verve, le persiflage, le paradoxe, les allégations téméraires, une érudition dissimulant son insuffisance sous le brillant et le pétillant de la forme, n'étaient pas moins prodigués dans ce dernier livre que dans ses précédentes attaques contre la Bible. Mais, devant une science sûre, calme, civile, motivant ses assertions et ses réfutations, respectant l'adversaire, tout en ne s'interdisant pas à l'occasion une honnête moquerie, des plaisanteries, qui n'avaient pas d'ailleurs le mérite d'être nouvelles, devenaient des armes disproportionnées et qui ne pouvaient tenir longtemps contre les coups pressés d'un assaillant qui attaque et qui se défend chez lui, sur un terrain dont il connaît les moindres accidents.

Voltaire est un peu étonné et décontenancé, et il ne dissimule pas sa surprise. « Le secrétaire juif, nommé Guénée, n'est pas sans esprit et sans connaissances; mais il est malin comme un singe; il mord jusqu'au sang, en faisant semblant de baiser la main. Il sera mordu de même[2]. » C'était reconnaître chez l'ennemi ses propres qualités : malin comme un singe! on n'avait guère cessé de l'être durant cette carrière si pleine et qui n'en était sans

---

1. Voltaire, *OEuvres complètes* (Beuchot), t. XLVIII, p. 443, 569. 1776.
2. *Ibid.*, t. LXX, p. 187. Lettre de Voltaire à D'Alembert; 8 décembre 1776.

doute pas à sa dernière malice. Restait à réaliser la menace, et nous conviendrons que le *vieillard du mont Caucase*, dans sa réplique aux six juifs et à leur aumônier [1], s'en tira plutôt par des subtilités que par des raisons. Tout l'esprit du monde ne peut rien contre les preuves de fait, et c'est ce qu'on lui démontre avec aisance et politesse, pertinemment, doctement, nullement en pédant et en cuistre de collége [2]. Le livre de l'abbé Guénée se sépare de tous les ouvrages de polémique voltairienne par le ton, l'atticisme, la force de la discussion. Qui lit les trois volumes de Nonnotte, *les Erreurs de Voltaire?* Qui lit, qui pourrait lire ces énormes fatras, ces réfutations obèses, lourdes comme des mondes, luttant contre des bulles de savon lumineuses et chatoyantes, qui éclairent encore, si elles s'évaporent trop aisément? Nous voudrions bien entrer dans plus de détails sur l'ouvrage vraiment estimable du dernier des adversaires de Voltaire ; mais le temps, mais l'espace, mais la nature même de ces débats sont autant d'obstacles devant lesquels il faut s'incliner. Dans leur genre, les *Lettres de quelques juifs* sont un modèle de controverse serrée et courtoise, où la jeunesse studieuse trouvera à un degré éminent les qualités qui font le dialecticien et l'orateur.

Malgré son prétendu désenchantement, Voltaire mourra, comme il a vécu, fou de théâtre, composant,

---

1. Voltaire, *Œuvres complètes* (Beuchot), t. LXX, p. 222. Lettre de Voltaire à d'Argental ; 4 février 1777.

2. *Mémoires secrets pour servir à l'histoire de la République des lettres* (Londres, John Adamson), t. X, p. 142. 31 mai 1777.

rimant des tragédies, un pied dans la tombe; et s'il laisse à d'autres le soin d'interpréter ses rôles, c'est qu'il n'a plus de dents, c'est que la voix le trahit comme les forces. La salle de spectacle du château est fermée pour ne plus se rouvrir; mais les Fernésiens auront la leur, une salle superbe, unique, une véritable merveille. En juin 1776, Voltaire mandait à d'Argental et à madame de Saint-Julien, que le directeur bourguignon achevait dans sa colonie le plus joli théâtre de province, très-orné, très-bien entendu et très-commode [1]. Comme toujours, il cède ici à son indispensable besoin d'exagération et d'emphase. Il est un peu plus exact dans une autre lettre à l'ange gardien, et rend aux choses leurs approximatives proportions. « Vous savez peut-être qu'un troubadour ambulant, nommé Saint-Géran, protégé par madame de Saint-Julien, s'étant aperçu que, dans ma drôle de ville à peine bâtie, il y avait un grand magasin dont on pouvait faire une salle de comédie, à laquelle il ferait venir tout Genève et toute la Suisse, a vite établi son théâtre (à mes dépens), et a fait son marché avec Lekain pour venir enchanter les treize cantons [2]. »

Le bâtiment existe encore, quoique en triste état, et occupé par de petits ménages d'ouvriers; et ce qu'il en reste suffit pour donner une juste idée de ce palais abandonné de Melpomène, qui ne fut rien moins qu'un palais, même aux temps de sa splendeur [3]. La

1. Voltaire, *OEuvres complètes* (Beuchot), t. LXX, p. 99. Lettres des 12 et 24 juin 1776.

2. *Ibid.*, t. LXX, p. 99. Lettre de Voltaire à d'Argental; à Ferney, 5 auguste 1776.

3. Il se trouve sur la droite, en venant de Genève, à peu près au

salle était à peine édifiée que Saint-Géran rêvait de ramener dans ce pauvre pays de Gex le Roscius parisien. Mais l'acquiescement de Lekain était la moindre difficulté qu'il y eût à vaincre. Il ne pouvait s'absenter sans une permission du premier gentilhomme en exercice. L'on comptait, il est vrai, sur l'intervention puissante du patriarche, qui n'aurait su refuser son concours sans trahir sa propre cause. Voltaire écrivait, en effet, à d'Argental, pour le prier d'en toucher deux mots au maréchal de Duras. Le voyage de Fontainebleau pouvait être encore un obstacle, si la reine ne consentait pas à lui céder l'acteur. Qu'à cela ne tienne, il en fera parler à la souveraine par une des personnes les plus importantes de son entourage. Il écrivait à la princesse d'Hennin, avec cette aisance que l'âge autorisait mais que nous lui avons connue toute sa vie : « Madame, madame de Saint-Julien m'a fait l'honneur de me mander que, si je disputais Lekain à la reine, je devais demander votre protection; j'ai couru sur-le-champ au temple des Grâces pour me jeter à vos pieds.... »

Enfin, Lekain partait, il débarquait à Genève et à Ferney, et attirait à ses représentations toute la population genevoise qui se souvenait des délicieuses émotions qu'elle lui avait dues. « Il a joué supérieurement, tantôt à Ferney, tantôt à deux lieues de là, sur un autre théâtre appartenant encore au troubadour Saint-Géran (le théâtre de Châtelaine). Les treize cantons ont accouru, et ont été ravis. Pour

centre de la ville. Il servit longtemps de boucherie et n'avait pas, notamment, d'autre emploi en 1826.

moi, misérable, à peine ai-je été témoin une fois de ces fêtes, j'étais et je suis non-seulement dans une crise d'affaires et de chagrins, mais dans l'accablement des maladies qui assiégent ma fin. J'ai manqué Lekain deux fois, par conséquent je suis mort, pendant qu'on me croit un folâtre qui a disputé Lekain à la reine[1]. » Mais il n'en a pas ressenti moins vivement l'aimable complaisance de la jeune souveraine, et il eût donné le peu qui lui restait de vie pour mériter sa protection et son auguste bienveillance.

Je vous dirai que, si j'étais un peu ingambe, écrivait-il au même d'Argental un peu plus tard, si je n'avais pas tout à fait quatre-vingt-deux ans, je ferais le voyage de Paris pour la reine et pour vous. Je vous avoue que j'ai une furieuse passion de l'avoir pour ma protectrice. J'avais presque espéré qu'*Olympie* paraîtrait devant elle. Je regardais cette protection déclarée, dont je me flattais, comme une égide nécessaire qui me défendrait contre des ennemis acharnés, et à l'ombre de laquelle j'achèverais paisiblement ma carrière. Ce petit agrément de faire reparaître *Olympie* m'a été refusé. Il faut avouer que Lekain n'aime pas les rôles dans lesquels il n'écrase pas tous les autres. Il nous a donné d'un chevalier Bayard[2], à Ferney, dans lequel il n'a eu d'autre succès que celui de paraître sur son lit un demi-quart d'heure : je ne lui ai point vu jouer ce détestable ouvrage. Je ne puis supporter les mauvais vers et les tragédies de collége, qui n'ont que la rareté, la curiosité, pour tout mérite. Lekain, pour m'achever, jouera *Scévola*[3] à Fontainebleau. Je suis persuadé qu'une jeune reine qui a du goût ne sera pas

---

1. Voltaire, *OEuvres complètes* (Beuchot), t. LXX, p. 100. Lettre de Voltaire à d'Argental ; Ferney, 5 auguste 1776.
2. *Gaston et Bayard*, tragédie de De Belloy.
3. Tragédie de Du Ryer, jouée en 1646.

trop contente de ce *Scévola*, qui n'est qu'une vieille déclamation digne du temps de Hardy [1].

Voltaire laisse ici percer une teinte d'amertume qui n'est pas sans objet. Il comptait sur plus de complaisance et d'égards de la part de Lekain, qui montra un peu de sécheresse envers un homme, son bienfaiteur et son maître. Celui-ci ne semble pas se douter de ce qui se passe au fond de cette âme trop sensible : il est fêté, choyé ; Voltaire est plein d'affabilité, de tendresse même, et l'acteur, ravi, ne trouve point de termes pour formuler sa reconnaissance et son admiration. Il ne sait si les Champs-Élysées, tant célébrés par Homère et par Virgile, ont quelque chose de plus enchanteur que la terre de Ferney, dans l'état de prospérité où l'a mise le patriarche, et le pays superbe dont ce charmant domaine est environné. Le soin de ses succès l'occupe moins, à l'entendre, que le spectacle attendrissant de M. de Voltaire, au milieu de ses colons, s'intéressant à leurs travaux et assurant le bien-être de leur vie par une générosité sans exemple.

On compte aujourd'hui dans le petit canton de Ferney treize cents habitants des deux sexes, tous très-occupés, bien logés, bien nourris, vivant en paix, et priant Dieu, dans leur différente communion, de conserver les jours de leur fondateur ; leurs vœux sont trop justes pour n'être pas exaucés ; et véritablement M. de Voltaire jouit de la meilleure santé, en protestant toujours qu'il se meurt, et qu'il n'a pas quarante-huit heures à vivre.... Il vient de faire à la reine des vers qui sont charmants, et d'une fraîcheur inconcevable

---

1. Voltaire, *OEuvres complètes* (Beuchot), t. LXX, p. 113, 114. Lettre de Voltaire à d'Argental ; à Ferney, 27 auguste 1776.

pour son âge... Voilà, monsieur, tout ce que je puis vous faire parvenir de plus intéressant sur le patriarche de notre littérature et le bienfaiteur de l'humanité ; le plus bel ornement de sa colonie serait sans doute sa figure en marbre, posée au milieu de ses jardins; et je ne conçois pas pourquoi MM. les encyclopédistes, embarrassés du lieu où ils en feront l'inauguration, ne nous l'envoyent pas à Ferney; ce serait Lycurgue au milieu des Spartiates, ou bien Abraham au milieu de ses enfants [1].

La lettre à d'Argental révèle des projets très-arrêtés sur la jeune reine, que l'on voudrait bien ranger de son bord et faire entrer dans ses intérêts. C'eût été un coup de partie, en effet, de pouvoir conquérir les bonnes grâces de la charmante, et à cette date un peu frivole, fille de Marie-Thérèse. Aussi profitera-t-il avec empressement, « avec passion, » de l'occasion de témoigner son zèle et son amour pour sa souveraine. Monsieur, frère du roi (celui qui fut Louis XVIII), songeait à donner à sa belle-sœur une fête brillante dans son château de Brunoy. Cromot du Bourg, le surintendant de ses bâtiments et de ses finances, ne crut devoir mieux faire que s'adresser à Voltaire, auquel il demanda un divertissement en l'honneur de l'auguste visiteuse. L'envie de plaire inspira le poëte, qui dépêchait tout aussitôt un plan de fête particulièrement propre à être agréable à celle qu'on voulait amuser.

---

[1]. Laverdet, *Catalogue de lettres autographes* du 7 décembre 1854, p. 69, 70. N° 521. Lettre de Lekain à M*** ; Ferney, ce 2 auguste 1776. Cette figure en marbre à laquelle Lekain fait allusion est cette malencontreuse statue de Pigalle, actuellement à l'Institut, qu'on ne savait où placer, et qu'après la mort de Voltaire son petit-neveu transférait dans son château d'Hornoi où vint la chercher la Révolution.

Il y a une fête fort célèbre à Vienne, qui est celle de l'Hôte et de l'Hôtesse : l'empereur est l'hôte, et l'impératrice est l'hôtesse : ils reçoivent tous les voyageurs qui viennent souper et coucher chez eux, et donnent un bon repas à table d'hôte. Tous les voyageurs sont habillés à l'ancienne mode du pays ; chacun fait de son mieux pour cajoler respectueusement l'hôtesse ; après quoi tous dansent ensemble. Il y a juste soixante ans que cette fête n'a pas été célébrée à Vienne [1] : Monsieur voudrait-il la donner à Brunoy [2]?

Ce canevas avait le mérite de rappeler à la princesse les souvenirs de sa chère patrie. Le divertissement composé par le vieux malade du Mont-Jura a été publié dans les Œuvres, et n'a d'autre mérite, à coup sûr, que l'intention, comme la plupart de ces petits ouvrages dont Collé et Laujon avaient la spécialité [3]. Mais cela pouvait avoir pour l'auteur de la *Princesse de Navarre* une importance qu'il révèle d'ailleurs par ses questions presque anxieuses à son ange gardien.

Je suppose qu'en qualité d'ambassadeur de famille [4] vous avez été, lui dit-il, de la fête de Brunoy, et encore plus en qualité d'homme de goût. Il faut que je vous demande des nouvelles de cette fête, car je ne veux pas en demander à Monsieur. Dites-moi, je vous prie, si on y a fait paraître le buste de la reine,

Cette idée de fêter le buste de la reine, tandis qu'on avait

---

1. Voltaire a fait une description de cette fête, appelée **Wurtchafft**, donnée par l'empereur Léopold au sauvage Pierre le Grand, qui y figura sous le costume d'un paysan de Frise. *Œuvres complètes* (Beuchot), t. XXV, p. 130, 131. *Histoire de Pierre le Grand*.

2. *Ibid.*, t. LXX, p. 123, 124. Lettre de Voltaire à M. Cromot ; Ferney, 20 septembre 1776.

3. *Ibid.*, t. IX, p. 451 à 456. *L'hôte et l'hôtesse*, divertissement.

4. On sait que d'Argental était auprès de notre cour ministre du duc de Parme, dont le père avait épousé la fille de Louis XV.

sa personne, n'était venue à messieurs de Brunoy que quatre jours avant ce beau souper; le souper fut le 7 de ce mois (octobre), et celui qui envoya l'inscription ne fut informé de tout cela que le 10; ainsi, il ne put avoir l'honneur de cajoler le beau buste d'Antoinette [1]. On récita quelques autres mauvais vers de lui, qui étaient venus auparavant à bon port (*l'Hôte et l'Hôtesse*).

On lui mande que ces petits versiculets, tout plats qu'ils sont, n'ont pas été mal reçus de la belle et brillante Antoinette et de sa cour. Il en est fort aise, quoiqu'il ne soit pas courtisan. Il s'imagine qu'on pourrait aisément obtenir la protection de cette divine Antoinette en faveur d'*Olympie* la brûlée. Il s'imagine encore que, dans certaines occasions, certain vieux amateur de certaines vérités pourrait se mettre sous la sauvegarde de certaine famille, contre les méchancetés de certains pédants en robe noire, qui ont toujours une dent contre un certain solitaire [2].

L'on avait plus d'un objet, en chantant la divine Antoinette et en célébrant la Beauté, les Grâces, les Vertus. L'auteur d'*Olympie* se mourait de douleur de voir cette œuvre de sa vieillesse méconnue, dédaignée, écartée par la fantaisie ombrageuse d'un comédien, qui, ne trouvant pas un rôle à sa taille, s'opposait à un succès auquel il serait étranger : un mot de l'ai-

---

1. « On avait imaginé, dit Voltaire, dans une lettre à madame de Saint-Julien, du 30 octobre (1776), de faire paraître le buste de la reine, porté par des filles qui représentaient les Grâces et entouré de petits garçons qui figuraient les Amours, et la compagnie tant réputée des Jeux et des Ris. J'avais proposé qu'on mît au-dessous du buste :

> Amours, Grâces, Plaisirs, nos fêtes vous admettent :
> Regardez ce portrait, vous pouvez l'adorer ;
> Un moment devant lui vous pouvez folâtrer,
>   Les Vertus vous le permettent.

Ce dernier vers me paraissait tout à fait dans le caractère de la reine. »

2. Voltaire, *Œuvres complètes* (Beuchot), t. LXX, p. 143, 144. Lettre de Voltaire à d'Argental ; 18 octobre 1776.

mable princesse aurait été un ordre, il aurait dissipé tous les mauvais vouloirs. Mais il s'agissait par-dessus tout d'assurer la tranquillité de ses derniers jours contre les intrigues de toute nature d'une magistrature et d'un clergé dont on ne s'était pas fait l'ami. En somme, on avait travaillé de plus d'une façon à mériter la faveur des puissances. Le *Panégyrique de Louis XV* avait dû toucher, car l'auteur de *la Henriade* n'avait guère été payé pour chanter les louanges du monarque défunt. Quant à l'allégorie de *Sésostris*, il espérait bien gagner par elle le cœur du jeune sage, appelé sur le premier trône du monde pour la félicité de ses peuples. Ce n'était pas une œuvre de pure flatterie; cela renfermait des enseignements qu'un philosophe seul ose donner, et qu'un roi philosophe seul sait comprendre et s'appliquer[1].

Je ne sais, écrivait-il à M. de Vaines, si Messieurs feront brûler ce petit ouvrage.... J'ai surtout la plus grande espérance dans la vertu persévérante de M. Turgot. Je maintiendrai toujours, malgré la Sorbonne et Messieurs, que le ministre qui protége le peuple et qui inspire à Pharaon l'esprit de sagesse et d'économie, vaut beaucoup mieux que le ministre des sept vaches maigres et des sept vaches grasses, qui ne fît manger du pain au peuple qu'en le rendant esclave[2].

Mais M. Turgot ne devait que passer aux affaires, emportant trop tôt dans sa chute les espérances de tous ceux qui attendaient de lui la réalisation de ré-

---

1. Voltaire, *OEuvres complètes* (Beuchot), t. XIV, p. 106, 107, 108. *Sésostris*.
2. *Ibid.*, t. LXIX, p. 555, 556. Lettre de Voltaire à M. de Vaines; Ferney, le 17 mars 1776.

formes inévitables ; et Voltaire était de ces derniers. Sésostris, d'ailleurs, pas plus que son grand-père, ne se sentait attiré vers cet écrivain audacieux dont l'irréligion ne pouvait que lui être odieuse ; et toutes ces avances, toutes ces coquetteries du poëte ne devaient raccourcir d'une toise la distance qui séparait Ferney de Versailles.

On lisait dans les *Mémoires secrets*, à la date du 16 mai 1777 : « Le n° 15 du s^r de La Harpe[1] contient encore un extrait de la main de M. de Voltaire. C'est le troisième qu'il fournit. Ce grand homme ne dédaigne aucun genre, et se fait aujourd'hui *Garçon journaliste*[2]. » Voltaire était loin, en tous cas, d'en être à ses débuts. On peut dire que Voltaire a fait du journalisme toute sa vie, d'abord souterrainement, pour se défendre contre les attaques de ses ennemis, ou faire courir certains bruits qu'il avait intérêt à accréditer. Ainsi, les journaux de Hollande se remplirent d'articles faits ou inspirés par lui, anonymes ou signés par des séides zélés et stylés[3]. Les gazettes de Leipzig, de Dresde, de Berne, contiendront, plus tard, sur son compte, des indiscrétions dont il sera le plus souvent le fauteur. Tout cela est, il est vrai, moins acte de journaliste que de nouvelliste ; mais, à un certain moment, plus d'une page du *Mercure* proviendront de la fabrique de Cirey, le *Journal des*

---

1. Le *Journal de politique et de littérature*.
2. *Mémoires secrets pour servir à l'histoire de la République des lettres* (Londres, John Adamson), t. X, p. 134.
3. Notamment, la *Bibliothèque française* (Amsterdam, du Sauzet), t. XXIII, p. 344-356 ; XXIV, p. 152-166.

Savants lui-même accueillera avec empressement des mémoires et des fragments de l'auteur de *l'Essai sur le feu*[1]. Puis, les voyages, l'état nomade, l'expatriation du poëte viendront mettre fin à ces improvisations, à ces jugements à vol de plume sur les sujets les plus divers. Mais, après s'y être plutôt refusées que prêtées, durant ces années d'instabilité et de trouble, les circonstances redeviendront propices au développement de ce goût inné, qu'il n'avait pu satisfaire que dans l'*Encyclopédie* à laquelle il avait dépêché tant de morceaux restés des modèles de journalisme scientifique et littéraire, limpides, rapides, se contentant d'effleurer, mais avec un tact, un discernement admirables.

M. de Praslin s'était constitué le patron, en 1763, de la *Gazette littéraire*, dont il avait confié la direction à Suard et à l'abbé Arnaud, ces deux amis inséparables. Voltaire se mettra à son entière dévotion, et n'épargnera rien pour montrer le prix qu'il attachait à ses bonnes grâces, écartant dès l'abord toute question d'amour-propre et de susceptibilité d'écrivain. « Monseigneur, écrivait M. de Montpéroux, le résident de Genève, au ministre, vous verrez avec plaisir, par la copie ci-jointe d'une lettre que j'ay reçue de M. de Voltaire, qu'il se charge de fournir les extraits de tout ce qu'il pourra tirer de Berne et de Lausanne, ces pays peuvent fournir beaucoup par ses soins, et le désir qu'on y aura de l'informer de tout ce qui paraîtra d'intéressant en tout genre, surtout en histoire naturelle qui y est très-cultivée[2]. » La promesse était

---

1. *Journal des Savants*, juin et octobre 1738.
2. Archives des affaires étrangères. 69. Genève, de 1761 à 1763,

suivie de l'effet; et Montpéroux, le lendemain même, annonçait un premier envoi. « Si ma santé ne me permet pas, disait le poëte dans une lettre qui accompagnait son premier cahier, d'examiner tous les livres et de dicter tous les extraits, vous pourriez me permettre d'associer à cet ouvrage quelque savant laborieux, dont je reverrai la besogne; vous sentez bien qu'il faudrait payer ce savant, car il serait Suisse [1]. » Ce « car il serait Suisse » vient s'ajouter aux épigrammes en vers et en prose sur cet amour incarné du gain, des bons Genevois surtout, auquel il a été fait allusion déjà, à ce : « Pas d'argent, pas de Suisse, » aussi familier en France et parmi le peuple qu'aucun de nos proverbes.

M. de Praslin semblait attacher beaucoup d'importance à cette publication, et correspondait presque diplomatiquement avec le poëte autorisé à lui adresser *directement* les extraits qu'il avait dictés [2]. « Je vous ai fait passer, mandait le ministre au résident, plusieurs paquets de brochures à l'adresse de M. de Voltaire, et je présume que vous les luy avés fait tenir exactement. Comme il pourra bien arriver que je vous en envoye de pareils, et que cette correspondance est relative à l'établissement de la *Gazette littéraire*, qui commencera le mois prochain, je vous recommande

---

p. 209 (*bis*). Lettre de Montpéroux à M. de Praslin; Genève, le 20 mai 1763.

1. Voltaire, *OEuvres complètes* (Beuchot), t. LXI, p. 45. Lettre de Voltaire à M. de Praslin; aux Délices, 21 mai 1763.

2. Archives des affaires étrangères. 69. Genève, de 1761 à 1763, p. 210, réponse de M. de Praslin; à Versailles, le 29 mai 1763.

également de les luy envoyer de ma part[1]. » A quoi le résident répondait : « J'ay fait passer exactement à M. de Voltaire tous les paquets qui me sont adressés, celuy que j'ay receu ce matin doit être à présent entre ses mains (18 février). » Voltaire enverra, du 14 mars au 17 novembre 1764, vingt-quatre articles sur les matières les plus diverses, mais, de préférence, sur les nouveautés anglaises, le *Discours sur le gouvernement* d'Algernon Sydney, les *Lettres* de milady Montague, les poëmes de Churchill, l'*Histoire d'Angleterre* de David Hume, les œuvres du docteur Middleton, l'*Histoire romaine* de Hooke, articles écrits ou dictés au galop, mais avec cette aisance, cette grâce, ce flair du critique que Voltaire avait au suprême degré; car, né avec toutes les aptitudes, l'auteur de *la Henriade* avait surtout celles du journalisme, dont il pressentait d'ailleurs toute la puissance; et, de nos jours, il se fût fait immanquablement journaliste.

Il avait collaboré à la *Gazette littéraire* par condescendance pour M. de Praslin, mais avec un empressement, un zèle, qu'entretenait, qu'avivait le charme du travail. Quand l'occasion s'en présentera de nouveau, en 1777, il reprendra, sans se faire prier, cette plume alerte, séduisante, incisive, qui caresse et pénètre, mais ne recule point devant une vérité dure, si elle est utile ou sert ses rancunes. Rappelons (le fait a sa curiosité) l'appréciation peu tendre du livre d'un misanthrope, déjà peu sociable, et qui ne devait être ni moins brutal, ni moins féroce avec le temps :

1. Archives des affaires étrangères. 70. Genève, 1764 et 1765, p. 11. Lettre de M. de Praslin à M. de Montpéroux; le 12 février 1764.

« *De l'homme ou des principes et des lois de l'influence de l'âme sur le corps, et du corps sur l'âme, par J. P. Marat, docteur en médecine.* » Abstraction faite des idées, Voltaire ne saurait être gagné davantage par cette forme cassante, orgueilleuse, agressive, qui sera plus tard la rhétorique de l'époque s'inspirant visiblement du style déclamatoire du citoyen de Genève, dont on invoque « le talent enchanteur » et les « accents sublimes », dans une péroraison plus prétentieuse qu'opportune.

L'auteur est pénétré de la noble envie d'instruire tous les hommes de ce qu'ils sont et de leur apprendre tous les secrets que l'on cherche en vain depuis si longtemps.

Qu'il nous permette d'abord de lui dire qu'en entrant dans cette vaste et difficile carrière, un génie aussi éclairé que le sien devrait avoir quelques ménagements pour ceux qui l'ont parcourue. Il eût été sage et utile de nous montrer des vérités neuves, sans dépriser celles qui nous ont été annoncées par MM. de Buffon, Haller, Lecat et tant d'autres. Il fallait commencer par rendre justice à tous ceux qui ont essayé de nous faire connaître l'homme, pour se concilier du moins la bienveillance de l'être dont on parle ; et quand on n'a rien de nouveau à dire, sinon que le siège de l'âme est dans les méninges, on ne doit pas prodiguer le mépris pour les autres et l'estime pour soi-même, à un point qui révolte tous les lecteurs, à qui cependant l'on veut plaire [1].

Tout l'article est écrit de cette plume légère, ironique, et démasque cette fausse science qui croit avoir inventé un univers et révélé un monde, parce qu'elle fait table rase de l'expérience des âges [2]. Vol-

---

1. Voltaire, *OEuvres complètes* (Beuchot), t. L, p. 12. Article extrait du *Journal de politique et de littérature* du 5 mai 1777.
2. Michelet, *Histoire de la Révolution française*, t. II, p. 390.

taire avait ses raisons particulières, en infligeant cette verte correction à ce M. Marat. Sans s'y reprendre à deux fois, l'outrecuidant écrivain ne déclarait-il pas que tous les livres qui avaient traité plus ou moins directement la matière n'étaient, au bout du compte, qu'un pompeux galimatias dont il n'y avait rien à tirer de sérieux et d'utile. « On en voit des preuves, ajoute-t-il en note, dans les ouvrages des Hume, des Voltaire, des Bonnet, des Racine, des Pascal, etc.[1]. » La compagnie, comme on le voit, était nombreuse et de choix ; l'on pouvait s'en accommoder sans trop de confusion. Ces matières, après tout, n'étaient pas faites pour être abordées par le premier venu : il fallait de la santé, une certaine trempe de tempérament, une constitution *ad hoc*, constitution et tempérament qu'avait Marat et que n'avait pas Voltaire. Suivez le raisonnement : « Pour avoir des idées profondes, il faut donc que l'esprit soit uni à des organes forts et élastiques ; uni à des organes frêles ou simplement d'un grand ressort, il est nécessairement superficiel et léger. Ainsi l'homme d'une constitution délicate et sensible ne peut point atteindre à la profondeur des idées... » Les esprits de cette dernière catégorie « seront, si vous voulez, des esprits à la Pope, à la Voltaire, et non à la M. Rousseau, à la Newton ; des beaux-esprits, des savants, en un mot, et non des génies[2]. » Cette distinction n'avait pas de quoi flatter l'amour-propre du

---

1. Marat, *De l'homme ou des principes et des lois de l'influence de l'âme sur le corps et du corps sur l'âme* (Amsterdam, Marc-Michel Rey, 1775), t. I, p. xxi. Discours préliminaire.
2. *Ibid.*, t. II, p. 255, 256.

patriarche de Ferney; mais le cas s'aggravait de cette opposition blessante entre lui et Jean-Jacques, qui l'avait tant irrité dans l'*Instruction pastorale* de l'évêque du Puy [1]; et, à coup sûr, cette dernière irrévérence devait aiguiser le trait, qui ne laissa pas d'érailler l'épiderme, plus délicate qu'on pourrait le supposer, du futur *ami du peuple*. Bien des années après, en 1791, Camille Desmoulins reprochait à Marat, dans ses *Révolutions de France et de Brabant*, la brutalité, le ton sauvage de ses attaques, lui faisant remarquer, avec un à-propos qui exaspéra celui-ci, qu'il s'était jadis attiré de la part de Voltaire une leçon dont il aurait pu tirer plus de profit.

Que vous êtes cruel, Camille! s'écrie l'ami du peuple dans le style qui lui est propre. Pour me faire sentir le poids des ans, vous me rappelez que Voltaire s'est moqué de moi, il y en a vingt-quatre. Je me souviens, en effet, qu'en 1776, le marquis de Ferney, piqué de se voir mis à sa place dans mon ouvrage sur l'*Homme*, essaya d'égayer ses lecteurs à mes dépens. Et pourquoi non? il avait bien pris la même liberté avec Montesquieu et avec Rousseau. Peut-être je m'abuse; mais il me semble que ce sont moins les injures et l'ironie qui blessent que le sentiment de les avoir méritées: d'après cela jugez combien je me suis aisément consolé des pasquinades de Voltaire, en voyant qu'il avait eu honte de les avouer, et qu'il avait été réduit à tronquer mon livre pour amuser les sots; que sais-je même si les rieurs auraient été pour lui, si son disciple La Harpe n'avait pas refusé d'insérer la réponse à côté de la diatribe [2].

---

1. Jean-George Le Franc de Pompignan. Voir *Voltaire et J.-J. Rousseau*, p. 279, 280.
2. Marat, l'*Ami du Peuple* du mercredi 11 mai 1791, n° 455, p. 7.

Marat assure qu'il s'est vite consolé ; nous l'admettrions plus aisément sans l'amertume déclamatoire de l'exorde : « Que vous êtes cruel, Camille ! » On a dit que si le patriarche de Ferney avait poussé sa carrière jusqu'aux sinistres jours de 1793, il ne serait pas mort dans son lit, et cela est fort supposable, malgré les honneurs dont la Révolution entourera sa froide dépouille [1]. Marat, pour sa part, n'eût pas été miséricordieux, c'est à croire, envers l'auteur de l'analyse maligne de son livre, lui qui ne se souviendra guère des sympathies qu'on aura pu lui témoigner, des services que l'on aura eu occasion de lui rendre, lorsqu'il était obscur et inconnu. Beaumarchais, nature d'élan, très-capable d'engouement, se passionnera pour les élucubrations de ce savant abrupt et insistera auprès de Panckoucke, pour obtenir dans le *Mercure de France* une mention en faveur d'un mémoire de Marat, *Découvertes sur le feu, l'électricité et la lumière* (1779).

Je ne vous parle pas, lui disait-il, de l'intérêt que je prends moi-même à M. Marat, parce que cela n'ajoute rien au mérite de ses découvertes ; mais il me semble que, quelle que soit l'opinion qui restera de ses expériences, l'affaire du journaliste est, selon moi, d'offrir à la curiosité publique tous les objets nouveaux sur les sciences, sauf à en discuter le plus ou moins d'importance [2].

---

1. Bon nombre de ses amis, de ses relations monteront sur l'échafaud. Les deux La Borde, la duchesse de Gramont, Linguet, l'intendant Berthier (à la lanterne celui-là), Champfort, Condorcet, Malesherbes et madame de Rosambeau sa fille, etc., etc.
2. Charavay, *Catalogue de lettres autographes du chevalier de R....y;* du lundi 3 novembre 1863, p. 5, n° 32. Lettre de Beaumarchais à Panckoucke; Paris, 18 octobre 1779.

Et le mois suivant, le *Mercure* publiait une appréciation très-bienveillante dont, assurément, Marat était redevable à Beaumarchais [1]. Nous ignorons quels rapports pouvaient exister entre Marat et l'auteur du *Barbier de Séville;* mais c'est là le trait d'un ami, dont ce dernier aurait pu, certes, se prévaloir, en un moment où il y allait, à peu de choses près, de sa tête. Beaumarchais est arrêté et conduit à l'Abbaye; on visite ses papiers, le secrétaire de la commission Berchères, après les avoir examinés tous avec le plus grand soin, se disposait à donner au prisonnier une *attestation honorable de son civisme et de sa pureté,* « lorsqu'un petit homme aux cheveux noirs, au nez busqué, à la mine effroyable, vint, parla bas au président. Vous le dirai-je, ô mes lecteurs ! c'était *le grand, le juste,* en un mot le *clément* Marat ! Il sort. M. Panis, en se frottant la tête avec quelque embarras, me dit : « J'en suis bien désolé,
« monsieur, mais je ne puis vous mettre en liberté. Il
« y a une nouvelle dénonciation contre vous [2]. »

Voilà ce qui peut s'appeler de l'histoire sombre. Heureusement, n'est-ce encore qu'un anachronisme.

Chaque jour Ferney devenait de plus difficile accès. Quand nous disons Ferney, nous entendons Voltaire; car l'hospitalité était toujours la même, large, bienveillante, d'une extrême politesse. Il fallait avoir bien peu de titres à une telle faveur et n'avoir rien qui recommandât pour ne point recevoir une invitation à

---

[1]. *Mercure de France* du samedi 6 novembre 1779, p. 70 à 75.

[2]. *Beaumarchais à Lecointre, son dénonciateur, ou suite du compte rendu des neuf mois les plus pénibles de ma vie.* Quatrième époque, p. 38, 39.

dîner ; mais l'auteur de la *Henriade*, qui ne dînait point, laissait madame Denis présider la table et faire les honneurs de la maison, ce qu'elle accomplissait avec beaucoup d'aisance et de bonne grâce. Et, le plus souvent, les conviés se retiraient sans avoir vu M. de Voltaire, qui se vengeait ainsi de l'indiscrétion d'étrangers qu'attirait une curiosité sauvage plus qu'une admiration compétente et réfléchie. Une dame Paulze, femme d'un fermier général qui avait une terre dans les environs, désirait fort d'avoir son accès dans le sanctuaire ; mais un souhait n'est pas un titre. Elle crut posséder un talisman pour se faire ouvrir toutes les portes ; ce talisman était le nom de l'abbé Terray dont elle était la nièce. L'abbé Terray ! A ce seul nom, Voltaire, qui avait sur le cœur les opérations financières du trop célèbre abbé, frémissant de tout son corps, s'écria d'une voix terrible : « Dites à madame Paulze qu'il ne me reste plus qu'une dent, et que je la garde contre son oncle. » Répéterons-nous cette saillie trop connue, à l'adresse de l'abbé Coyer qui, s'accommodant de l'hospitalité de Ferney, avait indiscrètement témoigné sa bonne envie de ne point déloger de sitôt ? « Vous ne voulez pas ressembler à don Quichotte ; il prenait toutes les auberges pour des châteaux, et vous prenez les châteaux pour des auberges[1]. » On conçoit quelles

---

1. *Mémoires secrets pour servir à l'histoire de la République des lettres* (Londres, John Adamson), t. X, p. 154, 155 ; 18 juin 1777. Extrait d'une lettre de Ferney du 10 juin. La lettre est de M. Trudaine, à ce que nous apprend Wagnière, qui, du reste, reconnaît ces deux anecdotes véritables, dans ses extraits de Bachaumont. Longchamp et Wagnière, *Mémoires sur Voltaire* (Paris, André, 1826), t. I, p. 414.

comédies, quelles scènes plaisantes et inattendues doivent à tout instant résulter de ces véritables assauts de touristes enragés qui sont accourus pour voir et qui ne se retireront pas sans avoir vu, et de cette résistance non moins vive, non moins obstinée qui se fait taquine, grotesque parfois, parfois brutale et presque féroce. Mais la curiosité, quelque déterminée, quelque résolue qu'on la suppose, se brise au seuil de la chambre à coucher de ce malade, qui en sera quitte, le cas échéant, pour n'en point sortir.

Il ne peut être question ici que de la tourbe des pèlerins obscurs. Le moyen d'évincer des visiteurs amenés et présentés par un ami? On le tente bien, on fait bien tout pour cela; mais force est de se rendre, et de se rendre de bonne grâce. Moultou vient implorer comme une faveur, que la porte soit ouverte à M. Barthe, Barthe, l'auteur des *Fausses infidélités* et de *la Mère jalouse*, un garçon d'esprit, de talent même, accouru tout exprès de Marseille pour voir M. de Voltaire. Sans doute, il grillait, ce Barthe, de saluer le grand homme et de mettre à ses pieds l'hommage de sa profonde admiration. Mais il avait un autre motif encore, et cet autre motif n'était pas celui qui l'avait le moins déterminé. Il avait fait une dernière comédie, l'*Homme personnel*, il voulait l'avis, et il comptait sur les compliments de M. de Voltaire; et Moultou avait été chargé d'obtenir du seigneur de Ferney une complaisance qu'il n'aurait pas sûrement à regretter. Le choix du négociateur était excellent, le poëte avait pris en affection son « petit prêtre apostat, » et il accorda de la meilleure grâce à celui-ci ce qu'il eût nettement refusé à tout autre. Mais arrivons à cette entrevue racontée d'une façon fort plaisante :

Ils vont ensemble à Ferney; le vieux patriarche les reçoit à merveille : enfin, la lecture commence. Ici vous voyez Barthe un œil sur son manuscrit, l'autre armé d'une lorgnette, cherchant avec inquiétude les regards de toute l'assemblée, et surtout ceux du maître de la maison. Aux dix premiers vers M. de Voltaire fait des grimaces et des contorsions effrayantes pour tout autre lecteur que M. Barthe. A la scène où le valet raconte comment son maître lui fit arracher une dent pour s'assurer de l'habileté du dentiste, il l'arrête, ouvre une grande bouche : *Une dent! là!... ah! ah!...* L'instant d'après l'un des interlocuteurs dit : Vous riez. — *Il rit!* — Oui, monsieur; trouvez-vous que ce soit mal à propos ? — *Non, non; c'est toujours fort bien de rire...* » Tout l'acte est lu sans le plus léger applaudissement, pas même un sourire; et lorsqu'il est question de commencer le second, il prend à M. de Voltaire des bâillements terribles; il se trouve mal; il est désolé, se retire dans son cabinet, et laisse le pauvre Barthe dans un grand désespoir. On était convenu qu'il coucherait à Ferney. Madame Denis prend M. Moultou à part, et lui dit : « Ceci devient trop sérieux : à tout prix il faut empêcher cet honnête homme de souper ici; mon oncle n'y tiendrait pas, lui ferait une scène, et j'en serais désespérée.... » On remet bien vite tous les paquets dans la voiture, et l'on s'en retourne tristement à Genève. — Il n'est pas de bonne humeur. — Oh! non : mais aussi vous n'avez point cherché à me faire valoir; vous avez tous été d'un silence mortel; vous n'avez pas même ri une seule fois. — Eh! comment vouliez-vous, devant M. de Voltaire ? Occupé de l'impression que vous lui faisiez, pensez-vous que j'aie entendu un mot de votre pièce ?

Ce petit dialogue s'échangeait entre Moultou et le pauvre Barthe, dont l'amour-propre souffrait cruellement, un amour-propre comme il n'y en eut jamais un pareil au monde. La scène est curieuse, elle est complète. Nous disons complète, parce qu'il n'y a pas à y ajouter, et que telle quelle, on eût donné quelques jours de sa vie pour en être le témoin. Cette scène n'est pourtant qu'un premier acte attendant le second. Le lendemain, arrivait un billet de Voltaire, un billet plein d'aménités, d'excuses, de regrets, presque de remords. L'on demandait avec des génuflexions la reprise de cette lecture si malencontreusement interrompue, jurant ses hauts dieux que l'accident de la veille ne se renouvellerait point. Un homme sage, un homme que la vanité n'eût pas étranglé et aveuglé, se le fût tenu pour dit, et n'eût point donné dans le piége. Mais nous avons affaire à un poëte, à un poëte qui n'avait tenté le voyage (insistons sur ce point) que pour cette lecture et les applaudissements qu'elle ne pouvait manquer de lui attirer.

... Malgré tout ce qu'on peut lui dire, M. Barthe s'obstine à en être la dupe. Sans doute il serait trop dur de ne pas finir une lecture commencée avec tant de peine. Il retourne à Ferney. M. de Voltaire le reçoit encore mieux que le premier jour; mais, après avoir écouté le second acte en bâillant, il s'évanouit au troisième avec tout l'appareil imaginable; et le pauvre Barthe est réduit à partir sans avoir pu achever de lire sa pièce, et, ce qui ne lui coûta peut-être guère moins, sans avoir osé battre personne. Il n'y a que l'excès de l'accablement où le plongea une si cruelle scène qui ait pu modérer les premiers transports de sa fureur. — *Hélas!* nous dit M. de Voltaire en nous racontant lui-même cette dernière séance, *si Dieu n'était pas venu à mon secours, j'étais perdu* [1].

1. Grimm, *Correspondance littéraire* (Paris, Furne), t. IX, p. 432, 433, 434 ; octobre 1777. Lettre datée de Ferney, du 12 octobre. De

Il ne faut pas croire que tout cela soit inventé et même grossi à plaisir. Wagnière confirme cette étrange scène en moins de mots mais sans en atténuer l'énormité[1]. La plaisanterie était cruelle, et on prendrait en vraie pitié le pauvre auteur et ses entrailles de père, si l'on ne savait quel terrible homme était ce Barthe et de quoi était capable cette nature égoïste, personnelle, qui n'avait qu'à regarder en elle pour trouver l'original de sa pièce. Cette pièce, qu'il estimait un chef-d'œuvre, il fallait qu'il la lût à tous, que tous l'écoutassent; de quelque sexe, de quelque âge, de quelque complexion que l'on fût, jeune, vieux, malade, moribond. Colardeau était au lit, aux prises avec le mal qui

qui est cette lettre spirituelle et piquante ? Nous avons toutes les raisons de croire qu'elle est de Meister, qui était alors près de Voltaire, comme nous l'apprend Villette dans sa lettre à d'Hell : « J'ai reçu avec bien de la reconnaissance les témoignages de votre souvenir par M. de Meister. Il est ici depuis quelques jours. C'est un de ces hommes rares que l'on est tenté d'aimer dès le premier abord ; il a beaucoup plu au maître du château et doit être fort content de ses coquetteries : M. de Voltaire en devient plus avare que jamais. » *OEuvres* (Edimbourg, 1788), p. 122. Jacques-Henri Meister était l'ami et le collaborateur de Grimm, dont il continua même la correspondance en l'absence de ce dernier. Il parlait et écrivait notre langue avec autant de pureté que d'élégance et d'élévation.

1. « Il était venu à Ferney, raconte Wagnière, en faire la lecture (de *l'Homme personnel*) à M. *de Voltaire* qui, au commencement de la seconde scène, se mit à faire des grimaces et à se serrer le ventre. Avant la fin du premier acte, je me glissai vers la porte et me sauvai. M. *de Villette* et sa femme me suivirent ; il ne resta que l'auteur, celui qui l'avait amené, et M. *de Voltaire*, qui redoubla ses grimaces, dit qu'il avait une colique horrible, et s'en alla aussi. M. *Barthe* revint un autre jour pour continuer la lecture de sa pièce ; mais la malheureuse colique reprit encore M. *de Voltaire*, de manière que M. *Barthe* ne put finir. » Longchamp et Wagnière, *Mémoires sur Voltaire* (Paris, André, 1826), t. I, p. 140. Voyage de Voltaire à Paris, 1778.

allait l'emporter, et dans cet état d'anéantissement qui résulte de l'affaiblissement de tous les organes; survient Barthe, son manuscrit à la main : il veut que son ami entende sa comédie, lui en dise son avis. Demande-t-il si l'on est en état de lui prêter attention? vous êtes assuré qu'il n'y songe même pas. Plus résigné que Voltaire, Colardeau écouta successivement ces cinq actes, où d'ailleurs, l'esprit et l'observation ne manquent point, bien que l'ouvrage soit d'une mortelle monotonie[1]. La lecture achevée, l'auteur de *Caliste*, sortant de sa torpeur, dit à Barthe : « Vous avez oublié un trait essentiel dans votre comédie, c'est celui d'un homme qui vient lire une comédie en cinq actes à son ami mourant. » Le mot est exquis sur des lèvres que la mort va glacer[2].

1. L'*Homme personnel* fut représenté, le 21 février 1778, durant le séjour de Voltaire, qui n'y assista point d'ailleurs. Il ne fut joué que huit fois.
2. Il est vrai qu'on savait mourir alors, et Barthe lui-même ne mourra pas avec moins d'insouciance et d'intrépidité. Il venait de subir une opération, qui n'eut d'autre effet que de hâter l'instant fatal. Un de ses amis paraît, lui apportant un billet de loge pour l'Académie royale de musique. « Mon cher ami, lui dit Barthe, on va me porter à l'église, je ne puis aller à l'Opéra. »

IV

JOSEPH II.—DÉPART DE FERNEY.—VOLTAIRE A L'HOTEL
DE VILLETTE.—ÉMOTION DU PUBLIC.—FRANKLIN.

Tout peu abordable qu'il fût, le patriarche, que ce concours était de nature à flatter, saura faire exception, comme on l'a dit déjà, pour les visiteurs que la naisssance, la notoriété, l'intelligence sortiront de la tourbe importune des pèlerins à besace; mais avec ceux-là encore il usera et abusera de sa condition de malade pour attendre son monde et faire sentir le prix d'une telle faveur. En une rencontre, pourtant, les choses se passeront autrement; le solitaire du Mont-Jura descendra de son indifférence, il se préoccupera, il s'agitera, s'inquiétera si l'on viendra le voir ou si l'on « brûlera » Ferney, bien qu'il affecte un parfait désintéressement et mette en avant toutes les raisons qui devront entraver une visite bien honorable, dont il s'estime trop peu digne, et que son âge, ses infirmités lui font moins désirer. Le roi de Prusse écrivait au poëte, à la date du 17 juin (1777), ces quelques lignes qui nous dispensent d'entrer dans de plus grands détails.

Actuellement la politique des gazetiers se repose : il n'est plus question que du séjour du comte de Falkenstein à Paris. Ce jeune prince y jouit des suffrages du public; on applaudit à son affabilité, et l'on est surpris de trouver tant de connaissances dans un des premiers souverains de l'Europe. Je vois avec quelque satisfaction que le jugement que j'avais porté de ce prince est ratifié par une nation aussi éclairée que la française. Ce soi-disant comte retournera chez lui par la route de Lyon et de la Suisse. Je m'attends qu'il passera par Ferney, et qu'il voudra voir et entendre l'homme du siècle, le Virgile et le Cicéron de nos jours... Si cette visite a lieu, je me flatte que les nouvelles connaissances ne vous feront pas oublier les anciennes, et que vous vous souviendrez que parmi la foule de vos admirateurs il existe un solitaire à Sans-Souci qu'il faut séparer de la mutitude [1].

Les deux souverains s'étaient rencontrés, et leur entrevue avait été aussi courtoise et cordiale que possible. Nous connaissons assez le Salomon du Nord pour ne pas nous fier absolument à ces dehors affectueux, pour être assuré que le jeune empereur ne fut pas celui des deux qui y alla avec le moins de franchise et de loyal abandon [2]. Les éloges que lui donne ici le vieux renard de Potsdam, nous semblent empreints d'une exagération qui leur ôte sensiblement de leur crédit, et il y a dans tout cela une nuance de persiflage qui saute aux yeux. Frédéric ne doutait point que Joseph II, trouvant Ferney sur sa route, ne cédât à la tentation bien explicable de passer quelques instants avec l'homme extraordinaire dont les écrits

---

1. Voltaire, OEuvres complètes (Beuchot), t. LXX, p. 290, 291. Lettre de Frédéric à Voltaire; à Potsdam, 17 juin 1777.

2. Barrière, Tableaux de genre et d'histoire (Paris, Ponthieu, 1828), p. 326, 349. Conversations du marquis de Bouillé avec Frédéric, Joseph II et Louis XVI.

occupaient presque exclusivement le monde depuis plus d'un demi-siècle. Et il disait en petits vers de sa façon, d'ailleurs assez médiocres :

> Oui, vous verrez cet empereur,
> Qui voyage afin de s'instruire,
> Porter son hommage à l'auteur
> De *Henri Quatre* et de *Zaïre*.
> Votre génie est un aimant
> Qui, tel que le soleil attire
> A soi les corps du firmament,
> Par sa force victorieuse
> Amène les esprits à soi :
> Et Thérèse la scrupuleuse
> Ne peut renverser cette loi [1].

Le géomètre D'Alembert mandait au philosophe de Sans-Souci, le 28 juillet : « Je crois l'empereur en ce moment sur le chemin de ses états. Il a dû passer par Genève, et j'imagine que, après avoir vu tant de choses, dont quelques-unes n'en valent guère la peine, il aura désiré de voir aussi le patriarche de Ferney, à qui cette visite *impériale* donnerait plusieurs années de vie [2]. » En effet, pourquoi ne serait-il pas allé rendre visite à Voltaire, auquel il était redevable d'une ovation des plus flatteuses de la part du public parisien ? On sait quelle simplicité un peu affectée il étala et promena dans Versailles où elle mécontenta légèrement, si elle obtint ailleurs un plein succès. Il assistait à une

---

1. Voltaire, Œuvres complètes (Beuchot), t. LXX, p. 299. Lettre de Frédéric à Voltaire ; le 9 juillet 1777.
2. Œuvres de *Frédéric le Grand* (Berlin, Preuss), t. XXV, p. 78, 79. Lettre de D'Alembert à Frédéric ; Paris, 28 juillet 1777.

représentation d'*Œdipe ;* à la première scène du quatrième acte, Jocaste dit à son fils en parlant de Laïus :

> Ce roi, plus grand que sa fortune,
> Dédaignait comme vous une pompe importune [1]...

Toute l'assemblée, frappée de l'analogie, se tourna vers le prince et battit des mains avec un entrain auquel ne fut point insensible l'auguste paysan du Danube [2]. Le poëte, qui comptait bien sur la visite du comte de Falkenstein, se garde de confesser ses espérances ; tout au contraire, il n'admet pas qu'un pauvre diable comme lui soit fait pour attirer des demi-dieux dans sa ratière ; il ne faut pas qu'on lui prête ces sottes visées.

Mon cher marquis, écrit-il à d'Argence, votre vieux malade ne tâte point du ridicule qu'on lui veut donner dans Paris, de recevoir une visite du comte de Falkenstein. Il sait trop bien que l'église de son village, n'est pas assez belle pour attirer les regards d'un homme qui devrait avoir l'église de Saint-Pierre de Rome pour sa paroisse, et que de misérables manufactures de montres ne valent pas la peine d'être regardées par le protecteur de tous les beaux arts. Pour ma manufacture de vers français, il y a longtemps qu'elle est à bas. En un mot, je puis vous assurer qu'un seigneur rempli de goût, comme M. le comte de Falkenstein, ne se détournera pas pour voir un mourant qui n'a d'autre mérite que d'aimer tendrement ceux qui pensent comme vous. L'état où je suis ne me permettrait pas même de me présenter devant lui [3]...

---

1. Voltaire, *Œuvres complètes* (Beuchot), t. II, p. 104, 134. *Œdipe*, acte IV, sc. Ire.
2. *Œuvres de Frédéric le Grand* (Berlin, Preuss), t. XXV, p. 75. Lettre de D'Alembert à Frédéric ; Paris, 23 mai 1777.
3. Voltaire, *Œuvres complètes* (Beuchot), t. LXX, p. 298, 299. Lettre de Voltaire au marquis d'Argence de Dirac ; 27 juin 1777.

Tout cela n'était qu'une réserve prudente à l'excès en cas de mécompte. Mais, au fond, on ne mettait pas plus en doute que tout Paris, cette visite à Ferney trop dans la logique de ce caractère indépendant, curieux, frondeur, peu formaliste, qui était allé relancer madame du Barry dans sa jolie solitude de Louveciennne, et visiter, un autre jour, dans son temple de Pantin, la déesse Terpsichore[1]. Et puis, Joseph n'était-il pas un adepte, son appui n'était-il pas assuré à la petite église affranchie ? « Grimm assure, mandait Voltaire à D'Alembert, à la fin d'octobre 1769, que l'empereur est des nôtres ; cela est heureux, car la duchesse de Parme, sa sœur, est contre nous. » Il écrivait quelques jours plus tard, tout hors de lui, au roi de Prusse : « Un Bohémien qui a beaucoup d'esprit et de philosophie, nommé Grimm, m'a mandé que vous aviez initié l'empereur à nos saints mystères. » S'adressant encore à son royal correspondant, le patriarche de Ferney, dit, à un an de distance : « Vous m'avez flatté aussi que l'empereur était dans la voie de la perdition ; voilà une bonne recrue pour la philosophie (21 octobre 1770). » Tout, dans Joseph, semblait confirmer ces heureux changements, rien ne laissait prévoir le sanglant démenti qui allait être donné à ces espérances comme à ces éloges.

Mais, le fantasque Joseph rasera le castel du patriarche sans s'y arrêter[2]. On voit d'ici l'humiliation,

---

1. Mademoiselle Guimard. *Mémoires secrets pour servir à l'histoire de la République des lettres* (Londres, John Adamson), t. X, p. 136, 137, 139. 21 et 26 mai 1777.

2. Voltaire ne fut pas le seul qui eut à essuyer l'insultant caprice

la déconvenue de l'auteur de la *Henriade* et de tous ses amis ; il avait été tant dit, tant répété qu'il devait cette marque d'estime, de vénération à l'illustre écrivain et au grand philosophe ! Ces propos qui semblaient lui enlever son libre arbitre et le mettre au service d'une opinion et d'un parti, avaient à eux seuls quelque chose d'agaçant, d'irritant très-propre à retourner les projets les plus arrêtés. « Quelques jours avant cette aventure, raconte Wagnière, un ami de M. de *Voltaire* m'avait envoyé, pour le lui communiquer, une espèce de discours dans lequel il était fait mention de lui, et qui avait été adressé à l'empereur à son passage dans une ville de France ; lorsque mon maître l'eut parcouru, il me le rendit en disant : *Si jamais Joseph II avait eu l'idée de passer chez moi, ceci l'en empêcherait.* » Le fait, c'est que Joseph II ne s'arrêta point. On s'attendait à Ferney à un résultat bien opposé, et quand nous disons à Ferney, nous entendons toute la contrée, la population entière, tous les habitants. Voltaire, blessé au cœur par ce mépris trop accusé, affecte d'expliquer tout naturellement et tout innocemment l'événement.

Je n'ai point eu le bonheur, écrit-il au chevalier de Lisle, sans le moindre accent d'amertume et de mauvaise humeur ;

du comte de Falkenstein. Le duc de Choiseul, autorisé à croire qu'il lui rendrait visite, avait fait des préparatifs immenses pour le recevoir. Une compagnie brillante, des spectacles l'attendaient le 15 juin, et des relais étaient disposés sur la route de Chanteloup ; mais l'empereur passait outre, sans égards pour la dépense qui avait été faite et qui ne dut pas être petite, si l'on se reporte à la magnificence de l'ancien ministre de Louis XV. Lescure, *Correspondance secrète inédite sur Louis XVI, Marie-Antoinette, la cour et la ville*, de 1777 à 1792 (Plon, 1866), t. I, p. 70. Versailles, du 26 juin 1777.

de voir passer le grand homme qui est venu dans nos quartiers. Mon âge, mes maladies, m'ont empêché de me trouver sur sa route. Je vous confie que deux horlogers génevois, habitants de Ferney, moins discrets et plus jeunes que moi, s'avisèrent, après boire, d'aller à sa rencontre jusqu'à Saint-Genis, arrêtèrent son carrosse, lui demandèrent où il allait, et s'il ne venait pas chez moi. L'empereur, qui les prit pour des Français étourdis, leur dit qu'il n'avait pas encore été interrogé sur la route de France. L'un de ces républicains polis lui dit que c'était une députation de ma part. L'empereur ayant appris depuis que ces messieurs étaient des natifs de Genève, n'a point voulu coucher dans la ville, ni même voir les syndics, qui se sont présentés à lui. Il a refusé des chevaux que les Bernois lui avaient préparés, et n'a pas même voulu passer par Berne [1].

Cette lettre était à l'adresse de tout Paris, car le chevalier, l'ami particulier de madame du Deffand, avait accès dans les meilleurs salons où son esprit, ses petits vers, ses jolis mots faisaient fortune; et Voltaire savait bien que ces quelques lignes seraient lues, discutées, commentées par tout ce beau monde au sein duquel il comptait autant d'ennemis que d'amis. La relation est-elle complétement exacte dans toutes ses parties, et ne s'associait-on pas un peu gratuitement Genève et les Bernois dans le procédé hautain et dédaigneux du fils de Marie-Thérèse? Il insistera à plusieurs reprises sur cette dernière circonstance, tout en faisant bon marché pour son compte d'une déception, qui n'en est une qu'aux yeux de gens qui ne songent pas quel triste courtisan l'on est à quatre-vingt-trois ans.

1. Voltaire, *Œuvres complètes* (Beuchot), t. LXX, p. 304, 305. Lettre de Voltaire au chevalier de Lisle; à Ferney, 18 juillet 1777.

Je ne vous parle point, mande-t-il à l'ange gardien, du voyageur que vous prétendiez devoir passer chez moi. Je ne sais si vous savez qu'il a été assez mécontent de la ville qui a été représentée quelques années par un grand homme de finances (M. Necker), et que cette ville a été encore plus mécontente de lui. Quoi qu'il en soit, je ne l'ai point vu, et je ne compte point cette disgrâce parmi les mille et une infortunes que je vous ai étalées au commencement de mon épître chagrine [1].

Voltaire laisse échapper le mot de « disgrâce »; au moins l'abstention de l'auguste voyageur fut-elle envisagée comme une disgrâce par le gros du public. Ses amis, qui connaissaient trop sa sensibilité pour ne pas deviner ce qui se passait en lui, s'efforcèrent de le consoler de leur mieux, en lui faisant entendre qu'il était au-dessus de telles mésaventures. Le comte de la Touraille, entre autres, s'empressait de le rassurer sur l'effet qu'avait produit dans l'esprit des honnêtes gens un procédé qui faisait plus de tort au prince qu'au philosophe.

Charles IX, voulant combler de joie son bon ami Ronsard, avait formé le dessein de l'aller voir *dans sa maison des champs*. « Cette marque de protection me serait glorieuse, dit le poëte, mais ne rendrait pas mes vers meilleurs. »

D'après cela, monsieur, doit-on s'affliger de n'avoir pas vu l'empereur dans sa maison? Je ne fais d'ailleurs que vous rendre les opinions des gens sensés de ce pays-ci, qui s'intéressent à votre satisfaction, sans avoir assurément la moindre idée de manquer de respect aux dieux et aux souverains [2].

1. Voltaire, *OEuvres complètes* (Beuchot), t. LXX, p. 312. Lettre de Voltaire à d'Argental; 4 auguste 1777.
2. *Ibid.*, t. LXX, p. 314. Lettre de M. de La Touraille à Voltaire; au palais Bourbon, 6 auguste 1777. Cette lettre est datée

Mais Voltaire, loin de se permettre le moindre trait, paraphrase ce qu'il a déjà dit et écrit, notamment au chevalier de Lisle, en homme qui ne se sent pas atteint et ne suppose point qu'il y ait eu parti pris et complot, ce qui aurait été bien puéril et bien peu digne d'un aussi grand prince.

Si Charles IX, dont vous me parlez, monsieur, répliquait-il à M. de La Touraille, était allé près de la maison de Ronsard, et s'il eût trouvé un petit officier étranger qui n'eût point désemparé de la portière de son carrosse et qui l'eût regardé sous le nez; si le moment d'après deux Génevois, habitués dans le village de Ronsard, se fussent présentés à Charles IX étant ivres et lui eussent demandé familièrement où il allait, Charles IX, à mon avis, eût très-bien fait de se fâcher et de ne point aller chez Ronsard.

C'est ce qui est arrivé au grand voyageur dont vous me parlez, sur la route de Genève. Il trouva ces jeunes gens un peu trop familiers, et il eut raison. Il ne soupa et ne coucha ni à Genève ni chez Ronsard; il ne vit personne. Le résident de France se présenta devant lui, et il ne lui parla point [1].

Cette indiscrète et indécente familiarité « d'un petit officier étranger » (dont il n'est point question dans la lettre au chevalier de Lisle), et de deux Génevois, quelque peu pris de vin, serait-elle de l'invention du seigneur de Ferney ? Wagnière, qui sans doute est trop acquis à son maître pour ne nous être pas un peu suspect, fait également allusion à cette

---

du 1er août dans le *Nouveau recueil de gaité et de philosophie, par un gentilhomme retiré du monde* (M. de La Touraille), 1785, t. II, p. 52.

1. Voltaire, *Œuvres complètes* (Beuchot), t. LXX, p. 320, 321. Lettre de Voltaire au comte de La Touraille, à Ferney, 18 auguste 1778.

circonstance qu'il particularise davantage. « Il est très-vrai, dit-il, que deux horlogers avaient couru au devant de l'empereur à deux lieues de Ferney; l'un d'eux, qui était ivre, monta sur le marche-pied de la voiture, et interrogeant le monarque par l'appellation de *Monsieur l'empereur*, lui demanda en propres termes d'où il venait, où il allait, et s'il ne viendrait pas voir M. *de Voltaire ?* S. M. répondit, en se détournant avec humeur : *L'empereur ne dit jamais où il va.* M. *de Voltaire* n'apprit cette impertinence extraordinaire que plusieurs jours après, et il écrivit depuis, à ce sujet, à M. le comte *de Cobentzel* et à M. *de Colloredo*[1]. » Il serait presque impossible de répéter toutes les sottises que l'on fit circuler alors sur les préparatifs du poëte et son chagrin, son humiliation, en voyant que le cocher ne fouettait que plus fort à l'entrée du chemin qui menait à Ferney. Il n'est pas un recueil du temps, il n'est pas de mémoires, de correspondances, de nouvelles à la main, qui ne racontent à leur façon l'aventure, les uns d'un ton goguenard, les autres avec une indignation, presque des clameurs, dont le ridicule devait rejaillir sur celui qu'ils croyaient servir[2].

---

1. Longchamp et Wagnière, *Mémoires sur Voltaire* (Paris, André, 1826), t. I, p. 417, 418. Examen des *Mémoires de Bachaumont*, 1777.

2. Brottier, *Paroles mémorables* (Paris, Merigot, 1790), p. 305. — *Mémoires secrets pour servir à l'histoire de la République des lettres* (Londres, John Adamson), t. X, p. 182, 185, 186; 23 et 25 juillet 1777. — Linguet, *Annales politiques, civiles et littéraires* (Londres, 1777), t. II, p. 65, 66. — Madame de Genlis, *Mémoires* (Paris, Ladvocat), t. II, p. 330. — Gaberel, *Voltaire et les Génevois* (Cherbuliez, 1857), p. 17, 18.

Dans les environs de Ferney, la foule s'était épaissie et encombrait les abords du château. Voltaire eut beau faire dire à ces curieux (c'est Wagnière qui parle) qu'ils attendaient inutilement, la plupart s'obstinèrent à rester. Durant cela, l'empereur passait sans s'arrêter et ne tardait pas à laisser loin derrière lui la petite ville. Le patriarche serait sorti alors, et, se mêlant aux curieux désappointés, il se serait écrié, en riant beaucoup : « Ne vous l'avais-je pas bien dit? » Ces derniers mots sont de trop; car, s'il n'y avait point tant à se désoler pour un philosophe aussi philosophe que Voltaire, il n'y avait pas non plus tant à rire. Nous nous sommes refusé à grossir ces lignes des mille fables que les ennemis se firent une joie cruelle de répandre. Mais nous croyons devoir faire exception en faveur de la lettre de Bonnet à l'illustre auteur des *Elementa physiologiæ*, lettre intime et qui a tous les caractères de la sincérité, sinon de la bienveillance et de l'indulgence :

L'empereur arriva à Secheron, près des portes de notre ville, dimanche dernier, le 4, à cinq heures du soir. Il avoit traversé Fernex comme un trait. Le vieillard l'y attendoit avec tout son monde bien paré ; il avoit mis sa grande perruque dès les 8 heures du matin, fait d'immenses préparatifs pour le dîner, et poussé l'attention pour le monarque jusqu'à faire enlever toutes les pierres du grand chemin depuis Fernex jusqu'à Versoix, c'est-à-dire dans un espace de plus de demi-lieue; cependant le voyageur lui donna la mortification de passer outre sans s'arrêter un seul instant ; et même lorsque le postillon lui nomma Fernex, l'empereur cria fort haut et par deux fois : *Fouette, cocher!* De là il alla dans la nouvelle ville, demanda les ingénieurs, se fit montrer les plans, et se rendit sur le nouveau port. Il est manifeste par toute sa conduite qu'il a voulu mortifier le seigneur de Fernex, qui, je vous l'assure, l'a profondément senti[1].

Un peu moins d'un mois après, Bonnet, que cette mésaventure de l'ennemi n'a pas laissé de réjouir, écrivait de même à Sulzer :

> L'empereur, à son passage à Genève, a furieusement mortifié le vieux brochurier. Celui-ci avoit préparé un magnifique dîner et rassemblé chez lui belle et nombreuse compagnie ; et l'empereur passa sous ses fenêtres au grand galop, sans s'arrêter un instant. Et remarquez, s'il vous plaît, que rien ne l'obligeoit à prendre la route de Fernex. Le vieux polygraphe avoit mis sa grande perruque dès les 8 heures du matin[2].

Le palingénésiste n'était point, et pour cause, des invités, il n'a pas vu tout cela sans doute ; mais assez de spectateurs de cet émoi et de ce désarroi pouvaient témoigner, pour qu'à quelques circonstances près il ait été dûment et exactement informé. Un certain contentement machiavélique perce à travers son récit ; on voit (et il ne le cèle pas) que cette humiliation amère pour le « grand empoisonneur » le ravit. Mais il n'est pas homme à inventer de telles choses, s'il s'en félicite pour la plus grande gloire de la morale et de la religion ; et la vérité serait bien plus dans son récit que dans les lettres entortillées du poëte et de son fidèle Wagnière, qu'il n'infirme point du reste. L'auteur de

---

1. Bibliothèque de Genève. Manuscrits, Bonnet. Copie de lettres, t. VI. Lettre de Bonnet à Haller ; de ma retraite, le 16 juillet 1777.

2. *Ibid.*, Bonnet. Copies de lettres, t. VI. Lettre de Bonnet à Sulzer, directeur de l'Académie royale de Prusse ; Genthod, le 10 septembre 1777.

la *Henriade* attribue à l'indiscrétion de deux rustres avinés un mécontentement dont, en bonne justice, on ne devait pas lui faire éprouver le contre-coup; est-ce bien sérieux et sincère? Joseph II, irrité plus que de raison, fera sentir sa méchante humeur à Genève et à Berne, ce qui tendrait à prouver que l'on n'avait pas particulièrement en vue le vieux malade du mont Jura. Mais pouvait-il rendre Genève responsable des sottises de deux sujets révoltés qui l'avaient reniée? et alors pourquoi cette exception en faveur de l'un des plus illustres citoyens de Berne, du célèbre Haller? Car, pour que le contraste soit plus grand, l'humiliation plus complète, il ira relancer le savant naturaliste dans sa solitude de Roche.

Cette entrevue entre l'empereur et Haller, qui fit beaucoup de bruit, était de nature à exalter l'orgueil d'un simple particulier, tout républicain qu'il fût; cependant, celui-ci ne parla jamais de cette démarche du prince, si honorable pour lui, qu'avec une réserve, une répugnance même qui donnent une grande idée de son caractère. S'il dut entrer avec ses amis les plus intimes dans les détails, ce fut, ainsi que nous le disons, avec l'humilité, le détachement du chrétien. On a conservé quelques lignes en réponse aux questions dont on l'accablait, où, bien que reconnaissant l'incomparable honneur d'une telle distinction, il se défend de tout enivrement et de toute exaltation d'amour-propre :

Le comte de Falkenstein, écrivait-il au comte de Lamberg, est enfin arrivé ici jeudi dernier[1]; il n'est pas resté tout à fait

---

1. 17 juillet 1777.

vingt-quatre heures ; il n'a voulu ni gardes ni honneurs quelconques ; il n'a été voir que l'arsenal et la grande terrasse ; il m'a fait une visite de quarante minutes, avec les cavaliers de sa suite ; il a été bon, familier, facile et d'une conversation agréable... Il n'a pas voulu voir votre ami Voltaire. Je suis mauvais raconteur ; vous aurez la bonté, monsieur le comte, de vous contenter de ce peu, qui du moins est véridique ; je suis d'ailleurs, dans toutes mes lettres, fort succinct sur cette visite ; je ne voudrais pas, comme l'a fait Zimmermann, publier une conversation que j'aurais eue avec une tête couronnée ; je craindrais d'avoir trop sacrifié à la vanité.

Il lui disait encore dans une autre lettre :

Si vous me demandez : Le comte de Falkenstein n'a-t-il pas fait une action d'humanité ? ne m'a-t-il pas honoré infiniment et obligé par sa distinction ? J'avoue le tout.

Mais si vous me demandez : Cette visite ne vous a-t-elle pas rendu plus heureux ? — Je répondrai bien tristement et peut-être fanatiquement selon vos vues. Je suis au bord de l'éternité ; mon bonheur, ma félicité sont au delà du tombeau ; tout ce que je possède en deçà n'est pour moi que l'affaire d'un moment, une maison de cartes, dorée si vous voulez, mais qu'un vent inévitable va renverser[1].

Le roi de Prusse ressentit cet affront fait à la philosophie aussi vivement que s'il eût été fait à lui-même ; il écrivait aussitôt à D'Alembert : « J'apprends que le comte de Falkenstein a vu des ports, des arsenaux, des vaisseaux, des fabriques, et qu'il n'a point vu Voltaire ; ces autres choses se rencontrent partout, et il faut des siècles pour produire un Voltaire. Si j'avais été à la place de l'empereur, je n'aurais pas passé par

---

1. *Biographie de Albert de Haller* (Paris, Delay, 1845), p. 277, 278.

Ferney sans entendre le vieux patriarche, pour dire au moins que je l'ai vu et entendu. Je crois, sur certaines anecdotes qui me sont parvenues, qu'une certaine dame Thérèse, très-peu philosophe, a défendu à son fils de voir le patriarche de la tolérance [1]. » D'Alembert lui répondait sur le même ton et sous la même impression d'étonnement pénible. « J'ai été aussi surpris que V. M. du peu d'empressement que le comte de Falkenstein a témoigné pour voir le patriarche de Ferney, et je ne doute nullement que V. M. n'ait deviné juste sur la cause de cette indifférence apparente; car je veux croire, pour l'honneur du prince, qu'elle n'est pas réelle. On est au moins bien persuadé que le conseil ne vient pas de sa sœur, qui est, dit-on, remplie d'estime pour le patriarche, et qui plus d'une fois l'en a fait assurer. » (22 septembre.)

Mais il faudra bien consoler cet amour-propre d'une susceptibilité maladive par quelques douces et flatteuses paroles. Le roi de Prusse mandait, le 9 octobre, à son ancien courtisan : « Monsieur Bitaubé doit se trouver fort heureux d'avoir vu le patriarche de Ferney [2]. Vous êtes l'aimant qui attirez à vous tous les êtres qui pensent : chacun veut voir cet homme unique, qui fait la gloire de notre siècle. Le comte de Falkenstein a senti la même attraction; mais, dans sa course, l'astre de Thérèse lui imprima un mouvement centrifuge, qui, de tangente en tangente, l'attira à

---

1. *OEuvres de Frédéric le Grand* (Berlin, Preuss), t. XXV, p. 82. Lettre de Frédéric à D'Alembert, le 13 août 1777.

2. Bitaubé, le traducteur d'Homère. Il vint à Ferney en octobre 1777.

Genève. » En effet, Marie-Thérèse, paraîtrait-il, avait fait promettre à son fils de s'abstenir d'une visite qui serait considérée comme un acquiescement aux doctrines irréligieuses du philosophe ; et, deux ans après (1779), Frédéric assurait à Wagnière que telle était la raison qui avait déterminé l'empereur à ne pas voir son maître [1].

Durant cela, cette tête fermentante et bouillonnante, ce cerveau de quatre-vingt-trois ans, en dépit de l'âge, sans se laisser effrayer par les exemples de l'*Agésilas* et de l'*Attila*, se remettait à construire de nouvelles machines, comptant sur ce « diable au corps » sans lequel, de son propre avis, il n'est rien de vital dans les arts. Il croit à ses facultés, tout en se déclarant fini, mort et bien mort. Et c'est beaucoup, si ce n'est pas tout, que cette confiance qui stimule et décuple les forces. Toute honte bue, et quelque chose qu'on en pense, il a sur le chantier une tragédie nouvelle. Ne vous étonnez pas, ne vous récriez pas : à l'heure où nous sommes encore, il n'y en a qu'une ; bientôt il y en aura deux. « Je me démêlerai peut-être aussi,

---

1. Longchamp et Wagnière, *Mémoires sur Voltaire* (Paris, André, 1826), t. I, p. 418. Examen des *Mémoires de Bachaumont*, à la date du 19 février 1778. Madame Campan dit, de son côté : « L'empereur, en quittant la France, passa près du château de Ferney et ne trouva pas convenable de s'y arrêter. Il avait conseillé à la reine de ne pas permettre que Voltaire lui fût présenté. Une femme de la cour sut l'opinion de l'empereur à ce sujet et lui reprocha son peu d'enthousiasme pour le plus grand génie du siècle. Il lui répondit, qu'il chercherait toujours à profiter, pour le bien des peuples, des lumières dues aux philosophes ; mais que son métier de souverain l'empêcherait toujours de se ranger parmi les adeptes de cette secte. » *Mémoires de madame Campan* (Didot. Collection Barrière), t. X, p. 149.

écrivait-il à d'Argental, en décembre 1776, des affaires très-embrouillées et très-mal conduites de notre pauvre petit pays de Gex; mais je ne me tirerai pas si bien de l'entreprise dont madame de Saint-Julien vous a donné si bonne opinion... Le commencement de l'ouvrage me donnait à moi-même de très-grandes espérances; mais je ne vois sur la fin que du ridicule. » Il s'agit d'une femme qui se tue par amour pour l'époux qu'elle n'aime point, et pour échapper au meurtrier qu'elle idolâtre. « La pièce, roulant uniquement sur le remords continuel d'aimer à la fureur le meurtrier de son mari, ne pouvait comporter cinq actes. J'étais obligé de me réduire à trois, et cela me paraissait avoir l'air d'un drame de M. Mercier. C'est bien dommage, car il y avait du neuf dans cette bagatelle, et les passions m'y paraissaient assez bien traitées; il y avait quelques peintures assez vraies, mais rien ne répare le vice d'un sujet qui n'est pas dans la nature... Cela me touche et m'humilie. Un père n'est pas bien aise de se voir obligé à tordre le cou à son enfant. Voilà trois mois entiers de perdus, et le temps est cher à mon âge[1]. » C'est un moment de découragement qui passera. Après ce léger dégoût, l'on reprendra à nouveau le sujet, on l'envisagera sous toutes ses faces, on recherchera ce qu'il peut donner, ce qu'avec le temps, une étude patiente, on pourrait y ajouter. Ce qui le réconforte, ce qui lui a rendu la confiance, c'est que cette petite drôlerie tragique a

---

[1]. Voltaire, OEuvres complètes (Beuchot), t. LXX, p. 194, 195. Lettre de Voltaire à d'Argental; 15 décembre 1776.

trouvé grâce devant cette nièce si bon juge, dont l'appréciation est d'une infaillibilité absolue. « Ma peur a été si grande, que je ne voulais pas montrer cet abrégé de tragédie à madame Denis. Hier j'ai surmonté mon dégoût et ma crainte, je lui ai donné la pièce à lire ; elle a pleuré, et cela m'a rassuré. »

Mais, tandis qu'on le suppose fort occupé à modifier, à bonifier cette *Irène* qui le désespère et le charme, voilà qu'il est aux prises avec une autre drôlerie, pour parler comme lui, une drôlerie à cinq compartiments, cette fois. « Vous croyez, vous et M. de Thibouville, que je ne vous ai invités qu'à un petit souper de trois services ; il faut que je vous avoue que j'en prépare un autre en cinq. Le rôti est déjà à la broche, mais le menu m'embarrasse. Je crains bien de n'être qu'un vieux cuisinier dont le goût est absolument dépravé. Vous êtes le plus indulgent des convives ; mais il y a tant de gens qui s'empressent à vous donner à souper, j'ai tant de rivaux qui me traiteront de gargotier, que je tremble de vous donner mes deux repas[1]. » Ce dernier repas, le plus ample à cette date (car *Irène* finira par avoir ses cinq actes, comme il convient à toute honnête tragédie), c'est *Agathocle*, dont nous aurons à reparler. Mais ce premier engouement s'apaise, l'originalité du sujet d'*Irène*, la nouveauté de ce milieu si peu exploité par la trop exclusive Melpomène, ramènent le poëte à une œuvre qui sort des voies battues et habituelles. « Messieurs et anges, lais-

---

[1]. Voltaire, *Œuvres complètes* (Beuchot), t. LXX, p. 221. Lettre de Voltaire à d'Argental ; 4 février 1777.

sez là votre *Agathocle;* cela n'est bon que pour être joué aux jeux olympiques, dans quelque école de platoniciens. Je vous envoie quelque chose de plus passionné, de plus théâtral et de plus intéressant. Point de salut au théâtre sans la fureur des passions. On dit qu'Alexis est ce que j'ai fait de moins plat et de moins indigne de vous. Si on ne me trompe pas, si cela déchire l'âme d'un bout à l'autre, comme on me l'assure, c'est donc pour Alexis que je vous implore, c'est ma dernière volonté, c'est mon testament... Il n'y a qu'Alexis qui puisse me procurer le bonheur de venir passer quelques jours avec vous, de vous serrer dans mes bras et de pouvoir m'y consoler[1]. »

Quels étaient ces juges si convaincus, si assurés du succès ? L'assentiment de madame Denis ne prouve guère ; sa boule blanche est toujours prête, comme ses sanglots et ses larmes. A cette époque, Villette et son ami Villevieille étaient à Ferney; et ce dernier, pour ce qui le regarde, nous donne son appréciation, dans une lettre à Condorcet, écrite trois jours auparavant, et dont nous extrayons le passage qui concerne *Irène :*

... Venons à *Alexis Comnène,* dont je vous parlai l'année dernière, et qui n'était alors qu'une esquisse informe. Oh ! ici, l'auteur de *Zaïre,* d'*Alzire,* d'*Adélaïde Duguesclin,* a fortifié les crayons de Racine. C'est vraiment une tragédie : on tire le mouchoir (madame Denis n'avait donc pas si grand tort?) L'intérêt commence au premier vers, marche et croît toujours; il y a un rôle de moine de Saint-Bazile qui sera

---

[1]. Voltaire, Œuvres complètes (Beuchot), t. LXX, p. 359, 360. Lettre de Voltaire à d'Argental, 25 octobre 1777.

neuf; en un mot, M. de Voltaire paraît avoir brisé ses anciens moules et en avoir fondé un tout neuf et tout exprès pour cette pièce. Comme je n'en ai encore entendu que trois actes, j'y reviendrai dans ma première lettre [1].

Ainsi Voltaire s'éteindrait sur un chef-d'œuvre, fortune rare pour les plus grands hommes, qui fut pourtant celle de ce Racine dont on a « fortifié les crayons ». Mais c'est un homme du monde qui écrit ces lignes et qui les écrit de Ferney; et cela nous met un peu en défiance. Probablement celui à qui elles étaient adressées, Condorcet, estima qu'il devait y avoir une notable dose d'exagération dans ces appréciations enthousiastes, et, pour plus de sûreté, il attendit qu'il fût à même de juger en connaissance de cause. *Alexis* lui est communiqué par son auteur, qui lui demandait d'être franc et sincère, ce qu'il fut, trop peut-être pour un amour-propre facile à blesser et à contrister. Nous n'avons point, et nous le regrettons, les réflexions de Condorcet sur la tragédie de Voltaire; la réponse de ce dernier nous laisse entrevoir des critiques judicieuses, discutées, que l'amitié s'était fait un devoir de ne pas taire : elle est chagrine, mais sans amertume, elle est celle d'un homme qui reconnaît qu'il s'est trompé, dont on désille les yeux et qui, sans en vouloir à un ami sincère, gémit sur son impuissance trop réelle.

J'avais cru, sur la foi de quelques pleurs que j'ai vu répandre à des personnes qui savent lire et qui savent se passionner sans chercher la passion, que si cette esquisse

---

1. Condorcet, *Œuvres* (Paris, Didot, 1847-49), t. I, p. 155, 156. Lettre de Villevieille à Condorcet; à Ferney, ce 22 octobre.

était avec le temps bien peinte et bien coloriée, elle pourrait produire à Paris un effet heureux. Je m'étais imaginé qu'il n'était pas absolument impossible d'adoucir la rage de certaines gens, et qu'enfin je pourrais venir vous embrasser et avoir la consolation de mourir entre vos bras. Je me suis malheureusement trompé !

Je conviens d'une grande partie des vérités que vous avez la bonté de me dire, et je m'en dis bien d'autres à moi-même. Je travaillais à faire un tableau de ce croquis, lorsque vos critiques, dictées par l'amitié et par la raison, sont venues augmenter mes doutes. On ne fait rien de bon dans les arts d'imagination et de goût sans le secours d'un ami éclairé[1].

Cette bonhomie inspira quelques remords à l'Aristarque, qui, tout en maintenant son arrêt, qu'il n'était pas seul à rendre, laissait la porte ouverte à l'espérance. Sans doute l'œuvre lui paraissait encore imparfaite ; mais il ne dépendait que du poëte de remplacer les fautes par des beautés de premier ordre. Il ne fallait que lui indiquer les faiblesses : l'auteur de *Mérope* et de *Mahomet* serait toujours plus fort que son sujet, quand il le voudrait bien.

Mon cher et illustre maître, vous êtes trop bon d'attacher quelque prix à mes réflexions ; c'est l'amitié qui me les a inspirées. M. Suard, qui a lu la pièce comme censeur des spectacles ; M. Turgot, à qui on a cru pouvoir la laisser lire sans vous déplaire, pensent à peu près comme moi. Nous trouvons également que si vous daignez faire quelques corrections et vous rendre sévère à vous-même, il ne vous faudra qu'un peu de temps et de patience pour produire deux ouvrages qui feront époque dans la littérature. Je ne suis point surpris de l'effet que la lecture des deux pièces a

---

[1]. Condorcet, *OEuvres* (Paris, Didot, 1847-49), t. I, p. 160, 161. Lettre de Voltaire à Condorcet ; 12 janvier 1778. N'est pas dans les OEuvres de Voltaire.

fait à Ferney; j'y ai trouvé de quoi justifier l'enthousiasme et les larmes. Mais songez que vous nous avez accoutumés à la perfection dans les convenances, dans les caractères, comme Racine nous avait accoutumés à la perfection dans le style; que vous seul avez réuni ces deux perfections, et que si on est sévère, c'est votre faute [1].

Condorcet semble ignorer la lecture et la réception, à l'unanimité, d'*Irène* par la Comédie-Française, le 2 janvier de la nouvelle année. Thibouville, dès le lendemain, apprenait cet heureux événement à son vieil ami qui, du reste, ne recevait sa lettre que le 17. D'Argental, La Harpe lui écrivaient, de leur côté. Ce dernier, dont on avait reçu les *Barmécides*, mandait au papa grand-homme qu'il se retirait devant son maître et qu'il ne consentirait à être joué qu'après *Irène*; à quoi Voltaire répondait qu'il n'acceptait point ce sacrifice. « J'aurais bien mauvaise grâce à vouloir passer avant vous. Rien ne serait plus injuste et plus maladroit. C'est à vous, s'il vous plaît, à vous exposer aux bêtes le premier, parce que vous êtes un excellent gladiateur; mais j'ai peur que vous ne soyez dégoûté vous-même de cette impertinente arène dans laquelle on est jugé par la plus effrénée canaille... [2]. » Le procédé de La Harpe était généreux, mais il était au moins égalé par un autre plus inattendu et plus méritoire, si l'on se reporte au caractère médiocrement chevaleresque de Barthe (car il s'agit de lui), et au peu d'accueil que lui avait fait le patriarche. L'*Homme*

1. Condorcet, *Œuvres* (Paris, Didot, 1847-49), t. I, p. 162 Lettre de Condorcet à Voltaire; ce 19 janvier 1778.
2. Voltaire, *Œuvres complètes* (Beuchot), t. LXX, p. 418. Lettre de Voltaire à La Harpe; 14 janvier 1778.

personnel, qui avait été à Ferney l'occasion d'une comédie plus gaie qu'aucune de celles de Barthe, avait été reçu et était une des premières nouveautés qu'on devait donner. Mais à peine celui-ci apprenait-il la réception d'*Irène*, qu'il s'empressait d'écrire aux sociétaires un billet trop à sa louange pour n'être pas reproduit :

On vient de vous lire, messieurs, une pièce nouvelle de M. de Voltaire. Vous étiez tous prêts à répéter l'*Homme personnel*. Vous avez un parti à prendre, c'est de n'y plus penser. Je sais que les nouveautés sont jouées dans l'ordre de leur réception et qu'il y a des règlemens. Mais quel homme de lettres oseroit les réclamer en cas pareil? M. de Voltaire est, comme les souverains, au-dessus des lois. Si je n'ai pas l'honneur de contribuer aux plaisirs du public, je ne veux pas du moins les retarder, et je vous invite à le faire jouir promptement d'un ouvrage de l'auteur de *Zaïre* et de *Mérope*. Puisse-t-il faire encore des tragédies à cent ans comme Sophocle, et mourir comme vous vivez, messieurs, au bruit des applaudissemens[1].

Mais Voltaire ne se sentait pas encore prêt. Il écrivait à d'Argental, le 14 janvier : « Mon cher ange, M. de La Harpe m'a mandé qu'on avait lu *Irène* au *tripot*. Je serais bien fâché qu'elle fût représentée dans l'état où elle est; c'est une esquisse qui n'est pas encore digne de vous et de la partie éclairée du public. Je vais faire transcrire bientôt la pièce entière, que je soumettrai en dernier ressort à votre juridiction. » Lekain, à son dernier séjour à Ferney, en

1. Archives du Théâtre-Français. Registre concernant MM. les auteurs, du 25 mai 1772 au 29 novembre 1780, p. 57, 58. Lettre de Barthe à la Comédie; du lundi 5 janvier 1778.

août 1776, n'avait pas caché au poëte ce qu'il pensait, sinon de l'ouvrage, au moins du personnage qui lui était destiné. La pièce reçue, il allait avoir à se prononcer. Thibouville le pressait ; mis au pied du mur, il déclara qu'il ne pouvait accepter le rôle de Léonce. Les amis de Voltaire, encore plus impatients que lui, avaient envoyé le manuscrit au comité assemblé, qui faisait écrire aussitôt par son semainier au marquis que, rien n'étant possible sans la distribution de la pièce, il le priait de lui envoyer une réponse avant qu'il se séparât[1]. Cette réponse ne se fit pas attendre :

Il est malheureusement indispensable et nécessaire de suspendre pour ce moment les préparatifs d'*Irène*. M. Lekain ose refuser à M. de Voltaire de jouer le rôle d'Alexis, qu'il vient de faire pour lui. Je ne puis plus aller en avant, qu'il ne soit instruit de cet événement qu'il étoit loin de prévoir. C'est une douzaine de jours de délai forcé, sur lesquels on verra encore d'ici à demain, à l'heure de l'assemblée, s'il y auroit quelque autre tempérament à prendre. Je suis aussi fâché que messieurs les comédiens de ce retard, dont j'abrégerai les jours le plus qu'il me sera possible.

L'on n'avait guère laissé le loisir de la réflexion à

---

1. « Monsieur, le comité, actuellement assemblé, vient de recevoir les rôles de la *pièce d'Alexis* de M. de Voltaire ; mais il a l'honneur de vous observer que ce n'est rien sans la distribution qu'il vous prie de vouloir bien envoyer, afin que chaque personne puisse apprendre son rôle, et que l'on puisse faire passer cet ouvrage sous les yeux du public, et satisfaire en cela l'impatience qu'il doit avoir d'admirer et d'applaudir encore de nouvelles productions de ce grand homme. Nous vous prions de nous envoyer votre réponse avant que nous nous séparions. » Archives de la Comédie-Française. Registre concernant MM. les auteurs, 25 mai 1772 au 29 novembre 1780, p. 58, 59. Lettre du semainier à M. le marquis de Thibouville ; dimanche 11 janvier 1778.

Thibouville; mais il était douteux que cette réponse décisive qu'on lui demandait, il la pût donner, le lendemain, dans le sens du moins d'une solution satisfaisante.

Les préparatifs d'*Irène* se trouvant suspendus forcément par le procédé indigne et révoltant de M. Lekain pour son bienfaiteur, M. le marquis de Thibouville prie M. Préville de vouloir bien faire part à l'assemblée de ses propositions que voici. Il ne peut écrire à M. de Voltaire que demain mardi 13, jour du courrier. Il ne peut avoir réponse que le 25 ou le 27 : cela fait quinze jours de délai.

L'intention de M. de Voltaire ni de ses amis n'est point que la déférence de messieurs les comédiens pour lui leur occasionne aucun dérangement nuisible à leurs intérêts. Le délai de quinze jours dans cette saison peut être une perte pour eux; ils sont les maîtres de prononcer là-dessus et de prendre le parti qu'ils jugeront à propos, ou d'attendre la réponse de M. de Voltaire pour suivre aussitôt le premier projet sur sa pièce, ou de se mettre tout à l'heure à celle de M. Barthe, et de ne donner *Irène* qu'immédiatement après.

M. de Thibouville prie M. Préville d'avoir la bonté de lui envoyer Rouzeau avec un mot d'écrit, pour l'instruire de ce qui aura été décidé à l'assemblée, afin qu'il en fasse part à M. de Voltaire : il lui sera très-obligé [1].

Si nous avons reproduit ces deux billets c'est que l'un d'eux, tout au moins, souleva au sein du tripot une véritable tempête. Fort probablement, Lekain n'était pas présent à l'assemblée du dimanche. En revanche, il se trouvait à la réunion du lundi et placé des mieux pour ne rien perdre des jolies choses à son

1. Archives de la Comédie-Française. Registre concernant MM. les auteurs, 25 mai 1772 au 29 novembre 1780, p. 58 v° et 59. Billet de M. le marquis de Thibouville à la Comédie; du 12 janvier 1778.

adresse. La lettre fut ouverte et lue publiquement. L'on comprend sa fureur devant ce panégyrique peu tendre qui tenait beaucoup du réquisitoire. Il crut à un concert et s'emporta contre le lecteur fort innocent, pourtant. Les têtes s'échauffèrent, les gros mots s'en mêlèrent, le tumulte et le scandale furent au comble, les uns prenant parti pour lui, les autres ravis, au fond, de voir humilier un camarade despote, arrogant, comme ne manquent pas de l'être ceux que la fortune favorise [1].

Dans toute cette affaire, l'attitude de Voltaire sera aussi digne que circonspecte; il écrivait, le 19 janvier, à Lekain une lettre où il n'est question ni de récriminations ni de reproches. Il semble même ignorer les rapports plus que tendus de Thibouville avec le Roscius de la Comédie-Française, bien qu'il eût reçu le jour même les dépêches du marquis. Il parle de l'ouvrage en homme qui sent le péril, voire le ridicule de courir, à son âge, de pareilles aventures; et s'il l'a poussé au point où il en est, ce n'est que grâce aux encouragements et aux sages critiques d'amis qu'il respecte. « J'y travaillais nuit et jour malgré ma mauvaise santé, et j'espérais qu'à Pâques j'aurais pu, par ma docilité et ma déférence à leurs lumières, rendre la pièce moins indigne de vous. Je me flattais même que vous pourriez jouer le rôle de Léonce, qui n'est pas fatigant, et que vous auriez rendu très-imposant par vos talents sublimes. » Rien ne presse. La pièce

---

1. *Mémoires secrets pour servir à l'histoire de la République des lettres* (Londres, John Adamson), t. XI, p. 63, 64; 16 et 18 janvier 1778.

n'a même été communiquée à l'aréopage tragique que pour connaître son sentiment et s'édifier de ses conseils. Quant à la produire, il ne fallait pas y songer pour le présent. C'était à lui de la polir, d'en perfectionner la donnée, d'en châtier les détails, de façon à ce qu'elle pût être représentée pour Pâques, avec quelque chance d'être soufferte. L'auteur de *Tancrède* finissait par des assurances de tendresse et d'attachement faites pour inspirer quelques remords à cet ingrat qui aurait dû se souvenir de la bienveillance dont il avait été l'objet, à une époque où il était obscur, inconnu, et sans protecteur.

Les papiers publics disent que vous vous remariez. Je vous en fais mon compliment très-sincère. Je doute de ce mariage, puisque vous n'avez pas daigné m'en instruire.

Si la chose est vraie, je pense que la fatigue de vos noces ne vous mettrait pas dans l'incapacité de jouer l'ermite Léonce, qui n'a pas de ces passions qui ruinent la poitrine, et qui parle de la vertu d'une manière qui semble être dans votre goût. Si vous aviez donné ce rôle à un autre, je craindrais de m'y opposer, car je suis très-sûr que vous auriez bien choisi. J'ai toujours compté sur votre amitié depuis le jour où je vous ai connu. Le temps a fortifié tous les sentiments qui m'attachent à vous[1]... .

Il ne voulait à aucun prix se brouiller avec Lekain. Il espérait encore le faire revenir sur sa résolution, et semblait, en fin de compte, résigné à confier le rôle à celui qu'il désignerait à sa place. S'il eût pu prévoir les emportements de Thibouville, il l'eût supplié d'imiter sa longanimité. Faute de mieux, il écrit à d'Argental

1. Voltaire, *OEuvres complètes* (Beuchot), t. LXX, p. 424, 425, Lettre de Voltaire à Lekain ; Ferney, 19 janvier 1778.

pour empêcher leur ami commun de pousser plus loin les choses ¹, et, s'adressant directement au trop bouillant marquis :

> Vos deux lettres du 13 janvier, lui disait-il, me parvinrent hier dimanche, 19 janvier. Je reçus en même temps celle de l'homme en question, et je crois que mon devoir est de vous l'envoyer. Je vous la dépêche donc sous le couvert de M. d'Argental, et je vous répète ce que son oncle, M. de Fériol, ambassadeur à Constantinople, disait des Turcs : « Il n'y a d'honneur ni à gagner ni à perdre avec eux. »
>
> Je pense, en effet, monsieur le marquis, que vous ne devez, en aucune façon, vous compromettre... Oubliez, encore une fois, les ingrats, et ne vous ressouvenez que des cœurs reconnaissants. Madame Denis et M. de Villette sont tout aussi étonnés que moi, et ils sont persuadés qu'il faut tout oublier jusqu'à nouvel ordre ².

Dans sa lettre à Condorcet qu'on a lue plus haut, comme dans celle à d'Argental du 25 octobre, Voltaire indique clairement qu'il compte sur son *Irène* pour préparer, expliquer ou excuser ce voyage et ce séjour à Paris, auxquels il rêve depuis tant d'années. Ses

---

1. Voltaire, *Œuvres complètes* (Beuchot), t. LXX, p. 425, 426. Lettre de Voltaire à d'Argental; Ferney, 20 janvier 1778.

2. *Ibid.*, t. LXX, p. 427, 428. Lettre de Voltaire à Thibouville, même jour. Thibouville, conformément à ces instructions, adressait à la Comédie le billet qui suit, daté le 4 février, mais qu'elle ne recevait que le 7 : « M. de Voltaire mande par le courrier d'hier qu'ayant appris plusieurs critiques faites sur *Irène* depuis la lecture, il y veut faire des changemens. Que son âge et sa santé ne lui permettant plus de presser son travail, il prévoit que la pièce ne peut être prête avant Pâques. M. le marquis de Thibouville ne perd pas un moment pour en informer MM. les comédiens, afin qu'ils aient le temps de s'arranger pour le carême, et de ne compter sur la pièce de M. de Voltaire que pour la rentrée. » Archives de la Comédie-Française. Registre concernant MM. les auteurs, du 25 mai 1772 au 0 novembre 1780, p. 59.

aspirations vers cette capitale de toutes les intelligences, vers ce Paris incomparable dont il a été tenu à distance la meilleure partie de sa vie, nous les avons relevées à l'occasion, ainsi que l'opiniâtreté haineuse de Louis XV qui, sans volonté pour tout le reste, sut, dans ce seul cas, demeurer inflexible, en dépit de ses ministres, en dépit des prières de madame de Pompadour, en dépit des instances de madame du Barry qu'on avait gagnée, elle aussi, à sa cause. Mais il n'est plus, ce Louis le Bien-Aimé, si peu digne d'un tel surnom, si peu digne des louanges qu'on lui décochait de Ferney. L'avénement de Louis XVI, qu'on appellera *Sésostris* par une flatterie dont on attendait merveille, ne modifia guère la situation. Au fond, M. de Maurepas, ce Mentor si frivole sous ses cheveux blancs, ne se sentait qu'une médiocre tendresse pour l'auteur de *la Henriade;* et le jeune prince, d'une piété si réelle, ne pouvait éprouver, de son côté, que de la répulsion pour un écrivain irréligieux dont les dangereuses productions ne méritaient pas sa bienveillance. Mais Voltaire désirait trop de revoir le théâtre de ses premiers succès pour ne pas s'illusionner sur les intentions du nouveau souverain, dont on chantait universellement les vertus, et qui ne voudrait pas, à coup sûr, persécuter un vieillard auquel il ne restait peut-être pas six semaines à vivre. D'ailleurs, qu'avait-il à redouter? que pouvait-il craindre? l'avait-on chassé?

Rien ne m'empêcherait, écrivait-il à Chabanon, au commencement d'août 1775, de faire cette folie, si j'en avais envie.

Il n'y a jamais eu d'exclusion formelle. J'ai toujours conservé ma charge, avec le droit d'en faire les fonctions. Si je demandais permission, ce serait faire croire que je ne l'ai pas.

> Que les dieux ne m'ôtent rien,
> C'est tout ce que je leur demande.

Les dieux ne me prieront pas sans doute de venir dans leur Olympe, et je ne les prierai pas de m'y donner une place [1].

Plus de deux années s'étaient écoulées, sans qu'on eût jugé le moment venu de risquer le voyage. Cependant, on se mourait d'impatience non moins que de vieillesse, et la pensée d'une entreprise que l'âge et tout autant le peu de bonne volonté des puissances rendaient bien hasardeuse, était la pensée, la persécution de ses jours et de ses nuits. Ajoutons que, loin d'être combattues, ses espérances et ses impatiences étaient encouragées, surexcitées par madame Denis, qui avait assez de Ferney, qui rêvait de Paris, elle aussi, et appelait de tous ses vœux l'heure de s'éloigner une bonne fois de ce misérable pays de Gex, le bout du monde pour cette tête éventée, demeurée jeune par le caractère, si elle avait cessé de l'être, et depuis longtemps, à tous autres égards. Wagnière, qui ne l'aime point, lui fait assumer la responsabilité d'un voyage dont les résultats devaient être si funestes. C'était, du reste, un complot général de tous les amis du poëte; tandis que d'Argental et Thibouville mettaient tout en œuvre pour désobstruer la voie, Villette et Villevieille lui répétaient à tout instant que sa tragédie avait

---

[1]. Voltaire, OEuvres complètes (Beuchot), t. LXIX, p. 324. Lettre de Voltaire à Chabanon; 3 auguste 1775.

besoin de lui à Paris, et la défection de Lekain n'avait donné que plus de poids à cet argument de toutes les minutes.

Mais c'était prêcher un converti. Il écrivait, le 2 février, à M. de Vaines : « Vous me parlez de voyages : vous m'attendrissez, et vous faites tressaillir mon cœur... Mais j'ai bien peur de ne faire incessamment que le petit voyage de l'éternité, car je suis roué; et mon corps est en lambeaux pour avoir été ces jours passés à Syracuse et à Constantinople [1] : j'ai été si horriblement cahoté que je ne peux plus me remuer. » Entendez cela au figuré, car il fallait qu'il en fût tout autrement au physique pour que, deux jours après, sans plus de gêne, il montât, avec Wagnière et un cuisinier, dans la voiture qui le devait mener à Paris.

Ce fut un dur et triste moment pour la colonie. La douleur et la consternation étaient peintes sur tous les visages. Des pressentiments trop fondés serraient la poitrine de ces braves gens qui vinrent, en sanglotant, lui souhaiter un bon voyage et un prompt retour. Ce retour, il le leur promit. Dans six semaines au plus tard, il serait au milieu d'eux, pour ne plus les quitter. Était-il sincère? Wagnière l'assure, et nous le croyons. Il en eût été autrement, que le patriarche eût songé apparemment à mettre en ordre ses manuscrits et tous ses papiers; ce qu'il avait négligé de faire. Madame Denis et le ménage Villette étaient partis, l'avant-veille (3 février), en fourriers,

---

1. *Agathocle* et *Irène*.

pour disposer toutes choses à l'hôtel de la rue de Beaune, où Voltaire acceptait un logement. Et le père Adam ? On s'étonne et l'on regrette de ne pas le voir prendre place auprès du châtelain; le seigneur de Ferney ne se devait-il pas d'entrer dans Paris, son chapelain à ses côtés, pour protester, une fois de plus, contre ce vernis d'irréligion dont ses ennemis le noircissaient si odieusement, et, disons-le, si injustement? Mais le père Adam était tombé en disgrâce, et avait été congédié l'année précédente.

La faveur l'avait gâté comme elle en a gâté bien d'autres; elle l'avait rendu important, taquin, brouillon. Il était devenu d'une société insupportable et occasionnait des chiffonneries continuelles, tant avec les gens du dehors qu'avec les personnes de la maison. Nous l'avons vu, dans une circonstance, aux prises avec Bigex dont il occasionna le renvoi. Madame Denis, qui redoutait son influence, fort probablement, ne fut pas étrangère à cette révolution de palais. « Il quitta Ferney, en 1776, dit l'abbé Depery, n'emportant que la douleur d'y avoir passé plus de dix ans sans que ses paroles et ses exemples eussent produit aucun fruit dans le château de son hôte [1]. » Est-ce bien sérieux; et l'abbé Depery peut-il avoir ignoré quel homme et quel prêtre était le père Adam, si parfaitement abandonné et renié par ses anciens confrères des Jésuites de Dijon? le père Adam serait-il allé chez Voltaire, serait-il resté (non pas dix mais treize

---

1. L'abbé Depery, *Biographie des hommes célèbres du département de l'Ain* (Bourg, Bottier, 1835), t. I, p. 134.

années [1]) à Ferney, s'il eût été un ecclésiastique digne, un prêtre qui respectât sa robe ; et faut-il que l'esprit de corps s'étende jusque sur lui? Que devient alors l'autorité de l'historien, et comment s'en rapporter à son dire, lorsqu'il avancera des faits peu croyables et entendus de lui seul, ce qui sera le cas de l'abbé Depery, dans la suite? Le père Adam figurait dans les anciens testaments pour un legs sortable, qui disparut dans le dernier. Cependant, de temps à autre, l'auteur de *la Henriade* lui faisait passer dans sa retraite quelque argent, dont Wagnière avait conservé les reçus. Il pouvait vivre, en somme; il n'était point sans ressources et jouissait d'un revenu de huit cents livres [2].

La première couchée eut lieu à Nantua. A Bourg-en-Bresse, tandis qu'on changeait de chevaux, le poëte fut reconnu, son carrosse entouré, et il ne réussit à se dégager de cette foule enthousiaste qu'en se sauvant dans une chambre du rez-de-chaussée de la maison de poste où il s'enferma à clef. Le postillon amenait un assez méchant cheval qu'il se mettait en devoir d'atteler, lorsque le patron, un M. Bon, qui, en toute autre circonstance, n'y eût qu'applaudi, lui ordonna d'aller en chercher un plus honnête et plus digne de l'illustre voyageur. « Va bon train, ajouta-t-il avec un juron, crève mes chevaux, je m'en f..., tu mènes M. de Voltaire. » Ils couchèrent, la seconde nuit, à Sanecey et

---

1. Le père Adam venait s'établir à Ferney en 1763.
2. Longchamp et Wagnière, *Mémoires sur Voltaire* (Paris, André, 1826), t. I, p. 56, additions au *Commentaire historique*, et p. 401, Examen des *Mémoires de Bachaumont* (1776).

arrivèrent le troisième jour (7 juin) à Dijon, où le poëte avait à solliciter pour une demande en rescision d'outre moitié dans le prix d'une maison achetée au nom de madame Denis, et qui avait été démolie afin d'en englober l'emplacement dans les pourpris du château de Ferney. Il était descendu à l'hôtel de la *Croix-d'Or*[1]. Cette maison, qui porte le numéro 18 de la rue Guillaume, a conservé presque intégralement son antique physionomie. Elle est la moins élevée de toutes celles qui l'entourent; ses fenêtres sont étroites et irrégulières. A l'entrée, on remarque encore une porte à consoles, quinzième siècle, surmontée d'un écusson à trois têtes de bœuf. Le premier soin de Voltaire fut d'aller relancer son procureur, appelé Maurier, Arnoult son avocat, qui était également professeur à l'université de droit de Dijon, et son rapporteur Nicolas Quirot de Poligny. Après ces visites obligatoires, il rentra à son auberge où on le savait arrivé et devant laquelle la foule ne tarda pas à s'amasser.

Plusieurs personnes de la première distinction vinrent lui rendre visite. Des curieux fanatiques graissèrent la main des servantes de la *Croix-d'Or* pour laisser la porte de sa chambre ouverte. Mais ce n'est rien auprès des folies qu'on raconte. Quand l'auteur de *la Henriade* descendit pour souper dans la salle basse qui existe encore, de jeunes enthousiastes revêtirent le costume des garçons pour le servir à table à leur lieu et place, et se repaître ainsi de la vue du grand écrivain, qui, sans doute, n'en fut pas mieux servi.

---

1. Aujourd'hui auberge *Lavier*.

Dans la soirée, une sérénade lui était donnée sous les fenêtres de sa chambre à coucher ouvrant sur la rue de Mably[1]. Voltaire avait à Dijon un grand nombre d'amis et de relations, qu'il ne vit pas et auprès de qui il dut s'excuser, entre autres ce bon dormeur de Ruffey, avec lequel, à un précédent voyage, en novembre 1754, lui et sa nièce demeuraient toute la nuit à causer entre une ou deux bouteilles du meilleur cru bourguignon[2]. « Si en passant par Dijon j'avais été le maître d'un moment, écrivait-il à l'aimable président, le 20 février, je l'aurais employé à me mettre aux pieds de l'académie ; ce n'est pas en courant la poste que je dois la remercier de toutes ses bontés[3]. »

L'auteur de *Zaïre* poursuivait sa route dès le lendemain, et poussait jusqu'à Joigny, où il passait la nuit. On s'était arrangé pour arriver le même jour à Paris ; c'était compter sans l'essieu du carrosse, qui se rompit à une lieue et demie de Moret où l'on dépêcha en toute hâte un postillon. M. de Villette accourait, de son côté, opérer le sauvetage du poëte qu'il recueillait dans sa voiture et que cette aventure avait rendu un peu inquiet. Mieux valait encore aller plus lentement et ne point se briser les os. Aussi Wagnière eut-il mission de recommander aux postillons de se modérer : « Dites-

---

1. Mignard, *Voltaire et ses contemporains bourguignons* (Dijon, 1874), p. 137, 138.
2. Voir la cinquième série de ces études, *Voltaire aux Délices*, p. 58, 59.
3. Mêmes recommandations à Maret pour l'excuser auprès de l'Académie de Dijon. Mais il espère bien réparer ses torts à la mi-carême. *OEuvres complètes* (Beuchot), t. LXX, p. 448. Lettre au docteur Maret ; Paris, 20 février 1778.

leur qu'ils mènent un malheureux qui va se faire tailler à Paris [1]. » Nos voyageurs s'arrêtaient aux portes de la grande ville, le 10 février, vers les trois heures et demie du soir [2].

A la barrière, les commis demandèrent si nous n'avions rien contre les ordres du roi. *Ma foi, messieurs*, leur répondit M. de Voltaire, *je crois qu'il n'y a ici de contrebande que moi.* Je descendis de carrosse pour que l'employé eût plus de facilité à faire sa visite. L'un des gardes dit à son camarade : *C'est, pardieu ! M. de Voltaire.* Il tire par son habit le commis qui fouillait, et lui répète la même chose en me fixant ; je ne pus m'empêcher de rire. Alors tous, regardant avec le plus grand étonnement, mêlé de respect, prièrent M. *de Voltaire* de continuer son chemin [3].

Ce voyage s'était effectué, du reste, sous les meilleurs auspices, car, à cette époque, un accident de voiture n'était pas chose à laquelle on dût s'arrêter.

---

1. Depery, *Biographie des hommes célèbres du département de l'Ain* (Bourg, Bottier, 1835), t. I, p. 160.
2. Nous trouvons, dans une des nombreuses publications sous le manteau, cette anecdote assez étrange qu'on prétendait tenir de Voltaire lui-même. Cela se serait passé à un relais de poste, où le poëte avait mis pied à terre. « J'ai aperçu (c'est lui qui parle) à quelques pas un vieillard vénérable, à peu près de mon âge, et qui, assurément, étoit plus ingambe que moi. Je me suis approché de lui, et, l'examinant de plus près, j'ai cru le connoître, et je lui ai dit : « Monsieur, je vous demande bien pardon, mais vous ressemblez beaucoup à un enfant que j'ai vu il y a soixante-dix ans. Cet homme me demanda où et quand j'avois vu cet enfant ? Et quand je lui eus tout expliqué, il m'a dit : C'étoit moi. Et après m'être nommé à mon tour, nous nous sommes embrassés. » *L'Espion anglois* (Londres, John Adamson), t. VIII, p. 296. Cela est extraordinaire, à coup sûr, et l'on voudrait savoir quel était ce vieillard, dont après tout le nom fort probablement ne nous apprendrait rien.
3. Longchamp et Wagnière, *Mémoires sur Voltaire* (Paris, André, 1826), t. I, p. 121, 122. Voyage de Voltaire à Paris, 1778.

Plein de santé, soutenu, transporté par l'idée de rentrer dans ce Paris qu'il avait craint de ne plus voir, il s'était transformé, il avait vingt ans; il faisait des niches à l'honnête Wagnière, qu'il voulait griser pour qu'il sût ce que c'était une fois dans sa vie, lisant, raisonnant et déraisonnant, contant cent histoires à mourir de rire. Après une courte halte à l'hôtel de la rue de Beaune (hôtel qu'il avait habité jadis, avec son ami Thiériot, lors de sa grande intimité avec la présidente de Bernières), Voltaire allait d'un pied allègre rendre visite à l'ange gardien qui, depuis quelques années, avait échangé son domicile de la rue de la Sourdière contre une maison du quai d'Orsay[1]. D'Argental était absent; mais son vieil ami était à peine de retour dans l'appartement que M. de Villette avait laissé à sa disposition, que celui-ci apparaissait. On n'essayera point de rendre la douce, la vive émotion de ces deux vieillards, de ces deux camarades d'enfance, octogénaires tous les deux, et que leur méchante étoile avait tenus séparés, la meilleure portion de leur longue existence.

Après ce premier épanchement un peu confus, ils en vinrent à parler avec moins de désordre. D'Argental apprenait à l'auteur de *Mahomet* et de *Tancrède* qu'on avait enterré Lekain, mort l'avant-veille (8 février) d'une fièvre inflammatoire qui s'était déclarée à la suite

---

1. Cet hôtel de la rue de la Sourdière avait une entrée, la principale même, rue Saint-Roch, vis-à-vis de la rue d'Argenteuil. Ce fut en 1765 que d'Argental alla demeurer quai d'Orsay, non loin du bailli de Froulay, ambassadeur de Malte. *Almanach royal*, 1765, p. 134.

d'une représentation d'*Adélaïde Duguesclin*, dans laquelle il sembla se surpasser lui-même[1]. Il avait débuté à la Comédie-Française dans le rôle de Titus de la tragédie de *Brutus*; il se faisait applaudir pour la dernière fois dans une tragédie de Voltaire, coïncidence qui ne laissa pas d'être remarquée. Mais l'emportement de son jeu n'aurait pas été la vraie cause de cette maladie subite, foudroyante, que tout l'art de Tronchin fut impuissant à combattre; et il faudrait en rendre responsables les ardeurs d'un amour trop impétueux à un âge qui était loin d'être celui de la jeunesse[2]. A cette triste nouvelle, Voltaire ne put retenir un cri de douleur. Il oublia quelques légers griefs, grossis peut-être, devant un malheur qui était un deuil universel pour la scène française comme pour lui, et déplora cette perte irréparable avec une sensibilité qui n'était pas jouée. Mais la foule des amis et des importuns l'arrachait forcément à l'impression produite par le lugubre récit.

Il aurait à recevoir la ville et la cour. Paris et Versailles se préparaient à assiéger cet hôtel de la rue de Beaune, qui allait concentrer et absorber la curiosité et l'attention publiques. Le salon de M. de Villette et la chambre du poëte ne désemplirent plus, car quelque lassitude que dût causer une multitude sans cesse renaissante à un vieillard pour lequel le

---

1. La Harpe, *Correspondance littéraire* (Paris, Migneret, 1804), t. II, p. 202, 203.

2. Grimm, *Correspondance littéraire* (Paris, Furne), t. X, p. 487. Cette cause plus réelle eût été sa passion désordonnée pour une dame Benoît, qu'il était à la veille d'épouser. Lekain était dans sa cinquante-huitième année, étant né le 14 avril 1728.

repos aurait été le premier besoin, l'accès fut ouvert à tous, tous furent accueillis par le vieux solitaire du mont Jura avec une politesse, une courtoisie qui n'avaient rien de banal : il aura toujours un mot aimable et particulier pour chacun, et le visiteur, qui aura été reconnu, auquel on aura répondu par quelque allusion flatteuse à un passé dont le souvenir ne s'était pas effacé, se retirera enchanté. L'on était reçu par la marquise de Villette et madame Denis, qui se tenaient au salon. Un valet de chambre allait avertir M. de Voltaire. D'Argental et le mari de *belle et bonne* se chargeaient, l'un et l'autre, de présenter ceux que le philosophe ne connaissait point ; dans les intervalles, l'infatigable malade rentrait dans son cabinet et dictait à Wagnière des corrections pour sa tragédie d'*Irène*. Mais on pressent les inévitables conséquences d'une existence ainsi surmenée, au sortir de cette paix du corps et de l'esprit dont il jouissait naguère, autant que lui permettaient la sensibilité et l'impétuosité d'une organisation toute de nerfs. « M. de Voltaire, s'écrie Linguet, a quitté subitement ces bois de *Ferney* qu'il a chantés, ces maisons de *Ferney* qu'il a bâties, ce repos de *Ferney* dont il étoit si satisfait, pour la boue, le fracas et l'encens de *Paris*. Lui seul pourra dire, dans quelque temps, s'il a gagné à cet échange[1]. » Toute la journée du lendemain, il demeura dans sa robe de chambre et en bonnet de nuit, et reçut ainsi la moitié de Paris.

Je ne l'avais point vu depuis dix ans, nous dit La Harpe, et je ne l'ai trouvé ni changé ni vieilli. Lui-même nous a lu

1. Linguet, *Annales politiques, civiles et littéraires* (Londres, 1778), t. III, p. 387.

le cinquième acte de sa tragédie; il est encore tout plein de vie; son esprit, sa mémoire n'ont rien perdu. L'Académie lui a envoyé une députation composée de trois de ses membres : M. le prince de Beauvau, MM. de Saint-Lambert et Marmontel, pour le féliciter sur son retour [1]. Il est question de donner pour lui une séance publique extraordinaire, ce qui est jusqu'ici sans exemple; mais il est bien fait pour être une exception en tout. On ne sait pas encore quelle espèce de triomphe on lui décernera; pour moi, je voudrais qu'il fût couronné sur le théâtre. Peut-on accumuler trop d'honneurs et de jouissances sur les derniers jours d'un grand homme qui a tant de fois charmé la nation [2]?

Tronchin, lui-même, est émerveillé de l'élasticité, des puissantes ressources de cette organisation qui semble avoir à peine le souffle :

Votre vieux voisin, écrivait-il le 15 février (probablement à Tronchin des Délices), fait ici une très-grande sensation. S'il y résiste, il faut que son corps soit d'acier. Il m'a écrit un billet doux en arrivant; il n'a, dit-il, pour le moral et le physique, de confiance qu'en moi. Je l'ai trouvé toujours le même, toujours ayant peur de son ombre, ne se croyant pas en sûreté. Il ira demain à *Héraclius*; on lui réserve quelques folies : vous les saurez [3].

1. Jeudi, 12 février 1778. Les trois députés partirent à la fin de la séance, accompagnés de presque tous ceux qui étaient présents à l'Assemblée, dit le procès-verbal. A la séance du 14, le prince de Beauvau dit que M. de Voltaire avait reçu avec la plus vive reconnaissance la députation de l'Assemblée, et qu'il avait prié MM. les députés et tous les académiciens présents d'assurer la compagnie de tous les sentiments dont il était pénétré pour elle, et dont il aurait l'honneur de venir l'assurer lui-même, dès que sa santé lui permettrait de s'acquitter de ce devoir. Secrétariat de l'Institut, Registre de l'Académie française, 1745-1793.

2. La Harpe, *Correspondance littéraire* (Paris, Migneret, 1804), t. II, p. 204.

3. Courtat, *Défense de Voltaire contre ses amis et ses ennemis* (Paris, Laîné, 1872), p. 48. Extraits des manuscrits de Tronchin.

Dans une lettre à Bonnet, Tronchin disait deux jours après, en parlant de son malade : « Il avait imaginé que je ne voudrais pas le voir, et cette imagination le tourmentait. Au débotté il m'a écrit. » Cette « imagination » n'était pas sans quelque fondement. Les circonstances, si l'on veut des torts, avaient mis fin, entre les deux amis, à des relations qu'interrompait d'ailleurs le départ du docteur. Dans le courant d'août 1777, madame Denis avait été prise assez violemment : Voltaire suppose que c'était la suite et le renouvellement d'un catarrhe dont elle avait été attaquée dix-huit mois auparavant. Celle-ci s'adresse à Tronchin, avec l'intention d'aller à Paris se faire soigner ; mais les mauvais temps la forçaient à ajourner tout au moins son projet. Le docteur lui repondit par une lettre aimable où il était fait allusion au changement qui s'était opéré dans les sentiments de son oncle. Et Voltaire de prendre la plume aussitôt pour se défendre d'une accusation si peu méritée. « J'ai vu, monsieur, une lettre charmante entre les mains de madame Denis ; celui qui l'a écrite ne s'est trompé que dans un seul point : il ignore que je suis incapable de cesser un moment d'être attaché du fond du cœur à un grand homme. » La lettre de Tronchin, en réponse à celle de Voltaire, ne laisse pas d'être pointue, sous sa politesse. L'auteur de *Zaïre* l'a traité de « grand homme » et il s'empresse de répudier ce titre, qui n'est pas celui auquel il vise.

... Mon ambition, depuis bien des années, se borne à être un bonhomme et à mériter par ma bonhomie l'attachement de mes amis, auxquels je suis très-fidèle et qui me l'ont été aussi. Votre silence de dix ans et quelques traits par-ci par-là m'ont fait craindre que vous ne fussiez plus mon ami. N'ayant rien à me reprocher, j'ai vu que la règle de la bonhomie avait aussi ses exceptions, mais qu'il ne fallait pas y renoncer parce que la règle était bonne; l'amitié constante de madame Denis m'en est une preuve très-chère. Si les circonstances lui eussent permis de faire un petit voyage à Paris, mon empressement à la convaincre du retour que je lui donne l'aurait satisfaite, et moi aussi. Daignez, monsieur, l'en assurer... Dix ans de séjour ici ne m'ont pas changé; je suis toujours le même. Je vous prie d'en être persuadé[1]...

Ces reproches manquent assurément de cordialité, l'amertume qui s'y mêle n'est pas le résultat d'un reste d'attachement, et l'on comprend que Voltaire craignît qu'il refusât de le voir. C'était offenser le médecin. Quant à l'ami, nous verrons qu'il n'existait guère; et au chevet de l'illustre malade, selon sa pente, du reste, il ne fera que de la physiologie, assistant en indifférent à une fin qui l'épouvantera sans l'émouvoir. Mais disons que les dégoûts ne lui manqueront point, et qu'il sut se mettre au-dessus des picoteries par beaucoup de tact, de longanimité et de dignité.

Nous avons fait allusion à la curiosité féroce, à l'affluence de tout ce monde. Mais c'était un devoir dont n'eussent pu se dispenser l'écrivain, l'artiste le plus considérable; et Gluck tout le premier, cette nature si

---

1. Voltaire, *Lettres inédites* (Paris, Didier, 1857), t. II, p. 537, 538. Lettre de Tronchin à Voltaire. Elle n'est pas datée; mais la lettre de Voltaire à laquelle elle répond est du 7 septembre 1777. Son début, assez entortillé et énigmatique : « La rose de la réputation a tant d'épines, monsieur... » ferait croire que cela a trait à une autre épître qui ne s'est pas retrouvée.

entière, si convaincue de la supériorité de son génie, ne se croira pas en droit de s'éloigner sans être venu s'incliner, comme le plus humble, devant le patriarche de Ferney. Il lui est présenté. « J'ai différé mon départ pour Vienne de vingt-quatre heures, dit le chantre d'*Orphée*, afin d'avoir l'honneur et le bonheur de vous voir. — Quand partez-vous? lui demande Voltaire. — Demain. — Vous allez voir un bien grand empereur, vous êtes bien heureux [1]. » Cet empressement inouï, cette popularité bruyante, nous allions dire insolente, cet engouement auquel rien ne saurait être comparé (car la présence de Voltaire à Paris avait éloigné toute autre préoccupation, bruits de guerre, intrigues de robe, tracasseries de cour, même cette fameuse querelle des gluckistes et des piccinistes), ce retour imprévu, éclatant comme un tonnerre, s'ils avaient irrité le clergé, pour lequel ils étaient une humiliation et un défi, n'avaient pas moins agacé en haut lieu. Le roi, qui éprouvait, comme son aïeul, une véritable répulsion pour cet écrivain audacieux, et pensait avec tout le monde qu'il avait existé un ordre formel d'exil, voulut savoir ce qu'il en était, et jusqu'à quel point l'auteur de *la Henriade* était autorisé à rompre son ban. Les dévots, de leur côté, croyant à des défenses, firent compulser les registres de la police, ceux du département de Paris et des affaires étrangères, espérant ren-

---

1. *Journal de Paris* 1778 (vendredi 13 février), n° 44, p. 175. *La Correspondance secrète*, à la date du 16 (t. VI, p. 32, 33), raconte que, deux heures après la visite de l'Orphée allemand, Piccini ayant été annoncé, Voltaire avait dit : « Ah! ah! il vient après Gluck, cela est juste. »

contrer quelque témoignage dont ils eussent tiré bon parti. Il fut constaté qu'il n'y avait jamais eu d'ordre par écrit. La longue absence du patriarche ne devait être attribuée qu'à son inquiétude naturelle et à des insinuations verbales de demeurer, quand il songea à revenir; car nous savons, nous autres, que, s'il n'y eut point d'exil, il y eut une volonté formelle, tenace, que ne purent fléchir ni favorites, ni ministres, et tant que vécut Louis XV, Voltaire n'ignora point que l'entrée du royaume lui était interdite.

On s'imaginerait difficilement l'espèce d'effroi que causa, dans les esprits timorés, la présence de cet écrivain déchaîné, qu'ils considéraient comme l'Anté-Christ. Leurs cris de détresse retentirent jusqu'à Versailles. Le marquis de Jaucourt, deux jours après l'arrivée de l'oncle, venait en toute hâte prévenir madame Denis, qui ne put cacher au principal intéressé ce je ne sais quoi de menaçant qu'il fallait conjurer. Madame Jules de Polignac, l'intime amie de la reine, fut pressentie; Voltaire s'empressa d'implorer la protection de la bienveillante jeune femme, qui ne se contenta point de le calmer par le billet le plus obligeant, et vint elle-même lui apporter des paroles rassurantes [1].

Un peu tranquillisé dès lors, il se remit au travail, retranchant, ajoutant, corrigeant, limant, n'ayant d'autre pensée que la représentation prochaine de son *Irène*. Il recevait, le samedi 14, une députation de la

---

1. Longchamp et Wagnière, *Mémoires sur Voltaire* (Paris, André, 1826), t. I, p. 123. Voyage de Voltaire à Paris, 1778. — Grimm, *Correspondance littéraire* (Paris, Furne), t. IX, p. 493; février 1778.

Comédie, en tête de laquelle figurait Bellecour et madame Vestris. Le premier lui adressa un morceau d'éloquence quelque peu emphatique auquel il répondit sur le même ton. « Je ne puis plus vivre désormais que pour vous et par vous, » s'était écrié le poëte ; et, se tournant vers madame Vestris : « Madame, j'ai travaillé pour vous cette nuit comme un jeune homme de vingt ans. » La harangue du comédien, qui aurait pu gagner à être moins déclamatoire et débitée avec plus de simplicité, n'en produisit que plus d'effet sur l'assistance, à laquelle, assure-t-on, elle arracha presque des larmes. Quelqu'un en fit l'observation quand ils furent partis. « Oui, répliqua Voltaire en riant, nous avons fort bien joué la comédie l'un et l'autre. »

Toute la journée, les visites se succédèrent sans interruption. Il fut d'un entrain merveilleux, effleurant tous les sujets comme en se jouant. La politique était à la mode, de graves questions s'agitaient, c'était un élément de plus pour les discoureurs de café et les stratégistes de l'arbre de Cracovie. Le patriarche, qui n'était pas fâché qu'on crût que ses relations avec le roi de Prusse n'avaient jamais été ni plus fréquentes ni meilleures, exhiba une lettre du prince, datée du 25 janvier, où celui-ci lui parlait de tout, de Newton, de Descartes, de Delisle de Salles et du duc de Wurtemberg, ce débiteur récalcitrant, dont Voltaire avait toutes les peines du monde à se faire payer, mais qui, cependant, venait tout récemment de donner quelques à-comptes à son créancier. « Voici la première fois, lui disait Frédéric au sujet de ce prince, que mon soi-disant élève se conduit bien ;

c'est une belle chose de payer quand on doit, une plus belle chose encore est de ne point usurper ce qui ne vous appartient pas [1]. » Après avoir lu ce passage édifiant aux personnes qui l'entouraient, Voltaire ajoutait, en guise de commentaire : « Cependant il veut s'emparer de quelque partie de la succession de l'électeur de Bavière [2], mais sans doute il est fondé en justice. Quant à l'empereur, il faut qu'un grand prince comme lui occupe plus de terrain, et marche par une voie large et spacieuse, convenable à sa dignité [3]. » Tout cela n'était que persiflage. L'un des assistants, soit qu'il fut sincère, soit qu'il voulût par cette petite ruse forcer l'auteur de *la Henriade* à dire sa pensée, sembla trouver la prétention de l'empereur toute naturelle. Ne s'agissait-il pas d'un simple passage, et le moyen de le refuser ? « Sa Majesté impériale, dites-vous, ne demande qu'un passage ? répartit Voltaire. A la bonne heure ; mais pardieu ! un chemin de trente lieues de large, c'est un peu trop [4]. » Il serait ici déplacé d'entrer dans les détails d'une situation menaçante, qui pouvait mettre à nouveau l'Europe en feu et fit passer plus d'une nuit blanche à Marie-Thérèse, comme on en peut juger par sa correspondance éplorée avec la

---

1. Voltaire, *OEuvres complètes* (Beuchot), t. LXX, p. 436. Lettre du roi de Prusse à Voltaire ; 25 janvier 1778. La citation est exacte, et trop exacte pour avoir été retenue à la simple lecture.

2. L'électeur Maximilien, mort le 30 décembre 1777.

3. *Mémoires secrets pour servir à l'histoire de la République des lettres* (Londres, John Adamson), t. XI, p. 104 ; 16 février 1778.

4. Longchamp et Wagnière, *Mémoires sur Voltaire* (Paris, André, 1826), t. I, p. 429. Examen des *Mémoires de Bachaumont*, 1778.

jeune reine [1]. Ces grands intérêts nous sont étrangers, et nous n'y faisons allusion que pour éclairer la réplique du poëte, qui d'ailleurs n'a d'autre consistance qu'un propos de salon.

Il avait promis aux comédiens d'assister à leur représentation du lundi. Ceux-ci devaient jouer *Héraclius*. Pourquoi *Héraclius*, quand ils pouvaient donner *Cinna*, celle des tragédies de Corneille que l'auteur de *Zaïre* considérait, en dépit des réserves, comme le chef-d'œuvre du père de notre théâtre? L'observation était judicieuse, et le changement fut consenti de la meilleure grâce ; mais ç'allait être en pure perte. Le dimanche, Voltaire éprouva de violentes douleurs de vessie; Tronchin, appelé, défendit toute sortie et exigea le repos le plus absolu. Cette première prescription devait être mieux observée que la dernière. Le mécompte du public, qui s'était porté en foule au théâtre, eut pour effet d'exalter la curiosité au delà de toute expression. « C'est, disent les nouvelles à la main, cette incertitude de voir le philosophe ailleurs que chez lui qui rend le concours encore plus grand ; ceux même qui ne le connaissent pas, et n'ont aucun prétexte de s'y présenter d'eux-mêmes, s'y font présenter par d'autres : d'ailleurs on va là, à peu près comme à l'audience des ministres : lui parle qui veut, et bien des gens se contentent de l'entendre et de le contempler [2]. » Il y a quelque exagé-

1. Arneth, *Maria-Theresia und Marie-Antoinette* (Wien, 1865), p. 216 et suivantes.
2. *Mémoires secrets pour servir à l'histoire de la République des lettres* (Londres, John Adamson), t. XI, p. 105 ; 17 février 1778.

ration à cela, et, si l'hôtel du quai des Théatins ne désemplissait pas, on n'introduisait auprès du patriarche que ceux qui pouvaient avoir quelque droit à cette faveur, soit par d'anciennes relations, soit par l'importance du nom, du rang, ou l'éclat du mérite personnel. Cette journée fera date à cet égard.

Parmi les visiteurs privilégiés, nous citerons madame Necker, qui, s'il faut en croire Wagnière, ne se décida à cette démarche qu'après un long combat. « Elle avait été très-étonnée et très-fâchée du mariage de mademoiselle *de Varicourt* avec M. *de Villette.* Elle s'intéressait à cette famille avec laquelle elle avait vécu à Crassier étant enfant. Plusieurs personnes considérables de Paris avaient aussi une très-grande répugnance de venir voir M. *de Voltaire* dans la maison de M. *de Villette* [1]. » L'honnête Wagnière, qui n'aimait guère plus M. de Villette que madame Denis, ne laisse pas échapper une occasion de leur lancer son trait. S'il n'invente point, on est sûr qu'il n'atténue rien, et le plaisir qu'il prend à ces petites médisances n'est que trop manifeste. Nous avons dit la détestable réputation du marquis, réputation qu'un jour ne suffit pas pour effacer; la présence de *belle et bonne* devait sans doute purifier le sanctuaire, mais on comprend que ceux qui l'avaient connue et aimée enfant, éprouvassent quelque chagrin de la savoir en aussi mauvaises mains. Madame Necker ne dut pas regretter, toutefois, un effort qui lui avait coûté, et en fut dédommagée par l'accueil le plus charmant. C'est

---

1. Longchamp et Wagnière, *Mémoires sur Voltaire* (Paris, André, 1826), t. I, p. 431. Examen des *Mémoires de Bachaumont.*

dans son salon qu'avait été conçu et exécuté le projet de souscription pour la statue de Pigalle, et Voltaire ne pouvait l'avoir oublié. Il ne devait pas oublier davantage (car il songeait à tout) qu'il avait devant les yeux la femme du directeur général des finances.

On annonce le docteur Franklin, suivi de son petit-fils. M. de Voltaire lui tend les bras, et répond en anglais aux premiers compliments du grand citoyen. Madame Denis, qui assistait à l'entrevue avec quelques autres personnes fit observer à son oncle qu'on aurait été bien aise de les entendre et le pria de s'exprimer en français, ce qui était d'autant plus réalisable que le docteur parlait et écrivait fort bien notre langue. « Je vous demande pardon, répliqua-t-il avec cette grâce parfaite qu'il savait mettre dans le moindre compliment, j'ai cédé un moment à la vanité de parler la même langue que M. Franklin. » Les deux vieillards s'embrassèrent en pleurant. Francklin présenta alors son petit-fils à l'auteur de *la Henriade*, et lui demanda sa bénédiction pour l'enfant, qui se mit à genoux. Le patriarche étendant ses mains sur ce front de quinze ans, lui dit : « Dieu et la liberté, *God and liberty* », et le serra sur son cœur. Wagnière et les Nouvelles à la main ajoutent le mot de « tolérance », bien naturel et bien vraisemblable dans une telle bouche[1]; mais Voltaire qui fait allusion à cette remarquable entrevue, ne le joint pas aux autres. « Il a voulu que je donnasse ma bénédiction à son petit-fils.

---

1. Longchamp et Wagnière, *Mémoires sur Voltaire* (Paris, André, 1826), t. I, p. 126. — La Harpe, *Correspondance littéraire* (Paris, Migneret, 1804), t. II, p. 210, 211.

Je la lui ai donnée, en disant *Dieu et la liberté!* en présence de vingt personnes qui étaient dans ma chambre [1]. » Cette scène étrange, qui n'était ni indécente, ni puérile, ni basse, ni d'une impiété dérisoire [2], n'émotionna pas seulement les deux acteurs principaux, et leur attendrissement se communiqua à ceux qui étaient présents.

Le même jour, l'ambassadeur d'Angleterre (lord Stormont) venait rendre ses hommages à l'auteur des *Lettres sur les Anglais*, sans lui garder rancune de sa diatribe contre Shakespeare, à la lecture de laquelle il avait pourtant assisté, se contentant de sourire avec l'assemblée aux saillies parfois un peu vertes de l'auteur de *Zaïre*. Le claveciniste Balbâtre s'était présenté et devait, lui aussi, se retirer enchanté. Tout peu musicien qu'il fût, l'oncle de madame Denis sembla attacher un prix infini à entendre une pièce de clavecin du virtuose, qui put se flatter d'avoir endormi pour quelques instants ses souffrances, tant il paraissait sous le charme de cette musique et de cette exécution magistrale.

Mais cette journée l'avait épuisé. Tronchin lui trouva les jambes enflées et le fit coucher; il en avait assez vu pour ne pas se faire trop d'illusions sur la docilité de son malade et sur le peu de mesure d'un entourage qui, ravi de l'entendre, de le produire, de se faire honneur

---

1. Voltaire, *OEuvres complètes* (Beuchot), t. LXX, p. 455. Lettre de Voltaire au marquis de Florian; Paris, 15 mars 1778.

2. *Mémoires secrets pour servir à l'histoire de la République des lettres* (Londres, John Adamson), t. XI, p. 112, 113; 22 février 1778.

du patriarche, ne semblait pas soupçonner les inévitables conséquences d'un tel régime. Le docteur génevois, voulant tout au moins sauvegarder sa propre responsabilité, prenait un parti assurément étrange et qui surprit tous ceux qui n'avaient pas le secret de l'opposition et de la sourde malveillance qu'il rencontrait à l'hôtel du quai des Théatins ; c'était d'insérer dans le *Journal de Paris* le billet qui suit, à l'adresse du public parisien autant et plus qu'à celle de M. de Villette :

> J'aurais fort désiré de dire de bouche à M. le marquis de Villette que M. de Voltaire vit, depuis qu'il est à Paris, sur le capital de ses forces, et que tous ses vrais amis doivent souhaiter qu'il n'y vive que de sa rente. Au ton dont les choses vont, les forces, dans peu, seront épuisées ; et nous serons témoins, si nous ne sommes pas complices, de la mort de M. de Voltaire [1].

Ce billet, sans doute écrit la veille et peut-être même l'avant-veille, paraissait dans le *Journal de Paris* du 20 février, et, dès le 19, Voltaire avait repris sa vie et son train accoutumés. Une amélioration sensible, s'était manifestée dans l'état de l'extraordinaire malade, ses jambes s'étaient désenflées, le moral s'était relevé en même temps que le physique : il ne s'était jamais mieux porté. Sa première pensée comme son premier soin fut pour cette

---

1. *Journal de Paris*, du vendredi 20 février 1778, p. 204. A entendre Wagnière, ce langage du médecin était concerté avec le malade, comme un prétexte plausible de procurer à ce dernier quelque repos. Longchamp et Wagnière, *Mémoires sur Voltaire* (Paris, André, 1826), t. I, p. 431. Examen des *Mémoires de Bachaumont* (1778).

Irène, qui lui tenait tant à cœur, et dont les rôles étaient à distribuer, tâche délicate et qui ne devait pas s'accomplir sans tiraillements, comme on va voir. Le maréchal de Richelieu vint pour traiter cette grande et délicate question. « C'était un spectacle curieux, nous dit le gazetier anonyme, d'observer ces deux vieillards et de les entendre. Ils sont du même âge à peu près; le duc est un peu plus jeune; mais malgré sa toilette et sa décoration, il avait l'air plus cassé que M. *de Voltaire*, en bonnet de nuit et en robe de chambre [1]. » Il fut convenu entre eux que le poëte se transporterait, le dimanche, à la comédie, et assisterait à un premier essai de répétition, le manuscrit à la main, pour se fixer sur la valeur de chacun. D'ici là le champ demeurait libre aux petites menées des intéressés, et l'intrigue ne manquerait pas de faire agir ses influences pour supplanter et déposséder un rival. Mais c'est là l'éternelle histoire des coulisses. Voltaire écrivait à d'Argental :

Monsieur le maréchal de Richelieu sort de chez moi; il est touché des larmes de M. Molé; il m'a assuré que madame Molé[2] n'était pas absolument détestable. Il a tant fait, que

1. *Mémoires secrets pour servir à l'histoire de la République des lettres* (Londres, John Adamson), t. XI, p. 113; 22 février 1778. Richelieu était né le 16 mars 1696; il avait, par conséquent, environ deux ans de moins que le poëte son ami.

2. Mademoiselle d'Epinay, que Molé, veuf d'un premier mariage, épousait à la fin de 1768. Ce mariage ne se fit pas tout seul. Pour se marier, il fallait que le comédien renonçât au théâtre. La cérémonie faite, le premier gentilhomme de la chambre envoyait à l'acteur un ordre de rentrée, et il va sans dire que celui-ci ne se le faisait pas répéter. Précisément un an avant les projets matrimoniaux de Molé, l'archevêque de Paris avait décidé qu'il ne donnerait

j'ai été obligé d'envoyer le rôle de Zoé à madame Molé. On m'assure qu'on peut donner encore ce rôle à une autre; que le rôle de Zoé, au cinquième acte, est de la plus grande importance; que le tableau qu'elle fait de l'état d'Irène est un morceau principal qui exige une grande actrice, et que ce serait une chose essentielle d'obtenir de mademoiselle Sainval qu'elle daignât le jouer, comme mademoiselle Clairon débita le récit de Mérope; et que M. Molé ne devrait point s'y opposer, puisque Zoé n'est point une simple confidente, mais une princesse favorite de l'impératrice; et que c'est, en effet, madame Molé qui ôterait le rôle à mademoiselle Sainval [1].

Toutes ces taquineries inséparables du théâtre et dont, pendant vingt-huit ans, d'Argental, l'abbé de Chauvelin, Thibouville lui avaient sauvé les ennuis, allaient l'assaillir comme si ce n'eût pas été assez déjà, à quatre-vingt-quatre ans, d'accoucher d'une tragédie, sans avoir encore à s'interposer entre les jalousies, les ambitions, les mesquines passions de ce fantasque empire. On voit ce qui le préoccupe : à ses yeux, tout le mérite de madame Molé gît dans

---

plus de permissions, à moins d'une déclaration signée des quatre premiers gentilshommes de la chambre, où ils s'engageraient à ne plus exiger que l'artiste remontât sur les planches. Cet arrêt condamnait nos deux amants à n'être qu'amants toute leur vie. On trouva le moyen, pourtant, dans un moment de presse, de glisser sur la table du prélat une permission de mariage à signer avec nombre d'autres, et la fraude eut une pleine réussite. Les deux prétendants, munis de l'autorisation, coururent la porter au vicaire de la paroisse, qui ne fit pas difficulté de les bénir. L'archevêque se fâcha, interdit le prêtre pour un temps; mais la bénédiction nuptiale était donnée, le mariage consacré et légitime.

1. Voltaire, *OEuvres complètes* (Beuchot), t. LXX, p. 445. Lettre de Voltaire à d'Argental; à Paris, 19 février 1778. Dès le 28 novembre, l'on voit Voltaire répondre à Thibouville, qui la lui avait indiquée, et déclarer modestement le rôle indigne d'elle.

la protection du maréchal. C'est mademoiselle Sainval qu'il désirerait, à laquelle revient le rôle, et qui le dirait comme il doit être dit. Il y a eu à la Comédie-Française deux actrices de ce nom, les deux sœurs : l'aînée, fort laide, mais actrice d'intelligence et d'entrailles ; la cadette, celle dont il est question ici, petite, d'une physionomie aimable, sans être belle ni jolie, avec de belles mains, de beaux bras qu'elle savait remuer, une voix bien timbrée et touchante. Elle s'était essayée sur le théâtre de Copenhague et, en dernier lieu, à Grenoble ; mais ce n'était pas assez pour forcer les portes de notre première scène, et en sollicitant un ordre de début, elle ne songeait qu'à s'en faire un titre aux yeux des directeurs de province. Ce qui rendit plus facile à son égard fut le peu d'inquiétude qu'elle inspira à mademoiselle Dubois et à madame Vestris, qui, plus tard, aura avec elle de si terribles démêlés. Aux répétitions, elle gasconna si prodigieusement son rôle d'*Alzire*, que l'on ne douta point qu'elle ne fût sifflée outrageusement. A la représentation l'accent avait disparu ; elle joua d'une façon remarquable et obtint un succès aussi complet qu'inattendu (27 mai 1772)[1]. Mais, tout en sachant cela, Voltaire ne voudrait, pour tout au monde, mécontenter Richelieu, qui n'avait pas caché ses préférences ; et, effrayé des tempêtes qu'il prévoyait, il semblait avoir pris son parti.

Le vieux malade, écrivait-il à Molé, ne s'est point mêlé de donner des rôles à des personnes dont il ne peut connaître

Grimm, *Correspondance littéraire* (Paris, Furne), t. VIII, p. 19, 20, 21 ; juillet 1772.

les talents. Il s'en est rapporté à d'autres. Il serait très-fâché de faire la moindre peine à M. Molé, à qui il ne cherche qu'à plaire. Il vient de renvoyer le rôle de Zoé à madame son épouse qu'on lui avait dit être malade. Il s'en rapporte d'ailleurs entièrement aux ordres et au goût de monseigneur le maréchal de Richelieu.

Qui ne croirait tout décidé; et qu'en dépit des préventions qu'on lui a données contre madame Molé, ce sera elle qui jouera le rôle? Le maréchal pensait l'affaire conclue et ne fut pas médiocrement étonné, en trouvant, le soir, un mot du poëte, qui ne s'est pas retrouvé, mais que l'on devine suffisamment par ce billet du vieux duc au comédien.

Je viens, en rentrant chez moy, mon cher Molet, de recevoir la lettre cy-jointe que M. de Voltaire m'a écrite; elle pourra vous surprendre après ce qu'il vous a écrit dans l'après-dîner : mais je ne puis vous dire autre chose dans le moment et vous souhaitte le bonsoir. Demain, si vous voulez me venir voir vous-même, vous en saurés peut-être davantage et moy aussi [1].

Que s'était-il donc passé, dans la soirée? Voltaire, qui ne pouvait se faire à l'idée de laisser le rôle à madame Molé, et qui, par contre, désirait fort de le voir entre les mains de mademoiselle Sainval, avait mis ses estafiers en campagne. Mais devine-t-on qui il dépêche à cette dernière? Mademoiselle Arnould, cette Sophie Arnould, dont les frasques et les bons mots sont devenus presque de l'histoire. Le patriarche de Ferney, à dix heures et demie du soir, ajoutait ce *post-*

---

[1]. Henri Beaune, *Voltaire au collége* (Paris, Amyot, 1867), p. 131. Lettre du maréchal de Richelieu à Molé; ce jeudi soir (19 février).

scriptum à sa lettre à d'Argental. « Mademoiselle Arnould revient de chez mademoiselle Sainval la cadette, qui lui a promis de jouer Zoé. Il ne s'agit plus que d'obtenir de M. Molé de convertir sa femme, à laquelle on promet un rôle fait pour elle dans *le Droit du Seigneur* qui est entièrement changé, et qu'on pourrait jouer à la suite d'*Irène*, si cette *Irène* avait un peu de succès. » Voltaire voulait plus que désarmer, il voulait persuader, car il tenait à ne se brouiller avec personne. Il y parvint, grâce sans doute à cette perspective d'un rôle plus développé et plus avantageux. Cela se passait le 19 : le lendemain, tout était arrangé, et arrangé pour le mieux, comme cela résulte de ce dernier billet à madame Molé.

Le vieux malade de Ferney n'a point de terme pour exprimer la reconnaissance qu'il doit à l'amitié que M. Molé veut bien lui témoigner, et aux extrêmes bontés de madame Molé. Elle lui sacrifie ce qui n'était pas digne d'elle et ce qu'elle embellira quand elle daignera le reprendre; il est pénétré de ce qu'il doit à sa complaisance, il espère l'être de ses talents quand il aura le plaisir de l'entendre. Il lui présente ses respectueux remerciements [1].

Cela n'est-il pas de la comédie pure, et ne peint-il pas, une fois de plus, cet esprit souple et retors, toujours plus fort que l'obstacle, ne regardant pas trop aux moyens et, surtout, déclinant avec une parfaite désinvolture la responsabilité maussade d'actes dont il ne laisse pas de recueillir les profits ?

1. Henri Beaune, *Voltaire au collège* (Paris, Amyot, 1867), p. 133. Lettre de Voltaire à madame Molé; à Paris, 20 février 1778.

V

AFFLUENCE DES VISITEURS. — L'ABBÉ GAULTIER. — RÉTRACTATION DU POÈTE. — LES COMÉDIENS. — IRÈNE.

Durant ces allées et venues, cette négociation épineuse, l'auteur d'*Irène* ne perd pas une minute et travaille avec cet acharnement qui le tuera, en fin de compte, ne laissant pas même à son secrétaire le loisir de s'habiller [1]. Il devait faire toutefois infidélité à son impératrice d'Orient, en faveur d'une belle dame qu'il ne connaissait encore qu'en peinture, bien qu'ils eussent été un moment l'un et l'autre sur le pied de la galanterie la plus précieuse. Il s'agit de madame du Barry, qui lui avait fait manifester le désir de le voir. Cette entrevue, très-réelle, comme toujours, ne parvenait au public que travestie de la façon la plus ridicule. A en croire les gazettes à la main, la comtesse se serait présentée sans se faire préalablement annoncer, et l'on aurait eu toutes les peines du monde à obtenir du vieux malade qu'il consentît à paraître devant cette reine de France en retrait d'emploi, sans toilette, dans un déshabillé qui n'était pas de nature à

---

1. Longchamp et Wagnière, *Mémoires sur Voltaire* (Paris, André, 1826), t. I, p. 433. Examen des *Mémoires de Bachaumont*, 1778.

dissimuler les ravages de l'âge. « Cela est faux, s'écrie Wagnière; madame du Barri lui avait fait écrire, et l'on m'avait écrit aussi pour lui demander la permission de venir le voir; ainsi il l'attendait, et son amour-propre ne fut nullement blessé en cette occasion. » Wagnière a bien fait de relever cette sottise; mais on lui aurait su un tout autre gré de nous apprendre sur quoi roula l'entretien, et ce que purent se dire ces deux coquettes d'un genre si différent.

Le Brun-Pindare n'a pas voulu nous laisser, pour ce qui le concerne, cette sorte de regret, et il nous donne, fort au long même, le récit de son entrevue avec M. de Voltaire, dans une lettre à Buffon et en vue de Buffon qu'agaçait plus qu'il n'en convenait tout le bruit qui se faisait autour de l'échappé de Ferney. Les relations avec Le Brun ne seront jamais très-sûres, et ses amis auront souvent tout autant à se plaindre de lui que ses ennemis. On n'a pas oublié son ode en faveur de la famille du grand Corneille, ses avances à Voltaire, les rapports qu'établit un instant entre eux leur commune haine contre Fréron; mais la phase de l'admiration et de l'adulation n'eut qu'un temps, et l'auteur de *Zaïre* apprenait bientôt par D'Alembert que Le Brun écrivait contre lui dans *la Renommée littéraire*[1], ce dont il ne se vengeait, pourtant, qu'en redoublant d'amabilité et de politesse envers celui qu'il se contentera dans l'intimité d'appeler *Lycophron-*

---

1. *La Renommée littéraire* (1ᵉʳ décembre 1762 et finissant en 1763). Lettre à M. de Voltaire en réponse à l'*Eloge de M. de Crébillon* par l'abbé de S***, p. 26 à 52; *Digression en réponse à la digression de M. de Voltaire contre Rousseau*, p. 53 à 63; suite de la lettre à M. de Voltaire, p. 129 à 142; fin de la lettre, p. 145 à 166.

Zoïle[1]. Mais leur commerce en demeura là, sans rupture, peut-être sans que le coupable pensât qu'on fût édifié sur ses étranges procédés. L'important pour ce dernier était d'occuper le public, et il, était fort alerte à saisir les occasions qui pouvaient y concourir. Le séjour retentissant du patriarche de Ferney dans Paris était une de ces circonstances propices qu'il n'avait garde de laisser échapper, et il se mit vite à rimer une belle ode, où, tout en brûlant l'encens devant l'idole du jour, il lui donnait des leçons de tenue qui pouvaient bien n'avoir pas grand succès à l'hôtel de la rue de Beaune. N'oublions pas que la lettre qui suit est adressée au savant naturaliste auquel il fallait bien immoler un peu l'auteur de *la Henriade*. En somme, ce récit, loin de faire tort à Voltaire, nous le présentera dans un de ces moments où il est tout à fait inoffensif et bonhomme, où, loin de se cabrer devant les libertés qu'on prend avec lui, il laisse dire et faire jusqu'à sembler de votre avis contre lui-même. Sincère ou jouée, on comprend que cette attitude dut étonner et déconcerter Le Brun qui n'eut jamais, lui, de ces moments-là, et s'attendait à quelque rebuffade du terrible vieillard.

.... Elle étoit fort curieuse (Mme Necker) de savoir comment M. de Voltaire avoit pris mes vers sur son arrivée, et comment il avoit pu me passer les vers où je lui dis très-impérativement :

> Partage avec Buffon le temple de Mémoire.

La vérité est que mon admiration et mon amitié pour

[1]. Voltaire, *Œuvres complètes* (Beuchot), t. LX, p. 588. Lettre de Voltaire Thiériot; 2 mars 1763.

vous, monsieur, ont joui, à cet égard, du triomphe le plus complet. Voici comment s'est passée la scène, car mes vers et ma visite à M. de Voltaire ont fait quelque bruit. D'abord je ne lui avois point envoyé ces vers, de manière qu'il ne les a eus que par le Journal de Paris[1]. Voltaire en fut si enthousiasmé qu'il les lut trois fois à tout ce qui l'environnoit. Je tiens le fait de M. de Villette. C'est la première chose qu'il m'a dite, lorsque j'entrai chez M. de Voltaire. Jugez, monsieur, s'il pouvoit arriver rien qui me flattât davantage, que d'avoir obligé M. de V*** (dans ce premier moment de l'enthousiasme françois qui sembloit le regarder comme l'homme unique[2]) de prononcer lui-même trois fois ce vers :

> Partage avec Buffon le temple de Mémoire.

D'ailleurs j'ai mis, dans cette même pièce que je vous envoie : *expiant les succès*[3], termes que Voltaire a trouvés assez énergiques. Il y avoit même deux vers que le journal a refusé d'insérer, comme pouvant choquer M. de Voltaire, et que j'ai rétablis à l'impression; c'est :

> De ton Midi les brûlantes ardeurs
> N'ont que trop élevé d'orages.

Informé, malgré cela, du très-bon effet que la pièce avoit produit sur M. de Voltaire, je lui fis une visite, cinq ou six jours après son arrivée[4]. Il me reçut avec la distinction la plus honorable. J'eus une conférence particulière d'une grande heure, dans son cabinet. Il débuta par cette phrase :

---

1. *Journal de Paris*, du mardi 18 février 1778, N° 49, p. 193, et *OEuvres de Le Brun*, t. III, p. 329, 330.

2. Il venait de paraître une estampe représentant Voltaire, intitulée : *L'homme unique à tous les âges.*

3.
> Voltaire ne cesse jamais
> De nous plaire et de nous surprendre !
> Ces quatre-vingts hivers dont tu braves le faix
> Semblent, *expiant tes succès*,
> Moins te vieillir que te défendre.

4. Sa visite est du vendredi 20 février, deux jours après, conséquemment, la publication de l'ode dans le numéro du 18 février.

Vous voyez, monsieur, un pauvre vieillard de quatre-vingt-quatre ans, qui a fait quatre-vingt-dix mille sottises [1]. Je pensai être confondu de ce début qui paroissoit avoir trait au conseil un peu sévère qui termine ma pièce :

Mais ne va point troubler ta joie et nos hommages.

Heureusement, je lui répondis sur-le-champ, qu'il ne falloit que quatre ou cinq de ces sottises-là pour rendre un homme immortel. Il me dit que j'étois bien bon ; il ajouta avec toute sorte de grâces que si la vieillesse ne l'avoit point brouillé avec les Muses, il se seroit fait un véritable plaisir de répondre à mes vers. Quelques moments après, en admirant sa santé qui me paroissoit bien étonnante pour son âge, car il voit et il entend comme un jeune homme (quoiqu'il n'ait cessé depuis vingt ans de calomnier son ouïe et ses yeux), je lui dis qu'il devoit avoir en années, sur M. de Fontenelle, le même avantage qu'il avoit eu en talens. Il me répondit : Vous êtes bien honnête, mais il y a une grande différence : *Fontenelle étoit heureux et sage, et je n'ai été ni l'un ni l'autre.*

Je vous avouerai, monsieur, que ce ton qu'il n'a point quitté au milieu de ses plus grandes politesses, m'a fait craindre en moi-même que, malgré mes éloges, le terrible *expiant tes succès*, et les conseils par lesquels je termine mon épître, n'aient contristé le cœur de cet illustre vieillard, dont l'attendrissement paternel pour la personne qu'il vient d'établir m'a vraiment pénétré l'âme. Les larmes rouloient dans ses yeux en nous parlant de *belle et bonne* [2], c'est ainsi

---

[1]. Il en disait autant à Sophie Arnould, qui lui répondait : « Belle bagatelle ! Et moi qui n'en ai que quarante, j'en ai fait plus de mille. » Il n'avouait que quatre-vingt-quatre folies à Sophie. Peut-être Le Brun grossit-il le chiffre, ce qui importe peu. *Correspondance secrète, politique et littéraire* (Londres, John Adamson), t. VII, p. 206.

[2]. François de Neufchâteau, qui était allé rendre visite, trois jours avant Le Brun, à l'auteur de *la Henriade*, dit de même : « Il s'entretenoit avant-hier des grâces et des vertus de madame la marquise de Villette, avec un attendrissement que je ne saurois vous exprimer... » *Journal de Paris* du vendredi 20 février 1778, p. 203. Lettre de

qu'il la nomme, et, en faisant opposition de ses grâces naïves à celles de madame du Barri, qui venoit de le quitter. Je suis donc sorti du cabinet de cet étonnant vieillard me reprochant un peu d'avoir hasardé une leçon à un homme de quatre-vingt quatre ans, et m'intéressant beaucoup plus à lui que lorsque je suis entré. Aussi lui ai-je envoyé une petite lettre et une autre vingtaine de vers pour réparer la fin sévère et moralisante des premiers. J'y fais l'éloge de sa *belle et bonne*, en effet très-séduisante. Cependant le ton de la première pièce a plu extrêmement au public, et peut-être a-t-il mieux servi M. de Voltaire que tout le plat encens de sacristie dont il a été enfumé par la foule des rimailleurs [1].

Tout est donc pour le mieux, et Le Brun a bien tort de se reprocher un sermon que l'on prenait en aussi bonne part. Mais quelle outrecuidance! quelle ridicule infatuation de soi! Et, de la part de Voltaire, quelle componction! quelle humilité! quel retour chrétien sur ses fautes passées! Par intervalles, Le Brun n'est pas tranquille, il soupçonne qu'on se moque de lui, qu'on le persifle. Mais non, c'est là une erreur; et il se retirera, regrettant l'austérité de ses leçons et de sa morale. Cela n'est-il pas sans prix?

Neufchâteau aux auteurs du journal; à Paris, ce 19 février, à 7 h. du matin.

1. Le Brun, *OEuvres* (Paris, Warée, 1811), t. IV, p. 90 à 93. Lettre de Le Brun à M. de Buffon, mai 1778. (Ne serait-ce pas plus tôt mars?) Cette seconde lettre ne s'est pas retrouvée. Mais la pièce à laquelle il fait allusion a été recueillie au t. III de ses œuvres, p. 337, 338. A *M. de Voltaire*, « après avoir vu madame de Villette, qu'il avait surnommée *Belle et Bonne*, et lorsqu'il était prêt de donner *Irène.* » Elle débute ainsi :

> Vieillard prodigieux! toi que les destinées
> Laisseraient toujours parmi nous,
> Si tu vivais autant d'années
> Que ta gloire a fait de jaloux.

L'ABBÉ GAULTIER. 219

Le même jour, l'auteur de l'*Essai sur les mœurs* recevait la lettre suivante :

Beaucoup de personnes, monsieur, vous admirent ; je désire du plus profond de mon cœur être de leur nombre ; j'aurai cet avantage si vous le voulez, et cela dépend de vous. Il en est encore temps ; je vous en dirai davantage si vous me permettez de m'entretenir avec vous. Quoique je sois le plus indigne de tous les ministres, je ne vous dirai cependant rien qui ne soit digne de mon ministère, et qui ne doive vous faire plaisir. Quoique je n'ose me flatter que vous me procuriez un si grand bonheur, je ne vous oublierai pas pour cela au très-saint sacrifice de la messe, et je prierai, avec le plus de ferveur qu'il me sera possible, le Dieu juste et miséricordieux pour le salut de votre âme immortelle, qui est peut-être sur le point d'être jugée sur toutes ses actions. Pardonnez-moi, monsieur, si j'ai pris la liberté de vous écrire ; mon intention est de vous rendre le plus grand de tous les services ; je le puis avec le secours de celui qui choisit ce qu'il y a de plus faible pour confondre ce qu'il y a de plus fort. Que je me croirai heureux si votre réponse est analogue aux sentiments avec lesquels, etc. !

GAULTIER, prêtre [1].

Cette démarche d'un prêtre inconnu, sans mandat, n'avait guère chance, semblerait-il, d'être accueillie, et l'on sera un peu étonné de la réponse bienveillante que Voltaire y faisait, dès le lendemain.

Votre lettre, monsieur, me paraît celle d'un honnête homme, et cela me suffit pour me déterminer à recevoir l'honneur de votre visite le jour et les moments qu'il vous plaira de le faire. Je vous dirai la même chose que j'ai dite en donnant la bénédiction au petit-fils de l'illustre et sage Franklin, l'homme le plus remarquable de l'Amérique ; je ne

1. Voltaire, *Œuvres complètes* (Beuchot), t. LXX, p. 449. Lettre de l'abbé Gaultier à Voltaire ; à Paris, ce 20 février 1778.

prononçai que ces mots : *Dieu et la liberté!* Tous les assistants versèrent des larmes d'attendrissement. Je me flatte que vous êtes dans les mêmes principes.

J'ai quatre-vingt-quatre ans ; je vais bientôt paraître devant Dieu, créateur de tous les mondes. Si vous avez quelque chose à me communiquer, je me ferai un devoir et un honneur de recevoir votre visite, malgré les souffrances qui m'accablent.

Il n'y avait pas dans cette lettre matière à de grandes espérances de conversion. Mais enfin, c'était la porte ouverte. L'abbé ne remit pas sa visite au lendemain et se présentait, le jour même (21 février), chez M. de Voltaire, qui consentit à le recevoir. L'abbé Gaultier a rédigé un mémoire concernant ses rapports avec l'auteur de *la Henriade*, qui est loin de concorder dans tous ses points avec la narration de Wagnière. Il ne sera pas toujours facile de débrouiller le vrai de l'inexact dans l'un et l'autre récit. C'est ce qu'il faudra, pourtant, essayer, sans nous départir jamais du rôle d'instructeur consciencieux et désintéressé. Lorsque l'abbé fut introduit dans le salon, il y avait foule. Le poëte ne donna que deux ou trois minutes à cette assemblée, et, prétextant sa lassitude, il congédia son monde, après quelques mots de politesse. Mais il prenait la main de l'ecclésiastique, l'emmenait dans sa chambre, et lui demandait ce qu'il avait à lui dire. Il avait dû penser que le survenant n'avait pas agi sans ordres, et ses politesses auraient indiqué cette préoccupation, si, d'ailleurs, il n'avait pas laissé entrevoir très-nettement sa pensée.

Le désir de connaître l'homme célèbre de nos jours, répondait l'abbé Gaultier, m'a fait prendre la liberté de vous écrire pour vous rendre mes devoirs, comme vous me l'avez mandé dans votre lettre. Je n'ai pas l'honneur de vous connoître personnellement, mais je connois beaucoup un de vos amis, M. de Lattaignant; j'ose même me flatter d'avoir sa confiance : ses infirmités et la caducité de son grand âge, lui ont fait faire des réflexions que tout honnête homme doit faire, lorsqu'il se dispose à paraître devant Dieu, et que vous avez faites plusieurs fois vous-même. Si mon ministère vous étoit agréable, vous n'avez qu'à parler, et je me conformerois à vos vues..... M. de Voltaire m'écouta, ajoute l'abbé, avec beaucoup d'attention, et à peine eussé-je cessé de parler, qu'il me demanda si c'étoit de mon propre mouvement que j'agissois ainsi? Je lui répondis avec vérité : Oui, monsieur. Quoi! me répliqua-t-il, Mgr l'archevêque, M. le curé de Saint-Sulpice ne vous ont pas conseillé? Non, monsieur, lui dis-je : si ma démarche ne vous étoit pas agréable, je compte sur votre indulgence; si au contraire elle vous fait plaisir, louons-en le Seigneur. Il me dit qu'il étoit charmé de ce que je n'étois point poussé par personne.

C'était bien le moins, en pareil cas, que l'on sût à qui l'on avait affaire; Voltaire lui adressa des questions auxquelles il répondit avec franchise et bonhomie. Gaultier avait été dix-sept ans jésuite, et, durant près de vingt, curé de Saint-Mard, dans le diocèse de Rouen. Pour le présent, il exerçait son ministère dans Paris, et disait journellement la messe aux Incurables. Le poëte lui fit des offres de service; mais il répartit qu'il ne pensait pas aux récompenses fugitives de ce monde, et qu'il serait trop récompensé s'il parvenait à le conquérir à Dieu. « M. de Voltaire, touché de ces paroles, me dit qu'il aimoit Dieu; je lui répondis que c'étoit beaucoup, mais qu'il falloit lui en donner des marques... » La conversation se prolongeait; elle fut interrompue par trois personnes différentes, que l'abbé ne nomme pas, mais qui seraient le marquis de Villevieille, l'abbé Mignot et Wagnière.

M. l'abbé, me dit la première, finissez donc, vous voyez que M. de Voltaire vomit le sang et qu'il n'est pas en état de parler. M. de Voltaire répondit assez vivement : *Hé! monsieur, laissez-moi, je vous prie, avec M. l'abbé Gaultier, mon ami : il ne me flatte pas.* Mme Denis, qui parut au bout de trois quarts d'heure, me dit avec beaucoup de douceur : M. l'abbé, mon oncle doit être bien fatigué ; je vous prie de remettre la partie à un autre instant[1]. Alors je quittai M. de Voltaire, en lui demandant permission de venir le voir de temps en temps : ce qu'il m'accorda avec plaisir. Je lui dis que je ferois tous les jours mémoire de lui au saint sacrement de la messe : il me remercia, et me parut attendri[2].

L'abbé fait bien de ne pas affirmer d'une façon trop absolue l'attendrissement du patriarche. Wagnière, qui, comme ses prédécesseurs Longchamp et Collini, aimait à savoir, demanda à son maître s'il était content de M. Gaultier. « Il me répondit que c'était un bon imbécile. » Au moins n'était-ce pas un forcené,

---

1. Wagnière dit, tout au contraire : « Madame *Denis*, presqu'au même moment, venait d'entrer dans la chambre pour témoigner à M. *Gaultier*, avec fermeté, qu'il devait abréger la séance auprès du malade. » Disons que Wagnière semble confondre cette visite avec la visite du 2 mars, à laquelle il reporte tous les détails, se contentant de mentionner ce premier entretien. Mais comment l'abbé Gaultier peut-il faire dire à l'un des interlocuteurs : « Vous voyez bien que M. de Voltaire vomit le sang... » quand l'hémorragie date du 25, cinq jours plus tard, comme on va voir? il est vrai que Voltaire, dans sa déclaration du 2 mars, se prétend attaqué, depuis quatre mois, d'un vomissement de sang.

2. Élie Harel, *Voltaire, particularités curieuses de sa vie et de sa mort* (Paris, 1817), p. 108, 109. Copie exacte du mémoire de M. l'abbé Gaultier, présentée à Mgr l'archevêque, concernant tout ce qui s'est passé à la mort de Voltaire.

comme cet abbé Marthe qui, quelques jours après, réussissait à s'introduire près du poëte, et lui disait sans autre exorde : « Monsieur, il faut que tout à l'heure vous vous confessiez à moi, et cela absolument; il n'y a point à reculer, dépêchez-vous, je suis ici pour cela [1]. » Quoi qu'il en soit, la démarche de ce fou, qui tenta plusieurs fois de forcer la porte, la lettre de l'abbé Gaultier, suivie sans répit de son apparition, devaient donner à réfléchir au patriarche, qui sentit alors qu'en posant le pied dans Paris il s'était mis, en cas de maladie grave, à la discrétion d'un clergé avec lequel il aurait à compter. Il était bien tard pour aviser, et le seul moyen d'échapper aux obsessions et aux persécutions qu'il pressentait, c'était de se bien porter, de ne compromettre sa santé ni sa vie par l'excès du travail, par les émotions, les agitations, les fatigues d'aucune nature. Mais la pente était rapide et fatale, et les conseils de Tronchin, pas plus que les propres avertissements d'une organisation surmenée, ne pourront rien contre les tentations, les enivrements d'une existence qui tenait du rêve.

[1]. Grimm rapporte également cette anecdote, mais qui, dans son récit, finit en scène de comédie : « Le vieux malade était de bonne humeur; il l'a écouté avec la plus grande modération, et lui a demandé de quelle part il venait. De quelle part? de la part de Dieu même. Eh bien, monsieur l'abbé, vos lettres de créance? Une question si embarrassante et si naturelle l'a tellement confondu, que M. de Voltaire en a eu pitié; il l'a remis à son aise, lui a parlé avec beaucoup de douceur, et l'a renvoyé en l'assurant qu'il ne se sentait aucun éloignement pour la confession, mais qu'il choisirait un moment plus propice pour s'y préparer. » *Correspondance littéraire* (Paris, Furne), t. IX, p. 497; février 1778. Voir aussi la *Correspondance secrète, politique et littéraire* (Londres, John Adamson), t. VI, p. 61; Paris, le 2 mars.

Le jour même de cette première entrevue avec l'abbé Gaultier, madame du Deffand, cette vieille et maligne amie du poëte, qu'il caressait comme on caresse l'opinion, vint lui rendre visite. Ils étaient en grande coquetterie depuis leur jeunesse, trouvant leur compte l'un et l'autre dans un commerce où le cœur n'était que pour peu de chose. La marquise, à peine instruite de l'entrée du roi Voltaire dans sa bonne ville, lui avait dépêché son vieux serviteur avec un petit billet, auquel on répondait : « J'arrive mort, et je ne veux ressusciter que pour me jeter aux genoux de madame la marquise du Deffand. » — « Peut-être irai-je le voir tantôt, je n'en sais rien, mandait l'aveugle clairvoyante à Walpole ; je crains d'y rencontrer tous les histrions beaux-esprits ; je veux cependant être bien avec lui... » Mais elle remet la démarche au lendemain. « Wiart vient de chez Voltaire, lui écrit-elle encore ; il vit hier plus de trois cents personnes, je me garderai bien de me jeter dans cette foule. Tout le Parnasse s'y trouve, depuis le bourbier jusqu'au sommet ; il ne résistera pas à cette fatigue, il se pourrait bien qu'il mourût avant que je l'aie vu... (jeudi 12 février). » Toutefois, elle se décidait, deux jours après, et elle n'eut pas à regretter d'être allée à la montagne. Le récit de cette entrevue est perdu, avec la lettre de la marquise, et c'est dommage ; madame du Deffand en était sortie ravie, et on la contentait malaisément. Voici en revanche la relation de sa seconde visite. Sa lettre est un peu longue, et nous la raccourcissons, regrettant ce que nous retrancherons, car c'est un esprit net, précis, sans phrases, qui ne dit pas un mot de plus qu'il n'a à dire, chose rare et presque unique dans les épistoliers, ces diseurs de futilités et de riens s'il en est au monde.

Je lui fis hier ma seconde visite, encore avec M. de Beauvau ; mais elle ne fut pas aussi agréable que la première. D'abord nous passâmes plusieurs pièces dont toutes les fenêtres étaient ouvertes ; nous fûmes reçus par la nièce Denis, qui est la meilleure femme du monde, mais certainement la plus gaupe, par le marquis de Villette, plat personnage de comédie, et par sa jeune épouse qu'on dit être aimable... Étant arrivés dans le salon nous n'y trouvâmes point Voltaire ; il était enfermé dans sa chambre avec son secrétaire ; on nous pria d'attendre ; mais le prince, qui avait affaire, me demanda son congé ; je restai donc avec la nièce Denis, le marquis Mascarille et *belle et bonne*..... Après avoir attendu un bon quart d'heure, Voltaire arriva, disant qu'il était mort, qu'il ne pouvait pas ouvrir la bouche ; je voulus le quitter, il me retint, il me parla de sa comédie ; il me proposa de nouveau d'en entendre la répétition générale qui s'en ferait chez lui, qu'il me ferait avertir ; il n'a que cet objet dans la tête..... Il dit ensuite à M. le marquis de me raconter la visite qu'il avait eue d'un prêtre ; mais M. le marquis s'y prenant fort mal, il le fit taire, prit la parole, et me dit qu'il avait reçu une lettre d'un abbé qui lui marquait beaucoup de joie de son arrivée à Paris, qu'il ne devait pas douter de l'empressement qu'on avait de connaître un homme tel que lui. Accordez-moi, lui dit-il, la permission de vous venir voir... je vous offre mes soins : quelque supériorité que vous ayez sur les autres hommes, vous êtes mortel comme eux ; vous avez quatre-vingt-quatre ans, vous pouvez prévoir des moments difficiles à passer ; je pourrais vous y être utile, je le suis à M. l'abbé de L'Attaignant, il est plus âgé que vous [1] ; je vais dîner et boire avec lui aujourd'hui : permettez-moi de vous venir voir. Voltaire y a con-

---

1. L'abbé de L'Attaignant, né en 1697, au lieu d'être l'aîné de Voltaire, était son cadet de trois années.

senti ; il l'a vu, il en est fort content; cela sauvera, dit-il, du scandale ou du ridicule [1].

Ces dernières lignes étaient à reproduire; elles viennent confirmer cet endroit du récit du prêtre habitué des Incurables, et témoigner du succès de sa démarche auprès du politique vieillard. Voltaire avait promis de se rendre à la Comédie, le dimanche suivant (22 février); dans l'impossibilité de tenir complétement sa parole, il voulut au moins, malgré un reste d'enflure, donner audience au tripot comique et procéder à la distribution des rôles d'*Irène,* en présence de « son héros » qui, ainsi que lui, eut de la peine à accorder ces vanités féroces. La lassitude fut telle, qu'il dut faire fermer sa porte et se coucher sur les huit heures du soir.

Il recevait un message auquel il était loin de s'attendre, et qui le plongea dans une joie d'autant plus vive, que son repos, sa sécurité, non moins que sa gloire, semblaient trouver leur sanction dans la distinction dont il se crut l'objet; car, comme on va voir, il y a dans toute cette aventure un sous-jeu qui échappa aux chroniqueurs et aux gazetiers de salon. Voici ce qu'on lit dans les Nouvelles à la main, à la date du 23 février :

Quoique le roi ait déclaré qu'il n'aimoit ni n'estimoit M. de Voltaire, et que M. de Maurepas l'ayant pressenti sur le désir de cet illustre expatrié de venir à Versailles, S. M. lui ait répondu, que c'étoit bien assez qu'elle fermât les yeux

1. Madame du Deffand, *Correspondance complète* (Paris, Plon, 1865), t. II, p. 639, 640. Lettre de la marquise à Walpole; dimanche 22 février 1778.

sur son séjour à Paris; cependant par une inconséquence apparente, mais qui s'explique, si l'on veut y réfléchir, M. le comte d'Angivilliers a obtenu que, dans les statues à faire exécuter par l'Académie de sculpture après les dernières ordonnées, celle de M. de Voltaire seroit comprise. Ce directeur général des bâtimens n'a rien eu de plus pressé que de faire savoir au héros cette nouvelle flatteuse pour son amour-propre, il a cru que M. Pigalle, chargé de ce travail, seroit le messager le plus agréable à lui envoyer; le plus grand poëte comblé a répondu à l'artiste aussi chargé de la statue du maréchal de Saxe, par les six vers suivans :

> Le roi connoît votre talent :
> Dans le petit et dans le grand
> Vous produisez œuvre parfaite.
> Aujourd'hui, contraste nouveau !
> Il veut que votre heureux ciseau
> Du héros descende au trompette[1].

Ces bruits, qui coururent dans Paris, n'étaient qu'une fausse interprétation d'un incident très-vrai, mais auquel le roi ne devait pas être mêlé. L'erreur pourtant ne fut pas tellement générale, que quelques gens mieux placés pour connaître les choses, ne sussent à quoi s'en tenir; et madame du Deffand, notamment, prévient son bon ami Walpole de l'inexactitude de ces on-dit[2]. Grimm, lui aussi, fort au courant de tout ce qui se passe de relatif à l'art et aux artistes, nous donne tout au long le mot de l'énigme. M. de Marigny, quand il était aux Bâtiments, avait fait venir

---

1. *Mémoires secrets pour servir à l'histoire de la République des lettres* (Londres, John Adamson), t. XI, p. 116, 117; 23 février 1778.

2. Madame du Deffand, *Correspondance complète* (Paris, Plon, 1865), t. II, p. 641, 642. Lettre de la marquise à Walpole; dimanche 1ᵉʳ mars 1778.

d'Italie quelques blocs de porphyre, qu'il destinait aux statues de nos grands hommes, et que M. d'Angiviliers manifesta le désir d'acquérir pour le compte du roi. Mais le marquis n'y consentit qu'à la condition que son intention serait respectée ; et, comme prix du marché, il demanda les bustes du maréchal de Saxe et de l'auteur de *Zaïre*, ce qui fut concédé. M. d'Angiviliers en écrivit à M. Mouchi, le neveu de Pigalle ; et l'on raconta à Voltaire que Sa Majesté venait de donner l'ordre de faire son buste et celui du vainqueur de Fontenoi. Mais on se garda bien d'ajouter que ces bustes étaient pour l'ancien intendant des Bâtiments [1].

Les lundi et mardi suivants se passèrent sans aucun incident notable. Le mercredi (25 février), le patriarche dictait de son lit, lorsque, un peu après midi, il se mit à tousser assez fort. « Oh ! oh ! dit-il, je crache du sang ; » et le sang lui jaillit par le nez, par la bouche, « avec la même violence que quand on ouvre le robinet d'une fontaine dont l'eau est forcée. » Wagnière effrayé sonna, madame Denis accourut : un mot fut vite adressé à Tronchin ; en un instant toute la maison

---

1. Grimm, *Correspondance littéraire* (Paris, Furne), t. IX, p. 96 ; février 1778. Le buste de l'auteur de *Zaïre* fut recueilli par Lenoir dans son musée, et figure, sous le n° 406, dans sa *Description historique et chronologique des monuments de sculpture remis au musée des monuments français*. Mais ce buste disparut, et le biographe de Pigalle avoue qu'il n'a pu retrouver sa trace. *La vie et les œuvres de Jean-Baptiste Pigalle* (Paris, Renouard, 1859), p. 48, 231. Plus tard, M. Tarbé l'eût rencontré dans le cabinet de Denon, où l'on put le voir jusqu'à sa mort ; ce buste est en terre cuite. Le poëte a la tête ceinte de laurier, le cou nu, une draperie à l'antique lui cache les épaules. Du reste, nous ne savons pas plus que M. Tarbé quel chemin il a pris dans la suite, et nous ne le connaissons que par la lithographie de Hesse.

fut sens dessus dessous[1]. « Il m'ordonna d'écrire à l'abbé *Gaultier* de venir lui parler, ne voulant pas, disait-il, que l'on jetât son corps à la voirie. Je fis semblant d'envoyer ma lettre, afin que l'on ne dît pas que *M. de Voltaire* avait montré de la faiblesse. Je l'assurai qu'on n'avait pas trouvé l'abbé. Alors il dit aux personnes qui étaient dans la chambre : *Au moins, messieurs, vous serez témoins que j'ai demandé à remplir ce qu'on appelle ici ses devoirs.* » Tronchin arriva. Il fit saigner le malade. Après une perte d'environ trois pintes de sang, l'hémorrhagie alla en décroissant; mais le crachement persista durant vingt-deux jours d'une façon même assez intense. On plaça près de lui une jeune garde malade très-experte, qui ne le quitta point, fit observer ponctuellement les ordonnances, et, en dépit des maîtres de la maison, trop faciles envers les indiscrets et les curieux dont l'hôtel était comme assiégé, mettait impitoyablement son monde à la porte. Toutes les nuits, un chirurgien venait coucher, prêt à tout événement.

Si Wagnière prit sur lui, comme il le dit, de ne pas remettre la lettre à l'abbé Gaultier, il ne recula que de quelques heures une démarche qui n'était pas de son goût, car Voltaire adressait, le jour suivant, à l'an-

---

1. Le *Journal de Paris*, du 26 février, n° 57, p. 227, raconte différemment l'événement. Il ne se fût trouvé en ce moment près de Voltaire que le marquis de Villette, qui lui lisait quelques papiers auprès de son lit. Effrayé du danger et ne trouvant personne de ses gens, celui-ci aurait couru lui-même en robe de chambre chercher un chirurgien. Tronchin, qu'on avait mandé, arriva aussitôt, fit tirer au malade deux palettes de sang, qui le soulagèrent et prévinrent des accidents plus graves.

cien jésuite, ce billet d'un laconisme pressant : « Vous m'avez promis, monsieur, de venir pour m'entendre : je vous prie de venir le plus tôt que vous pourrez (26 février) ; » billet que madame Denis faisait suivre, le lendemain, d'un second non moins impératif. « Madame Denis, nièce de M. de Voltaire, prie M. l'abbé Gaultier de vouloir bien le venir voir : elle lui sera très-obligée[1]. » Si celui-ci n'avait cédé qu'à sa propre inspiration en se présentant chez l'auteur de *Mérope*, la question qui lui avait été faite aurait suffi pour lui donner à réfléchir ; pouvait-il, en effet, taire une pareille démarche et poursuivre son œuvre sans en informer ses supérieurs spirituels ? A peine avait-il quitté le patriarche, qu'il allait rendre compte de l'entrevue à l'un des vicaires généraux, l'abbé de Lécluse, et au curé de Saint-Sulpice. « Ils me firent connaître leurs instructions, dit-il, auxquelles je me suis strictement conformé ; après quoi, je m'occupai à prier et à faire prier le Seigneur pour la conversion de M. de Voltaire. » Le billet du poëte ne lui était parvenu qu'à neuf heures du soir ; il était trop tard pour se présenter utilement chez un malade épuisé et énervé. Le lendemain, aussitôt après sa messe, il se transportait à l'hôtel du quai des Théatins.

Madame Denis l'y attendait. Elle lui dit que le curé de Saint-Sulpice était venu pour engager son oncle à ne point différer sa confession, et que Voltaire lui avait

---

1. Wagnière s'inscrit en faux contre ce billet du 26 février, et déclare n'avoir pas eu connaissance de celui de madame Denis. Les billets des 13 et 15 mars sont, de sa part, l'objet de pareilles réserves, qu'il faut au moins signaler. *Œuvres complètes* (Beuchot), t. I, p. 295.

répondu qu'il avait toute confiance dans M. l'abbé Gaultier. Nous aurons plus d'une inexactitude à constater dans le récit de Wagnière : disons qu'ici l'ancien curé de Saint-Mard nous semble commettre une méprise. Alors encore, le curé de Saint-Sulpice, s'il s'était présenté plusieurs fois, n'avait point été reçu. Cette conversation de l'abbé de Tersac avec madame Denis est de tout point invraisemblable, et le début de la lettre de Voltaire au curé de Saint-Sulpice, dont il va être question plus bas, ne se comprend plus, aussitôt que le pasteur et le poëte se sont antérieurement rencontrés. Quoi qu'il en soit, l'abbé ne fut point introduit auprès de son futur pénitent, qui n'était pas en état de l'entendre. Il retournait rue de Beaune le 2 mars. Cette fois, il était reçu. « Avant que d'entrer dans sa chambre, on me recommanda de ne pas l'effrayer, et de lui parler avec douceur. M. le maréchal de Richelieu, qui venoit de le quitter, m'engagea à ne le pas négliger : je lui promis de faire tout ce qui dépendoit de moi pour le salut de son âme. » On est touché de voir ce bon maréchal si alerte à prendre les intérêts de la religion et se préoccuper si vivement de la santé spirituelle de son vieux courtisan.

Voltaire serra la main de l'abbé et le pria de le confesser « avant que de mourir. » Wagnière nous donne les termes mêmes de la requête, qui ont une allure un peu gaillarde : « Il y a quelques jours que je vous ai fait prier de venir me voir pour ce que vous savez. Si vous voulez, nous ferons tout à l'heure cette petite affaire. » Nous en demandons bien pardon au secrétaire, mais Voltaire ne dut pas le prendre sur ce ton. Il en passait par de dures nécessités, soit; raison de plus de vouloir qu'elles ne fussent pas inutiles. Nous croyons que l'abbé Gaultier lui prête un langage par trop confit et onctueux qui ne dut pas être le sien; mais encore moins le pénitent dut-il s'exprimer de cette façon leste et indécente; et « cette petite affaire » n'est nullement dans la mesure et la vraisemblance. Passons. L'abbé repartit qu'il l'entendrait volontiers en confession; qu'il en avait parlé à M. le curé de Saint-Sulpice, qui l'y avait autorisé; mais qu'une rétractation était indispensable avant d'en venir là. Voltaire déclara qu'il ferait tout ce qu'on voudrait, et congédia l'assistance : « Qu'on se retire, et qu'on me laisse seul avec M. l'abbé Gaultier, mon ami. » Ce ne fut pas sans hésitation, sans grande tentation de désobéir que Wagnière, pour sa part, se résigna à s'éloigner. En réalité, il était bien résolu à s'en tenir à la lettre plus qu'à l'esprit. Il se colla contre la porte, qui ne consistait qu'en un cadre revêtu de papier des deux côtés et n'avait point de loquet.

J'étais au désespoir, de la démarche qu'on exigeait de M. *de Voltaire*; je m'agitais près de la porte, et faisais beaucoup de bruit. MM. *Mignot* et de *Villevieille*, qui l'entendirent, accoururent à moi et me demandèrent si je devenais fou. Je leur répondis que j'étais au désespoir, non de ce que mon maître se confessait, mais de ce qu'on voulait lui faire signer un écrit qui le déshonorerait peut-être. M. de *Voltaire* m'appela pour lui donner de quoi écrire. Il s'aperçut de mon agitation, m'en demanda avec étonnement la cause. Je ne pus lui répondre [1].

1. Longchamp et Wagnière, *Mémoires sur Voltaire* (Paris, André, 1826), t. I, p. 131. Voyage de Voltaire à Paris, 1778.

Voltaire prit la plume et écrivit de sa propre main ce qui va suivre :

Je soussigné déclare qu'étant attaqué depuis quatre mois d'un vomissement de sang, à l'âge de quatre-vingt-quatre ans, et n'ayant pu me traîner à l'église, M. le curé de Saint-Sulpice ayant bien voulu ajouter à ses bonnes œuvres celle de m'envoyer M. l'abbé Gaultier, prêtre, je me suis confessé à lui, et que si Dieu dispose de moi, je meurs dans la religion catholique où je suis né, espérant de la miséricorde divine qu'elle daignera pardonner toutes mes fautes, et que si j'avois jamais scandalisé l'église, j'en demande pardon à Dieu et à elle. — Signé VOLTAIRE, le 2 mars 1778, dans la maison de M. le marquis de Villette.

L'abbé Mignot et M. de Villevieille furent rappelés. Lecture leur fut faite de la rétractation, qu'ils ne firent nulle difficulté de signer. Citons encore Wagnière, dont la relation ne dément point d'ailleurs ce qui précède :

Alors l'abbé Gaultier nous invita à rentrer, et nous dit : « M. *de Voltaire* m'a donné là une petite déclaration qui ne signifie pas grand'chose; je vous prie de vouloir bien la signer aussi. » M. le marquis *Villevieille* et M. l'abbé *Mignot* la signèrent sans hésiter. L'abbé vint alors à moi et me demanda la même chose. Je le refusai; il insista beaucoup. M. *de Voltaire* regardait avec surprise la vivacité avec laquelle je parlais à l'abbé *Gaultier*. Je répondis enfin, lassé de cette persécution, que *je ne voulais, ni ne pouvais signer, attendu que j'étais protestant*. Il me laissa tranquille.

Non content de sa rétractation, l'auteur de *la Henriade* reprenait la plume pour la fortifier de la déclaration suivante :

M. l'abbé Gaultier m'ayant averti qu'on disoit dans un

certain monde que je protesterois contre tout ce que je ferois à la mort, je déclare que je n'ai jamais tenu ce propos, et que c'est une ancienne plaisanterie attribuée très-faussement, dès longtemps, à plusieurs savans plus éclairés que Voltaire.

Mais on sent le peu de valeur de cette assurance qui aurait besoin, elle aussi, d'une toute autre garantie. Trois jours auparavant, étant seul avec lui, Wagnière l'avait supplié de lui ouvrir son cœur pour qu'il pût, le cas échéant, démentir les inculpations dont ses ennemis ne manqueraient pas de charger sa mémoire. Voltaire lui dit de lui donner du papier et écrivit d'un trait :

Je meurs en adorant Dieu, en aimant mes amis, en ne haïssant pas mes ennemis, et en détestant la superstition.

28 février 1778. Signé VOLTAIRE [1].

Certes, un philosophe chrétien eût pu signer une pareille profession. Tracée de la main de Voltaire, ce n'était plus que l'acte de foi d'un philosophe déiste entendant par superstition toutes les religions et tous les cultes. Mais cette pièce était-elle si nécessaire pour nous édifier sur la vraie pensée du nouveau pénitent? Tout en prétendant ne s'y opposer d'aucune sorte, Voltaire demanda à l'abbé Gaultier s'il insérerait sa rétractation dans les journaux. Celui-ci répondit que le temps n'en était pas encore venu : d'ailleurs, il n'é-

1. L'original a été déposé par M. Gosselin, le 19 octobre 1809, à la Bibliothèque nationale, département des manuscrits, où il se trouve, FR, 11460. Ces deux lignes sont écrites avec une netteté et une fermeté de main prodigieuses chez un vieillard de quatre-vingt-quatre ans.

tait qu'à demi satisfait, et il craignait bien que ses supérieurs ne fussent de son avis. En effet, au sortir de la chambre du malade, il allait à Conflans porter la profession de foi du philosophe à l'archevêque qui ne la trouva point suffisante. Il en fut de même du curé de Saint-Sulpice, auquel il remettait, avec une copie de l'important document, un billet de six cents livres pour les pauvres de la paroisse.

Dirons-nous que ce récit nous laisse quelques doutes ? Puisque cette protestation paraissait insuffisante à l'ancien jésuite, pourquoi, sans désemparer, n'insistait-il pas auprès du poëte pour obtenir ce qu'il souhaitait d'y voir ? Certes, Voltaire l'aurait fait sous sa dictée. Il y aurait d'autant mieux acquiescé, qu'en somme, tout ce qu'on pouvait exiger de lui se trouve dans sa déclaration, et qu'on ne comprend guère au delà que certains développements qui n'eussent rien ajouté au fond des choses et ne l'eussent pas compromis davantage aux yeux de la philosophie. Sans nul doute c'est l'abbé qui lui a fait ajouter que, *s'il a jamais scandalisé l'Église, il en demande pardon à Dieu et à elle.* La rédaction de cette addition révèle un ecclésiastique ; Voltaire, lorsqu'on lui reprocha ce zèle dans les concessions, avoua qu'il ne l'avait consentie qu'à la réquisition du prêtre, et, disait-il, *pour avoir la paix.* Qui sait si l'abbé Gaultier, satisfait de ce qu'il était parvenu à obtenir, ne fut pas plus accommodant qu'il ne le dit, et ne confessa point son pénitent, conformément à la prière qui lui en était faite ? Wagnière, auquel nous sommes loin d'accorder une confiance absolue, clôt sa narration par un détail étrange et qui ne s'invente guère : « Il proposa ensuite au malade de lui donner la communion. Celui-ci répondit : *Monsieur l'abbé, faites attention que je crache continuellement du sang ; il faut bien se donner de garde de mêler celui du bon Dieu avec le mien.* Le confesseur ne répliqua point. On le pria de se retirer, et il sortit [1]. » Et l'administration de la communion implique, de toute nécessité, l'audition des péchés et leur absolution.

Mais c'est là un conte de Wagnière, dira-t-on. Ces offres de communion et le refus motivé de Voltaire se trouvent ailleurs encore que dans la relation du secrétaire. Nous les rencontrons dans une très-curieuse lettre de D'Alembert à Frédéric, lettre confidentielle, nullement faite pour être rendue publique et qui ne le fut que longtemps après les événements. « Cet abbé Gaultier arriva donc, fut une heure enfermé avec le malade, et en sortit si content, qu'il voulait sur-le-champ aller chercher à la paroisse ce que nous appelons *le bon Dieu*, ce que le malade ne voulut pas, *par la raison*, dit-il, *que je crache le sang, et que je pourrais bien par malheur cracher autre chose*[2]. » Infirmera-t-on le témoignage de D'Alembert ? cela nous semble malaisé. Nous le croyons, pour notre compte, incapable d'avoir concerté une telle fable. Mais laissons là sa loyauté. Frédéric veut savoir com-

---

1. Longchamp et Wagnière, *Mémoires sur Voltaire* (Paris, André, 1826), t. I, p. 132, 133. Voyage de Voltaire à Paris, 1778.
2. *OEuvres de Frédéric le Grand* (Berlin, Preuss), t. XXV, p. 104. Lettre de D'Alembert au roi de Prusse; Paris, 3 juillet 1778. Dans les *OEuvres de D'Alembert* (Paris, Belin, 1822). La lettre porte la date du 1er juillet.

ment est mort son ancien courtisan; il a prié D'Alembert d'entrer à ce sujet dans les moindres détails, et c'est dans la longue et circonstanciée réponse de ce dernier que nous trouvons cette anecdote. Il n'y avait pas à tromper le roi, qui entendait n'être trompé en aucun cas; le philosophe de Sans-Souci et l'Archimède français parlaient à cœur ouvert sur toutes les matières, et nous ajouterons que si D'Alembert avait pu soupçonner que sa lettre serait un jour publiée, il en aurait modifié et même retranché plus d'un passage [1]. Le portrait qu'il fait de l'ancien jésuite n'est nullement malveillant, il est bien plutôt sympathique, et semble être l'expression de ce qu'on pensait de lui au quai des Théatins. « Cet abbé Gaultier, sire, est un pauvre diable de prêtre, qui, de lui-même et par bonté d'âme, était venu se présenter à M. de Voltaire quelques jours avant sa maladie, et lui avait offert, en cas de besoin, ses services ecclésiastiques que M. de Voltaire avait acceptés, parce que cet homme lui avait paru plus modéré et plus raisonnable que trois ou quatre autres capelans qui, sans mission, comme l'abbé Gaultier, et sans connaître plus que lui M. de Voltaire, étaient venus chez lui le prêcher en fanati-

---

1. Madame du Deffand, peu optimiste de sa nature, écrivait un jour à mademoiselle de Lespinasse : « J'ai deux amis intimes, qui sont Formont et D'Alembert; je les aime passionément moins par leur agrément et par leur amitié pour moi que par leur extrême vérité. » Eugène Asse, *Lettres de mademoiselle de Lespinasse* (Paris, Charpentier, 1876), p. xiii, lett. XXII, 13 février 1754. D'ailleurs dans sa déclaration, que nous venons de reproduire, Voltaire dit « qu'il s'est confessé »; et, s'il en avait été autrement, est-il admissible que l'abbé Gaultier eût laissé exister cette erreur de fait, et n'eût pas demandé qu'il l'effaçât, ce à quoi le malade n'aurait pu se refuser ?

ques, lui annoncer l'enfer et les jugements de Dieu, et que le vieux patriarche, par bonté d'âme, n'avait pas fait jeter par la fenêtre. »

L'ancien curé de Saint-Mard, qui comptait sur des félicitations, eut ordre de réparer son imprudence et de réclamer des garanties d'orthodoxie plus satisfaisantes. Dès le lendemain, il retournait chez son pénitent pour obtenir de lui une rétractation « moins équivoque et plus détaillée. » Mais il lui fut répondu que M. de Voltaire n'était pas en état de le recevoir. « Je sentis bien d'où partait le coup, car en sortant la veille de chez M. de Voltaire, MM. D'Alembert, Diderot et Marmontel me marquèrent le mécontement que leur causoit ma présence. » Cela ne doit pas être exact pour D'Alembert, dont la façon de penser, comme on verra plus bas, était loin d'être opposée à un parti dicté par une situation impérieuse. Quant aux deux autres, que l'introduction d'un prêtre auprès du patriarche de Ferney les chagrinât un peu, cela est trop certain ; mais ils n'avaient pas à faire la police dans l'hôtel de M. de Villette, et c'est au marquis que ce soin revenait, si l'on eût été unanime à écarter toute manifestation religieuse. Quoi qu'il en soit de l'attitude plus ou moins hostile de ces messieurs, l'abbé se trompait du tout au tout, en leur attribuant une manœuvre qui lui fermait tout accès auprès de son pénitent. Mais se trompait-il ? et, à la date où il écrivait ce mémoire (1er juillet 1778), ne devait-il pas savoir à quoi s'en tenir sur le rôle réel de chacun ?

Wagnière raconte que le curé de Saint-Sulpice, ayant appris les démarches de l'abbé Gaultier sans son autorisation, alla voir M. de Villette et lui en témoigna son étonnement avec quelque amertume. Informé de ces plaintes, préoccupé et effrayé des intrigues dont il pouvait être l'objet, Voltaire crut prudent d'écrire, en effet, une lettre d'excuse à celui de qui il relevait au spirituel, et qu'il dépêchait au petit matin.

M. le marquis de Villette, lui marquait-il, m'a assuré que si j'avais pris la liberté de m'adresser à vous-même, monsieur, pour la démarche nécessaire que j'ai faite, vous auriez eu la bonté de quitter vos importantes occupations pour venir, et daigner remplir auprès de moi des fonctions que je n'ai cru convenables qu'à des subalternes auprès des passagers qui se trouvent dans votre département... Vous êtes un général à qui j'ai demandé un soldat. Je vous supplie de me pardonner de n'avoir pas prévu la condescendance avec laquelle vous seriez descendu jusqu'à moi; pardonnez aussi l'importunité de cette lettre : elle n'exige pas l'embarras d'une réponse, votre temps est trop précieux [1].

Le curé de Saint-Sulpice, le jour même, s'empressait de répondre avec non moins de politesse à son paroissien de rencontre :

Tous mes paroissiens, monsieur, ont droit à mes soins, que la nécessité seule me fait partager avec mes coopérateurs. Mais quelqu'un comme M. de Voltaire est fait pour attirer toute mon attention : sa célébrité qui fixe sur lui les yeux de la capitale de la France, et même de l'Europe, est bien digne de la sollicitude pastorale d'un curé... Mon ministère ayant pour but le vrai bonheur de l'homme, en dissipant par la foi les ténèbres qui offusquent sa raison et le bornent dans le cercle étroit de cette vie, jugez avec quel empressement je dois l'offrir à l'homme le plus distingué par ses

1. Voltaire, *Œuvres complètes* (Beuchot), t. LXX, p. 452. Lettre de Voltaire au curé de Saint-Sulpice; 4 mars 1778.

talents, dont l'exemple seul ferait des milliers d'heureux.....
Si vous me permettiez de vous entretenir quelquefois, j'espère que vous conviendriez qu'en adoptant parfaitement la sublime philosophie de l'Évangile, vous pourriez faire le plus grand bien, et ajouter à la gloire d'avoir porté l'esprit humain au plus haut degré de ses connaissances, le mérite de la vertu la plus sincère, dont la sagesse divine, revêtue de notre nature, nous a donné la juste idée, et fourni le parfait modèle, que nous ne pouvons trouver ailleurs.

Cet échange de lettres ne s'arrange guère avec le Mémoire de l'abbé Gaultier. C'est le 2 mars qu'il obtient de Voltaire cette rétractation, dont on ne fut content qu'à demi. Comme la lettre du poëte à M. de Tersac, que nous venons de citer en partie, est du 4, il faut que ce dernier, tout aussitôt après avoir appris de l'abbé ce qui s'était passé, soit allé témoigner sa mauvaise humeur à M. de Villette, puisque, dès le lendemain, 3 mars, le prêtre habitué des Incurables se voyait évincer par le suisse de l'hôtel, qui avait ordre de ne point le laisser entrer. Mais si le curé ne put cacher son dépit au mari de *belle et bonne*, comment admettre qu'il ne fît pas sentir, à celui qui lui soufflait une conversion, combien sa démarche lui avait semblé peu convenable et téméraire? Quoi qu'il en soit, jusqu'à la fin, l'abbé agira en homme autorisé par ses supérieurs dont il a pris les ordres, et qui ne se doute point que son zèle ait pu déplaire. En somme, il avait entamé et engagé cette affaire épineuse; il avait obtenu du patriarche de la philosophie une déclaration de catholicité qui, certes, n'était pas, quoiqu'on affectât de le trouver, une pièce insignifiante; il semble qu'il avait bien quelques droits à ce qu'on le laissât achever son œuvre : un médecin s'attache à son malade, et l'ex-jésuite devait considérer l'auteur de *la Henriade* comme son pénitent bien acquis. Aussi, quoique, dès le premier échec, il eût flairé le complot, il ne se découragea point et revint plusieurs fois à la charge, mais sans être plus heureux. Alors il se décida à écrire à M. de Voltaire ce billet à la date du 13 :

Je désire, monsieur, savoir de vos nouvelles : je me suis présenté plusieurs fois à votre hôtel, et toujours inutilement. Tout ce qu'on m'a dit, c'est que vous n'étiez pas visible. Je souhaite que votre santé se rétablisse : je ne cesse de demander, dans le saint sacrifice de la messe, que le Dieu de bonté vous accorde d'heureux jours. Soyez persuadé de mes sentiments; ils ne peuvent être ni plus vifs ni plus sincères. Si vous me permettez d'aller vous voir, je vous dirai de vive voix ce que je n'ose vous marquer dans cette lettre, plus dictée par le cœur que par l'esprit.

Lorsque l'hémorrhagie du poëte se fût calmée, le curé de Saint-Sulpice fut enfin introduit près du malade. Il est manifeste que sa première visite est à cette date. C'est à cette date aussi que Villette la place dans une lettre à M. de La Touraille, du 9 avril, en réponse à un article de Linguet, dans ses feuilles. « Il n'a visité le malade que pendant sa convalescence avec toute la sagesse et la décence de son caractère honnête et respectable[1]. » Tout se borna à un échange de politesse et d'offres de services. Voltaire parla au pas-

---

[1]. *Courrier de l'Europe*, du vendredi 17 avril 1778, t. III. p. 247.
— Linguet, *Annales politiques, civiles et littéraires*, t. III, p. 436.

teur de ses pauvres et de ses établissements de charité, et la visite n'eut d'autre caractère que celui d'une entrevue courtoise entre gens du monde. Mais les plaintes du curé avaient produit leur effet, et le patriarche ne répondit, deux jours après, à la lettre onctueuse de l'abbé Gaultier que par ce fort laconique billet : « Le maître de la maison a ordonné à son suisse de ne laisser entrer aucun ecclésiastique que M. le curé de Saint-Sulpice. Quand le malade aura recouvré un peu de santé, il se fera un plaisir de recevoir M. l'abbé Gaultier. »

Pour qui veut comprendre, c'était un congé catégorique, et un congé auquel le curé de Saint-Sulpice ne pouvait être étranger. Comment l'abbé ne s'en douta-t-il pas? Comment le curé lui-même n'eut-il pas la franchise de le prévenir qu'il se chargerait désormais de ramener au bercail cette brebis égarée? En présence des deux lettres de Voltaire et de M. de Tersac, il n'y a qu'une manière d'expliquer le Mémoire de l'abbé Gaultier : c'est de le considérer comme une œuvre collective, rêvée, arrangée après l'événement, où quelques circonstances ont été produites en raison de certaines convenances. Ce conflit entre le curé et l'ex-jésuite devait-être ignoré du public, auquel il importait seulement de connaître tout le zèle bien inutile qui avait été déployé auprès d'un pécheur endurci; et on ne l'eût pas même soupçonné sans la publication des lettres échangées entre M. de Voltaire et son curé [1].

1. « ... Malheureusement l'abbé Gaultier ne s'étoit pas entendu là-dessus avec le curé de Saint-Sulpice, ou du moins celui-ci conçut

Malgré le billet significatif de l'hôte de M. de Villette, l'abbé Gaultier ne se le tenait pas pour dit, et retournait huit jours après tenter la fortune. Mais le suisse, qui avait des ordres, lui répondit « qu'il n'y avoit plus rien à faire. » L'abbé apprenait en même temps que le malade se portait beaucoup mieux. Il n'en hasardait pas moins une dernière épître.

... Je me suis présenté plusieurs fois à votre hôtel pour vous féliciter sur votre convalescence, on m'a toujours répondu qu'il n'y avoit plus rien à faire. Je ne sais pas ce que cela signifie, surtout après que vous m'avez écrit que vous me verriez avec plaisir lorsque vous seriez un peu rétabli. Je ne me présenterai plus à votre hôtel; car il me paraît inutile de frapper à d'autres portes qu'à celle de votre cœur; je suis sûr d'y avoir entrée. Quelle consolation et quel plaisir pour moi, si je pouvois vous aider à parvenir au vrai bonheur [1]!

La santé était revenue au pénitent [2], et devant ce silence persévérant, l'ancien jésuite dut comprendre que les temps n'étaient pas mûrs, mais sans re-

contre lui une jalousie qui ne tourna point au profit de la religion. On voit, milord, par la correspondance entre M. de Voltaire et le pasteur, que le premier ayant eu le temps de se remettre de l'effroi que lui avoit causé d'une part la menace du médecin, et de l'autre celle du prêtre, et le danger ayant cessé, s'étoit également moqué et du soldat et du général. » *L'Espion anglais*, t. VIII, p. 307 à 310; Paris, ce 2 avril 1770. — Les *Mémoires secrets* en disent autant, t. XI, p. 200; 20 avril 1770. Voir aussi la vie de Voltaire par Condorcet, *Œuvres complètes* (Beuchot), t. I, p. 295.

1. Élie Harel, *Voltaire. Particularités curieuses de sa vie et de sa mort* (Paris, 1817), p. 118.

2. Madame du Deffand mandait à Walpole, à la date du 2 mars : « J'appris hier par d'Argental, qui voit Voltaire deux fois par jour, que Tronchin le croit guéri; il n'a point de fièvre, il n'est point faible, il crache encore un peu de sang, mais c'est le reste de l'hémor-

noncer à achever l'œuvre que la Providence semblait lui avoir départie. L'abbé Gaultier avait la spécialité de ces cures spirituelles. Avant Voltaire, comme il le lui apprenait lui-même, il avoit entrepris l'abbé de L'Attaignant, un abbé profane dont les madrigaux, les chansons traînaient, depuis un demi-siècle, sur toutes les toilettes. L'Attaignant était à la mort; l'abbé Gaultier de s'élancer au chevet de l'agonisant et de reconquérir par l'onction de ses exhortations cette âme que Satan croyait déjà sienne. Comme l'auteur de *Zaïre,* le chanoine de Reims en réchappa. Mais le fait de ces deux conversions opérées sur gens de même farine[1] parut plaisant; il donna lieu à cette épigramme sans dardillon, et dont Voltaire et L'Attaignant rirent les premiers :

> Voltaire et L'Attaignant, d'humeur encor gentille,
> Au même confesseur ont fait le même aveu;
>   En tel cas il importe peu
> Que ce ce soit à Gaultier, que ce soit à Garguille.
> Monsieur Gaultier pourtant me paraît bien trouvé.
>   L'honneur de deux cures semblables
>   A bon droit était réservé
>   Au chapelain des Incurables.

L'alerte disparue, Voltaire devait être un peu confus de son personnage, et éprouver le besoin d'atténuer

---

rhagie : on est persuadé qu'il en reviendra. Je le verrai peut-être aujourd'hui. » *Correspondance complète* (Paris, Plon, 1865), t. II, p. 642.

1. Ce n'était pas les deux uniques cures de l'abbé Gaultier. Il avait encore ramené au giron de l'orthodoxie l'abbé de Villemesens, janséniste obstiné de la paroisse Saint-Nicolas-des-Champs. *Mémoires secrets pour servir à l'histoire de la République des lettres* (Londres, John Adamson), t. XI, p. 136; 7 mars 1778.

aux yeux des honnêtes gens le méchant effet d'une conversion qui avait médiocrement réussi même auprès des dévots, auxquels il fallait, pour les apaiser, d'autres témoignages de récipiscence et d'orthodoxie.

Le même jour qu'il s'était confessé, nous dit La Harpe, j'allai chez lui de la part de l'Académie, m'informer de sa santé, et lui dire qu'on avait arrêté et mis sur les registres, que tant que la maladie durerait, on enverrait à toutes les séances savoir de ses nouvelles. Hélas ! me dit-il, *je n'ai pas cru pouvoir mieux reconnaître les bontés de l'Académie qu'en remplissant mes devoirs de chrétien; afin d'être enterré en terre sainte, et d'avoir un service aux Cordeliers* [1].

Il était dans les traditions de l'Académie de faire dire un service aux Cordeliers pour le membre qu'elle venait de perdre, et c'est à quoi l'auteur du *Sermon des Cinquante* fait allusion, de ce ton équivoque qui laisse un libre champ à l'interprétation. Avec le docteur Lorry, qui n'a pas de préjugés, un médecin petit-maître, bel esprit, à épigrammes et à bons mots, le médecin par excellence de cette époque légère, incrédule, riant de tout, de la mort comme de la vie [2], il

---

1. La Harpe, *Correspondance littéraire* (Paris, Migneret, 1804), t. II, p. 212. La Harpe, lui aussi, parle de la confession de Voltaire. Le lundi 26 février, l'Académie ayant appris l'accident du poëte, avait choisi Marmontel et La Harpe pour aller savoir de ses nouvelles. Ceux-ci, à la réunion du samedi 28, disaient qu'ils n'avaient pas été reçus et qu'ils s'étaient bornés à remettre leur billet de visite. Ce fut le lundi 2 mars que la compagnie arrêta, comme le dit l'auteur de *Warwick* à Voltaire, qu'on enverrait désormais chez lui à chaque séance. Secrétariat de l'Institut, registre de l'Académie française, 1745-1793.

2. C'est Lorry que Poinsinet a eu en vue dans sa comédie du *Cercle*. On trouve des détails piquants sur lui dans les *Mémoires secrets*, t. XXIII, p. 201 ; et dans les *Mémoires de Préville*, t. VI, p. 151, 152 (édit. Barrière).

s'expliquera d'une façon autrement désinvolte. La nouvelle de sa confession avait attiré sur la lèvre de l'Esculape parisien un sourire quelque peu sceptique. « Vous me croyez donc bien impie? » s'écria son étrange malade. Lorry lui répondit par ce vers qui avait le mérite d'être de situation :

> Vous craignez qu'on l'ignore et vous en faites gloire.

« Au reste, reprit M. de Voltaire, je ne veux pas qu'on jette mon corps à la voirie, tout cela me déplaît fort; cette prêtraille m'assomme ; mais me voilà entre ses mains, il faut bien que je m'en tire. Dès que je pourrai être transporté, je m'en vais. J'espère que leur zèle ne me poursuivra pas jusqu'à Ferney. Si j'y avais été, cela ne se serait pas passé ainsi [1] ». Soit; mais pourquoi le quitter alors; et était-il si difficile de prévoir qu'à la première indisposition, les choses se passeraient de la sorte? Peu importe, au fond, ce qu'on fera de notre guenille après nous ; ce qui importe, c'est de laisser une mémoire sans reproche, c'est de ne pas léguer à ses admirateurs comme à ses amis une tâche parfois épineuse, celle de défendre un caractère que l'on voudrait plus élevé, plus digne, et qui décontenance l'apologie à tout instant par les plus tristes écarts. On a beau dire, pour légitimer ces frasques : « Quand on meurt à Surate, il faut tenir la queue d'une vache dans

---

1. *Mémoires secrets pour servir à l'histoire de la République des lettres* (Londres, John Adamson), t. XI, p. 137, 138; 8 mars 1778. Il n'y a pas à douter de la réalité de ce récit, que confirme, d'ailleurs, Wagnière. « Cette conversation entre M. de *Voltaire* et M. *Lorry*, nous dit-il, est très-vraie. » *Mémoires sur Voltaire* (Paris, André, 1826), t. I, p. 449.

sa main, » on ne donnera pas le change aux honnêtes gens que cette façon leste d'envisager les choses de la conscience ne saurait trouver indulgents. Toutefois, il y a à tenir compte du milieu, et il ne serait pas équitable de faire peser sur l'individu une responsabilité qui doit incomber à une société tout entière.

Si Voltaire est blâmable, ce n'est pas de s'être confessé, ce n'est pas d'avoir fait, contre sa conviction, des manifestations de catholicité ; il n'aura fait en cela que respecter extérieurement la loi de son pays. Ainsi était mort M. de Montesquieu, ainsi mourra Buffon. Et lorsque Walpole jugera sévèrement cette détermination de Voltaire, madame du Deffand lui répondra avec cette autorité que donnent l'âge et la science des terrains que l'on foule : « Vous avez un très-grand et bon esprit, mais cependant qui ne vous garantit pas de quelques méprises dans les jugements que vous portez ; je le sais par expérience, et tout à l'heure à l'occasion de Voltaire ; vous ne jugez pas bien des motifs de sa conduite ; il serait bien fâché qu'on crût qu'il avait changé de façon de penser, et tout ce qu'il a fait a été fait pour le décorum et pour qu'on le laissât en repos[1]. » Le décorum, la sécurité, telles étaient, telles devaient être les préoccupations de « l'honnête homme » dans ces circonstances exceptionnelles et solennelles qui devenaient de vrais actes publics. Walpole, citoyen d'un pays libre, ne pouvait, en effet, que par un effort de réflexion, comprendre et excuser

---

1. Madame du Deffand, *Correspondance complète* (Paris, Plon, 1865), t. II, p. 649. Lettre de la marquise à Walpole ; Paris, dimanche 22 mars 1778.

ces étranges inconséquences auxquelles l'esprit le plus logique n'échappait pas. Il n'existait qu'une religion, religion armée, représentée par un clergé formidable, rejetant tout culte dissident, s'emparant de vous à l'entrée de la vie et vous surveillant jusqu'à votre dernière minute. Le Français protestant, s'il ne voulait point que sa femme ne fût qu'une concubine, que ses enfants fussent des bâtards, devait donner le change par des pratiques extérieures sur lesquelles on se montrait facile [1]; et il se résignait le plus souvent à des actes de catholicité de pure forme, qui ne trompaient personne, et n'empêchaient ni lui ni les siens de demeurer protestants.

Avec la liberté de conscience, tout se transforme, tout s'éclaire; plus de compromis honteux, plus d'hypocrisie indispensable, plus de comédies sacriléges. Les mœurs et la religion y gagnent également. On était à la veille de ces changements, quand Voltaire rendra le dernier soupir : il aura entrevu la terre promise. Pour juger sainement, en toute compétence, de la démarche de l'auteur de *la Henriade*, il est indispensable de se reporter aux temps, et de se renseigner sur l'effet qu'elle produisit dans le public : elle fit sourire, mais n'indigna point. Une seule personne la blâma, ce fut M. de Choiseul. « Je n'ai vu que le duc de *Choiseul* qui ait fait témoigner à *M.* de *Voltaire* sa

---

[1]. Dans un esprit de tolérance pratique, les parlements, malgré la précision de la loi, accueillaient mal les collatéraux avides qui s'armaient de son texte pour réclamer la nullité des mariages contractés au *désert*, et se prêtaient volontiers à laisser passer aux enfants la fortune de leur père. *Anciennes lois françaises*, t. XXVIII, p. 472.
— *La vérité rendue sensible à Louis XVI* (1782), t. I, p. 2.

surprise sur cette démarche, » dit Wagnère¹. Quant aux coryphées de la philosophie, loin de se montrer sévères sur cette capucinade peu digne d'eux et de lui, ils l'approuvèrent complètement, et il est tout à fait faux, quoi qu'en aient dit les Nouvelles à la main, que D'Alembert et Condorcet aient manifesté leur sérieux mécontentement d'une pasquinade dont le ridicule rejaillissait sur toute la secte. C'est Wagnière qui l'affirme en s'en indignant; mais, à cet égard, il existe des témoignages autrement formels. Nous avons vu l'abbé Gaultier accuser le premier de lui avoir fait, ainsi que Diderot et Marmontel, fermer la porte de son pénitent. Jamais inculpation ne fut moins fondée, comme cela résulte de ce curieux passage de la lettre au roi de Prusse que nous avons citée, et à laquelle nous aurons encore à revenir. C'est là tout un document.

Quelques jours avant sa maladie, il m'avait demandé, dans une conversation de confiance, comment je lui conseillais de se conduire, si pendant son séjour il venait à tomber grièvement malade. Ma réponse fut celle que tout homme sage lui aurait faite à ma place, qu'il ferait bien de se conduire en cette circonstance comme tous les philosophes qui l'avaient précédé, entre autres comme Fontenelle et Montesquieu², qui avaient suivi l'usage,

1. Longchamp et Wagnière, *Mémoires sur Voltaire* (Paris, André, 1826), t. I, p. 451. Examen des *Mémoires de Bachaumont*, 1778.
2. Il existe un document curieux qui, si on ne l'examine d'un peu près, semblerait démontrer que Montesquieu mourut en chrétien sincère et convaincu. C'est une lettre de madame Dupré de Saint-Maur (M. Mennechet dit M. de Saint-Marc), adressée à Suard, qui est à lire avec attention. Elle n'est pas si concluante qu'elle le peut paraître dans le sens d'un retour véritable à Dieu, et elle nous a laissé au moins

250 FRANCHE EXPLICATION.

> Et reçut ce que vous savez
> Avec beaucoup de révérence [1].

Il approuva beaucoup ma réponse : « Je pense de même, me dit-il, car il ne faut pas être jeté à la voirie, comme j'y ai vu jeter la pauvre Lecouvreur. » Il avait, je ne sais pourquoi, beaucoup d'aversion pour cette manière d'être enterré. Je n'eus garde de combattre cette aversion, désirant qu'en cas de malheur tout se passât sans trouble et sans scandale. En conséquence, se trouvant plus mal qu'à l'ordinaire, un des jours de sa maladie, il prit bravement son parti de faire ce dont nous étions convenus, et dans une visite que je lui fis le matin, comme il me parlait avec assez d'action, et que je le priais de se taire pour ne pas se fatiguer la poitrine : « Il faut bien que je parle bon gré mal gré, me dit-il en riant; est-ce que vous ne vous souvenez pas qu'il faut que je me confesse? Voilà le moment de faire, comme disait Henri IV, le saut périlleux; aussi je viens d'envoyer chercher l'abbé Gaultier, et je l'attends [2]. »

Nous avons reproduit un petit dialogue assez piquant entre l'auteur de *la Pucelle* et le docteur Lorry. Ce médecin de ruelles, d'ailleurs bon et très-habile médecin, avait été appelé du consentement même de Tronchin, mais sur les instances de Villette. Wagnière, qui, nous le savons, n'affectionne pas plus le marquis que madame Denis, dit à ce propos : « M. de Villette, avait la plus grande haine pour *M. Tronchin*, et au-

---

des doutes. Nous n'insisterons pas davantage; nous nous bornerons, historiquement, à faire nos réserves personnelles. Mennechet, *Matinées littéraires* (Paris, 1846), t. IV, p. 156, 157, 158.

1. Voltaire, *OEuvres complètes* (Beuchot), t. XIII, p. 52. Epître au duc de Sully, 1720. Il est question de la mort de l'abbé de Chaulieu. D'Alembert cite de mémoire. Ce n'est pas « révérence », mais « bienséance » qu'il faut lire.

2. *OEuvres de Frédéric le Grand* (Berlin, Preuss), t. XXV, p. 103. Lettre de D'Alembert au roi de Prusse; Paris, 3 juillet 1778.

rait désiré qu'il ne continuât plus de voir *M. de Voltaire*. Cela était si violent, qu'à la fin *M. Tronchin* le prit un jour par le bras, et le fit sortir de la chambre. Dès lors, il se forma deux partis. J'ai été témoin des scènes les plus indécentes dans la chambre du malade, lorsqu'il était encore en très-grand danger. Au bruit qu'on y faisait, on aurait dit qu'il y avait des paysans ivres prêts à se battre [1]. » Wagnière parle encore d'un billet de Tronchin à son confrère, très-cordial et très-poli, que Villette aurait escamoté et remplacé par un autre « afin de se vanter, comme il le fit, que c'était lui seul qui avait fait venir *M. Lorry,* malgré *M. Tronchin*, et sauvé la vie au malade. » Nous ne nous arrêterons point à ces commérages. Ce qu'il y a de sûr, c'est que Tronchin n'était pas le médecin qu'eût choisi le marquis. Ainsi ce dernier, s'étayant de l'exemple que le docteur genevois lui avait donné, faisait insérer, dans le *Journal de Paris*, un billet fort aimable pour Lorry et infiniment moins gracieux pour Tronchin qui ne semble pas, toutefois, s'en être affecté outre mesure.

Ce n'est pas moi, monsieur, c'est votre réputation qui vous a annoncé à M. de Voltaire. Vous avez pleinement justifié tout ce qu'on lui avoit dit de vous; et c'est votre nom qui doit remplir aujourd'hui ces vers si connus :

> Malade, et dans un lit de douleur accablé,
> Par l'éloquent Lorry vous êtes consolé.
> Il sait l'art de guérir autant que l'art de plaire, etc.

Je vous dois le repos de ma vie et celui de ma jeune femme : vous avez porté le calme dans son esprit.

---

1. Longchamp et Wagnière, *Mémoires sur Voltaire* (Paris, André, 1826), t. I, p. 129, 130. Voyage de Voltaire à Paris, 1778.

C'est à l'amitié sans doute qu'il faut attribuer les craintes effrayantes dont M. Tronchin nous avoit alarmés; tout autre médecin que lui pourroit être soupçonné d'avoir créé des monstres pour l'honneur de les combattre.

Continuez donc, monsieur, vos visites auprès de M. de Voltaire. Votre confrère est trop ami de l'humanité et trop pénétré du respect qu'il doit au public pour refuser de partager avec vous la gloire d'avoir rendu la vie à celui qui en fait un si bel usage [1].

En somme, Lorry ne fit qu'approuver les ordonnances de son confrère « quelque chose que l'on pût lui insinuer pour dire le contraire »; et la bonne entente ne cessa de régner entre eux, tant qu'ils furent appelés l'un et l'autre au chevet du malade. Si les crachements de sang persistèrent, l'état général ne tarda pas à s'améliorer, et La Harpe, la veille même de l'entrevue avec l'abbé Gaultier, récitait au patriarche, pour le distraire, un chant de *la Pharsale*, avec une emphase, une telle vigueur de poumons qu'on l'entendait à tous les étages, « et même dans la rue, » ajoutent malignement les *Mémoires secrets*. Après l'avoir laissé

---

1. *Journal de Paris* du jeudi 5 mars 1778, N° 64, p. 255, 256. Copie d'une lettre écrite à M. Lorry, docteur de la Faculté de médecine de Paris, par M. le marquis de Villette, et envoyée par lui aux auteurs du journal. La lettre n'a pas de date. Mais nous lisons dans les mémoires manuscrits du libraire Hardy, à celle du jeudi 26 février : « On sut quelques jours après que le sieur *marquis de Villette* avoit écrit au sieur *Lorry*, docteur de la Faculté de médecine, en grande réputation, pour l'engager à vouloir bien s'unir au sieur *Tronchin*, et travailler de concert avec lui à étaïer l'extrême caducité dudit sieur *de Voltaire*. » Bibliothèque nationale. Manuscrits, N° 6682. *Mes loisirs ou Journal d'événemens tels qu'ils parviennent à ma connoissance*, p. 460. Si nous citons de préférence le manuscrit, disons que ces détails relatifs à Voltaire ont été reproduits dans *la Nouvelle revue encyclopédique* (Didot, 1848), t. V, p. 634 à 645.

tonner tant qu'il le voulut, Voltaire, s'adressant aux personnes qui étaient dans sa chambre : « Messieurs, leur aurait-il dit, de l'air le plus sérieux, vous devriez bien demander pour moi la croix de Saint-Louis. » On crut qu'il divaguait. On le fit répéter. « Eh oui, ajouta-t-il, la croix de Saint-Louis, pour ce pauvre Voltaire qui perd son sang et qui soutient avec tant de courage cette cruelle bataille de Pharsale [1]. »

Wagnière, dans son examen des *Mémoires secrets*, substitue *les Barmécides* à la *Pharsale*. Mais c'est là une erreur. Cette petite scène, qu'il faut reporter au dimanche, premier mars [2] est très-distincte de la lecture des *Barmécides*, et *la Correspondance secrète* a une anecdote et sur l'une et sur l'autre. Nous avons emprunté à celle-ci l'historiette de la croix de Saint-Louis, dont, après tout, nous lui laissons la responsabilité ; nous reproduirons également ce qu'elle rapporte à l'égard de la tragédie de La Harpe. « Le fameux critique faisoit quelques difficultés de lui lire sa *fameuse* tragédie des *Barmécides*, en lui disant que son état ne lui permettoit pas de supporter de fortes sensations. *Ça me fera revivre*, dit le vieillard, *lisez toujours.* Enfin, le fameux critique fut décidé à obéir : le malin hermite écoutoit avec attention ; tantôt il bailloit, et tantôt il souriot. Quand l'écrivain tragique eut fini de lire : *Cette pièce*, dit-il, *est un roman invraisem-*

---

1. *Correspondance secrète, politique et littéraire* (Londres, John Adamson), t. VI, p. 300 ; Paris, le 27 juin 1778.
2. *Mémoires secrets pour servir à l'histoire de la République des lettres* (Londres, John Adamson), t. XI, p. 130, 132 ; 3 et 5 mars 1778.

blable où il se trouve quelques beaux vers déplacés[1]. »
Wagnière ne donne pas, tant s'en faut, à la critique, cette attitude peu sympathique. Ce qui révèle l'infidélité de la plupart de ces commérages, c'est, trop souvent, la complète ignorance du caractère, de l'humeur de celui qu'ils mettent en scène. Voltaire est malin, il n'est pas méchant, et il est très-affable, très-caressant et très-indulgent avec ceux qu'il aime. Laissons raconter à son tour l'honnête secrétaire. L'anecdote ne se ressemblera plus, bien que le fond des choses soit le même. « *M. de Voltaire* avait prié M. *de La Harpe* de lui lire sa dernière tragédie (*les Barmécides*). Pendant la lecture, où nous n'étions que nous trois, *M. de Voltaire* faisait ses observations, et donnait à *M. de la Harpe* des conseils de père et d'un véritable ami. Celui-ci, piqué dans son amour-propre, dit avec altération qu'il ne pouvait continuer, et prétexta un mal de gorge. Eh bien, lui répliqua avec bonté *M. de Voltaire*, laissez-moi votre pièce, et si vous le voulez, je mettrai en marge mes observations; à quoi *M. de La Harpe* eut bien de la peine à consentir*[2]. »

1. *Correspondance secrète, politique et littéraire* (Londres, John Adamson), t. VI, p. 143 ; de Paris, le 4 avril 1778.
2. Longchamp et Wagnière, *Mémoires sur Voltaire* (Paris, André, 1826), t. I, p. 443. Examen des *Mémoires de Bachaumont*. Grimm raconte aussi cette lecture des *Barmécides*, et donne le jugement du patriarche qui ne bâille ni ne sourit, et, tout au contraire, voudrait bien n'avoir pas à attrister un jeune écrivain dont il apprécie le talent et aime la personne. « Mon ami, cela ne vaut rien ; c'est un conte déplorable où l'on trouve par ci par là quelques beaux vers, mais qu'il faut ôter, parce qu'ils sont déplacés, parce qu'ils détruisent tout le reste. Jamais la tragédie ne passera par ce chemin-là... » Grimm, *Correspondance littéraire* (Paris, Furne), t. X, p. 59 ; juillet 1778. Ce sont presque mot pour mot les paroles attribuées à Voltaire dans

Quoique dise Wagnière, son maître avait les regards tournés du côté de Versailles. « Il a encore d'autres prétentions, dit madame du Deffand à Walpole dans sa lettre du 22 février, celle d'aller à Versailles, de voir le roi, la reine, mais je doute qu'il en obtienne la permission. » Cet air de toléré et de disgracié lui pesait, l'humiliait. Il était, après tout, officier du roi, son devoir n'était-il pas d'aller saluer Leurs Majestés ? et l'état de faiblesse où il se trouvait, ne pouvait-il pas seul excuser son abstention à cet égard. Ses amis, qui étaient loin de partager ses illusions, faisaient tout pour le détourner d'une telle pensée. « Vous êtes bien bon ! lui disait à ce propos quelqu'un qui, sans doute, n'avait pas lui-même beaucoup à se louer de ce pays-là, savez-vous ce qui vous serait arrivé ? je vais vous l'apprendre. Le roi, avec son affabilité ordinaire, vous aurait ri au nez, et parlé de votre chasse de Ferney, la reine, de votre théâtre ; *Monsieur* vous aurait demandé compte de vos revenus ; *Madame* vous aurait cité quelques-uns de vos vers ; la comtesse *d'Artois* ne vous aurait rien dit, et le comte vous aurait entretenu de la *Pucelle*. » Le tableau est plus plaisant que rebutant, et Voltaire, s'il avait été assuré d'un tel accueil, n'eût point résisté à la tentation de produire son visage parcheminé, son accoutrement du vieux temps, au sein de cette jeune cour qui l'eût pris pour un revenant.

Marie-Antoinette se serait montrée pleine d'affabilité et de prévenances pour le poëte qui l'avait chantée ; mais Louis XVI ? Entouré, circonvenu par le clergé

la *Correspondance secrète*. Mais le cadre est bien différent, ainsi que l'accent et l'intention.

qui lui aurait fait entendre ce qu'aurait eu de grave pour la religion un abord autre que sévère et glacé, il eût cédé vraisemblablement aux obsessions dont il eût été l'objet; et l'apparition de l'auteur du *Dictionnaire philosophique* à Versailles n'aurait infailliblement été rien moins qu'un triomphe. Cependant, il était un embarras sérieux pour la cour, qui avait à compter avec l'opinion, et qui sentait déjà la force du courant, sans soupçonner, toutefois, que ce courant finirait par l'entraîner aux abîmes. Toutes les correspondances, les Nouvelles à la main agitent cette grande question, qui occupait autant et plus les oisifs que la question si palpitante et si menaçante d'une guerre avec l'Angleterre : Voltaire serait-il ou ne serait-il pas reçu à Versailles? c'était à qui dirait son mot et donnerait le secret du cabinet. « Le triomphe éclatant de M. de Voltaire, à Paris, notait une de ces gazettes, vient de recevoir un petit échec assez cruel. On se proposoit de lui donner le fauteuil au Théâtre-Français, honneur accordé à Corneille et à Racine. La reine voulut qu'il eût une loge tapissée comme la sienne, et à côté de la sienne, afin de pouvoir causer avec lui chaque jour, etc.; mais le roi étant chez son auguste épouse, et entendant parler de Voltaire, se mit à dire : *Ah! ah! M. de Voltaire! il est à Paris; cela est vrai, mais c'est sans ma permission.* — Mais, sire, il n'a jamais été exilé; — *cela se peut, mais je sais ce que je veux dire* [1]. Madame Campan, admirable-

---

[1]. *Correspondance secrète, politique et littéraire* (Londres, John Adamson), t. VI, p. 49; de Versailles, le 26 février 1778. Ce passage est textuellement reproduit dans la *Correspondance secrète iné-*

ment placée pour tout savoir, donne la note exacte, et entre dans les détails les plus circonstanciés et les plus curieux.

Paris porta au plus haut degré l'enthousiasme et les honneurs rendus au grand poëte. Il y avait un inconvénient majeur à laisser Paris prononcer avec de pareils transports une opinion si contraire à celle de la cour; on le fit bien observer à la reine, en lui représentant qu'elle devrait au moins, sans accorder à Voltaire les honneurs de la présentation, le voir dans les grands appartements. Elle ne fut pas trop éloignée de suivre cet avis, et paraissait uniquement embarrassée de ce qu'elle lui dirait, dans le cas où elle consentirait à le voir. On lui conseilla de lui parler seulement de la *Henriade*, de *Mérope* et de *Zaïre*; la reine dit à ceux qui avaient pris la liberté de lui faire ces observations, qu'elle consulterait encore des personnes dans lesquelles elle avait une grande confiance. Le lendemain elle répondit qu'il était décidé irrévocablement que Voltaire ne verrait aucun membre de la famille royale, ses écrits étant pleins de principes qui portaient une atteinte trop directe à la religion et aux mœurs. « Il est pourtant étrange, ajouta la reine, en rendant réponse, que nous refusions d'admettre Voltaire en notre présence, comme chef des écrivains philosophes, et que la maréchale de Mouchy se soit prêtée, d'après les intrigues de la secte, à me présenter, il y a quelques années, madame Geoffrin, qui devait sa célébrité au titre de nourrice des philosophes [1]. »

Il n'y a pas à insister sur le peu de justesse de cette observation de la reine. Madame Geoffrin n'avait qu'un salon, où, loin d'attiser le feu de la philosophie, elle s'efforçait, avec une prudence excessive, de brider les

dite sur Louis XVI, Marie-Antoinette, la cour et la ville (Plon, 1866), t. I, p. 144 ; du 2 mars.

1. Madame Campan, *Mémoires* (Collection Barrière), t. X, p. 149, 150.

élans, s'effrayant, se fâchant, quand on osait plus que de raison. Elle n'écrivait point, elle n'était même pas philosophe; elle pouvait être présentée à la reine, comme elle le fut à sa mère Marie-Thérèse qui, malgré sa rigidité, l'accabla de prévenances et d'égards. Revenons à Voltaire. Trop modéré pour troubler les derniers moments du vieillard, le roi bornera sa clémence à ignorer que l'auteur de l'*Essai sur les mœurs* est à Paris. Mais c'est sur quoi ne tardera pas à être édifié l'hôtel du quai des Théatins : et aucune tentative ne sera faite pour renverser le mur de glace qui se fût opposé à un voyage à la cour.

En dépit des représentations incessantes de Tronchin, qui menaçait de rechutes inévitables, Voltaire s'était remis de plus bel à sa tragédie; il dictait lettres sur lettres, et recevait les visites de tout Paris. Quiconque avait troussé un bouquet à Chloris, rimé un acte, glissé son nom à quelque coin du *Mercure* ou de l'*Almanach des Muses*, croyait de son devoir d'aller présenter ses humbles hommages au célèbre écrivain, et le patriarche se laissait envahir, répliquant par un madrigal, parfois une épigramme, qu'il fallait bien encaisser comme un compliment. Le traducteur d'Ovide, Fariau de Saint-Ange, était venu, comme tout le monde, faire ses salamalecs au grand lama de la littérature. Saint-Ange, qui a laissé une traduction estimée des *Métamorphoses*, avait une vanité qui dépassait de beaucoup ses talents; et la préoccupation de l'effet, l'envie de ne pas dire des choses communes, donnaient à son maintien un air de contrainte et de gaucherie dont ses ennemis tiraient bon parti, car son excessif amour-propre lui en avait attiré, de très-acharnés même¹. Il avait préparé son petit discours et en attendait merveille. « Aujourd'hui, monsieur, dit-il à Voltaire, en tournant son chapeau entre ses doigts, je ne suis venu voir qu'Homère ; je viendrai voir un autre jour Euripide et Sophocle, et puis Tacite, et puis Lucien, etc. — Monsieur, je suis bien vieux, répliqua le malin poëte : si vous pouviez faire toutes ces visites en une fois² ! »

Mercier, le dramaturge qui, lui, ne péchait pas par l'afféterie, aima mieux lui parler de son âge que de ses livres. « Vous avez, lui dit-il, si fort surpassé vos confrères en tout genre, vous surpasserez encore Fontenelle dans l'art de vivre longtemps. — Ah ! monsieur, Fontenelle était un Normand : il a trompé la nature³. » De la part de Mercier, le compliment est tout naturel ; ces phénomènes d'âge, de durée, le frappent, l'intéressent jusqu'à l'entraîner dans des supputations plus bizarres que fécondes. « Il a vécu, dira-t-il du patriarche de Ferney dans son *Tableau de Paris*, dans ses quatre vingt-quatre années, vingt-trois mille deux cents heures. Voilà bien peu de temps pour tout ce qui lui a fallu apprendre et écrire, et pour les audiences qu'il a données⁴. »

---

1. Voir notre étude sur *Grimod de La Reynière* dans la *Revue française* (1857), t. IX, p. 102 à 107.

2. *Correspondance secrète, politique et littéraire* (Londres, John Adamson), t. VI, p. 143 ; de Paris, le 4 avril 1778.

3. Grimm, *Correspondance littéraire* (Paris, Furne), t. X, p. 29 ; avril 1778.

4. Mercier, *Tableau de Paris* (Amsterdam, 1783), t. VI, p. 153, ch. DXXIII.

Puisqu'il est question des visites dont l'auteur de *la Henriade* fut assailli, il ne faut pas omettre celle de la chevalière d'Éon. Elle avait fait écrire deux lettres à Wagnière par un des chefs du bureau des affaires étrangères, pour obtenir une audience, qui lui fut accordée. L'annonce de son arrivée avait mis tout le monde en éveil, et elle eut à affronter la valetaille accourue sur son passage (jeudi 12 mars). Ce concours parut la contrarier, la décontenancer même, et elle passa hâtivement, le nez dans son manchon, sans regarder autour d'elle. L'état du malade ne permettait pas de longues visites : la sienne fut courte, et se borna à l'échange de quelques mots de politesse [1].

La matinée du mardi (10 mars), il y avait eu répétition d'*Irène* dans le salon de M. de Villette, mais le

1. Longchamp et Wagnière, *Mémoires sur Voltaire* (Paris, André, 1826), t. I, p. 456. Examen des *Mémoires de Bachaumont*, 1778. L'énumération des visites dont Voltaire fut l'objet serait impossible ; autant vaudrait nommer tout Paris. Citons cependant le premier président de la Cour des comptes, M. de Nicolaï, le fils de celui auquel le père Arouet avait confié la disposition de la fortune de ses fils. « Mon grand-père, qui n'étoit pas homme à suivre le torrent, raconte madame de Villeneuve, fut le voir et lui mena ma mère qui, par le fait, devoit bien quelque reconnoissance à celui qui avoit si dignement et si noblement chanté, dans sa *Henriade*, le président Pothier. Il y eut sans doute, dans cette visite, des allusions flatteuses et pour le poëte et pour les descendants du magistrat intègre et dévoué. Un de mes oncles (M. de Galard-Béarn), qui avoit été à Ferney, et qui comptoit parmi ses ayeux Hector de Galard, dont on donna le nom au valet de carreau, fut très-bien accueilli, et, dans la conversation, Voltaire, qui savoit sa noblesse par cœur, amena adroitement mon oncle à dire qu'il étoit le descendant d'Hector de Galard. « Non, non, dit-il en interrompant, c'est d'Hector, fils de Priam. » Extrait inédit des *Souvenirs de la marquise de Villeneuve, née Nicolay*. Nous devons cette communication à l'obligeance de M. de Boislile.

poëte n'y put assister. Il avait toussé une partie de la nuit, s'était relevé, puis recouché, et Tronchin avait exigé qu'il demeurât dans son lit, les rideaux tirés. Cette contrariété aurait été peu de chose, s'il avait été assuré de pouvoir assister à la première représentation de sa pièce. Mais le docteur génevois s'était prononcé assez catégoriquement pour ne laisser qu'un médiocre espoir à l'auteur d'*Irène* et à son entourage, qui ne comprenait pas une telle fête sans Voltaire. La nuit suivante (du mardi au mercredi) n'avait pas été meilleure ; le malade avait encore rendu beaucoup de sang provenant de la poitrine, ce qui décida à le mettre au lait d'ânesse. Tout cela n'était pas fait pour calmer cette organisation si facile à s'exalter, à s'emporter, et l'on jugea que le mieux était encore de ne pas trop lui rompre en visière. Madame Vestris s'était présentée pour le consulter sur certains passages de son rôle ; il la renvoya à madame Denis, et, comme cette dernière insistait sur la nécessité d'une répétition générale sous ses yeux : « Pourquoi faire? s'écria-t-il, voulez-vous que je fasse venir ici les comédiens, pour me jeter de l'eau bénite ? »

Ajoutons qu'il éprouvait à l'égard de ses interprètes une vive irritation, et peut-être appréhendait-il de sa part des vivacités dont il n'eût pas été le maître. Ceux-ci n'avaient répondu que fort insuffisamment à ce qu'il attendait d'eux. Il les trouva médiocres, peu intelligents, sans entrailles, et aussi indociles que s'ils n'eussent pas eu besoin de conseils. On a fait bien des contes sur ses rapports avec eux, ses boutades, ses fureurs, et leurs répliques irrespectueuses ; et c'est avec une grande défiance qu'ils doivent être accueillis. Il ne pouvait s'accommoder de l'imperturbable sérénité de madame Vestris, dans les moments où elle aurait eu le plus besoin d'élan et de pathétique, et il lui témoigna avec quelque impatience ce qu'il regrettait de ne pas rencontrer en elle ; car l'art ne supplée pas à l'âme absente, bien qu'il parvienne quelquefois à donner le change. « Madame, je me rappelle mademoiselle Duclos que j'ai vue, il y a cinquante ans, faire pleurer une assemblée nombreuse en prononçant un seul mot : un *mon père, mon amant,* dit par elle, faisait fondre en larmes tous les spectateurs. » Mais madame Vestris, qui avait d'incontestables qualités, manquait complétement de ce *diable au corps*, la première des vertus de la comédienne, et le *sine qua non* aux yeux de l'auteur de *Zaïre*. Un jour, il récitait des passages de son *Irène* à mademoiselle Clairon, qui l'était venu voir. Il le fit avec une telle véhémence, que l'auditoire eut peur qu'il ne se rendît malade. Celle-ci, qui certes ne péchait pas par les mêmes côtés que madame Vestris, lui dit, après avoir écouté ces vers : « Où trouver une actrice assez forte pour les rendre ? Un pareil effort est capable de la tuer. — C'est ce que je prétends, mademoiselle, s'écria le poëte : je veux rendre ce service au public » [1]. Mademoiselle Clairon ne l'entendait qu'en thèse générale ; mais la réponse de Voltaire était une allusion trop directe à ses griefs, et fut comprise de tout le monde.

---

1. *Correspondance secrète, politique et littéraire* (Londres, John Adamson), t. VI, p. 77, 217. — Linguet, *Annales politiques et littéraires*, t. III, p. 388.

Il n'était pas homme à cacher ce qui l'affectait, et même à en modérer quelque peu l'expression. Brizard eut également à essuyer le contre-coup de son humeur, et, s'il fallait ajouter foi à ce que rapporte Wagnière, il aurait répondu à une observation faite avec plus ou moins de vivacité sur la manière de déclamer le rôle : « Il suffit, monsieur, que vous me le disiez pour que je ne le fasse pas [1]. » Nous sommes de l'avis de Beuchot, cela n'est pas admissible. Voltaire lui aurait retiré le rôle, séance tenante, et ne lui aurait pas réservé celui d'Agathocle ; de son côté, Brizard n'eût pas eu l'audace, à la sixième représentation d'*Irène*, de venir poser une couronne sur le front du grand homme qu'il eût naguère si grossièrement outragé [2]. Mais il ressort, même de l'exagération des commérages, un fait vrai, le mécontentement du poëte, qui ne sait pas prendre son parti sur la médiocrité des artistes ; et nous n'en exceptons pas Molé, dont il ne se plaint pas moins amèrement que des autres [3].

---

1. Longchamp et Wagnière, *Mémoires sur Voltaire* (Paris, André, 1826), t. I, p. 227, 228. Voyage de Voltaire à Paris, 1778.
2. Préville rapporte que le patriarche, au moment où Brizard lui posait la couronne sur la tête, se tourna et lui dit : « Monsieur, vous me faites regretter la vie : vous m'avez fait voir dans le rôle de Brutus des beautés que je n'avais point aperçues en le composant. » *Mémoires sur le dix-huitième siècle* (collection Barrière), t. VI, p. 155. Ce compliment adressé à Brizard en un pareil moment annoncerait, de la part de Voltaire, une présence d'esprit bien étrange. Il parle, d'ailleurs, de *Brutus*, comme ayant assisté à la représentation. Durant son séjour à Paris, la tragédie ne fut jouée qu'une unique fois, le 18 février. Et il reste prouvé que Voltaire n'alla pas au théâtre avant la sixième représentation d'*Irène*. Archives de la Comédie, Journal, 1777, 1778, p. 36.
3. Voltaire, *Œuvres complètes* (Beuchot), t. LXX, p. 450, 451.

Il était tombé dans une sorte d'anéantissement mêlé d'effrois presque enfantins. Il ne voulut plus entendre parler de sa pièce, et laissa sa nièce disposer des billets comme elle l'entendrait. En quatre jours il avait vieilli de quatre années, son moral s'était affaissé en proportion de l'individu physique, et il disait à ceux qui le venaient voir, avec presque de l'hébêtement : « Voltaire se meurt, Voltaire crache du sang. » Il s'était laissé aller à une indifférence de tout qui n'annonçait rien de bon, et bien complète, comme on en va juger. Le marquis de Villevieille, qui ne quittait guère plus sa chambre que d'Argental, Villette et Thibouville, dans le but de secouer cette torpeur de mauvais augure, lui apporta des vers contre *Irène*. Mais, après en avoir pris lecture sans mot dire, il les rendit au marquis sans témoigner la moindre sensibilité.

On ne saurait dire tous les vers, épîtres, madrigaux, odes, épithalames, qui pullulèrent dans les gazettes en son honneur. Le *Journal de Paris* en fut saturé [1]. Ce sont les vers de Le Brun *à M. de Voltaire sur son arrivée à Paris;* ceux de Blin de Sainmore à *M***, après avoir vu M. de Voltaire pour la première fois; Vers*

Lettre de Voltaire à d'Argental; mars 1778. — « A une des répétitions d'*Irène*, M. de Voltaire, mécontent des comédiens, se tourmentoit beaucoup pour leur donner le sens de quelques morceaux. Un duc se trouvoit là, je ne sais trop lequel, il y en a tant! Il osa dire à l'auteur de la pièce qu'il avoit tort de s'enflammer, qu'il lui paraissoit que les comédiens rendoient fort bien ses vers. « *Cela peut être fort bon pour un duc*, dit Voltaire, *mais pour moi, cela ne vaut rien.* » *Correspondance secrète, politique et littéraire* (Londres, John Adamson), t. VI, p. 341; de Paris, le 23 juillet 1778.

1. *Journal de Paris*, Nos des 15, 16, 18, 19, 22 février; 3, 7, 16, 21, 28, 29 mars; 6 avril, 1er mai.

faits dans la chambre de M. de Voltaire, par La Harpe; des vers de toute mesure et de tous calibres par des poëtes de toutes les tailles, par madame de Bussy, par Imbert, par D'Oigny, par Guys, l'auteur du *Voyage littéraire de la Grèce*, auxquels il fallait répondre et auxquels ou répondait avec la même grâce et la même aisance. Le patriarche était à la lettre écrasé sous ces fleurs de rhétorique d'une saveur un peu mêlée. Il y aurait eu, toutefois, quelque candeur à se flatter que la haine et l'envie eussent désarmé; elles sont toutes deux immortelles et ne s'endorment guère. Nous lisons dans *le Courrier de l'Europe:* « Les ennemis de *M. de Voltaire* opposent à la foule des vers que son arrivée a inspirés à ses admirateurs, des épigrammes et d'autres satires qui, si elles prouvent beaucoup de méchanceté, n'annoncent pas du moins beaucoup de talent dans leurs auteurs. On ne manque pas de les lui faire parvenir [1], et il disoit l'autre jour à cette occasion : *Je*

---

1. « Vous ai-je mandé, écrivait madame du Deffand à Walpole, le dimanche 8 mars, qu'il a reçu pendant sa maladie un paquet par la petite poste, qui renfermait un libelle imprimé de soixante pages, le plus outrageant, et qui lui causa la plus violente colère? Ses complaisants voulurent le lui faire jeter au feu avant d'en achever la lecture, qu'il fit tout seul ; il dit qu'il voulait le montrer à D'Alembert ; je n'ai vu personne à qui il l'ait communiqué. Ce qui est extraordinaire, c'est que l'auteur ou les auteurs n'en fassent part à personne. » *Correspondance complète* (Paris, Plon, 1865), t. II, p. 643, 644. — Mais Voltaire ne put tout connaître. Jusqu'au plus profond des cloîtres, l'indignation monastique s'escrimait en vers petits et grands contre l'impie, contre l'apostat. On retrouvait, après la Révolution, à la Trappe de Mortagne, un recueil de poésie manuscrit partant de 1773, et formant un volume in-8, où l'on avait réuni tout ce que l'auteur du *Dictionnaire philosophique* avait pu inspirer d'anathèmes rimés au père Théodore, le pieux abbé, au prieur Palémon, aux frères

recevois à Ferney de pareilles ordures toutes les semaines, et j'en payois le port ; ici on m'en envoie tous les jours et elles ne me coûtent rien, je gagne à ce marché[1]. »

Cependant, une légère amélioration s'était manifestée, les crachats n'étaient plus que légèrement teintés, mais l'abattement était toujours le même. La représentation d'*Irène* avait été fixée au lundi 16. Quelques jours auparavant, le poëte avait parlé de substituer sur l'affiche aux termes sacramentaux : *les Comédiens Français ordinaires du Roi...*, ceux-ci : *le Théâtre-Français donnera...* Mais on s'étonne qu'il se soit un instant abusé sur l'absolue impossibilité d'une telle réforme. N'était-ce pas, d'ailleurs, un outrage au prince ; et quel plus grand honneur pour des comédiens que d'être « les comédiens du roi ? » Molé, auquel il s'était particulièrement adressé[2], lui fut dépêché, le vendredi, par ses camarades pour lui dire que ce changement ne dépendait point d'eux. Mais il ne put parvenir jusqu'à lui. Le lendemain, 14, avait

---

Irenée, Colomban, etc. Voir d'intéressants détails sur ce manuscrit, par Louis Dubois, dans le *Bulletin du bibliophile* (Techener, avril 1842) V° série. p. 170, 171.

1. *Courrier de l'Europe*, du vendredi 6 mars 1778, t. III, p. 147. N° XIX. *France*, du 23 au 26 février.

2. On a retrouvé le billet qu'il adressait à Molé à ce sujet : « Un mourant qui aime passionnément sa patrie consulte M. Molé pour savoir s'il ne conviendrait pas de mettre sur les affiches : *Le Théâtre-Français donnera un tel jour...*, etc. N'est-il pas honteux que le premier théâtre de l'Europe et le seul qui fasse honneur à la France soit au-dessous du spectacle bizarre et étranger de l'Opéra ? » Henri Beaune, *Voltaire au collége* (Paris, Amyot, 1867), p. 134. Lettre de Voltaire à Molé ; 11 mars 1778.

lieu la répétition générale d'*Irène*, à laquelle présidait, à défaut de son oncle, l'indispensable madame Denis.

Jamais solennité théâtrale n'avait été attendue avec une plus fiévreuse impatience, jamais concours plus grand, plus agité, plus houleux, assiégeant les portes, se précipitant dans la salle, se disputant avec plus de furie les places qui furent occupées en moins de temps que nous n'en mettons à le dire : jamais chambrée plus brillante. La reine, suivie de sa cour, le duc et la duchesse de Bourbon, le comte d'Artois, dont la récente aventure avec la princesse et le duel avec le mari, qui en avait été l'obligatoire conséquence, avaient passionné si diversement : tout Versailles enfin, hormis le roi, était là comme pour rendre un hommage éclatant, le dernier peut-être, à l'auteur d'*Œdipe*, de *Mahomet*, de *Mérope* et de *Tancrède*. Il ne s'agissait pas, on le pense bien, de savoir si la tragédie d'*Irène* vaudrait *Zaïre* et *Alzire*. A part une minime et bien minime portion de l'auditoire, on était disposé à trouver tout excellent, à battre des mains à tout, à ne se souvenir, devant les faiblesses séniles, que des moments délicieux dont on avait été redevable à ce charmeur.

> Le public a très-bien fait son devoir, dit La Harpe, il a applaudi toutes les traces de talent qui s'offraient dans cet ouvrage, où l'on voit une belle nature affaiblie, et a gardé dans tout le reste un silence de respect, à quelques murmures près qui ont été assez légers. La cabale des Gilbert, des Clément, des Fréron était contenue par la foule des honnêtes gens qui remplissaient le parterre, devenu ce jour-là le rendez-vous de la bonne compagnie, qui s'était fait un

devoir de défendre la vieillesse contre les outrages de l'envie [1].

Les nouvelles à la main racontent que Marie-Antoinette, armée d'un crayon, semblait transcrire les vers qui l'avaient le plus frappée. « On s'est imaginé, disaient-elles, que c'étoient surtout ceux relatifs à Dieu et à la religion dont le poëte parle avec beaucoup d'édification, ce qui fit s'écrier un plaisant : *On voit bien qu'il a été en confesse!* Quoi qu'il en soit, on a présumé que Sa Majesté vouloit les citer au roi pour justifier sur ses vrais sentiments ce coryphée de la philosophie, si décrié par les prêtres, si redoutable au clergé [2]. » Certes, cela n'était pas selon l'étiquette, et Marie Leczinska, cette petite bourgeoise de reine, eût été incapable d'une pareille licence. L'anecdote est-elle vraie? Si ces gazettes occultes sont sujettes à caution et ne doivent pas être accueillies sans contrôle, il est bien difficile d'admettre cependant qu'elles se fussent avisées de rapporter un fait mensonger que tout Paris pouvait démentir.

Malgré son état d'affaissement, on ne crut pas devoir laisser le poëte jusqu'après la représentation sans nouvelles. Dès le second acte, un messager lui était dépêché pour lui apprendre que tout allait au mieux. Après le troisième et le quatrième acte, nouveau député; mais il s'en faut que ce soient les meilleurs de la pièce, et l'on dut déguiser un peu la vérité. A la fin

---

1. La Harpe, *Correspondance littéraire* (Paris, Migneret, 1804), t. II, p. 218.

2. *Mémoires secrets pour servir à l'histoire de la République des lettres* (Londres, John Adamson), t. XI, p. 162; 20 mars 1778.

du dernier, M. Dupuis se précipita hors de la salle, et, le premier, courut lui apprendre l'incontestable succès de l'ouvrage. Ses amis vinrent lui apporter leurs félicitations. « Ce que vous me dites là me console, se contenta-t-il de répondre, mais ne me guérit pas. » Le chroniqueur ajoute : « Cependant il voulut savoir quels endroits, quelles tirades, quels vers avaient fait le plus d'effet, et sur ce qu'on lui cita les morceaux contre le clergé comme ayant été fort applaudis, il fut enchanté de savoir qu'il compensait la fâcheuse impression que sa confession avait produite dans le public [1]. » A la bonne heure, mais il est à croire que ce ne sont pas ces vers-là dont la jeune reine prenait note.

Le lendemain fut mauvais. M. Necker, qui s'était présenté, ne put être reçu; d'Argental même ne le vit point. Il allait déjà mieux dans la soirée du mercredi. A la deuxième représentation d'*Irène*, le parterre demanda de ses nouvelles. Monvel repondit : « La santé de M. de Voltaire n'est pas aussi bonne que nous le désirerions pour vos plaisirs et pour notre intérêt. » Le *Journal de Paris* qui donnait ces détails ajoutait : « Nous pouvons toutefois rassurer le public sur l'état de M. de Voltaire : il ne crache que peu de sang et par intervalle, et son indisposition ne peut avoir aucune espèce de suite [2]. » Effectivement, il avait secoué son linceul, et il était ressuscité : ressuscité pour la deuxième fois. Sa porte fut ouverte à tout le monde. M. de Praslin vint lui rendre visite et causa

---

1. *Mémoires secrets pour servir à l'histoire de la République des lettres* (Londres, John Adamson), t. XI, p. 165; 24 mars 1778.
2. *Journal de Paris* du jeudi 19 mars 1778. N° 78, p. 311, 312.

quelques instants avec lui. L'Académie elle-même lui dépêchait une députation pour le féliciter du succès d'*Irène* que devait lui dédier le poëte reconnaissant (jeudi 19 mars [1]).

[1]. Voltaire sollicitera, en effet, l'Académie de vouloir bien agréer la dédicace de sa tragédie. L'épître lue et approuvée lui sera retournée pour qu'il y fasse quelques légers changements sans importance, avec des remerciements et l'acceptation la plus empressée. Secrétariat de l'Institut. Registre de l'Académie française, 1745-1793 ; jeudi 19 et samedi 21 mars 1778.

VI

L'ACADÉMIE ET LA COMÉDIE.—SCÈNE DU COURONNEMENT.
LA LOGE DES NEUF SŒURS. — LES REVENANTS.

Les idées noires, l'affaissement moral, cette insensibilité sinistre qui en était l'inévitable conséquence, tout cela avait disparu. Le patriarche était redevenu l'esprit agissant, remuant, alerte, impatient, ardent, que son entourage connaissait. Il lui fallut des chevaux. Il prétendait sortir, se promener à pied comme en carrosse, aller à ses affaires, visiter ses amis, vivre enfin. Le surlendemain (samedi 21), il montait effectivement en voiture. Il voulut voir cette place Louis XV qu'il ne connaissait pas, déjà sinistre alors par la mort de tant de malheureux écrasés ou étouffés aux fêtes du mariage du Dauphin, et qui avait failli être le tombeau du plus ancien et du plus éprouvé de ses amis [1]. Comme les chevaux allaient au pas, il fut reconnu, et le véhicule entouré d'une foule de curieux, qui le suivirent et le reconduisirent ainsi jusqu'à son hôtel.

1. D'Argental eut l'épaule démise. Favart, *Mémoires et correspondance* (Paris, 1808), t. II, p. 255. Lettre de Favart au comte Durasso; 10 juin 1770. — Voltaire, *Œuvres complètes* (Beuchot), t. LXVI. p. 320. Lettre de Voltaire à madame d'Argental; 25 juin 1770.

Au retour, il recevait une députation de la loge des *Neuf Sœurs*, composée d'une quarantaine de maçons ayant à leur tête leur vénérable, M. de Lalande. Dans une assemblée du 10 mars, l'un des membres, M. de la Dixmerie, avait proposé de boire à la santé de l'illustre malade, et chanté des couplets de sa composition en son honneur. Si Voltaire n'était pas maçon [1], n'appartenait-il pas à l'ordre par son ardent amour de l'humanité et sa haine de l'intolérance et du fanatisme? Il fut arrêté, séance tenante, qu'une délégation irait le féliciter sur son retour à Paris, et lui exprimer tout l'intérêt que la loge prenait à sa conservation. Jusque-là l'état de santé de Voltaire avait fait ajourner cette flatteuse manifestation, qui se réalisait, enfin, grâce à un rétablissement qui était une fête publique. La promenade avait fait du bien au vieillard, l'air vif l'avait ranimé, et il étonna les visiteurs par la légèreté et presque la pétulance de ses allures. M. de Lalande lui nomma ceux des frères qu'il pouvait connaître au moins de nom; la loge des *Neuf Sœurs* était en grande partie composée de gens de lettres et d'artistes [2] : il eut un mot aimable, une allusion flatteuse pour tous, rappelant avec un merveilleux à-propos les actions

---

1. Condorcet dit qu'il avait reçu *la lumière* en Angleterre, durant son séjour en 1728. Les *Mémoires secrets* le disent également maçon. Wagnière nie positivement qu'il le fût.

2. Les personnages les plus illustres du temps en feront partie : Franklin, de La Lande, Court de Gebelin, le naturaliste anglais Forster, l'espagnol Ysquerdo, Chamfort, Le Mière, Cailhava, Roucher, Fontanes, Parny ; et, dans les arts : Greuze, Vernet, Houdon, Piccini. La Dixmerie. *Mémoire pour la loge des Neuf Sœurs* (Paris, 1791), p. 6 à 10.

ou les ouvrages auxquels chacun devait sa notoriété. Lorsqu'on se sépara, il leur promit d'aller rendre prochainement sa visite à la loge[1].

L'auteur d'*Irène*, qui voulait sans doute, avant de l'aller entendre, la purger autant que faire se pourrait de toutes ses taches, la fit redemander au souffleur de la Comédie, entre la troisième et quatrième représentation, ne soupçonnant point le genre de surprise qui lui était réservé. Il n'avait pas lu une couple de scènes, qu'il s'apercevait des corrections et des changements subis par l'ouvrage à son insu. Sa nièce est appelée, il l'interroge, la presse de questions, et lui fait confesser que tout cela avait été consenti par elle. A cet aveu, le patriarche entre dans une de ces colères, de ces rages qu'il faut renoncer à décrire. « Jamais, dit Wagnière, pendant plus de vingt-quatre ans que je lui ai été attaché, je ne l'avais vu dans un état si violent. » Il repousse madame Denis, qui essayait de l'apaiser, avec un tel emportement, qu'elle alla tomber dans un fauteuil, ou plutôt (ajoute le malicieux secrétaire) dans les bras de celui qu'elle a épousé depuis et qui se trouvait alors dans ce fauteuil. Il s'agit, comme on voit, de M. Duvivier. Voltaire s'avançait impétueusement vers le salon où il savait trouver les coupables, et dont on fit sortir à la hâte d'Argental, que rien alors n'eût gardé d'une colère qui tenait de la frénésie. Il voulait connaître les auteurs des alexandrins ridicules qu'on avait jugé bon de substituer aux siens. Il les devait

[1]. *Mémoires secrets pour servir à l'histoire de la République des lettres* (Londres, John Adamson), t. XI, p. 163, 167 ; 21 et 25 mars 1778.

soupçonner, car le fait n'était pas sans précédent, et, en dernier lieu, nous l'avons vu, à propos des *Lois de Minos*, se plaindre avec amertume d'un procédé dont on aurait à peine usé à l'égard d'un débutant. Thibouville, en particulier, avait eu à subir le contre-coup de sa mauvaise humeur, qui, du reste, se calma, comme toujours, après qu'elle se fût donné ce petit soulagement.

Cette fois encore, d'Argental et le marquis avaient cru, dans l'intérêt de la gloire de leur ami, imposer à l'œuvre des corrections dont elle avait sans doute besoin : c'étaient des gens de goût, il est à croire que ce qu'ils avaient réprouvé méritait de l'être, et, jusque-là, ils avaient raison contre Voltaire. Leur tort avait commencé, quand ils avaient voulu améliorer eux-mêmes l'œuvre du maître. Disons, pourtant, qu'ils n'étaient pas seuls, qu'on leur donne La Harpe pour complice, lequel La Harpe avait déjà pratiqué pareille besogne à Ferney, où, loin de s'en formaliser, on l'avait eu pour agréable. Cependant, l'ange gardien, qui d'une chambre voisine ne perdait aucune des exclamations furibondes de son ami, rentra pour essayer de se disculper ; mais le moment était des moins opportuns. Au lieu de s'apaiser, le patriarche sent redoubler sa fureur, il le traite devant tout le monde avec la dernière dureté, lui redemande *le Droit du seigneur* corrigé, *Agathocle* et ses autres manuscrits ; et exige que madame Denis aille les chercher, sans désemparer, chez cet ami infidèle, à pied, par la pluie. Il est vrai que le quai d'Orsay n'était qu'à deux pas.

Voilà le drame. Mais la comédie, qu'on n'avait pas

conviée, avait jugé à propos de se glisser dans le débat, apparemment pour atténuer une irritation qui avait pris d'invraisemblables proportions. Au milieu de ces récriminations sans mesure, de ces gémissements, de ces plaintes, moins préoccupé de frapper juste que de frapper dru, Voltaire s'était écrié : « Pardieu ! on me traite ici comme on n'oserait pas traiter le fils de M. Barthe ! » Mais ce que ne savait pas Voltaire, ce qu'il n'avait pas vu, c'est que M. Barthe se trouvait là dans un coin du salon, et qu'il avait reçu le compliment en plein visage. L'auteur d'*Irène* s'était retiré sur ces mots, se soustrayant ainsi au ressentiment de l'auteur de *l'Homme personnel*, qui crut ne pouvoir faire mieux que de prendre modèle sur l'impétueux vieillard. Nous conviendrons que c'eût été mal reconnaître les procédés gracieux dont il a été question plus haut, s'il se fût douté le moins du monde de la présence de celui-ci.

Sitôt que M. *de Voltaire* fut sorti, raconte Wagnière, M. *Barthe* se mit à faire un tapage du diable; il voulait absolument avoir raison de la prétendue insulte qu'on venait de lui faire. Il se faisait tenir à quatre, on ne pouvait le calmer. Je croyais à chaque instant qu'il faudrait que M. *de Voltaire* se battît avec lui. On alla en rendre compte au malade, qui fut très-étonné que M. *Barthe* l'eût entendu; il lui fit dire qu'il n'avait jamais prétendu insulter ni son fils, ni lui, ni ses vers, pour lesquels il avait tout le respect qu'ils méritaient. Il vint, un moment après, l'en assurer lui-même, et ajouta : *Si on avait corrigé les vers de votre fils aussi ridiculement que les miens, l'auriez-vous souffert? voilà tout ce que j'ai voulu dire.* Les spectateurs se mirent à rire, et c'est ainsi que se termina une scène tragi-comique fort plaisante.

Un instant après on lui présentait Perronnet, l'ingénieur des ponts et chaussées. « Ah! monsieur, lui disait Voltaire, vous êtes bien heureux : vous faites de beaux ponts; mais au moins il n'y a point de d'Argental qui s'avise d'y faire des arches [1]. » Cet état d'exaltation, cette fureur dont on était déjà un peu honteux, finiraient-ils par une rupture avec des amis éprouvés, que leur dévouement à sa gloire avaient pu égarer mais qui l'avaient servi avec une affection, une constance bien rares? Ne parlons pas de d'Argental, qui était hors de pair, et qu'il avait pourtant si maltraité; mais Thibouville? Depuis le départ du poëte pour Berlin, le marquis avait été un de ses soutiens les plus infatigables à la Comédie-Française, et plus d'une fois il avait dû prendre énergiquement en main ses intérêts contre des ingrats dont l'auteur d'*Alzire* était à peu près l'unique ressource. Disons encore que le marquis était, ainsi que le patriarche de Ferney, l'un des hôtes de Villette, et qu'il occupait précisément l'appartement au-dessous de celui où s'était établi Voltaire. Villette s'ingéra-t-il de ramener cette tête en ébullition à plus de sang-froid et d'équité? C'est à supposer. Quoi qu'il en soit, après la crise, une inévitable réaction s'opérait dans cet esprit irascible mais sans fiel; et l'occasion d'un rapprochement était vite saisie, si l'on s'était résigné à l'attendre. Dès le lendemain, le marquis de Thibouville recevait le billet qui suit, et où, loin de récriminer, on ne travaillait qu'à se faire pardonner :

---

1. *Correspondance secrète, politique et littéraire* (Paris, John Adamson), t. VI, p. 144 ; Paris, le 4 avril 1778.

J'étais au désespoir, je l'avoue, lui écrivait-il, je me croyais méprisé et avili par les amis les plus respectables. La constance de leurs bontés guérit la blessure horrible de mon cœur et m'empêche de mourir de chagrin plus que de mon vomissement de sang.

Que j'aye la consolation de vous voir avant que vous ne sortiez. V.[1].

Il ne fut plus question de part et d'autre d'un incident qui n'était qu'à oublier. Voltaire avait repris ses promenades et ses visites ; il allait voir notamment M. Turgot, celui qu'il avait appelé Sully, et auquel on n'avait pas permis de réaliser des réformes pourtant indispensables (28 mars). « Son admiration pour M. Turgot, dit Condorcet, perçait dans tous ses discours ; c'était l'homme qu'il opposait à ceux qui se plaignaient à lui de la décadence de notre siècle ; c'était à lui que son âme accordait son respect. Je l'ai vu se précipiter sur ses mains, les arroser de ses larmes, les baiser malgré ses efforts, et s'écriant d'une voix

---

[1]. On lit, en note, de la main de d'Argental : « Petit billet écrit par M. de Vol., à Paris, à M. le marquis de Thibouville, le lendemain du jour où il s'étoit mis très en colère contre M. d'Argental, sur quelques vers changés ou supprimés dans *Irène* pendant sa maladie. » Étienne Charavay, *Catalogue de lettres autographes de M. Rathery ;* du 24 avril 1876, p. 81, n° 732. C'est donc à tort que, dans les *Lettres inédites* (Paris, Didier, 1857), t. II, p. 555, on le lui fait adresser à M. de Villette. Voltaire devait également des excuses à d'Argental. Il lui écrivait : « Pardon, mon cher ange, ma tête de quatre-vingt-quatre ans n'en a que quinze ; mais vous devez avoir pitié d'un homme blessé qui crie, ne pouvant parler... Je suis mort, et il faut que je coure chez les premiers gentilshommes de la chambre. Voyez s'il ne m'est pas permis de crier : cependant j'avoue que je ne devrais pas crier si fort. » *OEuvres complètes* (Beuchot), t. LXX, p. 451. Lettre de Voltaire à d'Argental, sans date.

entrecoupée de sanglots : Laissez-moi baiser cette main qui a signé le salut du peuple [1]. »

Les moindres démarches du poëte étaient le sujet ou l'occasion de fables sans fin, ridicules ou odieuses, le plus souvent fabriquées, on l'imagine, dans un but autre que sa glorification. Au moins l'anecdote qui suit n'a-t-elle rien que d'assez innocent, et elle joint à ce premier mérite le mérite plus rare encore d'être véritable. Un groupe d'oisifs entourait, sur la place Louis XV, un charlatan, qui se démenait le plus qu'il pouvait pour vendre à l'assistance de petits livrets dans lesquels on enseignait différents tours de cartes. Le pauvre diable sentait qu'il fallait frapper un coup d'importance pour triompher de l'incrédulité ou de l'indifférence. « En voici un, messieurs, s'écria-t-il, que j'ai appris à Ferney, de ce grand homme qui fait tant de bruit ici, de ce fameux Voltaire, notre maître à tous ! » Il n'était préoccupé que de placer sa marchandise, et ne se doutait pas d'être si malin. Le propos fit rire les gens d'esprit égarés parmi cette foule : il fut répété, colporté. Mais personne ne s'en amusa d'aussi bon cœur que le patriarche de Ferney, quand Wagnière, qui l'avait entendu lui-même, s'avisa de le lui rapporter (dimanche, 20 mars).

---

1. Voltaire, *OEuvres complètes* (Beuchot), t. I, p. 285. Vie de Voltaire. Turgot était fort goutteux et marchait difficilement. Lors de leur première rencontre, Voltaire, après les premiers compliments, se tournant vers l'assistance, dit : « En voyant M. Turgot, j'ai cru voir la statue de Nabuchodonosor. — Oui, les pieds d'argile, dit le contrôleur disgracié. — Et la tête d'or ! la tête d'or ! répliqua Voltaire. » *Mémoires pour servir à l'histoire de M. de Voltaire* (Amsterdam, 1785), IIe partie, p. 107, 108.

Le lundi, 30 mars, devait être la grande journée de ce séjour enchanté, pourquoi ne pas dire de cette existence si longue, si remplie de tempêtes, mais à laquelle non plus n'avaient point manqué les éblouissements du triomphe. Avant le théâtre, il avait résolu de se rendre à l'Académie française, réunie ce jour-là en assemblée particulière. Il monta, vers les quatre heures, dans son carrosse « à fond d'azur et parsemé d'étoiles, » qu'un mauvais plaisant comparait au char de l'Empyrée [1]. Signalons ce trait malin, le seul qu'on ait recueilli, l'unique peut-être qu'on se soit permis, en cette journée, sur l'auteur de *Zaïre* et de *Mahomet*. La voiture eut toutes les peines à se frayer un passage à travers la populace qui s'était vite amassée, emplissant l'air d'applaudissements, d'acclamations réitérées. « La foule me jeta sur ses épaules, raconte M. de Montlosier, fort jeune alors, et qui n'était à Paris qu'en passant ; je me retirai tout barbouillé de la poudre de sa perruque sans l'avoir aperçu [2]. » Il fut accueilli dans la cour du Louvre par plus de deux mille personnes, qui criaient, en battant des mains : « Vive M. de Voltaire! » L'Académie dérogeant, en cette circonstance, à ses usages traditionnels, alla en corps au devant de lui dans la première salle, « honneur qu'elle n'avait jamais fait à aucun de ses membres, pas même aux princes étrangers qui ont daigné assister à ses assemblées. » Mais ç'allait être la moindre des irrégularités à laquelle elle se prêterait pour mieux témoigner à l'illustre revenant

---

[1]. *Mémoires secrets pour servir à l'histoire de la République des lettres* (Londres, John Adamson), t. XI, p. 175 ; 1er avril 1778.

[2]. Comte de Montlosier, *Mémoires* (Dufey, 1830), t. I, p. 49, 50.

et son respect et sa profonde admiration. Il y avait vingt académiciens présents [1]. Les absents, cela se devine, étaient les membres du clergé, les prélats, qui, non sans raison, avaient jugé qu'ils ne pouvaient décemment assister à une ovation dont la nature seule avait quelque chose d'outrageant pour eux et d'agressif. Les seuls abbés de Boismont et Millot n'avaient pas cru devoir céder à la consigne, « l'un comme un roué de la cour [2], n'ayant que l'extérieur de son état ; l'autre comme un cuistre, n'ayant aucune grâce à espérer, soit de la cour, soit de l'Église [3]. »

Le patriarche dut s'asseoir à la place du directeur, et accepter la succession de ce dernier pour le tri-

---

[1]. C'étaient : l'abbé Arnaud, le marquis de Paulmy, D'Alembert, Marmontel, Gaillard, Watelet, Thomas, Saurin, Beauzée, Millot, La Harpe, Saint-Lambert, Chatellux, le maréchal de Duras, le prince de Beauvau, Foncemagne, Sainte-Palaye, Brecquigny, Suard, l'abbé de Boismont. Secrétariat de l'Institut. Registre des présences à l'Académie française depuis 1757.

[2]. « Il n'a de prêtre que ce qu'il en faut pour être *apte et idoine* à posséder des bénéfices », disait assez plaisamment de lui D'Alembert. *OEuvres de Frédéric le Grand* (Berlin, Preuss), t. XXV, p. 193. Lettre au roi de Prusse, du 30 juillet 1781.

[3]. *Mémoires secrets pour servir à l'histoire de la République des lettres* (Londres, John Adamson), t. XI, p. 175. « Un abbé Millot, s'écrie Barruel, dont le titre étoit auprès de D'Alembert d'avoir parfaitement oublié qu'il étoit prêtre, et auprès du public d'avoir su métamorphoser l'histoire de France en histoire d'antipape. » *Mémoires pour servir à l'histoire du jacobinisme* (Hambourg, Fauche, 1803), t. I, p. 103, 104. Au surplus, voici le passage de D'Alembert auquel il est fait allusion : « Nous avons préféré, ne pouvant pas avoir Pascal-Condorcet, à Chapelain-Le-Mierre et à Cotin-Chabanon, Eutrope-Millot, qui a du moins le mérite d'avoir écrit l'histoire en philosophe, et de ne s'être jamais souvenu qu'il était jésuite et prêtre. » Voltaire, *OEuvres complètes* (Beuchot), t. LXX, p. 410. Lettre de D'Alembert à Voltaire; Paris, 27 décembre 1777.

mestre d'avril, qui lui fut décernée d'une voix unanime, bien que la coutume fût de tirer cette charge au sort. D'Alembert, qui avait habitué ses confrères à ces sortes de communications, leur lut l'*Éloge de Despréaux*, qui devait faire fortune. Il aurait été bien étrange qu'un ami aussi dévoué du poëte n'eût pas trouvé, en semblable cas, l'occasion de quelque allusion flatteuse à celui que l'Académie acclamait, après une séparation de vingt-huit années. A la suite d'une comparaison entre le style de Racine et celui de Boileau, l'orateur estimant qu'entre ces deux beaux génies, il y avait place au même rang pour l'auteur de *la Henriade* et de *Mérope*, mettait en relief les côtés caractéristiques de ces trois grands maîtres en poésie, Despréaux, Racine et Voltaire. « Je nomme ce dernier, quoique vivant, disait-il avant de commencer le parallèle ; car pourquoi se refuser au plaisir de voir d'avance un grand homme à la place que la postérité lui destine ? » Et, sûr désormais de l'attention de l'auditoire attendant avidement comment un philosophe saurait louer à brûle-pourpoint un philosophe sans embarras pour tous deux, il débitait avec une grâce académique ce morceau d'éloquence dont le succès n'était pas douteux.

> Ne pourrait-on pas dire, pour exprimer les différences qui les caractérisent, que Despréaux frappe et fabrique très-heureusement ses vers; que Racine jette les siens dans une espèce de moule parfait, qui décèle la main de l'artiste sans en conserver l'empreinte; et que Voltaire, laissant comme échapper des vers qui coulent de source, semble parler sans art et sans étude sa langue naturelle? Ne pourrait-on pas observer, qu'en lisant Despréaux, on conclut et on sent le

travail ; que dans Racine on le conclut sans le sentir, parce que d'un côté si la facilité continue en écarte l'apparence, de l'autre la perfection continue en rappelle sans cesse l'idée au lecteur; qu'enfin, dans Voltaire, le travail ne peut ni se sentir ni se conclure, parce que les vers moins soignés qui lui échappent par intervalles, laissent croire que les beaux vers qui précèdent et qui suivent n'ont pas coûté davantage au poëte? Enfin, ne pourrait-on pas ajouter, en cherchant dans les chefs-d'œuvre des beaux arts un objet sensible de comparaison entre ces trois grands écrivains, que la manière de Despréaux, correcte, ferme et nerveuse, est assez bien représentée par la belle statue du *Gladiateur*; celle de Racine, aussi correcte, mais plus moelleuse et plus arrondie, par la *Vénus de Médicis*; et celle de Voltaire, aisée, svelte et toujours noble, par l'*Apollon du Belvédère* [1]?

C'est en pareil cas qu'il faut avoir vu et entendu, car, assurément, il n'est pas de termes qui reproduisent un spectacle aussi rare, qui puissent rendre tous ces regards allant du lecteur au poëte, applaudissant à l'habileté de la diction et encore plus à la louange du discours; D'Alembert, revêtant cette austérité extérieure du juge qui, dans l'éloge, n'obéit qu'à la seule préoccupation d'être juste; l'attitude, enfin, du vieillard, les yeux mouillés, presque vaincu par l'émotion mais la combattant, mais s'efforçant de garder son calme et sa dignité [2]. Qu'était-ce pourtant que

---

1. D'Alembert, *Œuvres complètes* (Paris, Belin, 1721), t. II, p. 358. C'est à tort, comme on le voit, qu'il est dit dans une note que cet éloge fut lu à la séance publique du 25 août 1774.

2. « Après cette lecture, la compagnie s'est levée et M. de Voltaire est sorti en lui réitérant, avec les expressions les plus vives, tous ses remerciemens. Il a été reconduit de même jusqu'à la porte de la première salle par tous les académiciens, l'Académie étant persuadée que les honneurs rendus à un homme de cet âge et de cette

tout cela auprès des surprises, des enivrements, des ovations qui attendaient le patriarche?

Après la séance, Voltaire voulut monter chez le secrétaire perpétuel, dont le logement était au-dessus. Mais sa visite dura peu, l'heure le pressait, il était temps de se diriger vers la Comédie, et ce n'allait pas être chose facile de fendre le flot de curieux qui l'avait escorté au Louvre, et, dans l'intervalle, s'était accru d'une manière effrayante. Cette multitude était composée de gens de tout âge, de toutes conditions, grands seigneurs, hommes du peuple, Savoyards, marchands d'herbes comme à Athènes, enfants, vieillards, tous criant, hurlant des : « Vive Voltaire ! » chaque borne surmontée d'une statue vivante, s'agitant, se démenant, battant des mains avec frénésie. Il fut suivi ainsi jusqu'au théâtre. Il descendit de son carrosse en s'appuyant sur le bras du procureur Clause, qui occupait un appartement dans l'hôtel de la rue de Beaune, et qu'il avait amené avec lui[1]. Villette l'avait

célébrité ne peuvent ni ne doivent tirer à conséquence pour personne. L'assemblée étoit composée de 21 académiciens (en comptant Voltaire), et plusieurs de ceux qui étoient absens, et qui savoient que M. de Voltaire devoit s'y trouver, se sont excusés de ce que leurs affaires les avoient empêchés d'y assister. M. le secrétaire, par ordre de l'Académie, n'avoit tiré la barre et fait l'appel qu'après l'arrivée de M. de Voltaire, qui a reçu son droit de présence ainsi que tous les autres académiciens. » Secrétariat de l'Institut. Registre de l'Académie française, 1745-1793 ; du lundi 30 mars 1778.

1. M. Clause ou Clos. Wagnière parle de lui comme d'un ancien magistrat. C'était un enthousiaste de M. de Voltaire, qu'il n'amusait pas toujours. Clause montrait avec orgueil une canne à pomme d'or, dont le poëte lui aurait fait cadeau d'une façon assez étrange, s'il fallait en croire une anecdote que raconte sans la garantir, dans des mémoires inédits auxquels nous avons déjà fait un emprunt, madame la marquise de Villeneuve.

précédé, il vint à sa rencontre pour le protéger contre cette foule bien intentionnée, avide de le voir, de l'approcher, prête à l'étouffer. La voiture était à peine arrêtée, que l'on grimpait déjà sur l'impériale et jusque sur les roues pour le contempler de plus près[1].

« Une personne, raconte Wagnière, sauta par-dessus les autres jusqu'à la portière, priant *M. de Voltaire* de permettre qu'elle lui baisât la main. Cet homme rencontra la main de *madame de Villette*, et dit, après l'avoir baisée : « Par ma foi ! voilà une main encore « bien potelée pour un homme de quatre-vingt-quatre ans[2]. » Les femmes n'étaient pas les moins emportées, elles se ruaient sur son passage, l'arrêtaient pour le mieux envisager. On en vit pousser le délire jusqu'à arracher du poil de sa fourrure, cette superbe fourrure de martre zibeline, royal et magnifique présent de Catherine II.

Voltaire, qui ne quittait plus sa robe de chambre, avait sorti sa toilette des grands jours, toilette d'un autre âge qui aurait semblé quelque peu surannée et ridicule à cette jeunesse frivole, si un enthousiasme indescriptible n'eût étouffé tout autre sentiment dans cette foule méconnaissable. « Il avait, nous dit Grimm, sa grande perruque à nœuds grisâtres, qu'il peigne tous les jours lui-même, et qui est toute semblable à celle qu'il portait il y a quarante ans... Il est impossible de penser à cette fameuse perruque sans se souvenir

---

1. Grimm, *Correspondance littéraire* (Paris, Furne), t. X, p. 7; mars 1778.
2. Longchamp et Wagnière, *Mémoires sur Voltaire* (Paris, André, 1826), t. I, p. 141, 142. Voyage de Voltaire à Paris, 1778.

qu'il n'y avait autrefois que le pauvre Bachaumont qui en eût une pareille, et qui en était extrêmement fier. On l'appelait *la tête à perruque de M. de Voltaire*[1]. »

Lorsque l'auteur de *la Henriade* parut dans la salle, ce fut d'autres cris, d'autres trépignements. Il alla gagner, aux secondes, la loge des gentilshommes de la chambre, qui était en face de celle du comte d'Artois. Madame Denis et madame de Villette étaient déjà installées. Voltaire paraissait vouloir demeurer derrière elles; mais il fallut qu'il cédât au vœu du parterre, et qu'il consentît à demeurer sur le devant, entre sa nièce et *belle et bonne*. La couronne! cria-t-on alors. Le comédien Brizard entra au même instant, tenant une couronne de laurier qu'il posa sur la tête du poëte. « Ah! Dieu! vous voulez donc me faire mourir à force de gloire! » articula le vieillard d'une voix étranglée par l'émotion, la joie et les larmes. Mais il la retirait tout aussitôt avec une hâte pudique, et la passait à la jeune marquise, à laquelle le public ivre criait de la remettre sur le front du Sophocle français. Celle-ci s'empressa d'obéir. Voltaire ne voulait pas le permettre, il se débattait, se refusait à cette idolâtrie, quand le prince de Beauvau, s'emparant du laurier, en ceignit

---

1. Grimm, *Correspondance littéraire* (Paris, Furne), t. X, p. 6. Mais l'inventeur de cette perruque n'est ni le célèbre amateur d'art, ni l'écrivain philosophe, au dire même de Grimm. « M. le duc de Nevers, nous dit-il ailleurs, avait inventé une perruque à longue chevelure; mais il n'a eu d'imitateurs en France que M. de Bachaumont et M. de Voltaire : des trois porteurs, il ne reste aujourd'hui que ce dernier. » *Ibid.*, t. VII, p. 266, 267; mai 1771.

de rechef le front du patriarche qui vit bien qu'il ne serait pas le plus fort [1].

Toutes les femmes étaient debout, rapporte Grimm. Il y avait plus de monde dans les couloirs que dans les loges. Toute la Comédie, avant la toile levée, s'était avancée sur le bord du théâtre. On s'étouffait jusqu'à l'entrée du parterre, où plusieurs femmes étaient descendues, n'ayant pas pu trouver ailleurs des places pour voir quelques instants l'objet de tant d'adorations. J'ai vu le moment où la partie du parterre qui se trouve sous les loges allait se mettre à genoux, désespérant de le voir d'une autre manière. Toute la salle était obscurcie par la poussière qu'excitait le flux et le reflux de la multitude agitée. Ce transport, cette espèce de délire universel a duré plus de vingt minutes, et ce n'est pas sans peine que les comédiens ont pu parvenir enfin à commencer la pièce.

C'était la sixième représentation d'*Irène*. Mais personne, si ce n'est Voltaire, n'était venu pour *Irène*, qui ne fut point écoutée et n'en fut que plus applaudie. La toile baissée, les battements de mains, les trépignements recommencèrent avec fureur, et il dut témoigner à cette foule frémissante combien il était glorieux de telles marques de bienveillance et d'affection. On en était là, et les clameurs ne semblaient pas près de s'apaiser, quand le rideau se leva de nouveau et permit de voir le spectacle le plus inattendu et le plus étrange. Les comédiens, dont il était depuis plus d'un demi-siècle l'unique soutien, s'étaient laissé gagner par ces emportements frénétiques. Ils comprenaient qu'ils devaient au poëte et au public une manifestation

---

[1] *Mémoires secrets pour servir à l'histoire de la République des lettres* (Londres, John Adamson), t. XI, p. 177, 1ᵉʳ avril 1778.

au niveau de ce délire. Mais que faire et qu'imaginer? Ce fut une de leurs camarades, mademoiselle La Chassaigne, qui les tira de peine en leur suggérant l'idée d'un couronnement analogue à celui auquel, six ans auparavant, les initiés avaient assisté chez mademoiselle Clairon. On alla chercher le buste du poëte, placé tout récemment dans le foyer de la Comédie; et buste et piédestal ne tardaient pas à trôner au milieu de la salle. La mise en scène, bien qu'improvisée, n'aurait pu être ni mieux conçue ni plus réussie, eussent-ils eu plus de temps et de loisirs : tous les acteurs et toutes les actrices, en demi-cercle autour du buste, des palmes et des guirlandes à la main; plus loin, la foule nombreuse de ceux qui avaient assisté à la représentation sur le théâtre et qui s'était précipitée de la coulisse sur la scène; dans l'enfoncement, les gardes qui avaient figuré dans *Irène*, enfin cet ensemble, ce pêle-mêle, cette variété de costumes produisaient l'effet le plus extraordinaire, en parfaite harmonie, du reste, avec tout ce qui se passait depuis quelques heures dans le temple de Melpomène. Était-on transporté à Athènes ou à Rome? Mais d'abord était-ce bien réel, cette salle était-elle dans son bon sens, n'était-elle point frappée d'hallucination et de vertige?

A la vue de ce buste, de ces couronnes, de ces guirlandes, les bravos reprirent, redoublèrent leurs éclats. Pas un cri, un geste, un sourire ironique ou narquois; on aurait bien certainement écharpé l'imprudent qui eût manifesté le plus petit blâme, la moindre désapprobation. « L'envie et la haine, dit encore Grimm, pour lequel l'enthousiasme n'est pas péché d'habitude, le fanatisme et l'intolérance, n'ont osé rugir qu'en secret; et, pour la première fois peut-être, on a vu l'opinion publique, en France, jouir avec éclat de tout son empire. » Brizard, en habit de moine de saint Bazile (c'était lui qui avait joué le rôle de Léonce), posa la première couronne sur le buste de cet opiniâtre ennemi de la superstition, étrange et provoquant contraste dû au seul hasard, que la foule était trop peu maîtresse d'elle pour saisir mais qui n'échappera pas à tout le monde [1]. La Comédie entière l'imita au bruit des trompettes, des tambours, que les clameurs réussissaient à couvrir; et les couronnes allaient s'entasser sur les baïonnettes des sentinelles avec lesquelles, en un clin d'œil, on avait improvisé une espèce d'arc de triomphe. Toutes les voix, n'en faisant qu'une formidable, appellent alors l'auteur de tant de chefs-d'œuvre, qui s'était réfugié dans le fond de la loge. M. de Villette l'entraîne; et le vieillard reparaît comme écrasé sous le poids d'une telle félicité, courbant le front jusque sur l'appui de la loge, où il demeure un instant dans cette attitude. Il se relève enfin, les yeux baignés de larmes, en proie à un attendrissement qu'on ne saurait rendre [2].

Madame Vestris, nous allions dire *Irène,* s'avance alors sur le devant du théâtre, un papier à la main, et, s'adressant à l'objet même de tant de délire; lut les vers suivants, que venait de composer le marquis de Saint-Marc, l'auteur assez obscur d'une *Adèle de Ponthieu :*

---

1. Comte de Ségur, *Mémoires* (Paris, Didier, 1844), t. I, p. 127.
2. Marquis de Luchet, *Histoire littéraire de M. de Voltaire* (Cassel, 1781), p. 241.

Aux yeux de Paris enchanté
Reçois en ce jour un hommage
Que confirmera d'âge en âge
La sévère postérité.
Non, tu n'as pas besoin d'atteindre au noir rivage
Pour jouir de l'honneur de l'immortalité.
Voltaire, reçois la couronne
Que l'on vient de te présenter ;
Il est beau de la mériter,
Quand c'est la France qui la donne !

Ces vers, bien dits, furent accueillis avec transport. On cria *bis !* Il fallut que madame Vestris les répétât, et mille copies circulaient en un instant dans toute la salle. Un étranger, jeté au milieu de cette frénésie, se fût cru dans une maison de fous. Mademoiselle Fanier, qui avait arraché ces vers à Saint-Marc, baisa le buste avec transport quand ce fut son tour, et, l'exemple donné, tous ses camarades en firent autant [1].

Cette scène indescriptible a été saisie et reproduite par Moreau avec une vérité merveilleuse. Les loges, l'orchestre, le parquet, ont les yeux fixés sur l'auteur d'*Irène*, qui est, dans des proportions microscopiques, d'une ressemblance remarquable : les acteurs, même les moindres, occupent la place où ils se trouvaient alors, dans le costume de leur emploi [2]. C'est une page

---

1. *Mémoires secrets pour servir à l'histoire de la République des lettres* (Londres, John Adamson), t. XI, p. 178. Nous avons relevé le chiffre des recettes des six premières représentations d'*Irène*. Lundi 16 mars : 1,796 ; mercredi 18 : 2,882 ; samedi 21 : 2,891, 10 sous ; lundi 23 : 2,636, 10 sous ; samedi 28 : 2,947, 10 sous ; lundi 30 (la sixième) : 2,965.

2. Prospectus d'une estampe représentant le couronnement de Voltaire, de Gaucher ; à madame la marquise de Villette, dame de Ferney-Voltaire (1782).

d'histoire anecdotique à laquelle le temps n'a rien ôté de sa valeur. Mais ce que le prospectus d'un marchand d'estampes ne pouvait dire, c'est que l'artiste né s'est pas borné à cette reproduction fidèle. Ainsi, l'on aperçoit le comte d'Artois, le corps à demi hors de sa loge; vis-à-vis de lui, la duchesse de Chartres et madame de Cossé, donnant le signal des applaudissements; et, pour contraster avec tout ce délire, le poëte Gilbert, protestant par son attitude plus que significative[1].
Nous disions que pas une voix ne s'était élevée contre tant d'idolâtrie : s'il fallait en croire les nouvelles à la main de Metra, le satirique n'aurait pu se contenir jusqu'au bout. En sortant du spectacle, il se serait écrié, non sans courir les risques d'être littéralement assommé par les assistants : « Qu'il n'y avait plus ni mœurs ni religion, et qu'enfin tout était perdu[2]. »

La toile se baissa et se releva, un moment après, pour *Nanine*, la seule des comédies de Voltaire qui fût restée au répertoire. Le buste n'avait pas été ôté; il avait été placé à la droite du théâtre. Même enthousiasme pour le poëte, même inattention pour l'œuvre qui, assez médiocrement jouée, n'en fut pas moins chaleureusement applaudie. Il fallait que le patriarche de Ferney emportât de cette soirée un souvenir radieux. La comédie finie, il se leva. Toutes les femmes s'étaient rangées dans les corridors et dans l'escalier, et c'était entre ces deux haies de visages animés, sou-

---

1. L'abbé Duvernet, *la Vie de Voltaire* (Genève, 1786), p. 315, 316.
2. *Correspondance secrète, politique et littéraire* (Londres, John Adamson), t. VI, p. 142; Paris, 4 avril 1778.

riant, pleurant, que la passion embellissait, qu'il dût rejoindre son carrosse, porté, pour ainsi dire, dans leurs bras. On ne voulait pas le laisser partir, on se jetait sur les chevaux, on les baisait. Des voix s'écriaient : « Des flambeaux ! des flambeaux ! que tout le monde puisse le voir ! » Il réussit pourtant à pénétrer jusqu'à sa voiture. Mais, comme à l'arrivée, la foule entoura le véhicule, les plus exaltés s'accrochèrent aux portières pour lui baiser encore une fois les mains : il fut question même de dételer ses chevaux, et de le reconduire ainsi jusqu'à l'hôtel du quai des Théatins. Il en fut quitte pour la peur. Mais le cocher dut aller au pas, afin qu'on pût le suivre, et il fut reconduit ainsi, par ce peuple ivre, jusqu'au Pont-Royal, aux cris redoublés de : Vive Voltaire ! Le comte d'Artois, auquel Moreau fait partager l'entraînement général, était à l'Opéra avec la reine. Mais il avait trouvé le moyen de s'éclipser, et il avait eu bientôt fait de gagner sa loge, à la Comédie. Il envoya son capitaine des gardes assurer le poëte de tout l'intérêt qu'il prenait à son triomphe. On a même prétendu que l'auteur d'*Irène* avait pu disparaître un instant et remercier de vive voix le prince d'une bienveillance qui lui était précieuse [1].

---

[1]. Le comte d'Artois eût alors bien changé de sentiment, si le propos qu'on lui fit tenir, dix ans auparavant, ne fut pas inventé à plaisir. Le bruit avait couru à Fontainebleau que M. de Voltaire était mort. Faisant allusion à cet événement, le jeune prince disait, à son dîner : « Il est mort un grand homme et un grand coquin. » *Mémoires secrets pour servir à l'histoire de la République des lettres* (Londres, John Adamson), t. IV, p. 119. Extrait d'une lettre de Fontainebleau, du 10 octobre 1768.

Rentré chez lui, le patriarche de Ferney, brisé par de si violentes émotions, pleura comme un enfant, et ne fut soulagé que par cette crise salutaire. Il n'aurait pas été de force à supporter deux fois une pareille épreuve, et il assura que, s'il avait pu prévoir qu'on eût fait tant de folies, il ne serait pas allé à la Comédie. Quoi qu'il en soit de ces excès, de cette frénésie qui s'empara de tout Paris comme d'un seul homme, ils étaient la légitime rémunération de toute une vie consacrée à charmer, à instruire, à éclairer ce siècle, dont il fut bien le guide, et l'instituteur. « L'enthousiasme avec lequel on vient de faire l'apothéose de M. de Voltaire, de son vivant, remarque Grimm, est la juste récompense, non-seulement des merveilles qu'a produites son génie, mais aussi de l'heureuse révolution qu'il a su faire et dans les mœurs et dans l'esprit de son siècle, en combattant les préjugés de tous les ordres et de tous les rangs; en donnant aux lettres plus de considération et plus de dignité, à l'opinion même un empire plus libre et plus indépendant de toute autre puissance que celle du génie et de la raison. »

Le lendemain, quelque fatigué que l'on fût, il fallut bien recevoir tout un monde de visiteurs, la ville et la cour, qui venaient féliciter et contempler dans son intérieur le triomphateur de la veille, et sortaient émerveillés de tant de vigueur, de présence et de jeunesse d'esprit. Cependant, l'enivrement n'avait pas été tel, que l'auteur de l'*Essai sur les Mœurs* ne sentît ce qu'avaient de peu durables et d'éphémères de pareilles ovations. « Ah! mon ami, disait-il à Wagnière, vous ne connaissez pas les Français; ils en ont fait autant pour le Génevois Jean-Jacques; plusieurs même ont donné un écu à des crocheteurs pour monter sur leurs épaules et le voir passer. On l'a décrété ensuite de prise de corps, et il a été obligé de s'enfuir. » Mais ceux qui avaient acclamé Jean-Jacques n'étaient pas les mêmes qui l'avaient décrété; et les amis de Rousseau, ses admirateurs, lui étaient, au contraire, demeurés fidèles, en dépit de la persécution et des poursuites. Cette façon chagrine et misanthropique d'envisager, au lendemain, les mêmes choses qui nous ont éblouis la veille, est une des infirmités des natures nerveuses, et jamais personne ne fut plus que Voltaire soumis à ces influences pour ainsi dire thermométriques. Wagnière ne dit rien ici que d'exact, et le poëte ne parlait pas avec moins de désenchantement de cette vaine fumée de la gloire, bien vaine surtout pour quiconque a déjà un pied dans la tombe, à l'académicien Marmontel qui, comme les autres, était accouru serrer la main de l'illustre vieillard [1].

Mais d'autres motifs, qu'il disait moins, devaient contribuer à imprégner d'inquiétude et d'amertume une allégresse qu'on eût crue sans mélange. La reine, on l'a dit, était à l'Opéra avec le comte d'Artois; elle avait conçu le projet, assurait-on, de passer *incognito* au Théâtre-Français, où elle se serait prêtée à une rencontre de quelques minutes avec l'auteur de *l'Hôte et l'Hôtesse*. Tout cela est dans la vraisemblance de cette nature

---

[1]. Marmontel, *Œuvres complètes* (Paris, Belin), t. I, p. 326. *Mémoires*, liv. X. Voir aussi, sur le même thème, un curieux dialogue entre Richelieu et Voltaire. *Vie privée du maréchal de Richelieu* (Paris, Buisson, 1792), t II, p. 396, 397, 398.

bienveillante, affectueuse, de premier élan, mais légère, inconsidérée, ne sachant point encore le péril de se livrer aux mouvements les meilleurs, et elle aurait exécuté sûrement son projet, si un billet du roi ne l'eût retenue au moment où elle se préparait à s'éclipser[1]. On prétendit même que le mot de son royal époux lui fut remis en chemin. Cette défense s'explique, et au point de vue où devait se placer le souverain, nous conviendrons sans difficulté que la présence de Voltaire à la cour eût été sans excuse. Le bon sens et plus encore le peu d'entraînement qu'il se sentait pour le vieil Arouet empêchèrent cette faute; il eût été également logique de ne pas donner à la cour *Irène*, qui y fut représentée le jeudi 2 avril. Voltaire, qui nourrissait peut-être encore l'espoir d'être invité à la représentation de sa pièce, comprit qu'il n'avait rien à attendre de ce pays-là, sous le nouveau maître aussi bien que sous le roi défunt. Mais il n'était pas, quoi qu'il en dît, tellement revenu des vanités de ce monde, qu'il envisageât avec un parfait stoïcisme cette attitude du Versailles officiel à son égard; et c'en était assez pour effacer en un instant tous les enivrements du triomphe.

En de pareils moments, les partisans de son départ pour Ferney reprenaient faveur auprès de lui, à la grande appréhension de ceux des siens qu'un nouveau

---

[1]. Lafont d'Aussone dit que Marie-Antoinette assista à cette représentation d'*Irène*, et que les spectateurs la remercièrent de son accueil et de sa complaisance par toutes sortes de démonstrations. Ce n'est pas la seule bévue qu'il commette à propos de Voltaire. *Mémoires*, t. I, p. 64.

voyage n'eût rien moins qu'accommodés; car, parmi cette petite cour de la rue de Beaune, il y avait deux opinions, deux tendances bien accusées : les uns l'auraient voulu déjà loin, déclarant qu'il y allait de la vie de ce vieillard surmené et qu'on allait étouffer sous les roses; les autres prétendaient que Paris était sa seule patrie et que, maintenant qu'il y était rentré, rentré en triomphateur, après avoir appelé cet instant de ses vœux durant vingt-huit années, il n'y avait plus pour lui d'air vital en dehors de ses murs. A la tête de ces derniers, se trouvaient d'Argental et Thibouville, sans arrière-pensée personnelle, uniquement préoccupés des intérêts de la gloire de l'écrivain. Quant aux suppôts de la philosophie, Voltaire était leur drapeau; ils le tenaient et n'étaient pas disposés à le laisser échapper.

Madame Denis, plus que personne, se révoltait contre toute idée d'un départ. La chère dame ne comprenait que Paris, le cailletage de ses salons, le monde qu'elle avait dû laisser pour s'enfouir au fond de ce pauvre et très-dénué pays de Gex, ce groupe de courtisans enfin, que lui valait, même en l'absence de M. de Voltaire, le titre de nièce de M. de Voltaire. Elle retrouvait tout cela, après des siècles d'attente et d'ennui, et on lui reparlait, à peine rendue à cette existence selon ses goûts, de reprendre son rôle de dame de paroisse et de gouvernante d'un vieillard quinteux, chagrin, dont on ne pouvait nier l'attachement, mais qui avait aussi de rudes moments qu'elle connaissait mieux que par ouï-dire! Toute son habileté, toute sa rhétorique n'eurent d'autre but que d'ôter de l'esprit du poëte ces velléités de retour, dont l'idée seule la glaçait.

Mais elle ne pouvait ni écarter ni condamner au silence ces amis non moins sincères, non moins influents, qui pressaient l'auteur d'*Irène* de s'éloigner au plus vite de cette ville funeste dans laquelle il n'aurait pas dû remettre les pieds. La petite phalange était représentée par le mari de mademoiselle Corneille, M. Dupuits, qui pouvait être intéressé à ramener à Ferney l'ami et le protecteur de leur famille; représentée par l'honnête Wagnière, qui n'est pas tendre, on ne le sait que trop, pour la coterie adverse, par Tronchin surtout, dont la voix était écoutée de son malade, bien qu'elle ne fût pas toujours obéie.

Le docteur génevois, qui savait son empire et avait le ton despotique des gens habitués à voir courber les volontés sous leurs arrêts, s'indignait de la contradiction comme d'un mauvais procédé; la méchante humeur de nos médecins, leurs petites intrigues pour contre-battre une vogue, un engouement à peine croyables, l'avaient, en définitive, moins irrité que convaincu de sa force et de sa popularité. Il avait retrouvé, à Paris, la clientèle qui, à différentes époques, l'était allé chercher à Genève, et ç'avait été autant de défenseurs et de prôneurs dans ce pays de l'enthousiasme comme du dénigrement. Solidement épaulé, patroné par le duc d'Orléans, il pouvait défier l'envie et se moquer de ses confrères parisiens qui le traitaient d'empirique et de charlatan. Si sa science était réelle, il savait aussi par quels chemins on arrive à conquérir cette autorité sans laquelle le médecin reste désarmé. La nature l'avait doué d'une prestance imposante, et il ne trouvait pas au-dessous de lui d'user de cette sorte d'avantage au plus grand bien de son malade. Tel était son charlatanisme, charlatanisme qu'il apportait également dans les relations du monde, dont l'accueil et la bienveillance avaient dû sensiblement émousser sa simplicité native. Ce n'était pas Voltaire qui avait appelé Lorry; il avait purement et simplement consenti aux importunités de son entourage; en réalité, Tronchin avait toute sa confiance; il le lui répétait à tout instant et sur tous les tons. Celui-ci, pressentant les inévitables conséquences d'un plus long séjour, ne cacha pas sa pensée, il ne lui dissimula point l'inquiétude que lui causait cette vie parisienne que le poëte n'était pas de force à mener longtemps de ce train.

Je donnerais tout à l'heure, lui dit-il, cent louis pour que vous fussiez à Ferney. Vous avez trop d'esprit pour ne pas sentir qu'on ne transplante point un arbre de quatre-vingt-quatre ans, à moins qu'on ne veuille le faire périr. Partez dans huit jours; j'ai une excellente dormeuse toute prête à votre service. — *Suis-je en état de partir?* dit M. *de Voltaire.* — Oui, j'en réponds sur ma tête, reprit M. *Tronchin*. M. de Voltaire lui prit la main, se mit à fondre en larmes et lui dit : *Mon ami, vous me rendez la vie.* Il était si attendri, que son cuisinier, qui était présent, fut obligé, ainsi que moi, de sortir pour pleurer.

Un instant après, M. *Dupuits*, mari de mademoiselle *Corneille*, vint voir M. *de Voltaire*; il lui parla avec la même franchise que M. *Tronchin*, et la même amitié. M. *de Voltaire* le pria d'aller voir la dormeuse dont lui avait parlé M. *Tronchin*. Ce fut alors qu'il m'ordonna d'écrire à Ferney, pour faire venir sur-le-champ son cocher, à dessein d'y ramener son propre carrosse.

Madame *Denis*, ayant appris cette conversation de M. *Tron-*

chin, l'en gronda beaucoup, et ne lui a jamais pardonné [1].

Si c'était le plus autorisé, ce n'était pas l'unique conseil de ce genre qui lui fut donné par ceux de ses amis qui mettaient par-dessus tout la sûreté de sa vie.

Quand M. de Voltaire vint à Paris, raconte madame Suard, il y vit beaucoup M. Suard, et le traita toujours avec autant d'estime que de bienveillance. Il conservoit un doux souvenir d'un portrait qu'il avait fait de lui [2] et ne parloit qu'avec reconnaissance de ce qu'il appeloit *ses bontés*. Il permit à M. Suard seul d'assister à une répétition d'*Irène*, et M. Suard a intéressé plus d'une fois notre société, en racontant ses observations, les éloges et même les critiques qu'il adressoit aux différents acteurs. C'étoit une scène charmante.

Je fus aussi reçue de M. de Voltaire avec la même bonté qu'il m'avoit montrée à Ferney. Je le vis trois fois, et nous acceptâmes un dîner de M. de Villette pour le voir et l'entendre plus longtems. Mais hélas! ce que je lui avois prédit est arrivé, c'est que s'il restoit quelques jours avec nous, nous le ferions mourir. En effet, pouvoit-il survivre, avec une aussi frêle machine, à un triomphe qui, jamais, n'a été obtenu par un aucun mortel? Ai-je besoin de dire que M. Suard et moi y avons assisté [3] ?

1. Longchamp et Wagnière, *Mémoires sur Voltaire* (Paris, André, 1826), t. I, p. 144, 145. Voyage de Voltaire à Paris, 1778.
2. Dans sa première lettre datée de juin 1775, madame Suard écrivait, de Genève, à son mari : « Il me parla beaucoup de vous, de sa reconnaissance pour vos bontés, c'est le mot dont il se servit. » Suard, *Mélanges de littérature* (Paris, Dentu, 1803), t. II, p. 9. *Voyage de Ferney*. Suard, dans son discours de réception à l'Académie, avait fait un grand éloge de Voltaire, et c'est à cela qu'il est fait allusion. Le patriarche fut extrêmement touché de cette preuve d'amitié. Voir encore sa lettre de juillet 1774. *OEuvres complètes* (Beuchot), t. LXIX, p. 15, 16, 17.
3. Madame Suard, *Essais de mémoires sur M. Suard* (Paris, Didot, 1820), p. 128, 129.

Ces prédictions, ces exhortations, qui ne faisaient les affaires de personne, importunaient sans persuader. Voltaire ne parlait de départ que dans ses rechutes, et lorsque le moindre déplacement n'était plus possible. A peine allait-il mieux, les séductions de Paris, les cajoleries, les flatteries, le concours de tout ce qu'il y avait d'illustre et par la naissance et par le mérite, venaient en aide à madame Denis qui avait mis dans la tête de son oncle d'acheter une maison dans Paris. L'auteur d'*Irène* ne pouvait être l'hôte éternel de M. de Villette, chez lequel il se trouvait médiocrement, non sans raison, car il lui fallait de la lumière à midi pour travailler[1]. Sa nièce, envisageant plus de garanties contre la velléité d'une fugue subite dans une installation définitive, lui chercha sans succès une maison de campagne. Le hasard voulut qu'une maison contiguë à l'hôtel de Villette se trouvât disponible. Cette proximité devait la déterminer ; mais, une heure après, son oncle lui ordonnait de retirer sa parole. On songea un instant à l'hôtel que quittait le comte d'Hérouville, dont l'accès était dans le faubourg Saint-Honoré, avec un magnifique jardin donnant sur les Champs-Élysées. La situation était charmante, et nous ne savons ce qui empêcha le marché. Cette recherche était un aliment de plus à son activité dévorante, et il se mettra en campagne avec sa fougue habituelle, sans regarder à la fatigue, relançant les gens d'affaires qui ne le recevaient pas toujours avec la considération

---

1. Longchamp et Wagnière, *Mémoires sur Voltaire* (Paris, André, 1826), t. I, p. 137. Voyage de Voltaire à Paris, 1778.

et le respect auxquels il avait droit[1], ne pesant pas plus qu'un once, et étonnant ses amis par la jeunesse et la verdeur de ses quatre-vingt-quatre ans.

Entre autres immeubles qui pouvaient lui convenir, on lui avait parlé d'une maison appartenant à M. de Villarceaux, celle, qu'en définitive, il achètera à vie; il était allé relancer le propriétaire chez M. Le Couteux de Molé, où il soupait. C'était l'abbé Delille qui l'accompagnait, ce jour-là. « Vous me donnez, dit le traducteur des *Géorgiques*, à porter un poids qui n'est pas lourd pour un homme qui va acheter une maison à vie. — Vous êtes un espiègle, répartit le patriarche, c'est un tombeau, monsieur, et non une maison que j'achète[2]. » Hélas! c'eût été son tombeau, pour peu que son existence se fût prolongée de quelques jours, car il ne vivra pas assez pour en prendre possession. La date de cette acquisition sur la tête de l'oncle et de la nièce est du 27 avril. L'hôtel bâti rue de Richelieu, en face de l'hôtel du duc de Choiseul, sur le terrain appartenant jadis au marquis de Bussy, tenait, d'un côté, à la maison même de M. de Villarceaux, et, de l'autre, à celle de madame de Saint-Julien, qui nous semble avoir provoqué le marché. C'était une résidence

---

1. Notamment le procureur Huraut. « Ce procureur nous reçut très-grossièrement et avec beaucoup de morgue ; mais il fut frappé comme d'un coup de foudre, lorsqu'il apprit que celui qui le consultait était M. *de Voltaire*, et cela forma un coup de théâtre fort plaisant. » Longchamp et Wagnière, *Mémoires sur Voltaire* (Paris, André, 1826), t. I, p. 477. Examen des *Mémoires de Bachaumont*, 1778.

2. Sayous, *Mémoires sur Mallet du Pan*, t. II, p. 463. Voltaire aurait dit le même mot à Wagnière, mais non plus en riant. *Mémoires sur Voltaire* (Paris, André, 1826), t. I, p. 152. Voyage de Voltaire à Paris, 1778.

fort convenable et jolie, qui séduisait tout d'abord par un splendide escalier, mais où il n'y avait encore que les quatre murailles.

Dans sa pensée, cet achat ne devait enlever aucun espoir de le revoir à sa colonie; il déclarait qu'il irait passer deux mois à Ferney, et le jour de son départ était si bien arrêté, que le prince de Condé lui avait fait dire qu'il l'attendait à Dijon, où il allait tenir les États, et lui ferait préparer un logement. Papillon-philosophe s'était engagée à être du voyage. Wagnière a raconté à sa façon les manœuvres dont son maître fut l'objet, dans le but d'entraver un déplacement dont la durée pouvait être indéfinie. A part les considérations de santé, à quelque résolution que l'on s'arrêtât, des écueils de plus d'une sorte, des embarras, des dangers même, se présentaient à l'esprit et rendaient hésitant. Si Voltaire partait pour Ferney, il était à redouter que défense ultérieure ne lui fût faite de poser jamais le pied dans Paris. Et, si c'était la persécution qu'il fuyait, peut-être s'abusait-il, en pensant qu'elle serait moindre dans ce coin perdu que dans la grande ville où l'opinion, avec laquelle il faut toujours compter, le protégerait en somme dans une certaine mesure. Wagnière fait allusion à une lettre de M. de Thibouville à madame Denis où se trouvaient groupés tous les arguments capables de fixer les irrésolutions de l'auteur de *la Henriade*. Le duc de Praslin, paraîtrait-il, était de cet avis et s'était mis aux ordres de la nièce pour agir dans ce sens sur l'esprit de son oncle[1].

1. Longchamp et Wagnière, *Mémoires sur Voltaire* (Paris, André, 1826), t. I, p. 148. Voyage de Voltaire à Paris, 1778.

Mais Voltaire eût été moins incertain, qu'il aurait eu fort à faire contre tant de gens déterminés à ne point le laisser partir. En tous cas, Wagnière a tort de ranger D'Alembert parmi ces derniers.

J'étais fort d'avis, mande tout au contraire celui-ci au roi de Prusse, qu'il retournât à Ferney au commencement de la belle saison, et qu'il y allât jouir paisiblement des hommages qu'il avait reçus à Paris. Mais sa nièce, qui s'ennuyait à Ferney, l'en a détourné, et plusieurs de ses amis ont pensé de même, craignant que s'il retournait jamais dans sa retraite, les prêtres n'obtinssent un ordre qui l'obligeât d'y rester..... Pour moi, Sire, quand j'appris qu'il avait formé presque subitement le dessein de venir à Paris, et qu'il était déjà en route, j'en fus très-affligé, ne doutant pas qu'il ne vînt y chercher la persécution et la mort. Je me suis trompé, à ma grande satisfaction, sur le premier article; et son apothéose si brillante et si solennelle m'avait consolé de son voyage; mais malheureusement je ne me suis pas trompé de même sur les suites funestes et inséparables de ce voyage imprudent et précipité[1].

Il faut convenir que les amis du poëte étaient excusables de ne pas tenir assez de compte du besoin de repos que devait éprouver sa vieille machine, et que tout contribuait à les illusionner à cet égard. Tronchin, tout le premier, ne savait plus quoi en penser. « Votre vieux voisin, écrivait-il à un correspondant anonyme, fait ici un tapage affreux, et, malgré d'incroyables fatigues, il se porte bien. Il dit qu'après la Quasimodo il retournera à Ferney, pour arranger ses affaires et celles de la colonie. Il reviendra ensuite à

---

[1]. *OEuvres de Frédéric le Grand* (Berlin, Preuss), t. XXV, p. 113. Lettre de D'Alembert à Frédéric, Paris, 2 juillet 1778.

Paris pour s'y fixer. Il a acheté une maison. J'ai vu bien des fous en ma vie, mais je n'en ai jamais vu de plus fous que lui : il compte vivre au moins cent ans[1]. »
Ce billet est du 6 avril. Le même jour, Voltaire se rendait de chez lui, à pied, à l'Académie. Comme toujours, la foule s'amassa sur son passage.

> Il s'assembla beaucoup de monde sur sa route; une femme qui vend des livres à l'entrée des Tuileries, nous ayant aperçus sur le Pont-Royal, accourut, fendit la presse, se mit à côté de M. *de Voltaire*, et tout en mangeant un morceau de pain, lui disait : *Mon bon monsieur de Voltaire, faites des livres, vous me les donnerez, et ma fortune sera bientôt faite; vous l'avez procurée ainsi à tant d'autres ! O mon bon monsieur, s'il vous plaît, faites-moi des livres, je suis une pauvre femme.* Ceux qui accouraient pour savoir ce que c'était, le demandaient aux personnes qui nous entouraient; j'entendais répondre dans la foule par différentes voix : *C'est M. de Voltaire, c'est le défenseur des malheureux opprimés, celui qui a sauvé la famille de Calas et de Sirven,* etc.[2]

Si Wagnière y met quelquefois du sien, en cette circonstance il n'est qu'un chroniqueur exact et fidèle. Voltaire récoltait ce qu'il avait semé : l'admiration et les bénédictions. « Il est suivi dans les rues par le peuple, qui l'appelle *l'homme aux Calas,* écrit madame du Deffand à Walpole. Il n'y a que la cour qui se refuse à l'enthousiasme; il a quatre-vingt-quatre ans, et en vérité je le crois presque immortel; il jouit de tous ses sens, aucun même n'est affaibli : c'est un

---

1. Courtat, *Défense de Voltaire*, p. 53. Extraits des manuscrits de Tronchin. Cette lettre, comme une autre que nous avons citée précédemment, doit être à l'adresse de Tronchin des Délices.

2. Longchamp et Wagnière, *Mémoires sur Voltaire* (Paris, André, 1826), t. I, p. 479. Examen des *Mémoires de Bachaumont.*

être bien singulier, et en vérité bien supérieur[1]. »
Tous s'extasient sur cette santé si tenace et le croient
« presque immortel »; son médecin, dont nous avons
constaté l'étonnement, dira aussi que, s'il était resté
à Ferney, il aurait pu vivre encore dix années.

Voltaire avait pris l'engagement d'aller rendre visite à la loge des *Neuf-Sœurs;* il s'exécutait, le lendemain (mardi 7 avril). Mais ce ne devait pas être une simple visite de politesse, et les maçons comptaient bien initier à leurs mystères et conquérir à leur ordre cet ennemi acharné de tout préjugé, cet appui du faible et de l'opprimé, ce défenseur indomptable de l'innocent persécuté. L'avocat des Calas, des Sirven, des Montbailly, était maçon avant toute initiation. Chacun parla à sa guise de cette séance mémorable dans les fastes de la loge. Nous négligerons ces récits plus ou moins mêlés d'inexactitudes. La relation authentique, officielle, un « extrait de la planche à tracer de la respectable loge des Neuf-Sœurs, » nous a été transmise, et nous n'hésiterons pas à reproduire une partie de ce curieux document, en dépit de son étendue.

Le frère abbé Cordier de Saint-Firmin [2] a annoncé à la loge qu'il avait la faveur de présenter, pour être un apprenti maçon, M. de Voltaire. Il a dit qu'une assemblée aussi littéraire que maçonnique devait être flattée du désir que témoignait l'homme le plus célèbre de la France, et qu'elle aurait

---

1. Madame du Deffand, *Correspondance complète* (Paris, Plon, 1865), t. II, p. 650. Lettre de la marquise à Horace Walpole ; Paris, 12 avril 1778.

2. Auteur d'un *Éloge de Louis XII* et de la tragédie de *Zamkma*, jouée trois fois.

infailliblement égard, dans cette réception, au grand âge et à la faible santé de cet illustre néophyte.

Le vénérable frère de Lalande [1] a recueilli les avis du très-respectable frère Bacon de la Chevalerie, grand orateur du Grand Orient [2] et celui de tous les frères de la loge, lesquels avis ont été conformes à la demande faite par le frère abbé Cordier. Il a choisi le très-respectable frère comte de Strogonof [3], les frères Cailhava [4], le président Meslay, Mercier [5], le marquis de Lort, Brinon, l'abbé Remy [6], Fabrony [7] et Dufresne, pour aller recevoir et préparer le candidat. Celui-ci a été introduit par le frère Chevalier de Villars, maître des cérémonies de la loge; et l'instant où il venait de prêter l'obligation a été annoncé par les frères des colonnes d'Euterpe, de Terpsichore et d'Erato, qui ont exécuté le premier morceau de la troisième symphonie à grand orchestre de Guenin. Le frère Caperon menait l'orchestre ; le frère Chic, premier violon de l'électeur de Mayence, était à la tête des seconds violons ; les frères Salantin, Caravoglio, Olivet, Balza, Lurschmidt, etc., se sont empressés d'exprimer l'allégresse générale de la loge en déployant leurs talens si connus dans le public, et particulièrement dans la respectable loge des Neuf-Sœurs.

Après avoir reçu les signes, paroles et attouchemens, le frère de Voltaire a été placé à l'Orient à côté du vénérable. Un des frères de la colonne de Melpomène lui a mis sur la tête une couronne de laurier qu'il s'est hâté de déposer. Le vé-

---

1. Le célèbre auteur du *Traité d'astronomie*, lié avec Voltaire.

2. Peut-être l'avocat général dont nous avons publié des lettres inédites à Voltaire.

3. Alexandre Serghwivitch Strogonof, élevé en France ; plus tard, grand chambellan et président de l'Académie des beaux-arts.

4. Cailhava d'Estandoux, auteur de l'*Egoïsme* et des *Études sur Molière*.

5. L'auteur du *Tableau de Paris*.

6. Il a été question de l'abbé Rémy plus haut.

7. Fabroni, naturaliste florentin, envoyé en France avec Fontana, par le grand duc Léopold, pour s'initier aux nouvelles découvertes de la science française.

nérable lui a ceint le tablier du frère Helvétius, que la veuve de cet illustre philosophe a fait passer à la loge des Neuf-Sœurs, ainsi que les bijoux maçonniques dont il faisait usage en loge [1], et le frère de Voltaire a voulu baiser ce tablier avant de le recevoir. En recevant les gants de femme, il a dit au frère marquis de Villette : « Puisqu'ils supposent un attachement honnête, tendre et mérité, je vous prie de les présenter à Belle et Bonne. »

Alors le vénérable frère de Lalande prit la parole et prononça un discours approprié à la circonstance, qui se terminait par l'énumération des titres du récipiendaire, à l'amour et au respect de ses semblables.

Quel citoyen, lui disait-il, a mieux que vous servi la patrie en l'éclairant sur ses devoirs et sur ses véritables intérêts, en rendant le fanatisme odieux et la superstition ridicule, en rappelant le goût à ses véritables règles, l'histoire à son véritable but, les lois à leur première intégrité? Nous promettons de venir au secours de nos frères, et vous avez été le créateur d'une peuplade entière qui vous adore, et qui ne retentit que de vos bienfaits : vous avez élevé un temple à l'Éternel; mais, ce qui valait mieux encore, on a vu près de ce temple un asile pour des hommes proscrits, mais utiles, qu'un zèle aveugle aurait peut-être repoussés. Ainsi, très-cher frère, vous étiez franc-maçon avant même que d'en recevoir le caractère, et vous en avez rempli les devoirs avant que d'en avoir contracté l'obligation entre nos mains. L'équerre que nous portons comme le symbole de la rectitude de nos actions; le tablier, qui représente la vie laborieuse et l'activité utile; les gants blancs, qui représen-

---

1. Helvétius avait été, avec Lalande, le fondateur de la loge, et était considéré et vénéré comme tel par tous les membres de l'atelier maçonnique. *Le Globe, archives générales des sociétés secrètes non politiques* (Paris, 1839), t. I, p. 381. On trouve dans le même volume un récit très-circonstancié de la solennité du 7 avril 1778, p. 76, 77.

tent la candeur, l'innocence et la pureté de nos actions; la truelle, qui sert à cacher les défauts de nos frères, tout se rapporte à la bienfaisance et à l'amour de l'humanité, et par conséquent n'exprime que les qualités qui vous distinguent; nous ne pouvions y joindre, en vous recevant parmi nous, que le tribut de notre admiration et de notre reconnaissance [1].

Les frères de La Dixmerie [2], Garnier [3], Grouvelle [4], Echard, demandèrent la parole et récitèrent des vers de leur façon. Après quoi, le frère nouvellement reçu témoigna à la loge « qu'il n'avait jamais rien éprouvé qui fût plus capable de lui inspirer les sentimens de l'amour-propre, et qu'il n'avait jamais senti plus vivement celui de la reconnaissance. » Le frère Court de Gébelin fit hommage de son *Monde primitif*, dont on lut un passage concernant les anciens mystères d'Eleusis. Le frère Monet, peintre du roi, mettait ce temps à profit, et dessinait le portrait du patriarche de Ferney, que l'on trouva plus ressemblant qu'aucun des portraits gravés jusque-là. Ces lectures terminées, l'orchestre reprit la symphonie qu'il avait dû inter-

---

1. Grimm, *Correspondance littéraire* (Paris, Furne), t. X, p. 124, 125, 126. Extrait de la planche de la respectable loge des Neuf-Sœurs, à l'Orient de Paris, le septième jour du quatrième mois de l'an de la vraie lumière 5778.

2. Nicolas Bricaire de la Dixmerie, auteur de nombreux ouvrages et particulièrement d'un *Éloge de Voltaire*.

3. Charles-Georges-Thomas Garnier, auteur de proverbes dramatiques, qu'il publia d'abord sous le pseudonyme de mademoiselle Raigner de Malfontaine.

4. Philippe-Antoine Grouvelle, secrétaire de Chamfort, puis du prince de Condé ; secrétaire, en août 1792, du Conseil exécutif provisoire. Ce fut lui qui, à ce titre, dut lire au roi son arrêt ; ce qu'il fit d'une voix faible et étranglée.

rompre, tandis que l'on se dirigeait vers la salle du banquet. Le poëte ne toucha qu'à quelques cuillerées de purée de fèves, régime que lui avait indiqué madame Hubert, la femme du fameux marchand de curiosités, et dont il la remerciait par un madrigal des plus jolis[1]; après les santés, il demandait la permission de se retirer. Il fut reconduit par une partie de l'assistance, et trouva à la porte de la loge[2], attendant sa sortie, une multitude qui le salua de ses bravos et lui fit cortége. Il rentrait de bonne heure et paraissait dans l'après-dîner, sur son balcon, entre d'Argental et M. de Thibouville.

La journée devait être des plus complètes. Voltaire se rendait, le soir, chez la marquise de Montesson, dont l'hôtel, rue de Provence, était le rendez-vous de la meilleure société et du plus grand monde. On savait quels liens unissaient madame de Montesson au duc d'Orléans, qui l'avait épousée, du consentement du roi mais à la condition expresse que le mariage demeurerait secret (avril 1773). La marquise était le premier rôle de la troupe de qualité. On s'accordait à lui reconnaître l'aisance, la finesse, tout le métier d'une comédienne de profession; et Chamfort nous dit qu'elle était une des quatre femmes à la mode qu'on citait comme des actrices accomplies. Le duc

1. Voltaire, OEuvres complètes (Beuchot), t. XIV, p. 486. Vers à madame Hébert, qui lui avait envoyé deux remèdes, l'un contre l'hémorrhagie, l'autre contre une fluxion sur les yeux. Madame Hébert est désignée comme l'intendante des Menus, dans les *Mémoires secrets* (Londres, John Adamson), t. XIV, p. 486.
2. La loge était installée à l'ancien noviciat des jésuites, rue du Pot-de-Fer, Saint-Sulpice.

d'Orléans, qui l'aimait pour sa beauté, sa grâce, son esprit, ne lui savait pas un moindre gré de partager sa passion pour les planches. Elle n'avait pas eu à implanter la comédie chez le prince, elle l'y avait trouvée; et, avant elle, sous le règne interlope de mademoiselle Marquise (madame de Villemomble[1]), le duc d'Orléans ne quittait guère son costume de Gilles, car c'était un Gilles excellent. Non contente d'être une comédienne accomplie, madame de Montesson s'était dit qu'avec son habitude et sa science du monde, il n'y avait pas de motifs pour qu'elle ne troussât des comédies aussi bien qu'une infinité de petits auteurs qui n'étaient point sortis de leur mansarde. Le raisonnement était tout au moins spécieux; elle le trouva concluant, et se mit résolûment à l'œuvre. Le théâtre n'est pas toutefois le seul genre qu'elle ait abordé; elle a fait un roman, *Pauline*, et un poëme en cinq chants, intitulé *Rosamonde*. De 1782 à 1785, elle laissera imprimer ses *OEuvres anonymes*, huit volumes qui, hâtons-nous d'ajouter à sa décharge, ne s'adressaient qu'à l'intimité la plus étroite, puisqu'il n'en fut tiré que douze exemplaires.

Mentionnons deux de ses pièces, *la Femme sincère*, « un tableau plein de grâce et de sensibilité, » et *l'Amant romanesque*, qui offre, nous dit Grimm dont on n'ignore pas les motifs d'indulgence, le même intérêt

---

1. Elle s'appelait, en réalité, Lemarquis, et avait été danseuse à la Comédie-Italienne. C'est d'elle que le duc d'Orléans eut deux fils, les abbés de Saint-Phar et de Saint-Albin, et une fille, madame Brossard. M. Honoré Bonhomme a fait une monographie du premier, sous le titre : *Le dernier abbé de cour* (Didier, 1873).

« avec un caractère plus original et des scènes plus gaies. » En somme, une femme aimable, élégante, une reine de salon, entourée, adulée, joignant à ses autres titres le titre d'épouse du premier prince du sang (titre qu'il faut tenir secret sans doute, si c'est bien le secret de la comédie), cette femme-là sait parfaitement qu'elle court de médiocres hasards. Malheureusement, quelque vanité qu'on ait, on sent que ce public n'est ni le bon ni le vrai; et, un beau jour, lasse d'applaudissements sans signification, on voudra s'adresser, l'on s'adressera à un autre public, qui ne flatte pas, celui-là. Et il arrivera que l'on sera sifflée et huée tout comme un auteur de profession : petite mortification que l'on subira, empressons-nous d'ajouter, avec esprit et vaillance [1].

Mais, si tous les genres étaient admis sur le théâtre de la marquise, d'autres pièces que les pièces de la marquise étaient souffertes, dans lesquelles, il est vrai, elle remplissait les premiers rôles. Elle avait de la voix, et ne se faisait pas moins applaudir dans les opéras-comiques que dans la comédie. Elle était ravissante dans la *Belle Arsène*, *Zémire et Azor*, *Aline* et la *Serva Padrona*. Ces petites fêtes étaient d'ailleurs pleines d'entrain : la bonhomie du duc d'Orléans, en débarrassant de toute étiquette, autorisait un laisser-

---

[1]. Il s'agit ici de la *Comtesse de Chazelles*, représentée, le jeudi 5 mai 1875, sur le Théâtre-Français, et qui fut une véritable expiation des succès domestiques. Mais madame de Montesson affronta fièrement cette disgrâce, elle dédaigna de s'abriter derrière un prudent anonyme; à sa prière, le duc d'Orléans déclara nettement qu'elle était l'auteur de la comédie chutée. Duc de Levis, *Souvenirs et portraits* (Paris, 1815), p. 258. Note de Renouard.

aller, une liberté dont on n'abusait point, et qui leur donnaient une saveur particulière. Voltaire, auquel ces représentations rappelaient les solennités dramatiques de Ferney, enchanté de sa soirée, retournait, le surlendemain (jeudi 9 avril), à l'hôtel de la Chaussée-d'Antin, où, disons-le, il avait été accueilli presque comme à la Comédie-Française, au couronnement près[1]. Madame de Montesson l'était allée recevoir dans sa loge avec le duc d'Orléans. Il se mit à genoux, la marquise le releva en l'embrassant, l'accabla de caresses et de flatteries. « Voilà le plus beau jour de mon heureuse vie ! » s'écriait le vieillard attendri et grisé, ce qui était tout simple, par tant d'amabilité et de grâces[2]. Si madame de Montesson avait voulu qu'il entendît son *Amant romanesque*, *Nanine* devait être également de la fête, et le patriarche de s'extasier, de déclarer que jamais il n'avait été aussi bien joué, à l'interprète charmante qui lui faisait cette galanterie.

Voltaire en était encore à rendre ses politesses à madame du Deffand qui, malgré des excuses trop légitimes, un peu piquée d'être autant ajournée, avait pris le parti de se tenir dans son tonneau et de faire la morte. « Il y a quinze jours que je ne l'ai vu, écrivait-elle dès le 8 mars, et je compte ne le revoir que quand il viendra chez moi ou qu'il me fera prier de venir chez lui. » Il s'exécutait, le 11 avril, un grand mois après, et n'en était pas moins reçu avec indulgence et mansuétude

---

1. *Mémoires secrets pour servir à l'histoire de la République des lettres* (Londres, John Adamson), t. XI, p. 189 ; 13 avril 1778.
2. Grimm, *Correspondance littéraire* (Paris, Furne), t. X, p. 31 ; avril 1778.

par l'aveugle clairvoyante. « J'eus enfin hier la visite de Voltaire; je le mis à son aise, en ne lui faisant aucun reproche; il resta une heure, et fut infiniment aimable. Je n'avais chez moi que madame de Cambis, la Sanadona[1], et une de nos habitantes de Saint-Joseph... S'il me voit souvent, j'en serai fort aise; s'il me laisse là, je m'en passerai; je ne me permets plus ni désir ni projet[2]. » Elle ne devait le voir chez elle que cette unique fois, mais c'était trop déjà. On sut, dans l'intérieur du couvent (on le sut sans doute par cette « habitante » dont parle madame du Deffand, qui ne manqua pas de se vanter de sa bonne fortune), que cet ennemi acharné de la religion, ce suppôt de l'enfer, cet écrivain abominable, avait souillé par sa présence une demeure vouée à Dieu. L'indignation fut grande; on la contint, toutefois. Mais, six semaines plus tard, on apprenait à Saint-Joseph et la mort de l'impie et le refus de toute sépulture ecclésiastique; les têtes s'exaltèrent, l'opinion des supérieures enhardit ces cerveaux de femmes qui, prises toutes d'une sainte colère, s'amassèrent, s'entendirent, se portèrent, suivies de leurs élèves, sous les fenêtres de madame du Deffand, et manifestèrent, par leur contenance hostile, leurs bras tendus au ciel, leurs cris de réprobation, ce qu'elles pensaient d'une pensionnaire qui n'avait pas craint d'ouvrir la porte de la bergerie à un

---

1. Mademoiselle Sanadon, celle qui avait succédé auprès de la marquise à mademoiselle de Lespinasse.
2. Madame du Deffand, *Correspondance complète* (Paris, Plon, 1865), t. II, p. 650. Lettre de la marquise à Walpole; Paris, 12 avril 1778.

loup dévorant. Ce fut une espèce d'émeute (nous ne dirons pas de charivari : le mot serait excessif et, d'ailleurs, il serait un anachronisme) qui ne laissa pas toutefois, après l'avoir effrayée, d'amuser peut-être cette inguérissable ennuyée, à laquelle on avait voulu faire sentir ainsi les inconvénients et les périls des mauvaises connaissances [1].

Les Nouvelles à la main prétendent que Voltaire, qui aimait à être bien avec tout le monde, avait écrit au duc de Chartres pour lui demander la permission de faire sa cour aux petits princes, et qu'il s'était rendu à cette intention, le samedi 11 avril, au Palais-Royal. C'est là une erreur, le hasard seul l'introduisait dans l'intérieur du duc. On sait que Tronchin avait un appartement au Palais. Voltaire, accompagné de Wagnière, revenait de chez lui et traversait le petit jardin pour aller chez la comtesse de Blot [2], quand il aperçut deux jeunes enfants avec leur gouvernante. Il demanda à celle-ci qui ils étaient, et parut frappé de la ressemblance de M. de Valois (celui qui devait être Louis-Philippe Ier) avec le Régent. La gouvernante,

---

1. *Correspondance littéraire* (10 janvier 1860), IVe année, p. 106. Lettre de M. Taillandier, conseiller à la Cour de cassation. « Je tiens ces détails, dit M. Taillandier, de ma mère, qui était alors pensionnaire à Saint-Joseph, et qui fut témoin de cette scène étrange. » Quant à madame du Deffand, elle ne s'est point vantée de l'algarade, et l'on n'en trouve trace dans aucune de ses lettres.

2. Madame de Blot était fille de madame de Mauconseil et sœur de la princesse d'Hennin et de madame de la Tour du Pin-Gouvernet, la femme du commandant supérieur de Bourgogne. Elle avait été dame de la feu duchesse d'Orléans. Voir une lettre de Voltaire à la comtesse, en date du 13 février 1878. *Lettres inédites* (Paris, Didier, 1857), t. II, p. 547, 548.

qui l'avait reconnu, insista tellement qu'il ne put se refuser à entrer dans la pièce où dormaient les petites princesses. La duchesse avait été avertie que M. de Voltaire était près de ses enfants. Elle accourut en jupon, en peignoir, les cheveux défaits, « transportée de joie, comme elle le dit, du plaisir de voir pour la première fois un homme si célèbre, qu'elle désirait depuis longtemps connaître. » Le prince était sorti, et ne put s'associer aux paroles polies de l'aimable fille du duc de Penthièvre. De là, le poëte passa chez madame de Blot, le but premier de cette petite excursion. Ensuite, il se rendit chez une madame d'Ennery, pour solliciter d'elle l'abandon de ses prétentions sur la maison de la rue Richelieu qu'il achetait à vie de M. de Villarceaux, ce qu'il obtint, toutefois après quelques difficultés [1].

---

1. Wagnière dit que son maître venait s'excuser du chagrin qu'il lui causait, « en sollicitant d'elle la cession d'une maison qu'elle avait louée à M. de Villarceaux, maison qu'elle consentit, en effet, à vendre à M. de Voltaire viagèrement. » Wagnière confond. Madame d'Ennery et sa sœur, qui disaient avoir parole de madame de Villarceaux pour un bail à vie, auraient voulu que le patriarche de Ferney traitât directement avec elles, et ce dernier eut de la peine à leur faire entendre qu'une parole de politesse n'a jamais mis personne en possession d'un bien. « Ces dames, écrit-il à madame de Saint-Julien, son entremetteuse officieuse (6 avril, à six heures du soir), n'entendent pas parfaitement les affaires. » Voici les termes abrégés de l'acte de vente consenti par M. Barthélemy-Louis Rolland de Villarceaux, chevalier seigneur d'Angervilliers, receveur général des finances de Riom : « ... lequel a vendu avec garanties de tous troubles, substitutions, hypothèques, aliénations et autres empêchemens généralement quelconques, à M. Arouet de Voltaire, chev., etc., et à dame Louise Mignot, veuve Denis, etc..., tous deux à ce présent et acceptant acquéreurs par eux viagèrement sur leurs têtes et celle du survivant d'eux, une maison sise à Paris, rue Richelieu, que le d. s. de

Cette visite à madame d'Ennery ne fut pas la seule qu'il dut faire au sujet de l'achat de l'hôtel du receveur général des finances de Riom, et nous le voyons, le même jour, grimper les quatre étages du petit appartement qu'occupait Sophie Arnould, sur le jardin du Palais-Royal, « à l'occasion de la maison qu'il voulait acheter, à quoi elle pouvait contribuer, » nous dit Wagnière. Nous le voulons bien, et nous savons qu'en pareil cas toute sorte d'aide peut s'employer à des transactions de cette nature. Mais Voltaire n'avait pas besoin de ce motif pour rendre visite à la spirituelle fille, aux bons offices de laquelle il avait eu recours pour faire accepter le rôle de Zoé à mademoiselle Sainval[1]. Cette importance que Wagnière attache à expliquer la démarche du vieux poëte, se trouve d'ailleurs motivée par ces quelques lignes assez perfides de la gazette de Bachaumont : « M. *de Voltaire*, qui se pique de remplir toutes les bienséances de la société scrupuleusement, n'est pas moins exact à rendre les visites[2] qu'à faire réponse aux lettres qu'il reçoit. Depuis qu'il est rétabli parfaite-

Villarceaux a fait bâtir sur le terrain de la basse-cour et dépendances d'une maison qu'il occupe actuellement et par lui acquise de M. le marquis de Bussy, par contrat... du 9 mars 1775. » Documents particuliers. Ce contrat de vente à Voltaire et madame Denis, passé à l'étude de Dutertre, est du 27 avril (après midi) 1778.

1. Voltaire, OEuvres complètes (Beuchot), t. LXX, p. 445. Lettre de Voltaire à d'Argental; à Paris, le 19 février 1778.

2. Rendre visite est le mot propre pour mademoiselle Arnould, qui était allée, le 19 février, lui rapporter le résultat de cette délicate négociation. Ce fut en cette circonstance qu'elle répondit au marquis de Villette, qui lui demandait ce qu'elle pensait de sa femme : « C'est une fort belle édition de la *Pucelle*. » *Mémoires secrets*, t. X, p. 113, 114 ; 22 février 1778.

ment, il a été beaucoup dehors. Il a surtout employé la quinzaine de Pâques à rendre les devoirs aux princes et aux grands du royaume qui sont venus l'admirer. Il est allé aussi chez les particuliers, et n'a pas même dédaigné de se transporter chez les plus célèbres Laïs du jour. C'est ainsi que le samedi saint on l'a vu chez mademoiselle *Arnould*[1]. » Notez que tout ce qui précède n'est là que pour amener cette malice des « plus célèbres Laïs du jour. » Mais quelles sont les autres chez lesquelles il n'a pas dédaigné de se présenter, et qu'on néglige de nommer? Cela est misérable, et le bon Wagnière, il faut en convenir, se donne là trop de peine et bien stérilement.

Voltaire, qui rentrait à Paris après une absence de vingt-huit années, devait éprouver le besoin de revoir ceux que la faux du temps avait pu épargner du monde de sa jeunesse et de son âge mûr. Le chiffre en était restreint. Mais quelques-uns, pourtant, s'étaient obstinés, et étaient encore debout. Quelle joie, quelle ivresse de cœur de se serrer la main, de se rappeler les années écoulées, et de médire de l'heure présente avec ces attardés! Les femmes surtout! Revoir ces belles dames qui avaient tout perdu, hélas! sauf cette dignité, sauf ce grand air, la parure de la vieillesse d'alors et qu'on ne s'imagine plus. Madame du Deffand résistait vaillamment, d'autres s'éteignaient; et c'était à leur lit de mort que le poëte allait être admis. Il va frapper à la porte de la comtesse de Ségur, qui demeurait rue Saint-Florentin. Elle était

---

1. *Mémoires secrets pour servir à l'histoire de la République des lettres* (Londres, John Adamson), t. XI, p. 205 ; 24 avril 1778.

mourante. Un sourire pâle, mais serein, l'accueille, il s'assied, on l'écoute, on oublie tout devant ce causeur si séduisant. Il évoqua cent anecdotes de la société dans laquelle ils avaient vécu, et il ressuscitait ces fantômes avec une vivacité d'esprit, une fraîcheur de mémoire, une réalité, dirons-nous, qui la trompa un instant sur son âge et ses maux.

Il reparaissait peu de jours après : la comtesse se sentait plus forte et put prendre part au dialogue. Revenue des vanités de la vie, à la veille de sa dernière heure, elle voulut faire sentir à ce vieillard, lui aussi sur le seuil de l'éternité, qu'il n'avait rien de mieux à faire que de mettre fin à cette guerre sans pitié contre le ciel, contre Dieu, sous le vain prétexte de combattre la superstition et le fanatisme. Mais, dès les premiers mots, celui-ci oubliait devant qui il était, ses yeux flamboyaient, il rejetait comme un piége ce conseil de désarmer qui laissait le champ libre à des enragés, inoffensifs parce qu'on les avait muselés, mais qui, pour mordre, n'attendaient que l'instant propice. Ce n'était plus le même homme ; il avait perdu avec tout sang-froid cette mesure exquise de langage si remarquable en lui, quand la passion ne s'entremettait pas dans le débat.

Le salon était rempli. Cinquante ou soixante personnes faisaient foule, dressées sur la pointe des pieds, le cou tendu, la bouche béante, n'osant respirer de peur de perdre quelque chose de ce qui tombait de ses lèvres. Le poëte, revenu à lui, parla à sa vieille amie de son état avec un intérêt touchant, il s'attendrit avec elle, s'efforçant de l'éblouir par des espérances auxquelles son accent, son apparente conviction donnaient du poids.

Il lui raconta qu'il s'était vu, pendant près d'une année, dans la même langueur, qu'on croyait incurable, et que cependant un moyen bien simple l'avait guéri : il consistait à ne prendre pour toute nourriture que des jaunes d'œufs délayés avec de la farine de pomme de terre et de l'eau. Certes il ne pouvait être question de saillies ingénieuses, ni d'éclairs d'esprit dans un tel sujet d'entretien, et pourtant à peine avait-il prononcé ces derniers mots de *jaunes d'œufs* et de *farine de pomme de terre*, qu'un de nos voisins, très-connu, il est vrai, par son excessive disposition à l'engouement et par la médiocrité de son esprit, fixa sur moi son œil ardent, et, me pressant vivement le bras, me dit avec un cri d'admiration : *quel homme ! quel homme ! pas un mot sans un trait* [1] !

Cela ne semble pas sérieux. Pour le comprendre, il faudrait se faire une idée de cet engouement sans limites et sans précédents, auquel n'était comparable que l'enthousiasme des Parisiens pour le docteur Franklin. « Dès qu'ils paroissent, écrivait madame d'Épinai au plus spirituel et aussi au plus fou des Na-

---

1. Comte de Ségur, *Mémoires* (Didier, 1844), t. I, p. 123. Cette visite de Voltaire devrait être reportée à la mi-avril, si, comme le dit M. de Ségur, la comtesse s'éteignait un mois après l'entrevue, car elle expirait le 11 mai 1778. *Journal de Paris*, 13 mai 1778. Mais M. de Ségur, en ajoutant que cela se passait avant la représentation d'*Irène*, révèle, sans y prendre garde, un notable écart de mémoire. S'il ne se trompe pas sur ce dernier point, l'apparition du poëte à l'hôtel de la comtesse serait à rejeter à la première quinzaine de mars, car, après ce temps, Voltaire sera dans son lit, mourant lui-même, bien qu'il en réchappe cette fois encore. L'erreur, assurément, n'est pas grave, mais elle apprend le peu de sûreté mathématique de ces documents plus aimables que précis, et qui donnent souvent fort à faire à l'historien qui les doit accorder.

politains, l'abbé Galiani, soit aux spectacles, soit aux promenades, aux académies, les cris, les battemens de mains ne finissent plus. Les princes paroissent; point de nouvelles; Voltaire éternue, Franklin dit : Dieu vous bénisse, et le train recommence [1]. »

Cette visite à madame de Ségur, le dénouement prochain que ne laissait que trop pressentir un mal sans remède, devaient impressionner lugubrement le vieux courtisan. Cependant, ce lit de douleur, cette voix éteinte, tous ces symptômes d'une mort inévitable l'affectèrent moins qu'un autre avertissement du temps, plus significatif peut-être, et plus tristement éloquent. On se souvient de cette jolie et pimpante Corsembleu, l'héroïne d'amours peu durables, cette charmante mais volage Suzanne de Livry qui, après avoir partagé, un instant bien court, l'entraînement du poëte, l'avait trahi un beau jour pour le petit Génonville, celle enfin qui, revenue des vanités de l'amour et du théâtre, avait échangé les hasards de sa vie un peu vagabonde contre une couronne de marquise. Madame de Latour-du-Pin-Gouvernet s'était dit que ce qu'elle avait de mieux à faire, était d'oublier qu'il y eût jamais eu de par le monde une Suzanne de Livry; et Voltaire s'était vu assez impoliment fermer la porte par le suisse de madame la marquise. Il ne venait pas se prévaloir de droits périmés, qu'une trahison galamment essuyée avait réduits à néant; aussi trouva-t-il

---

1. Madame d'Épinay, *Mémoires et correspondances* (Paris, Volland, 1818), t. III, p. 431. Lettre de madame d'Épinay à l'abbé Galiani; Paris, ce 3 mai 1778.
2. La *Jeunesse de Voltaire*, p. 408, 409.

le procédé quelque peu incivil, et s'en vengea-t-il par un petit chef-d'œuvre d'esprit et de malice qui vivra autant que la langue. L'exécution faite, il n'y pensa plus.

Bien des choses l'eussent distrait et consolé, s'il eût été homme à se chagriner pour si peu : d'autres affections, une vie pérégrinante traversée d'orages, les agitations, les soucis, les tiraillements inhérents à la carrière des lettres, l'éloignement, l'exil. Plus de trente ans après, à propos des Calas, il songera, non pas à l'ingrate Suzanne, mais à M. de Gouvernet dont l'appui pouvait être utile à cette famille infortunée ; il conseillera de s'adresser à lui[1], et prendra même le parti de lui écrire pour la lui recommander[2]. Sa

---

[1]. Il écrivait à Debrus : « Je crois que M. de Gouvernet est rarement chez lui, et qu'on ne peut le trouver que chez sa femme, qui loge dans la rue Condé ou dans la rue voisine qui conduit au Luxembourg ; elle n'est connue que sous le nom de mademoiselle de Livry, attendu que nous ne marions point les maudits huguenots, en face de l'église, avec les bénis catholiques. » *Lettres inédites sur la Tolérance* (Cherbuliez, 1863), p. 128. Comment Voltaire pouvait-il ignorer que le mariage s'était fait régulièrement et solennellement à l'église de Saint-Sulpice, paroisse de Suzanne? Comment pouvait-il ignorer que ces sortes de mariage, en dépit de l'édit de 1680, se perpétraient le mieux du monde, grâce à des actes de catholicité qui ne tiraient pas autrement à conséquence? La famille des La Tour du Pin descendait d'un Réné de La Tour du Pin, l'un des plus énergiques lieutenants de Montbrun et de Lesdiguières. Le père du mari de mademoiselle de Livry, demeuré protestant, n'en avait pas moins été enterré, comme catholique, à Saint-Eustache. Voltaire prétend que Suzanne dut garder son nom paternel. C'est là une erreur manifeste, et c'est sous le nom de marquise de Gouvernet qu'elle était connue à Dijon, où elle allait de temps en temps voir son neveu, commandant supérieur de Bourgogne, Foisset. *Le président de Brosses*, p. 183.

[2]. Voltaire, *Lettres inédites sur la Tolérance* (Genève, Cherbuliez, 1863), p. 202. Lettre à Debrus ; 14 mars.

lettre ne nous est pas parvenue, et nous le regrettons : on voudrait savoir s'il s'y trouvait un mot aimable pour la marquise. Bien plus tard, il est vrai, les circonstances donnent lieu de la part de Voltaire à des avances de politesse qui ne semblent pas avoir eu de grands résultats. « Je n'ose plus écrire à madame de Gouvernet la douairière[1], puisqu'elle n'a pas reçu ma lettre, mandait-il à madame de Saint-Julien, un peu plus de deux années avant son retour inespéré à Paris. Je lui souhaite la santé que je n'ai point, le repos que quelques personnes veulent m'ôter et une très-longue vie[2]. »

Suzanne, depuis longtemps, était pardonnée. Elle avait précisément l'âge de Voltaire, elle représentait toute une date, et des plus souriantes, de sa brillante et

---

1. M. de Gouvernet, *le fleuriste*, comme on l'appelait, était mort en 1775, laissant un testament qui dépouillait ses héritiers, le marquis de Veynes et MM. de Miramont, au profit du comte de La Tour du Pin et aussi de madame de Saint-Julien, ainsi que cela résulte, entre autres, de deux lettres de Voltaire à Papillon-Philosophe (10 octobre et 14 novembre 1775). Ce testament, fait trente-trois ans avant sa mort, fut trouvé, sans enveloppe, non dans son hôtel mais dans sa maison rue de Vaugirard, parmi des graines et un tas de papiers. Cet oubli durant tant d'années, l'affection qu'il semblait témoigner à ses héritiers, sa parfaite indifférence pour celui qu'il avait désigné comme son légataire, tout cela n'annonçait-il pas que les intentions de M. de Gouvernet s'étaient modifiées, et que, s'il se fût souvenu de l'existence de cette pièce, il l'eût, à coup sûr, anéantie? Telle était, du moins, la thèse des héritiers, qui ne purent persuader leurs juges ; et la grand'chambre, sur la plaidoirie de l'avocat général Séguier, confirmait la sentence des requêtes du palais. Mars, avocat au parlement, *Gazette des Tribunaux*, t. I, p. 169, 292, jeudi 15 février et 27 mars 1776 ; t. II, p. 376, 377, jeudi 29 novembre 1776 ; t. III, p. 17, 2 janvier 1777.

2. Voltaire, *Lettres inédites* (Paris, Didier, 1857), t. II, p. 447. Lettre de Voltaire à madame de Saint-Julien ; 16 octobre 1775.

orageuse existence. Ce fut avec une véritable émotion qu'au bras de Wagnière il se dirigea vers la demeure de madame de Gouvernet et franchit le seuil de sa chambre. Hélas! la surprise, la déception furent mutuelles, et les tinrent, elle et lui, un instant comme pétrifiés. Tous deux cherchaient en vain à retrouver quelques vestiges de jeunesse, nous ne dirons pas de beauté. Le poëte, dans ce désenchantement, fut encore le plus atteint; car, de la Suzanne des hautes feuillées du château de Sully, rien n'était resté; ce qui avait survécu de tant de grâce, de gentillesse folâtre, ne se décrit point. Voltaire aperçut son portrait, un Voltaire de vingt-quatre ans, aux yeux vifs, à la physionomie éveillée, auquel il ne ressemblait guère. La vieille marquise, qui ne s'était pas senti le courage de se séparer de la jolie toile de Largillière, ne crut pas devoir la garder davantage, et elle la renvoyait à l'hôtel de Villette, aussitôt après cette lamentable entrevue de fantômes. L'auteur de *la Henriade* était véritablement atterré. Il ne put secouer l'impression de mélancolie et de tristesse qu'il remportait de chez madame de Gouvernet. « Je reviens, dit-il avec un soupir profond, d'un bord du Styx à l'autre[1]. »

---

1. La *Mort de Voltaire* (1780), p. 71 ; *Éloge de Voltaire*, par Palissot. — Lady Morgan, *La France* (Paris, Treuttel et Würtz, 1817), t. II, p. 338, 339, 340.

VII

VOLTAIRE ET LE DICTIONNAIRE DE L'ACADÉMIE.—EXCÈS DE TRAVAIL.—DERNIERS MOMENTS DU POËTE.

Le voyage de Ferney paraissait résolu. Le prince de Condé, comme on l'a dit déjà, avait prévenu le poëte qu'il l'attendait à Dijon, et qu'il espérait bien l'y retenir quelques jours. Il y allait de la santé, il y allait de la vie, et, à ce moment du moins, il semblait que rien n'eût pu entraver des projets aussi formels. Encore était-il sage, avant de monter en chaise, d'assurer l'emploi de son temps durant cette courte absence. Mais il y avait été pourvu, et ces deux mois devaient être consacrés à la révision d'*Irène*, d'*Agathocle* et du *Droit du seigneur* représenté, en 1762, sous le titre de l'*Écueil du sage*. Voltaire se dirigeait, le mercredi 22, vers la Comédie où il savait que les artistes étaient réunis pour décider le répertoire de la réouverture. La clôture avait eu lieu, le samedi 4, par la septième représentation d'*Irène*, à laquelle il avait assisté *incognito*, dans la loge du duc d'Aumont, et par un interminable compliment de Molé où il n'était pas oublié[1]. Cette visite inattendue les sur-

---

1. *Mercure de France*, avril 1778, p. 166, 167, 168. — La Harpe,

prit agréablement. L'auteur de *Mérope* et de *Mahomet* était dans ses bons jours et fut prodigue d'éloges et de flatteries pour ses habiles interprètes. Il leur dit ses intentions, et leur redemanda pour un temps très-bref les manuscrits d'ouvrages trop imparfaits, qu'il espérait rendre moins indignes d'eux et du public.

Mais ce congé si nécessaire à des travaux qu'on polit mal dans le bruit et la dissipation, si nécessaire à sa santé et à sa vie, on l'y faisait renoncer, en déroulant les inconvénients plus ou moins sérieux d'un déplacement qui, cette fois, n'aurait pas de retour. Wagnière tenait bon, de son côté, et pressait incessamment son maître de mettre à exécution ses premiers desseins. Mais il ne devait pas être le plus fort, et, après une lutte sourde qui ne dura pas moins de quinze jours, il se séparait du vieux poëte et reprenait, le 29 avril, le chemin de Ferney où il retrouvait sa femme et sa fille, toute une population appelant de ses vœux le retour de son bienfaiteur.

La retraite du clergé allait laisser les encyclopédistes maîtres du terrain, et l'auteur de l'*Essai sur les mœurs* était bien sûr de ne rencontrer dès lors au Louvre que des gens d'une même communion. Il n'y a pas à re-

---

Correspondance littéraire (Paris, Migneret, 1804), t. II, p. 225, 226. Voltaire, très-soigneux à répondre par des témoignages de gratitude aux témoignages de bienveillance et d'admiration, écrivait à l'acteur : « Je viens de lire, monsieur, dans un journal, votre discours avec autant de plaisir que je l'ay entendu à votre brillant spectacle. Je devrais être chez vous ; je devrais vous y dire combien je suis touché de vos talents et de votre esprit. Pardonnez aux suites cruelles de mon accident, si je ne puis remplir tous les devoirs de mon cœur. Ah! qu'on m'en avait imposé sur le mérite de madame Molé! » Henri Beaune, *Voltaire au collége* (Paris, Amyot, 1867), p. 135.

chercher si cette retraite était habile aussitôt qu'elle était obligatoire ; car demeurer, c'eût été se faire le complice de l'enthousiasme universel, c'eût été acclamer, comme la foule, un homme qui avait porté tant de coups, et de si funestes, à la religion, se mettre en contradiction avec soi-même, avec les efforts tentés par tous pour combattre et terrasser l'ennemi commun. Les puissances étaient circonvenues par une coterie moins nombreuse que violente composée de femmes pour la plupart, et appuyée auprès du roi par mesdames Tantes, dont l'attitude frondeuse était une sorte de condamnation des airs évaporés de la jeune cour. Acclamé à Paris, Voltaire était battu en brèche à Versailles, et les choses étaient poussées si loin que peut-être fut-ce là ce qui détourna de certaines mesures que l'opinion, d'ailleurs, aurait mal accueillies. Un ancien jésuite, un abbé de Beauregard, qui avait prêché le carême, cédant moins aux excitations extérieures qu'à sa propre fougue, faisait le dimanche des Rameaux (12 avril), dans la chapelle du château, une sortie plus que véhémente contre les philosophes modernes dont il stigmatisait les œuvres abominables. C'était Dieu, c'était le roi, c'étaient les bonnes mœurs, qui étaient l'objet des attaques de ces productions subversives de tout gouvernement et de toute croyance, productions imprudemment souffertes et qui, au lieu des répressions les plus méritées, valaient des couronnes à leurs auteurs [1].

---

[1]. Déjà le curé de Saint-André-des-Arts avait signalé cette scène du couronnement comme une chose aussi dangereuse que condam-

On voit ce que visent ces paroles d'une charité douteuse, d'un emportement peu chrétien, semblerait-il, si l'abbé de Beauregard, qui a réponse à tout, n'expliquait ce déchaînement d'éloquence par cette étrange réplique : « On nous accuse d'intolérance ; ah ! ne sait-on pas que la charité a ses fureurs, et que le zèle a ses vengeances [1] ? » Mais ces répressions si nécessaires et que l'on réclame, de qui pouvait-on les attendre, quand la timidité du pouvoir paraissait encourager et seconder l'audace de ces génies corrupteurs ? Ce trait était à l'adresse du garde des sceaux, qui, ne voulant point se faire des philosophes d'irréconciliables ennemis, aurait donné des ordres pour qu'on ne laissât passer aucune attaque contre le vieillard de Ferney, dans la durée de son séjour à Paris. Au moins, fut-ce le bruit qui courut ; et l'on prétendit même qu'à la suite de cette audacieuse allusion, honteux de voir sa pusillanimité démasquée, M. de Miromesnil s'était hâté de lever l'interdiction [2]. Quoi qu'il en soit, le discours de l'abbé de Beauregard avait excité une certaine fermentation : on s'était plaint au roi, lui faisant envisager l'imprudence de tels éclats. Mais Louis XVI avait dû répondre que le prédicateur, tout en ayant excédé peut-être les bornes d'une réserve désirable, n'avait fait en définitive que remplir son devoir ; et, comme le prince de Beauvau, prenait avec trop de chaleur la défense de son con-

---

nable. Lepan, *Vie politique, littéraire et morale de Voltaire* (Paris, 1824), p. 352.

1. Voltaire, *OEuvres complètes* (Beuchot), t. XXXIX, p. 364.

2. *Mémoires secrets pour servir à l'histoire de la République des lettres* (Londres, John Adamson), t. XI, p. 198, 199 ; 20 avril 1778.

frère à l'Académie, Sa Majesté lui eût imposé silence[1]. Il est vrai que c'était là les commérages de la ville, et que le roi, fort probablement, n'avait pas poussé les choses jusqu'à dire de se taire à l'un des plus grands officiers de la couronne[2].

D'Alembert, au contraire, affirme que la cour se moqua de cet apôtre trop zélé, à l'exception de quelquelques hypocrites et de quelques imbéciles. « Mais par malheur, ajoute-t-il, cette apothéose a irrité des gens plus à craindre que les fanatiques et qui ont senti que leurs places, leur crédit, leur pouvoir, ne leur rendraient jamais de la part de la nation un hommage aussi flatteur, qui n'était rendu qu'au génie et à la personne[3]. » S'il ne s'exagéra point le péril, Voltaire, ne s'illusionna pas davantage sur la gravité et la portée d'insinuations et d'excitations, dont, quoi que l'on fasse ensuite, il survit toujours quelque chose dans la pensée de ceux qui ont en main nos destinées[4]. « Je ne crois point, mandait-il à M. de Rochefort, que le maître et la maîtresse de la maison se soient moqués de cet abbé de Beauregard; c'est bien assez qu'ils ne se livrent pas à

---

1. Bibliothèque nationale. Manuscrits. N° 6682. *Mes loisirs ou Journal d'événemens tels qu'ils parvenoient à ma connaissance*, p. 483, 484; du mercredi 22 avril 1778.

2. Au moins, ce qui demeure certain, c'est la vive attitude de M. de Beauvau, qui ne cachait pas sa pensée et l'indignation que lui causaient ces violences oratoires. *Correspondance secrète, politique et littéraire* (Londres, John Adamson), t. VI, p. 183; Paris, 25 avril 1778.

3. *OEuvres de Frédéric le Grand* (Berlin, Preuss), t. XXV, p. 105. Lettre de D'Alembert au roi de Prusse; 3 juillet 1778.

4. *Mémoires secrets pour servir à l'histoire de la République des lettres* (Londres, John Adamson), t. XI. p. 190; 13 avril 1778.

la fureur de son zèle[1]. » Mais à ceux qui se prévalaient de ces attaques comme d'un argument sans réplique pour accomplir, pour hâter même un voyage décidé, d'ailleurs, il répartit que c'était, tout au contraire, une raison de demeurer : il ne fallait pas qu'on dît qu'il avait fui devant les homélies de l'abbé de Beauregard.

Les témoignages d'admiration et d'affection qui lui venaient de tous côtés étaient de nature encore à rendre à cet esprit facile à alarmer tout son courage et toute sa force. Il se transportait au Louvre le lundi (27 avril). L'Académie était en séance. L'abbé Delille communiquait à ses confrères quelques fragments de son poëme sur l'art d'orner, de peindre la nature et d'en jouir (le poëme des *Jardins*), et lisait ensuite une traduction de l'épître de Pope au docteur Arbuthnot. Voltaire, qui connaissait l'original de vieille date, durant le débit de l'abbé, prenait plaisir à se rappeler les vers anglais, à leur comparer l'imitation de son jeune et pétillant ami, à laquelle, en plus d'un passage, il sembla donner la préférence, insistant sur la gaieté, la sensibilité touchante du poëte français qu'il opposait à la sécheresse et à l'amertume misanthropique de l'auteur de l'*Essai sur l'homme*[2]. A propos de ce genre de la traduction qui exigeait tant de souplesse, d'abondance dans les équivalents, d'harmonie dans les consonnances et le nombre, le patriarche s'étendit sur le peu de ressources de notre langue, et sur la nécessité,

---

1. Voltaire, *OEuvres complètes* (Beuchot), t. LXX, p. 463. Lettre de Voltaire au comte de Rochefort; à Paris, 16 avril 1778.
2. *Journal de Paris*, du vendredi 1ᵉʳ mai 1778. N° 121, p. 482.

sinon de l'enrichir de mots nouveaux, du moins d'accueillir certaines expressions d'une vérité ou d'une énergie incontestable, en usage dans le langage vulgaire, et auxquelles ce serait tout profit d'accorder le droit de cité. Les exemples ne lui manquaient pas. Pourquoi ne pas appeler *tragédien* un acteur jouant les rôles tragiques? « Notre langue est une gueuse fière, disait-il ; il faut lui faire l'aumône malgré elle. » La postérité demeure un peu étonnée des difficultés qu'ont rencontré, dans leur nouveauté, des termes qui nous sont familiers et qui auraient dû naître avec la langue même. Cette petite anecdote a cela d'intéressant qu'elle donne la date toute moderne de l'admission académique de ce mot d'un emploi si constant et qui nous manquerait fort, s'il n'avait pas sa place au dictionnaire[1].

Mais aussi, était-ce la réforme du dictionnaire qu'il allait intrépidement aborder, et à laquelle l'Académie ne pouvait se soustraire sans félonie, pour laquelle, en dépit de son âge, de ses infirmités, il était résolu de consacrer ce qui lui restait de forces et de vie. Il pressa avec cette insistance passionnée que l'obstacle enflamme, ses confrères de s'attacher à un travail d'une incontestable utilité et qui aurait toute la portée d'une œuvre patriotique. Notre dictionnaire aussi insuffisant que sec, sans élévation, sans philosophie, était une honte pour les lettres

---

1. Le mot de tragédien existait de vieille date, et on le rencontre dès le seizième siècle ; mais il n'était pas usité dans le sens d'acteur tragique. Littré, *Dictionnaire de la langue française* (Hachette, 1874). t. IV, p. 2295.

et pour l'Académie, cette législatrice née du langage, instituée plus encore, dans l'intention de ses fondateurs, pour l'aider à s'épurer, à développer son mécanisme, à s'enrichir de nouveaux termes, que pour fournir elle-même ces modèles admirables qui ont fait de notre idiome, malgré ses imperfections, un instrument aussi net, aussi précis qu'aucun autre moderne. Le programme ne devait rien laisser à désirer. Nos voisins, qui nous avaient devancés, offraient des bases plus ou moins solides dont on tiendrait compte, tout en apportant les fruits de sa propre expérience. Le succès dépendait donc du zèle de l'Académie pour rendre parfait dans toutes ses parties un monument qui mettrait le comble aux grands services qu'elle n'avait cessé de rendre aux lettres et au pays.

L'auteur de *la Henriade* parlait d'abondance, avec une véhémence, une éloquence, un entraînement inexprimables : il n'avait pas trente ans. Il avait frappé d'admiration et d'effroi cette assistance composée de grands seigneurs, peu propres à une telle besogne, et d'écrivains pris par d'autres travaux, auxquels devait répugner une tâche impersonnelle où l'honneur ne serait que collectif. L'abbé Barruel raconte un dialogue entre lui et Beauzée, sur l'admission de ce dernier parmi les quarante (1772). Il lui demandait par quel prodige il avait pu devenir le candidat d'une coterie d'impies et d'athées. « La question que vous me faites, je l'ai moi-même faite à D'Alembert, répliquait celui-ci. Me voyant presque seul à croire en Dieu dans nos séances, je lui disois un jour : comment avez-vous pu penser à moi, que vous savez si éloigné de vos opinions, et de celles de MM. vos confrères? D'Alembert n'hésita pas à me répondre ; je sens bien que cela doit vous étonner, mais nous avions besoin d'un grammairien ; parmi tous nos adeptes, il n'en étoit pas un qui se fût fait une réputation en ce genre. Nous savions que vous croyiez en Dieu, mais vous sachant aussi fort bon homme, nous pensâmes à vous, faute d'un philosophe qui pût vous suppléer [1]. »

Mais cette nécessité était-elle donc si urgente, que des gens passionnés et exclusifs n'eussent pu passer outre? Les choses en seraient allées un peu plus mal, et voilà tout. D'ailleurs, si le choix de Beauzée était excellent, l'abbé Batteux, élu en 1761, n'avait-il pas apporté à l'Académie, onze ans avant celui-ci, toutes les qualités pédagogiques acquises dans un long professorat? En définitive, la compagnie, à l'époque où nous sommes, ne manquait pas de gens fort capables de rendre la nature de services que l'auteur du *Siècle de Louis XIV* allait réclamer d'elle. Dans l'étude et l'assiette d'une langue, les philosophes sont non moins nécessaires que les grammairiens, et l'on n'est même philologue qu'à la condition d'être philosophe. Si le clergé et les grands seigneurs étaient en nombre à l'Académie[2], les lettrés formaient un groupe compact d'esprits distingués,

1. L'abbé Barruel, *Mémoires pour servir à l'histoire du jacobinisme* (Hambourg, Fauche, 1803), t. I, p. 104, 105.
2. Prélats membres de l'Académie : le cardinal de Luynes; l'abbé de Bernis (à Rome); Montazet, archevêque de Lyon; Coetlosquet, évêque de Limoges; le prince de Rohan, grand aumônier ; Loménie de Brienne, archevêque de Toulouse ; Roquelaure, évêque de Senlis; de Boisgelin de Cussé, archevêque d'Aix. Grands seigneurs : les ducs de Richelieu et de Nivernois; le marquis de Paulmy, le comte de Bissy, le prince de Beauvau, le maréchal de Duras.

d'écrivains châtiés, diserts, connaissant leur langue et l'écrivant purement. Il n'est besoin que de citer Marmontel, le collaborateur de Beauzée à l'*Encyclopédie*, dans les questions de grammaire et de littérature, Thomas, Suard, La Harpe (nous ne parlons que des membres assidus aux séances), pour se convaincre de la parfaite aptitude de coopérateurs, qui n'avaient qu'à vouloir pour doter le pays d'un bon dictionnaire, car tout était là.

De la part de Voltaire, ce n'avait pas été une parole en l'air que cette exhortation à un travail ingrat peut-être mais indispensable au premier chef; une de ces improvisations chaleureuses mais sans racines, aussitôt oubliées que conçues. A la séance du 7 mai, il arrivait tout armé avec un plan de dictionnaire qu'il fallut entendre, ce qui était bien le moins, et qu'il allait falloir agréer et décréter sans désemparer. Nous reproduisons le procès-verbal de la séance. C'est un document curieux, qu'il sera piquant de rapprocher du projet du poëte, maintenu dans sa rédaction à une ou deux modifications près.

Il a été résolu, sur la proposition de M. de Voltaire, qu'on travaillerait sans délai à un nouveau dictionnaire qui contiendra :

L'étymologie reconnue de chaque mot, et, quelquefois, l'étymologie probable;

La conjugaison des verbes irréguliers qui sont peu en usage;

Les diverses acceptions de chaque terme avec les exemples tirés des auteurs les plus approuvés[1]; toutes les expressions

---

1. Voltaire ajoutait, comme : *Il lui fut donné de prévaloir contre les rois. Cette île plus orageuse que la mer qui l'environne. Point de*

pittoresques et énergiques de Montaigne, d'Amiot, de Charron, etc., qu'il est à souhaiter qu'on fasse revivre, et dont nos voisins se sont saisis;

En ne s'appésantissant sur aucun de ces objets, mais en les traitant tous, on peut faire un ouvrage aussi agréable que nécessaire; ce serait à la fois une grammaire, une rhétorique, une poétique, sans ambition d'y prétendre ;

Chaque académicien peut se charger d'une lettre de l'alphabet[1]; l'Académie examinera le travail de chacun de ses membres; elle y fera les changemens, les additions et les retranchemens convenables[2].

La Harpe écrivait à ce propos : « L'Académie va travailler à un nouveau plan de dictionnaire que désiraient depuis longtemps plusieurs de ses membres des plus éclairés, et que M. de Voltaire a demandé avec une ardeur qui en a inspiré à tous les autres[3]. » L'entreprise était sans doute d'une indiscutable utilité; mais il y avait à vaincre l'indolence de confrères qui, d'ailleurs, comme on l'a fait remarquer, n'étaient pas tous également propres à cette matière de travail. Force fut bien, pourtant, de céder, et de consigner, avant de se séparer, cette grave résolution dans les registres de la

---

campagne où la main diligente du laboureur ne fût imprimée, etc. Longchamp et Wagnière, *Mémoires sur Voltaire* (Paris, André, 1826), t. II, p. 540. Note communiquée par Wagnière, 1778. Il existe un autre projet reproduit dans l'édition Beuchot, t. L, p. 582, et que l'éditeur nous dit avoir copié lui-même sur l'original écrit tout entier de la main de Voltaire. Probablement était-ce le premier jet auquel a été préféré par son auteur et par l'Académie un plan plus complet, bien que peu différent de son aîné.

1. « Ou même de deux, » ajoutait l'implacable vieillard.

2. Secrétariat de l'Institut. Registre de l'Académie française. 1745-1793. Procès-verbal de la séance du 7 mai 1778.

3. La Harpe, *Correspondance littéraire* (Paris, Migneret, 1804), t. II, p. 238.

compagnie[1]. Ce n'était pas assez. Voltaire insista pour que l'on se partageât immédiatement les vingt-quatre lettres de l'alphabet ; il se faisait son lot et s'attribuait la lettre la plus chargée, la lettre A[2]. M. de Foncemagne objecta bien la somme des années ; mais on comprend que l'argument dut sembler insuffisant au patriarche de Ferney, qui se fâcha tout de bon contre son vieil ami, et finit par le ramener à récipiscence. « Il eut beaucoup de peine, nous dit Wagnière, à faire passer son avis : il s'anima fort, ce qui parut déplaire à ses confrères[3]. » En prenant congé de l'assemblée, l'auteur du *Dictionnaire philosophique*, enchanté de son succès, disait à ceux-ci : « Messieurs, je vous remercie au nom de l'alphabet, — et nous, lui répondait le chevalier de Chastellux, nous vous remercions au nom des lettres[4]. » Mais la lutte avait été rude, et le vieillard, pour la soutenir, but à cinq reprises deux tasses et demie de café. Si c'est trop encore, c'est loin

---

1. Secrétariat de l'Institut. Registre des présences à l'Académie française, depuis 1757, du jeudi 7 mai 1778.

2. S'il s'attribua la lettre A, comme le dit Grimm, il ne se borna pas à cette seule lettre, et l'on a recueilli tous les articles composés par lui, compris dans la lettre T. *OEuvres complètes* (Beuchot), t. XXXII, p. 295 à 409.

3. Longchamp et Wagnière, *Mémoires sur Voltaire* (Paris, André, 1826), t. I, p. 153. Voyage de Voltaire à Paris, 1778. Cependant, l'assemblée, composée de dix-huit membres, était le noyau véritable de l'Académie, et Voltaire n'y comptait que des amis. Les voici tous : Voltaire, Marmontel, Beauzée, Foncemagne, Gaillard, Arnaud, Batteux, Millot, Suard, Sainte-Palaye, Bréquigny, Saurin, Delille, le prince de Beauvau, le marquis de Paulmy, Chastellux, La Harpe.

4. Grimm, *Correspondance littéraire* (Paris, Furne), t. X, p. 35 ; mai 1778. — *Correspondance secrète, politique et littéraire* (Londres, John Adamson), t. VI, p. 235, 236 ; de Paris, le 23 mai 1778.

d'arriver au chiffre de cinquante tasses par jour, que lui fait absorber le roi de Prusse dans l'éloge qu'il lui consacrait plus tard [1].

Le même jour, il allait *incognito* voir jouer *Alzire*, dans la petite loge de madame Hébert. Dazincourt, nouvellement reçu, prononçait le compliment de rentrée, dans lequel il n'était pas oublié. L'intention du poëte était de ne se pas montrer, mais comme toujours, il ne put se contenir, et s'écriait, devant le jeu brillant et plein de feu de Larive qui représentait Zamore : « Ah ! que c'est bien ! » C'était à la fin du quatrième acte. Des acclamations frénétiques retentirent dans la salle entière, le nom de Voltaire fut répété par toutes les bouches, et il dut, malgré ses résolutions, satisfaire l'enthousiasme de ce public transporté. Tout l'entr'acte se passa de la sorte. La toile se lève, madame Vestris, qui commençait le cinquième acte, essaya à trois ou quatre fois de se faire entendre, sans y parvenir. L'auteur d'*Alzire* saluait, semblait remercier par des gestes le public de ses bontés et le prier de laisser continuer la pièce, et les cris cessaient un moment. L'actrice croyait pouvoir alors reprendre son rôle, mais les trépignements recommençaient de plus belle : ce tumulte glorieux dura près de trois quarts d'heure sans nuire à l'effet de la pièce qui fut très-grand, et au jeu des acteurs qui se surpassèrent. Voltaire se retirait sous l'impression de cet enchantement, quand un officier au régiment d'Orléans-Infanterie, le chevalier de Lescure, lui remit un impromptu

---

[1]. *OEuvres de Frédéric le Grand* (Berlin, Preuss), t. VII, p. 67. Éloge de Voltaire.

de quatre vers où il était comparé au soleil et le parterre aux Incas, petite politesse à laquelle il répondait en parodiant deux vers bien connus de *Zaïre*[1].

Ces scènes émouvantes se répétaient avec une fréquence, nous dirons, un excès menaçant pour une organisation toute de nerfs, qui, un jour ou l'autre, succomberait sous le poids de tant de gloire et d'ovations. Deux jours après la séance du 27, à l'Académie française, Voltaire assistait à la rentrée publique de celle des Sciences, où sa présence allait faire événement. Son dessein avait transpiré, une foule de jolies femmes, de gens du monde et de gens de lettres avait envahi une enceinte moins remplie d'ordinaire et hantée par un tout autre auditoire. A peine l'auteur de l'*Essai sur la nature du feu* et de *la Philosophie de Newton* apparaissait-il, que les cris, les battements de mains, les applaudissements partaient de tous les coins de la salle. M. de Voltaire n'était pas de l'Académie des sciences; les titulaires, partageant le délire général, voulurent qu'il prît place au milieu d'eux. Franklin, qui était associé étranger, se trouvait là. Les deux vieillards se précipitèrent dans les bras l'un de l'autre, aux yeux de l'assemblée pour laquelle ce fut l'occasion de nouveaux transports[2]. Cependant le silence finit par se faire et permettre à l'Académie de reprendre ses travaux.

Après le rapport sur les prix, D'Alembert donna

---

1. *Journal de Paris*, du mercredi 29 avril 1778, n° 119, p. 475, 476. — *Journal de politique et de littérature*, du 15 mai 1778, t. II, p. 84.

2. *Mercure de France*, mai 1778, p. 151.

lecture de l'éloge d'un de leurs membres honoraires, mort depuis peu [1], M. Trudaine, composé par le marquis de Condorcet qui n'avait pu assister à la séance. Nous avons vu l'illustre géomètre, à l'assemblée du 30 mars, glisser, dans son *Éloge de Despréaux*, un parallèle entre Boileau, Racine et Voltaire, dont la modestie seule de l'auteur de *Mérope* eut à souffrir. Pareille chose devait se passer à l'Académie des sciences; et Condorcet, profitant habilement, à son exemple, de certaines circonstances que nous savons, du reste, avait trouvé le moyen d'amener, en un sujet si étranger, l'éloge du philosophe de Ferney. Trudaine s'était bienveillamment prêté aux démarches du poëte pour arracher à la ferme générale un pays voué à une misère éternelle et dont, au moins, il était humain de mesurer les efforts aux ressources. Il avait l'oreille de M. Turgot (qui, disons-le en passant, l'entraînait dans sa chute), et Voltaire n'avait pas stérilement invoqué son appui en faveur de ses protégés. Ce sont ces rapports, c'est cette association si heureuse pour ceux qu'elle avait en vue, que Condorcet rappelle, qu'il révèle bien plutôt à un auditoire peu au fait, on s'en doute, de ce qui pouvait se débattre dans ces montagnes du Jura.

Dans un voyage entrepris pour rétablir sa santé, il avait vu ce pays de Gex, alors honoré par le séjour de M. de Voltaire et devenu l'objet de la curiosité des voyageurs éclairés qui s'empressaient d'aller rendre hommage au génie. Ce

1. Jean-Charles-Philibert Trudaine de Montigny, conseiller d'État et aux conseils royaux des finances et du commerce, mort à Montigny le 5 auguste 1777. Il était dans sa quarante-cinquième année.

petit pays, séparé de la France par une chaîne des Alpes, mais ayant une communication libre avec la Suisse, ne pouvait être assujéti à des droits de consommation, sans employer une foule de préposés, sans une dépense excessive. Les maux qui étaient la suite nécessaire de cette position, et qu'il fallait peut-être attribuer à la situation du pays et à la forme des impôts, plutôt qu'aux hommes qui en paraissaient les auteurs; ces maux avaient souvent fait couler les larmes du vieillard de Ferney; souvent il les avait combattus par son éloquence et soulagés par ses bienfaits. Il n'eut pas de peine à se faire entendre au cœur de M. de Trudaine; et cet administrateur humain et éclairé profita d'un moment où les principes du gouvernement paraissaient se rapprocher des siens. Une contribution unique, imposée par le pays même, remplace cette foule d'impôts sur lesquels il gémissait; et le peuple, malheureusement trop peu nombreux, que renferment ces montagnes, vit naître, grâce à MM. de Voltaire et Trudaine, des jours heureux qu'il n'espérait plus[1].

Ce morceau fut reçu du public par d'unanimes applaudissements, qui durent aller droit au cœur du trop sensible vieillard. Il aurait fallu se retirer sur de pareilles émotions, et l'on se doute que l'auditoire n'écouta que d'une manière distraite le mémoire de

1. Condorcet, OEuvres (Paris, Didot, 1847), t. II, p. 216. *Éloge de M. Trudaine.* Ce n'est pas la seule occasion qu'aura saisie Condorcet d'une allusion flatteuse à l'universalité de génie du patriarche de Ferney; et, dans l'*Éloge de La Condamine,* il disait : « Tandis que dans les colléges on réfutait Newton sans l'entendre, tout ce que l'Académie des sciences avait de jeunes géomètres se livrait à ce système avec cette ardeur qu'inspire une nouveauté sublime et contestée. Un homme illustre, dont nous aurons occasion de parler encore, parce que son nom se trouve lié à tout ce qui a été fait de grand dans ce siècle, avait rendu les découvertes de Newton pour ainsi dire populaires, et avait opposé, au livre de la *Pluralité des mondes,* un ouvrage fondé sur une physique plus vraie. » Même volume, p. 166.

M. Macquer « sur la manière de faire avec des raisins d'une maturité imparfaite, des vins qui n'aient aucune verdeur », et même deux autres éloges de Condorcet qui terminaient la séance. La Harpe, médiocrement bienveillant pour ce dernier, lui fait assumer toute la responsabilité de l'ennui qui s'empara des désœuvrés accourus là dans un tout autre but que de subir les éloges de MM. Trudaine, de Jussieu et de Verdelin. Ce qui serait plus fâcheux pour le marquis géomètre, c'est que l'homme dont il venait de chanter les louanges, n'eût pas été celui qui se serait le moins ennuyé. « Il a trouvé très-ridicule qu'on louât un botaniste, un médecin, un intendant des finances, *du même ton dont on louerait le grand Condé.* C'est un des ridicules de notre siècle; et M. de Condorcet, quoique philosophe, ne s'en est pas garanti. Ce n'est pas *ainsi que Fontenelle louait*, dit M. de Voltaire [1]. » Si ces observations sont de Voltaire, au moins ne furent-elles pas faites sur ce ton. Le poëte avait pour Condorcet une réelle affection, bien justifiée d'ailleurs par le dévouement de ce dernier, et, tout en le jugeant, il ne devait pas cesser d'être bienveillant. Mais La Harpe apporte son fiel et son âpreté partout, il n'aime que lui, et se sent une sorte d'aigreur envers ceux de ses égaux que la for-

---

1. La Harpe, *Correspondance littéraire* (Paris, Migneret, 1804), t. II, p. 230. Ce n'est pas l'avis du *Journal de Paris*, qui s'extasie au contraire sur la variété de ton des trois morceaux : « Cette aptitude, dit-il, à traiter indistinctement tant d'objets divers, rappelle naturellement le souvenir de l'un des prédécesseurs de M. le marquis de Condorcet, du célèbre Fontenelle, que la délicatesse de son goût et l'étendue de ses connaissances rendoient également propre à parler de toutes les sciences et de tous ceux qui les avoient cultivées. » N° 121, p. 482, du vendredi 1ᵉʳ mai 1778.

tune et le succès semblent favoriser. Quant au patriarche, ces hommages rendus par des savants qui l'avaient traité en confrère, durent le venger des caprices du ministre qui, jadis, ne l'avait pas estimé assez bon chrétien pour siéger parmi eux et peut-être succéder à Fontenelle.

Voltaire continuait ses visites, charmant, dans des apparitions trop rapides à leur gré, ceux qu'il distinguait, par cet esprit plein de politesse de l'ancienne cour, qu'il assaisonnait d'un grain de sel à l'occasion. Il était rare qu'il se retirât sans qu'on eût recueilli un trait, une saillie qui se répétaient et couraient de salon en salon, en attendant qu'ils passassent dans le *Journal de Paris* ou le *Courrier de l'Europe*. Il était allé rendre ses hommages à la vieille maréchale de Luxembourg, bien qu'il n'ignorât pas ses préférences pour Rousseau[1]. La conversation roulait sur la préoccupation du jour, notre lutte avec l'Angleterre, dont il était difficile de prévoir l'issue, lutte qui devait être funeste même au vainqueur. La maréchale, en prévoyant tout le sang versé, les ruines sans nombre que l'on accumulerait de part et d'autre, en venait à souhaiter,

---

1. Ce n'eût été, en somme, qu'acquitter sa dette, s'il en faut croire cette petite anecdote des Nouvelles à la main, dont mademoiselle Clairon ferait les frais : « Entre autres bons mots, en voici un de madame la maréchale de Luxembourg. Elle était en conversation avec papa grand-homme : entre mademoiselle Clairon, qui s'écrie d'un ton théâtral : *O mon Dieu tutélaire!* puis, se jetant aux pieds du patriarche, balbutie plusieurs fois : *Mon âme*, et n'achève pas. Madame de Luxembourg, fâchée d'avoir été interrompue par la harangueuse, lui dit brusquement : « Dites *mon art*, mademoiselle, et finissez. » *Correspondance secrète, politique et littéraire* (Londres, Jonh Adamson), t. VI, p. 48 ; de Paris, 21 février 1778.

toute veuve qu'elle fût d'un fils de Mars, que ce terrible conflit se terminât le plus tôt possible par un bon traité de paix : « Madame, dit l'auteur de *Charles XII*, en désignant l'épée du maréchal de Broglie, qui était présent, voilà la plume avec laquelle il faut signer ce traité [1]. »

Mais cette vie d'agitation, de fatigues, de constantes émotions, devait être funeste à ce vieillard transplanté, enlevé à ses habitudes, à la régularité de ses travaux, qui, depuis qu'il était à Paris, ne vivait que de surexcitation et de fièvre. Ce dictionnaire, dont il avait fait agréer le projet, en dépit d'eux, à des confrères qui n'avaient ni son ardeur ni son zèle, il tenait à honneur d'en jeter les premières assises. Dans la séance du 7 mai, il avait triomphé des résistances, en principe du moins, car, en pareil cas, que de choses, d'obstacles, trop souvent de prétextes parviennent à séparer le point de départ du couronnement de l'édifice ! Il comptait bien poursuivre sa tâche à la réunion du 11 ; mais il ne put se transporter au Louvre, et les académiciens présents arrêtèrent que l'on convoquerait par billets, pour le lundi suivant 18, une assemblée générale « afin de prendre des arrangements convenables au nouveau travail entrepris par la compagnie [2]. » Mais, le 18, une indisposition empêchait, dit le procès-verbal, M. de Voltaire de s'y trouver, et l'Académie la remettait au 25 du même mois, ajournement bien

---

1. *Mémoires secrets pour servir à l'histoire de la République des lettres* (Londres, John Adamson), t. XI, p. 223, 224 ; 16 mai 1778.
2. Secrétariat de l'Institut. Registre de l'Académie française, 1745-1793.

inutile, car elle ne devait plus revoir dans son sein son illustre et non moins fougueux directeur [1].

Voltaire ne s'était pas fait illusion sur les dispositions douteuses de quelques-uns; il avait appris même que son projet avait, en dehors de lui, essuyé des contradictions sans nombre; et, craignant de le voir abandonner, il voulut composer un discours développé, d'une argumentation implacable, et qui fît rougir ces âmes sans ressort de leur mollesse et de leur torpeur [2]. Il se mit à l'œuvre avec cette passion qui ne le quittera qu'avec le souffle. Pour dompter l'accablement et le sommeil, il se noyait de café et achetait, au prix de sa vie, une veille fiévreuse de dix ou douze heures exclusivement consacrées à cette dissertation de linguistique et de grammaire. La machine ainsi surmenée devait inévitablement se refuser au service,

---

1. Cependant, quelque tiédeur que l'on éprouvât pour cette besogne vétilleuse, on se considérait engagé, et le 25, comme le 18, l'Académie, dans son procès-verbal, fait mention de cette tâche acceptée par elle et à laquelle elle ne demande pas mieux de se consacrer. « L'assemblée étant composée de 13 académiciens, l'Académie a relu et approuvé le projet dressé dans l'assemblée du 18 mars et l'a fait signer par M. le secrétaire ; on a délibéré ensuite sur la manière de procéder au travail nécessaire pour les additions proposées ; et les avis s'étant trouvés partagés, on a arrêté qu'attendu la maladie de M. le directeur et l'absence d'un grand nombre d'académiciens, on remettroit le partage du travail au temps où M. le directeur pourroit venir à l'Académie, et qu'on le prieroit alors de se charger de quelques articles du nouveau dictionnaire, pour juger, d'après ces articles, et après les avoir examinés, qu'elle seroit la meilleure forme à donner à ce nouveau dictionnaire. » Secrétariat de l'Institut. Registre de l'Académie française, 1745-1793 ; du lundi 25 mai 1778.

2. Grimm, *Correspondance littéraire* (Paris, Furne), t. X, p. 41, 42 ; Paris, juin 1778.

et la prophétie de Tronchin n'était pas éloignée de son triste accomplissement. Le sommeil qu'on avait chassé, avait disparu pour ne plus revenir; il eût été, pourtant, le seul remède et le seul refuge contre d'intolérables souffrances. L'on ne saurait qu'approximativement déterminer la date de cet acharnement au travail qui ne se soutint que par une incessante absorption de café, auquel venait mettre fin le retour sinistre de sa strangurie. On l'a indiquée avec assez de vraisemblance vers le 12 mai, entre la séance du 11 et celle du 18[1]. Nous serions portés à la fixer de préférence au jour précédent, en nous appuyant sur ce que raconte Wagnière, à la relation duquel il sera prudent, de n'accorder désormais qu'un très-mince crédit[2].

Voltaire espérait bien assister à cette réunion du 11, mais il fallut y renoncer. Se promenant dans l'après-midi, il rencontre sa nièce et madame de Saint-Julien, et leur dit qu'il n'était pas bien et qu'il allait se mettre

1. Courtat, *Défense de Voltaire contre ses amis et contre ses ennemis* (Paris, Laîné, 1872), p. 63.
2. Longchamp et Wagnière, *Mémoires sur Voltaire* (Paris, André, 1826), t. I, p. 154. Voyage de Voltaire à Paris, 1778. Le procès-verbal du 11 ne semble pas se douter de cette rechute, qui, du reste, ne prit quelque gravité que dans la nuit. Nous lisons dans la *Correspondance secrète*, à la date du 6 juin : « M. de Voltaire se plaignoit depuis quelque temps de douleurs de reins très-aiguës, surtout de fréquents accès de rétention d'urine ; on lui interdit les échauffants comme très-contraires à sa situation. Cependant, ayant voulu travailler le lundi, il prit vingt-cinq tasses de café ; il eut un accès très-violent, il ne put dormir... » T. VI, p. 276. Laissons-là les circonstances épisodiques. C'est un lundi que les symptômes se révèlent, et le 11 mai est un lundi. Il est vrai que le 18 est encore un lundi, et qu'il y a à choisir entre ces deux dates. Wagnière dit que son maître resta ainsi « pendant vingt jours. » A ce compte, ce serait au 11 mai qu'il faudrait se fixer.

au lit. Deux heures après, cette dernière vint le voir, lui trouva la fièvre et fut d'avis de prévenir Tronchin; mais madame Denis, qui n'avait pas pardonné au docteur génevois ses conseils, n'en fit rien. La fièvre augmentait pourtant, et M. de Villette, qui avait des motifs analogues d'écarter Tronchin, envoya chercher l'apothicaire de sa rue, qui vint avec une liqueur dont le malade ne voulut pas prendre. Mais les instances de sa nièce finirent par triompher de ses répugnances. « Madame de Saint-Julien eut la curiosité, nous dit Wagnière, de goûter de cette liqueur ; elle m'a juré qu'elle était si violente, qu'elle lui brûla la langue, et qu'elle ne put pas souper. C'est d'elle-même que je tiens les détails que je rapporte[1] » Mais nous savons la haine violente de Wagnière pour madame Denis, qu'il nous peint sous des couleurs telles, qu'il enlève à son récit toute autorité. Que cette dernière ne tînt pas à retourner à Ferney, qu'elle usât de son influence auprès de son oncle pour le dissuader de ce voyage, qu'elle se soit obstinée à fermer les yeux à l'évidence pour n'être pas forcée de prendre un parti dont l'idée seule la glaçait, tout cela est dans la vraisemblance ; mais ce n'est pas assez pour le secrétaire aliéné qui nous la représente comme un monstre d'ingratitude, impatiente de reconquérir à tout prix sa liberté, et de se trouver la maîtresse d'une fortune qu'elle convoitait depuis si longtemps.

Quoi qu'il en soit, l'agitation du malade était la même ; le peu qu'il avait pris de cette liqueur ne l'avait

---

1. Longchamp et Wagnière, *Mémoires sur Voltaire* (Paris, André, 1826), t. I, p. 155. Voyage de Voltaire à Paris, 1778.

rien moins que soulagé. Le duc de Richelieu, qui était
venu le voir dans la soirée, lui avait parlé d'un breuvage narcotique dont il faisait usage avec un plein
succès dans ses douleurs de goutte, qui n'eût été que
de l'eau distillée d'opium, fermentée avec de la levûre de bière et d'eau [1] ; et il avait promis à son vieux
serviteur de partager « en frère » avec lui. Voltaire
lui écrivit qu'il ne pouvait plus tenir et qu'il le priait
de lui envoyer de son élixir. Madame de Saint-Julien,
qui se trouvait là, quand cette préparation d'opium
arriva, et un parent que Wagnière ne nomme pas et
qui était vraisemblablement d'Hornoy, insistèrent auprès de madame Denis pour qu'on se gardât bien de
lui administrer un remède qui devait sûrement le tuer,
à l'état de faiblesse où il était ; mais la nièce avait
une tout autre opinion sur les résultats ; et M. de
Villette eût réparti, de son côté, que « le malade pourrait tout au plus être fou une couple de jours, que cela
lui était arrivé à lui-même. » Ce propos du marquis
est quelque peu étrange, et nous en laissons la responsabilité à Wagnière, qui n'était déjà plus là et ne
l'apprit que par l'un des gens au service de son
maître. « On a prétendu, ajoute-il, qu'après avoir fait
avaler à *M. de Voltaire* une bonne dose de cet
opium, la bouteille fut cassée. Je n'ai jamais pu tirer au
clair ce dernier fait ; je sais seulement qu'ils se réunirent tous pour assurer au malade qu'il l'avait bue entièrement. M. de *Villette* dit avoir vu M. de *Voltaire*,
seul dans sa chambre, achever de la vider. Madame de

---

1. *Vie privée du maréchal de Richelieu* (Paris, Buisson, 1792),
t. II, p. 304.

Saint-Julien lui dit alors qu'il était un grand malheureux de n'avoir pas sauté sur lui pour l'en empêcher[1] »

Encore une fois, Wagnière, et cela soulage, ne parle que par ouï-dire et à la distance de plus de cent lieues. Les amis qui ne quittèrent point, sinon la chambre du moins l'appartement du malade, ne s'accordent guère entre eux et ne varient que trop dans leurs récits[2]. Les plus nombreux, cependant, tiennent pour l'absorption complète du flacon. Cela étant, la question serait encore de rechercher si l'élixir de Richelieu produisit les ravages qu'on lui attribue, et si ce fut lui qui tua Voltaire? D'Argental, mieux placé que qui que ce fût pour décider en connaissance de cause, ne le pensa

---

1. Longchamp et Wagnière, *Mémoires sur Voltaire* (Paris, André, 1826), t. I, p. 155, 156. Voyage de Voltaire à Paris, 1778.
2. Que sera-ce donc des relations des prétendus gens bien informés? Citons les lignes qui suivent dont les détails ridicules ne sont pas à souligner. « Voltaire avoit demandé à Franklin comment il faisoit pour se porter aussi bien : — *Je prends des bains d'air*. Dans la nuit, Voltaire imagine d'ouvrir sa fenêtre et d'y tourner comme un chapon à la broche, nu en chemise ; il se refroidit et se couche gelé ; pour se réchauffer, il se bourre de caffé; pour calmer l'effet du caffé, il veut prendre de l'opium que le maréchal lui avoit envoyé la veille : il l'avale, le mal redouble; il meurt presque dans les bras de Tronchin, et en enrageant. Or, voici l'histoire de cet opium : Il en demande au maréchal qui en avoit toujours de préparé à sa manière et en faisoit un grand usage : celui-ci mit dans une fiole le tiers de ce qu'il prenoit ordinairement en une fois, écrivit que c'étoit pour plusieurs prises, et l'envoya ; le domestique cassa la fiole, et pour n'être pas grondé, sachant à peu près ce qu'il portoit, alla prendre chez un apothicaire la même dose de laudanum. La personne qui nous a fourni tous ces détails étoit chez le maréchal lorsque Tronchin vint lui donner les détails de la mort de Voltaire. » *Souvenirs de deux anciens militaires*, par MM. de Fortia et G. D. S. C.; (Paris, 1817), p. 71, 72, 73.

pas; à ses yeux, son ami succombait aux atteintes de cette strangurie qu'un régime doux, suivi, rendait supportable, mais dont l'intensité s'accrut de l'excès de fatigue et d'une surexcitation de tous les instants. Voltaire, qui n'avait pas le tempérament du maréchal, lequel d'ailleurs devait user avec plus de mesure du spécifique, sentit trop tard le danger de pareils remèdes; il garda rancune du cadeau à Richelieu, qu'il n'eût plus, a-t-on dit, appelé que « frère Caïn[1] ». Mais cette saillie ne serait-elle pas, comme beaucoup d'autres commérages, une invention pure des gazetiers et chroniqueurs anonymes ?

Je ne crois pas qu'il ait dit au maréchal de Richelieu (c'est D'Alembert qui parle) le mot plaisant qu'on lui attribue : *Ah! frère Caïn, tu m'as tué.* Je l'ai vu très-assidûment dans le cours de sa maladie, j'y ai trouvé plusieurs fois le maréchal, et je n'ai pas entendu ce mot. Sa famille et tous ses amis n'en ont aucune connaissance. Il est vrai que le mot est plaisant, qu'il ressemble bien à ceux qu'il disait souvent; mais il y a apparence que ce mot a été fait par quelqu'un qui croyait, ce qui n'est pas vrai, que le patriarche s'était empoisonné avec de l'opium que lui avait donné le maréchal; il lui en avait bien donné, en effet, mais la bouteille fut cassée par la faute des domestiques, sans qu'il en eût pris une goutte.

Il est très-sûr que, quelques jours avant sa maladie, il prit beaucoup de café pour travailler mieux à différentes choses qu'il voulait faire... Il s'alluma le sang, perdit le sommeil, souffrit beaucoup de sa strangurie, et, pour se calmer, se bourra d'opium qu'il envoya chercher chez l'apothicaire, et qui vraisemblablement a achevé de le tuer[2].

1. *Mémoires secrets pour servir à l'histoire de la République des lettres* (Londres, John Adamson), t. XI, p. 231, 255; 24 et 28 mai 1778.
2. *OEuvres de Frédéric le Grand* (Berlin, Preuss), t. XXV, p. 115.

La vérité n'est pas facile à dégager de tant de récits divergents. D'Alembert n'a nul intérêt à altérer les faits et il fut assez assidu pour les bien connaître, ainsi que La Harpe qui entre avec ses correspondants en de longs détails sur les derniers instants de son protecteur. Il y a désaccord et confusion dans toutes ces versions, mais, dans chacune, on retrouve les mêmes éléments. Si D'Alembert est le seul à dire que la bouteille se brisa avant que le malade y touchât, il paraît certain qu'elle fut cassée d'une façon ou d'autre; à l'en croire, l'on devrait s'en prendre à l'opium fourni par Mitouard, et dont il se fût bourré avec une sorte de rage. Wagnière assure également que son maître envoya chercher jusqu'à quatre fois dans la nuit des drogues chez le praticien; qu'il envoya même une cinquième fois, mais que celui-ci refusa d'en donner davantage[1] et c'est sans doute ce qu'il faut entendre par ces drogues prises « en bonne fortune » auxquelles fait allusion Tronchin, dans une lettre célèbre que nous reproduirons. La Harpe, tout en convenant que le poëte prit, même en grande quantité, de la potion du vieux duc, ajoute, ainsi que Wagnière, que non content de cela, il dépêcha, au milieu de la nuit, un domestique pour lui rapporter une nouvelle potion de laudanum.

L'effet du jus de pavot, pris avec si peu de mesure, ne tarda pas à se faire sentir; le matin, sa tête était perdue, et il fut quarante-huit heures dans le délire. Tronchin combattit

---

Lettre de D'Alembert au roi de Prusse; Paris, 15 août 1778, anniversaire de la bataille de Lignitz.

1. Longchamp et Wagnière, *Mémoires sur Voltaire* (Paris, André, 1826), t. I, p. 156. Voyage de Voltaire à Paris, 1778.

l'opium, autant qu'il le put, par des acides administrés avec
précaution, de peur d'irriter la strangurie. Sa tête revint
peu à peu; il retrouva un moment sa raison. Je l'entretins
un quart-d'heure, et il parlait presque comme à son ordinaire, quoique avec quelque peine, et fort lentement. Mais
bientôt l'accablement parut augmenter, et, ce qui décida sa
perte, l'estomac se trouva paralysé par l'opium. Il ne pouvait
plus supporter ni aucune nourriture ni aucune boisson [1].

Les jours, les heures s'écouleront désormais dans un
mystère presque impénétrable, mystère explicable,
presque obligatoire, comme on le verra. Le malade
eut des intervalles de mieux, où il reprenait intérêt aux
choses de ce monde. L'abbé de L'Attaignant, son confrère en petits vers et en attrition, lui avait adressé un
joli madrigal auquel il fallait répondre et auquel il répondit de même façon. La lettre de Voltaire parut dans
le *Journal de Paris*, et est datée du 16 mai. Cette date
est-elle bien précise, et n'aurait-on pas cherché à dépister la curiosité inquiète du public? Sans être de ses
meilleurs, le madrigal de Voltaire a la légèreté du
temps où il se disait mourant, tout en ne l'étant d'aucune sorte [2].

Deux lettres de M. d'Hornoy à Wagnière nous renseignent sur son état et le peu d'espoir que durent concevoir ceux qui l'approchaient et étaient les témoins de
ses souffrances, d'un affaiblissement que le refus de
nourriture aggrava rapidement. La première est à la
date du 25 mai.

1. La Harpe, *Correspondance littéraire* (Paris, Migneret, 1804),
t. II, p. 240.
2. Voltaire, *OEuvres complètes* (Beuchot), t. LXX, p. 468, 469.
Lettre de Voltaire à L'Attaignant; à Paris, le 16 mai 1778.

Mon pauvre oncle, mon cher Wagnière, est dans l'état le plus fâcheux. Madame Denis a dû vous mander son accident[1]. L'effet de l'opium est passé, mais il a laissé des suites cruelles. L'anéantissement est extrême ; il a un éloignement affreux pour tout ce qui pourrait le soutenir et le réparer ; il ne veut point prendre de bouillon. Tout ce que nous pouvons faire à force d'instances, de supplications et même de propos faits pour l'effrayer sur son état, est de l'engager à avaler quelques cuillerées de gelée ou de blanc-manger. Aussi sa faiblesse augmente, et elle est effrayante. Il vous désire vivement ; je le fais comme lui. Il m'a chargé de vous écrire pour vous prier de revenir le joindre[2].

D'Hornoy écrivait le lendemain au fidèle secrétaire.

La faiblesse augmente de jour en jour. L'impossibilité de faire prendre à mon malheureux oncle de la nourriture s'accroît encore. Ce serait se faire illusion que de conserver de l'espérance. Il est affreux de lui voir terminer ainsi une carrière aussi brillante, dans l'instant où il a le plus joui de sa gloire. Malgré son âge, cette carrière pouvait encore se prolonger : il l'a abrégée par son impatience. J'adresse cette lettre à votre femme, parce que j'imagine que vous serez parti sur ma dernière. Si vous ne l'êtes pas, partez toujours. Ce qui lui reste de tête est pour vous désirer.

En effet, Voltaire demandait Wagnière à chaque instant ; et quelles que fussent ses répugnances, madame Denis ne put se refuser à le faire revenir. Si l'état lamentable de cet oncle auquel elle devait tout l'attristait fort, il faut convenir, avec Wagnière, que cela ne l'empêchait pas de songer aux choses de ce monde et d'entrer dans des détails bien étranges en un pareil mo-

1. Voir la lettre de la nièce du même jour.
2. Longchamp et Wagnière, *Mémoires sur Voltaire* (Paris, André, 1826), t. I, p. 176, 177. Lettre de M. d'Hornoy à Wagnière ; à Paris, ce 25 mai 1778.

ment. Dans sa dernière lettre datée du 26, le jour même où d'Hernoy disait que tout espoir leur était refusé, madame Denis, après avoir constaté un mieux sensible dans la situation du malade, arrive au véritable objet du message. Il avait été question un instant d'affermer la terre de Ferney, mais son oncle et elle ont changé d'idée. « Il faut que *Poramy* la régisse toujours; c'est un honnête homme qui connaît bien cette terre ; il faut qu'il vende les denrées et qu'il rende compte de l'argent. » On laissera à Saint-Louis son habit et son chapeau. Elle s'en remet à Wagnière pour le départ de la berline et l'emballage de l'argenterie. Quant aux livres de son oncle, il sera bon de les adresser à M. Le Noir, et de donner avis de leur envoi. Le reste de la lettre est plein de préoccupations de la même importance. Ordre à la Perrachon de ne pas oublier tous les petits articles que sa maîtresse a mis à part et qu'elle n'a pas envoyés, « en un mot, tout ce qui est à moi ; » lui retourner également les chansons de M. de la Borde que retient madame Cramer-Dallon et une édition de la *Henriade*, « en maroquain. » Tout cela contraste singulièrement, on l'avouera, avec les préoccupations graves que devait avoir la nièce de M. de Voltaire.

Que madame Denis ait écrit à Wagnière que son oncle allait beaucoup mieux, apparemment obéissait-elle à un mot d'ordre, à une convention qui pouvaient avoir sa raison d'être, mais non pas applicables à un serviteur sur la fidélité duquel on avait lieu de compter, relégué, pour l'heure, au fond du pays de Gex. On craignait, on appréhendait les manœuvres des exaltés du clergé et des gens du monde qui marchaient à sa remorque, quand ils ne le poussaient pas aux extrémités. A la tête de ces derniers, le bruit public plaçait la duchesse de Nivernois et la comtesse de Gisors, femme et fille d'un homme qui, pourtant, faisait profession de compter parmi les amis du poëte[1]. Les propos qui se tenaient de ce côté étaient menaçants. Les provocations, les paroles d'intimidation lancées d'une chaire chrétienne par le prédicateur de la cour devaient donner à penser aux parents et aux amis de Voltaire; il fallait gagner du temps, et, si le malade était condamné, cacher le danger jusqu'au dernier moment, afin d'éviter ce qui n'était que trop à prévoir et ce qui advint en effet. C'est dans ce sens que nous devons entendre ces paroles de madame Denis, qui seraient atroces, si elles ne traduisaient pas des inquiétudes très-fondées, très-sérieuses : « Nous aurions été très-embarrassés, s'il en était revenu, dit-elle à Wagnière, parce qu'il aurait peut-être pu avoir encore des moments lucides[2]. » Le *Journal de Paris*, le moniteur de la santé du poëte, semble s'être fait l'instrument d'une dissimulation concertée ; il donnait, le 25 encore, le bulletin le plus rassurant : « Les in-

---

1. Grimm, *Correspondance littéraire* (Paris, Furne), t. X, p. 43; juin 1778. Il ne faut pas confondre cette duchesse de Nivernois, sœur de M. de Maurepas et dame d'honneur de Marie Leczinscka (mars 1745), avec l'aimable comtesse de Rochefort, une vieille amie, que le duc épousait le 15 octobre 1782, et qui n'avait d'analogie d'aucune sorte avec la mère de madame de Gisors. Lire, sur cette dernière, l'étude attachante que lui a consacrée M. de Loménie.
2. Longchamp et Wagnière, *Mémoires sur Voltaire* (Paris, André, 1826), t. I, p. 492. Examen des *Mémoires de Bachaumont*, 1778.

quiétudes qu'on a eues récemment, disait-il, sur la santé de M. de Voltaire sont presque totalement dissipées. »

La dernière lettre que nous ayons du patriarche de Ferney est du lendemain, 26. Le conseil du roi venait de réviser le procès de Lally, dont l'arrêt et le supplice remontaient à quinze ans de là. On sait tout le mal que s'était donné le défenseur des Calas et des Sirven pour amener la réhabilitation d'un infortuné complétement innocent des crimes dont on l'avait chargé, et qui devait uniquement son horrible fin à un caractère indomptable[1]. Le fils de Lally s'était imposé la tâche pieuse de faire casser ce jugement inique, et il y était enfin parvenu. Cette nouvelle ranima le moribond, qui passait des journées entières sans proférer une parole, sans donner le moindre signe de sensibilité; il se redresse, ses yeux s'illuminent, et il dicte ces trois lignes à l'adresse de Tollendal. « Le mourant ressuscite en apprenant cette grande nouvelle; il embrasse bien tendrement M. de Lally; il voit que le roi est le défenseur de la justice : il mourra content[2]. » Cela ne lui suffit pas; on attachait par ses ordres à la tapisserie un papier sur lequel il faisait écrire : « Le 26 mai, l'assassinat juridique commis par Pasquier (conseiller au parlement) en la personne de

---

1. Voltaire, *Œuvres complètes* (Beuchot), t. XXI, p. 326, *Précis du siècle de Louis XV*; t. XLVII, p. 396 et 405, *Fragments historiques sur l'Inde et sur le général Lally*; t. L, p. 324, *Prix de la justice et de l'humanité*.

2. *Ibid.*, t. LXX, p. 469. Lettre de Voltaire au comte de Lally; 26 mai 1778.

Lally a été vengé par le conseil du roi[1]. » Qu'on le dise : à un pareil moment et dans un tel état, n'est-ce pas quelque chose de rare, un spectacle touchant que cet amour passionné de la justice et cette horreur de l'iniquité survivant à tout, triomphant de la douleur, triomphant de l'épuisement des organes, triomphant de la mort même? s'il n'eût que celle-là, ne lui disputons pas cette vertu du philosophe et du chrétien[2].

Tronchin et le docteur Lorry, qui avait continué à voir le malade, ne laissèrent dès le début que peu d'espoir de guérison, disons mieux, ils déclarèrent nettement qu'il ne pouvait y avoir qu'un dénoûment funeste. Nous lisons dans le journal de Prosper Hardy : « Le sieur Lorry, médecin de la Faculté de Paris, annonça dans une bonne maison où il se trouvoit avec l'archevêque de Lyon[3], qu'il avoit vu le matin le sieur de *Voltaire....* qu'il le jugeoit attaqué de manière à ne pouvoir jamais se relever, d'autant plus qu'il se refusoit opiniatrément de faire ce qui conviendroit à son état, et que sa tête commençoit même à

---

1. La Harpe, *Correspondance littéraire* (Paris, Migneret, 1804), t. II, p. 242.

2. « Si Voltaire, remarque judicieusement M. Paul Janet, est sage et sensé, mais peu élevé dans ses vues sur l'homme et sur la vie, et dans les conseils faciles de sa morale pour l'individu, on ne doit pas hésiter à dire qu'il est grand dans la morale publique, lorsqu'il invite la société à avoir plus d'égard pour la nature humaine, à en mieux respecter la dignité et les droits... de tous les écrivains de son temps, Voltaire est celui qui se voua avec le plus d'ardeur et travailla avec le plus de suite à la noble tâche de corriger les préjugés et les abus. » *Histoire de la science politique dans ses rapports avec la morale* (Paris, Ladrange, 1872), t. II, p. 558, 559.

3. Montazet.

s'affaiblir considérablement[1]... » L'Esculape de Genève écrivait de son côté, à son frère :

> Voltaire est très-malade. S'il meurt gaîment, comme il l'a promis[2], je serai bien trompé : il ne se gênera pas pour ses intimes, il se laissera aller à son humeur, à sa poltronnerie, à la peur qu'il aura de quitter le certain pour l'incertain. Le ciel de la vie à venir n'est pas aussi clair que celui des îles d'Hyères ou de Montauban pour un octogénaire né poltron et tant soit peu brouillé avec l'existence éternelle. Je le crois fort affligé de sa fin prochaine ; je parie qu'il n'en plaisante point. La fin sera pour Voltaire un fichu moment. S'il conserve sa tête jusqu'au bout, ce sera un plat mourant[3].

Cette lettre, ce persiflage cruel attristent et gâtent l'idée qu'on s'est faite de Tronchin. Tout cela est-il donc si plaisant? et n'est-il question que de savoir comment on passera « ce fichu moment? » Tronchin n'a-t-il donc pas été longtemps l'ami de cet homme qui va mourir? Que certains incidents aient amené du froid, une aigreur contenue ; que « l'humeur voltai-

---

[1]. Bibliothèque nationale, manuscrits, n° 6682 : *Mes loisirs ou journal d'événemens tels qu'ils parviennent à ma connaissance*, p. 495, du mercredi 27 mai 1778.

[2]. Voltaire écrivait à D'Alembert, le 26 juin 1766, douze ans auparavant : « Je mourrai, si je puis, en riant. » *Œuvres complètes* (Beuchot), t. LXIII, p. 189. Voilà pour l'avenir. Il disait, en 1772, dans l'*Epître à Horace*, où il fait allusion au danger qu'il venait d'échapper, prenant, un peu témérairement, comme on va voir, à témoin le docteur genevois :

> Aussi lorsque mon pouls inégal et pressé,
> Fesait peur à Tronchin près de mon lit placé ;
> Quand la vieille Atropos, aux humains si sévère,
> Approchait ses ciseaux de ma trame légère,
> Il a vu de quel air je prenais mon congé ;
> Il sait si mon esprit, mon cœur était changé.

[3]. Gaberel, *Voltaire et les Génevois* (Paris, Cherbuliez, 1857), p. 166, 167.

rienne » ait rebuté et tenu à distance, nous le concevons, bien qu'avant les griefs et devant les démonstrations les plus affectueuses, on ne se soit jamais livré, bien que l'on soit demeuré un pur physiologiste, examinant, analysant un sujet intéressant[1]. Et c'est là tout ce qu'inspire de pitié et d'intérêt cet esprit séduisant, ce grand écrivain, cette âme ardente qui sait aimer, si elle sait haïr, qui s'enflamme, s'exalte, s'indigne au seul mot d'oppression, d'abus de la force, d'injustice ! Une curiosité malveillante (car il y a comme un espoir de voir cet orgueilleux sombrer à la dernière heure), tel est ce qu'apporte Tronchin au chevet de ce lit où va s'éteindre l'un des plus brillants génies du siècle, l'homme qui aura remué le plus d'idées, représenté avec le plus d'éclat son temps dans ses infirmités, ses erreurs et ses excès, mais aussi dans sa passion pour la vérité, dans son amour de l'humanité ! Il annonce à l'avance les diverses phases de ce drame palpitant, et il se complaira dans l'historique sombre des derniers moments du poëte, qui donneront raison à sa haute clairvoyance : son amour-propre d'observateur scientifique et de moraliste aura de quoi être satisfait, et vraiment, le reste

---

1. Madame de Genlis cite un mot de Tronchin au lit de mort de M. de Puisieux avec lequel il était lié, qui ferait dresser les cheveux sur la tête, si on pouvait y croire. Il suivait avec une attention passionnée le malade qui avait été pris d'un rire convulsif d'un effet indescriptible ; elle l'appelle, lui demande s'il lui reste quelque espérance. « Ah ! mon Dieu, non, répondit-il, mais je n'avois jamais vu le rire sardonique ; et j'étois bien aise de l'observer. » — « Bien aise, ajouta la comtesse, d'observer ce symptôme affreux d'une mort prochaine ! Et c'étoit l'ami du mourant qui s'exprimoit ainsi. » *Mémoires* (Paris, Ladvocat, 1825), t. II, p. 297, 298.

n'importe guère. Que Voltaire ait témoigné d'un amour peu philosophique de la vie, à quoi bon le nier? et le grand sujet d'étonnement, malgré ses souffrances, qu'il tînt à une existence qu'on lui faisait si belle, si enviable, si remplie d'éblouissements et de triomphes [1].

Si le médecin du corps reconnaissait son impuissance, le médecin de l'âme, était bien déterminé à tout mettre en œuvre, pour arracher ce pécheur à la mort éternelle. L'abbé Gaultier, instruit de l'état de son pénitent, crut de son devoir de ne pas différer de nouvelles démarches, qui seraient peut-être plus favorablement accueillies. Nous savons qu'il lui en coûtait peu pour prendre la plume ; la lettre suivante était bientôt écrite et dépêchée à l'hôtel du quai des Théatins.

J'apprends, monsieur, par la voix publique, que vous êtes très-dangereusement malade. Cette nouvelle m'afflige beaucoup ; mais ce qui augmente ma douleur, c'est qu'on ne m'envoie pas chercher de votre part. Quoique je n'aie pu, quelque effort que j'aie fait depuis votre dernière maladie,

---

1. M. Gaberel prétend avoir extrait la lettre du docteur des papiers du colonel Tronchin. M. Courtat, qui a eu également communication de ces manuscrits, déclare n'avoir pas trouvé cette curieuse pièce parmi eux. Nous avouons que, sachant sa façon assez leste d'arranger et de déranger l'histoire à sa guise et selon son humeur, nous nous sommes demandé jusqu'à quel point il était prudent de rendre le médecin génevois responsable de ces quelques lignes qui ne lui font pas honneur, et nous nous serions fait scrupule de les publier sur la seule autorité de l'auteur de *Voltaire et les Génevois*, si le ton n'était pas le même dans la fameuse lettre de Tronchin à Bonnet, qui va suivre. Resteraient encore les apports étrangers, et ce « fichu moment, » entre autres, qui nous met en défiance.

avoir l'honneur de vous voir, cela ne m'empêchera pas de retourner chez vous si vous me demandez. Hélas! si le Seigneur vous appelle à lui, quel bonheur pour vous de vous être mis en état de paraître devant ce grand Dieu, qui juge les justices mêmes! quel malheur, au contraire, de périr sans avoir pensé à la grande affaire de votre salut! Ah! mon cher monsieur! pensez-y sérieusement et ne pensez qu'à cela; profitez du peu de temps qu'il vous reste à vivre; il va finir, et l'éternité va commencer [1].

Le même jour, sur les six heures du soir, l'abbé Mignot venait le chercher pour confesser son oncle. Le jésuite lui répondit qu'il confesserait volontiers M. de Voltaire, à la condition que celui-ci consentirait à signer la rétractation qu'il lut à l'abbé, lequel la trouva fort convenable. C'était une amende honorable pour le passé et une profession de foi d'orthodoxie des plus explicites. Mais quoique celui qui l'eût signée « assurât qu'elle n'était point l'effet de l'affaiblissement de ses organes, dans son grand âge », cette affirmation, rédigée à l'avance, eût-elle pu avoir un fort grand poids; et ce vieillard prêt à expirer, serait-il bien reçu à décider sur le plus ou moins de netteté de ses organes? Laissons raconter au prêtre des Incurables son entrevue avec le malade et les incidents de cette suprême rencontre.

M. l'abbé Mignot me promit de faire signer cette rétractation par son oncle. Alors je lui dis que je serois charmé que

---

[1]. Élie Harel, *Voltaire, particularités curieuses de sa vie et de sa mort* (Paris, 1817), p. 119, 120. Mémoires de l'abbé Gaultier, concernant tout ce qui s'est passé à la mort de Voltaire. Lettre de l'abbé à Voltaire; Paris, 30 mars 1778.

M. le curé de Saint-Sulpice fût présent lorsque M. de Voltaire se rétracteroit. Nous fûmes ensemble chez ce digne pasteur, qui consentit volontiers à nous accompagner chez le malade. Avant d'entrer dans la chambre de M. de Voltaire, je lus à M. le marquis de Villette la rétractation que j'exigeois ; il la trouva fort bien, et me dit qu'il ne s'y opposoit pas. Nous entrâmes ensuite dans l'appartement de M. de Voltaire. M. le curé de Saint-Sulpice voulut lui parler le premier, mais le malade ne le reconnut pas. J'essayai de lui parler à mon tour ; M. de Voltaire me serra les mains, et me donna des marques de confiance et d'amitié ; mais je fus bien surpris lorsqu'il me dit : *M. l'abbé Gaultier, je vous prie de faire mes complimens à l'abbé Gaultier*. Il continua de me dire des choses qui n'avoient aucune suite. Comme je vis qu'il étoit en délire, je ne lui parlai ni de confession, ni de rétractation. Je priai les parens de me faire avertir dès que la connoissance lui seroit revenue ; ils me le promirent. Hélas ! je me proposois de revoir le malade, lorsque le lendemain on m'apprit qu'il étoit mort, trois heures après que nous l'eûmes quitté, c'est-à-dire le 30 mai 1778, sur les onze heures du soir. Si j'avois cru qu'il fût mort sitôt, je ne l'aurois pas abandonné, et j'aurois fait tous mes efforts pour lui aider à bien mourir. Il est donc mort sans sacremens : Dieu veuille qu'il ne soit pas mort sans avoir eu un vrai désir de les recevoir et de faire une rétractation de toutes les impiétés de sa vie.

Tel est le récit de l'abbé Gaultier. Ceux de La Harpe et de Grimm, sans être fort différents, accentuent cette suprême tentative que faisait échouer l'état mental du malade qui avait peut-être plus sa tête que ne semble le croire l'ancien curé de Saint-Mard. Sans doute aucun des deux n'y assistaient, mais il serait puéril de nier l'autorité de leur parole ; ils étaient en réalité de la maison, et connurent les moindres incidents de ce drame lugubre raconté de tant de façons, selon la passion de chacun et les intérêts de la cause que l'on servait[1].

Lorsque l'abbé Gaultier, qui l'avait confessé il y a deux mois, et le curé de Saint-Sulpice, entrèrent chez lui, nous dit La Harpe, on le lui annonça : il fut quelque temps avant d'entendre ; enfin, il répondit : *Assurez-les de mes respects.* Le curé s'approcha et lui dit ces paroles : *M. de Voltaire, vous êtes au dernier terme de votre vie : reconnaissez-vous la divinité de Jésus-Christ?* Le mourant répéta deux fois : *Jésus-Christ! Jésus-Christ!* et étendant sa main et repoussant le curé : *Laissez-moi mourir en paix. Vous voyez bien qu'il n'a pas sa tête,* dit très-sagement le curé au confesseur, et ils sortirent tous deux. Sa garde s'avança vers son lit ; il lui dit avec une voix assez forte, en montrant de la main les deux prêtres qui sortaient : *Je suis mort*[2]...

Grimm répète, presque textuellement, ce récit de La Harpe ; et D'Alembert se rencontre avec tous les deux dans la répartie du mourant aux pieuses sommations du pasteur : « Laissez-moi mourir en paix ! [3] » Duvernet et Condorcet lui prêtent un mot qui devait faire fortune, et que ce dernier aurait tenu de Villevieille : « Au nom de Dieu, ne me parlez pas de cet

---

1. Dans un récit inédit de la mort de Voltaire, envoyé à Catherine II par le prince Ivan Bariatinski, son ambassadeur à Paris (17-28 juin 1778), publié dans le *Journal des Débats*, du samedi 30 janvier 1869, auquel nous allons avoir occasion de revenir, il est dit : « Lorsque les deux prêtres entrèrent dans la chambre du malade, ils y trouvèrent MM...., tous deux amis de M. de Voltaire. Ces messieurs demandèrent au curé si leur présence étoit de trop dans cette funeste circonstance. Le curé répondit que non. » Mais quels sont ces deux messieurs qu'on ne nomme pas? L'un des deux était Villevieille, et l'autre Villette (Wagnière, t. I, p. 162).

2. La Harpe, *Correspondance littéraire* (Paris, Migneret, 1804), t. II, p. 243.

3. Grimm, *Correspondance littéraire* (Paris, Furne), t. X, p. 44, 45; juin 1778.

homme-là![1] » Mais nous sommes de l'avis de Mercier, qui ne croit pas plus à cette saillie que D'Alembert plus haut ne semble ajouter foi au mot de : « Frère Caïn » à l'adresse du maréchal de Richelieu. « On lui a fait dire au lit de mort lorsque le curé de Saint-Sulpice, faisant sa charge avec trop d'ardeur, l'exhortait à reconnaître la divinité de Jésus-Christ : *Au nom de Dieu, ne m'en parlez pas !...* Il n'a jamais dit ce mot ; mais on a parfaitement saisi sa manière[2]. »

Rien dans les deux relations de La Harpe et de Grimm ne vient contredire la narration de l'abbé Gaultier, qui a dit la vérité, mais qui n'a pas dit toute la vérité. A coup sûr, la réplique du vieillard à la sommation pastorale n'a pu lui échapper, ainsi que cette dernière parole : « *Laissez-moi mourir en paix*[3] *!* »

---

1. L'abbé Duvernet, *Vie de Voltaire* (Genève, 1786), p. 275. — *OEuvres complètes* (Beuchot), t. I, p. 295. *Vie de Voltaire.* — Bibliothèque nationale, manuscrits. N° 6682. *Mes loisirs ou journal d'événemens tels qu'ils parviennent à ma connaissance,* p. 498 ; du mardi 2 juin 1778.

2. Mercier, *Tableau de Paris* (Amsterdam, 1783), t. VI, p. 153, ch. DXXIII.

3. Nous lisons dans la dépêche russe : « On annonça à M. de Voltaire l'arrivée du curé de Saint-Sulpice. La première fois, il ne parut pas avoir entendu. On répéta ; alors M. de Voltaire répondit : *Dites-lui que je le respecte,* et il passa son bras autour du curé, pour lui donner une marque d'attachement. Le curé s'approcha alors plus près du lit, et après lui avoir parlé de Dieu, de la mort et de sa fin prochaine, il lui demanda d'une voix assez haute : *Monsieur, reconnaissez-vous la divinité de Jésus-Christ ?* Aussitôt M. de Voltaire parut rassembler toutes ses forces, fit effort pour se mettre sur son séant, quitta brusquement le curé, qu'il tenait presque embrassé, et se servant du même bras, qu'il avait jeté autour du col du curé, il fit un geste de colère et d'indignation, et paraissant repousser ce prêtre fanatique, il lui dit d'une voix forte, mais très-accusée :

Cette double omission, qui ne saurait être que volontaire, nous confirme encore dans le soupçon que nous avons émis déjà d'une relation convenue entre l'abbé et ses supérieurs ecclésiastiques et rédigée en conséquence. Nous sommes d'autant moins embarrassés d'insister sur ce point, que ce lugubre procès-verbal a été composé dans un esprit de prudence et de modération qu'il faut reconnaître. L'abbé Gaultier avait eu l'initiative de la conversion ; il avait obtenu infiniment plus qu'on ne l'eût espéré, quoiqu'on ne soit pas disposé à le reconnaître ; mais, quelque insuffisant qu'avait été le succès de l'ancien jésuite, il fallait bien se servir de cet ouvrier de la première heure, qui d'ailleurs, et c'était beaucoup, n'avait pas trop déplu au terrible pénitent. L'abbé Mignot va réclamer son ministère, le temps presse, car on n'avait dû se résoudre à cette démarche qu'au dernier moment ; plus circonspect, cette fois, Gaultier déclarera qu'il serait « charmé que M. le curé de Saint-Sulpice fût présent. » Et l'on se rendra chez le prêtre « qui consentit volontiers. » Ce « consentit volontiers » fait sourire, car une pareille complaisance de sa part était, à coup sûr, moins méritoire que ne l'eût été son abstention [1].

Laissez-moi mourir en paix, et il lui tourna le dos. » *Journal des Débats*, du samedi 30 janvier, 1869. Wagnière fait également mention de ce geste de colère. « Le malade, dit-il, porta alors une de ses mains sur la calotte du curé en le repoussant... Le curé apparemment crut sa personne souillée et sa calotte déshonorée par l'attouchement d'un philosophe ; il se fit donner un coup de brosse et partit avec l'abbé Gaultier. Longchamp et Wagnière, *Mémoires sur Voltaire* (Paris, André, 1826), t. I, p. 161, 162.

1. Surtout s'il fallait croire ce que D'Alembert raconte à Frédéric à ce sujet. « Ce capelan se retira ensuite, et dans les propos qu'il

Le curé et le confesseur sont partis pour ne plus revenir, et il s'agit d'élucider ce qui se passa depuis lors jusqu'au dernier soupir du patriarche de Ferney. La tâche est ingrate et presque impossible, car, des deux côtés, du côté du clergé et du côté de la philosophie, l'on ne s'accorde guère. Ce dernier camp veut que l'auteur de *Mahomet* ait eu une mort paisible et sans secousses ; c'est dans des transports de rage et au milieu des scènes les plus abominables, selon les écrivains religieux, que le grand contempteur aurait rendu une âme devant laquelle, à coup sûr, le ciel n'a pu s'ouvrir. En présence de tels démentis, de ces assertions contradictoires et également affirmatives, l'embarras est grand sans doute, et, pour démêler cet écheveau, il faudrait apporter, avec la détermination inébranlable d'une entière impartialité, cet esprit critique et d'examen, qui analyse et pèse la valeur de chaque récit. Ce que nous pouvons promettre sans craindre de nous trop avancer, c'est, à défaut d'autre mérite, la probité, l'honnêteté de l'historien, qui sont déjà autre

tint à la famille, il eut la maladresse de se déceler et de prouver clairement que toute sa conduite était une affaire de vanité. Il leur dit qu'on avait *très-mal fait* d'appeler l'abbé Gaultier, que cet homme avait *tout gâté*, qu'on aurait dû s'adresser à lui seul, curé du malade, qu'il l'aurait vu, *en particulier et sans témoins*, et qu'il aurait *tout arrangé*... Si la profession de foi, ajoute-t-il, avait été donnée directement au curé, il se serait sûrement rendu plus facile ; il aurait fait trophée de cette déclaration comme d'une victoire par lui remportée sur le patriarche des incrédules ; mais comme cette profession avait été donnée à un pauvre galopin de prêtre, l'archevêque et le curé ont mieux aimé dire que cette déclaration était une moquerie, que de laisser au galopin l'honneur de la victoire. » *OEuvres de Frédéric le Grand.* (Berlin, Preuss.), t. XXV, p. 107, 108. Lettre de D'Alembert au roi de Prusse ; 1er juillet 1778, déjà citée.

chose que la loyauté et la probité dans le commerce journalier de la vie, et que n'a pas et ne saurait avoir un historien passionné, à quelque catégorie qu'il appartienne. Cela dit, nous entrerons dans le détail et la discussion des faits par la reproduction de la fameuse lettre de Tronchin à Bonnet, à la date du 27 juin. Elle n'est pas bienveillante, on s'y attend, elle n'est pas d'un ami de Voltaire ; elle n'en sera que plus décisive pour démontrer l'absurdité des exagérations sans limites, des énormités folles des chroniqueurs bien intentionnés, convaincus, nous le savons, qu'un saint mensonge peut servir la cause de Dieu, comme s'il y avait de saints mensonges.

Si mes principes, mon bon ami, avoient eu besoin que j'en serrasse le nœud, l'homme que j'ai vu dépérir, agoniser et mourir sous mes yeux, en auroit fait un nœud gordien, et, en comparant la mort d'un homme de bien, qui n'est que la fin d'un beau jour, à celle de Voltaire, j'aurois vu bien sensiblement la différence qu'il y a entre un beau jour et une tempête, entre la sérénité de l'âme d'un sage qui cesse de vivre et le tourment affreux de celui pour qui la mort est le roi des épouvantemens[1]. Grâce au ciel, je n'avois pas besoin de ce spectacle; cependant, *Olim meminisse juvabit*. Cet homme, donc, étoit prédestiné à mourir dans mes mains. Je lui ai toujours parlé vrai, et, malheureusement pour lui, j'ai été le seul qui ne l'ait jamais trompé. « Oui,

---

1. Tronchin fait allusion à un très-beau vers, mais qui n'est qu'un très-beau vers. Et il le sait bien, puisque, dans sa lettre au même Bonnet, il disait : « Comment arrive-t-il que, par des routes bien opposées, le grand Haller n'ait pas joui de plus de consolation que lui; et que la religion, si consolante, n'en procure pas plus que l'irréligion? Mon bon ami, je m'y perds. » Bibliothèque de Genève. Manuscrits, Bonnet, copies de lettres, t. X. Lettre du docteur à Bonnet; du 19 février 1778.

mon ami, m'a-t-il dit bien souvent, il n'y a que vous qui m'ayez donné de bons conseils; si je les avois suivis, je ne serois pas dans l'affreux état où je suis, je serois retourné à Ferney, je ne me serois pas enivré de la fumée qui m'a fait tourner la tête; oui, je n'ai avalé que de la fumée. Vous ne pouvez plus m'être bon à rien; envoyez-moi le médecin des fous. Par quelle fatalité faut-il que je sois venu à Paris! Vous m'avez dit en arrivant qu'on ne transplantoit point un chêne de quatre-vingt-quatre ans, et vous me disiez vrai. Pourquoi ne vous ai-je pas cru? et quand je vous ai donné ma parole d'honneur que je partirois dans la dormeuse que vous m'aviez procurée, pourquoi ne suis-je pas parti [1]? Ayez pitié de moi, je suis fou. » Il devoit partir le surlendemain des folies de son couronnement à la Comédie-Françoise; mais, le lendemain matin, il reçut une députation de l'Académie françoise qui le conjura de l'honorer, avant de partir, de sa présence [2]. Il s'y rendit l'après-dîner, et là, par acclamations, il fut fait directeur de la Compagnie. Il accepta la direction qui est de trois mois. Il s'enchaîna donc pour trois mois, et de sa parole à moi donnée, rien ne resta. De ce moment-là jusqu'à sa mort, ses jours n'ont plus été qu'un ouragan de folies. Il en étoit honteux. Quand il me voyoit, il m'en demandoit pardon; il me serroit les mains, il me prioit d'avoir pitié de lui et de ne pas l'abandonner, surtout ayant de nouveaux efforts à faire pour répondre à l'honneur que l'Académie lui avoit fait, et pour l'engager à travailler à un nouveau dictionnaire à l'instar de celui de la Crusca. La confection de ce dictionnaire a été sa dernière idée dominante, sa dernière passion. Il s'étoit chargé de la lettre A, et il avoit distribué les vingt-trois autres à vingt-trois académiciens, dont plusieurs, s'en étant chargés de mauvaise grâce, l'avoient singulièrement irrité. Ce sont des fainéants, disoit-il, accoutumés à croupir dans l'oisiveté; mais je les ferai bien marcher; et c'étoit pour les faire marcher que,

1. Wagnière a rapporté cette conversation presque textuellement. *Mémoires sur Voltaire* (Paris, André, 1826), t. I, p. 144.

2. Tronchin se trompe. L'apparition à l'Académie et la sixième représentation d'*Irène* eurent lieu, toutes deux, le 30 mars.

dans l'intervalle des deux séances, il a pris en bonne fortune tant de drogues et a fait toutes les folies qui ont hâté sa mort, et qui l'ont jeté dans l'état de désespoir et de démence le plus affreux. Je ne me le rappelle pas sans horreur. Dès qu'il vit que tout ce qu'il avoit fait pour augmenter ses forces avoit produit un effet tout contraire, la mort fut toujours devant ses yeux. Dès ce moment, la rage s'est emparée de son âme. Rappelez-vous les fureurs d'Oreste : *Furiis agitatus obiit* [1]...

Répétons-le, dans Tronchin, le médecin est sans reproches, il a tenté l'impossible pour empêcher cet enfant de quatre-vingt-quatre ans d'aller à sa perte. Il ne lui a ménagé ni les avertissements ni même les intimidations salutaires; s'il n'est pas parti, s'il n'a pas fui ces ovations funestes, ce n'aura pas été sa faute. Le danger venu, un danger sans issue, le vieillard, affaissé par le mal, assailli de vagues effrois, se sentant le but des machinations de gens capables de prendre leur revanche sur un cadavre, manquant de ressorts au moral aussi bien qu'au physique, ne devait point donner le spectacle d'un stoïcisme inébranlable. Nous ne croyons pas aux angoisses religieuses, nous ne croyons pas à tout ce qui fut débité sur les incertitudes poignantes d'une agonie intermittente ; mais nous croyons à bien des anxiétés, à bien des effarements. Tronchin nous l'apprend, c'était vers lui que le poëte anéanti tendait des bras tremblants, c'était lui qui pouvait le plus sur cet esprit flot-

---

[1]. Bibliothèque de Genève. Manuscrits. Bonnet, copies de lettres, t. X. Lettre de Tronchin à Bonnet, 27 juin 1778. Elle a été reproduite, ces derniers temps, dans les *Étrennes nationales* de Gaullieur (Genève, 1855), IIIe année, p. 207, 208, et par les récents historiens de Voltaire.

tant et frappé. Le libraire Hardy, homme sincère et janséniste austère, dans un journal trop plein de ces querelles bien oubliées de nos jours et composé avec les *on-dit* qu'il ramassait dans son monde, met en scène le docteur génevois, et lui fait jouer un personnage impitoyable, dont nous ne nous donnerions pas la peine de relever l'invraisemblance, si tout cela n'avait pas été accueilli avec cette avidité de la haine pour tout ce qui sert sa passion. Voltaire ne voulait pas mourir, il se révoltait à cette idée du non-être, il n'avait cessé, nous dit l'annaliste bourgeois, de crier : « Monsieur, tirez-moi de là » ; à quoi Tronchin répondait imperturbablement : « Je ne puis rien, monsieur, il faut mourir[1]. » Quel est le médecin qui, jusqu'au dernier moment, ne laissera point l'espérance au malheureux qu'il voit s'accrocher à la vie par tous les fils? quel cœur assez impitoyable répondra à des cris de détresse par cette véritablement atroce parole? Et, si Tronchin eût joué un tel rôle devant les amis de Voltaire, qui d'ailleurs ne sont pas tous les siens, ne l'eussent-ils point arraché de ce lit de douleur avec une indignation trop légitime? En tout cas, ils n'auraient point applaudi aux soins, aux efforts de ce médecin, qui n'eut que le tort de ne pas assez se souvenir de ses relations passées, et de ne point envisager comme son premier devoir le silence, à l'égard d'un homme dont il n'avait aucun droit de divulguer l'agonie. D'Alembert particulièrement ne lui eût pas adressé ces lignes

---

1. Bibliothèque nationale. Manuscrits, N° 6682. *Mes loisirs ou journal d'événemens tels qu'ils parviennent à ma connaissance*, p. 498; du mardi 2 juin 1778.

très-nettes sur son attitude réconfortante, si elles sont assez énigmatiques sur le reste.

Vous avez fait, mon cher et illustre confrère[1], tout ce que la prudence, les convenances et l'humanité exigeaient, et je ne puis, en vous remerciant d'ailleurs beaucoup, qu'approuver le parti que vous avez pris. Ce que vous avez à présent de plus important à faire, c'est de le tranquilliser, s'il est possible, sur son état (réel ou supposé). Je passai hier quelque temps seul avec lui ; il me parut fort effrayé non-seulement de cet état, mais des suites désagréables pour lui qu'il pouvait entraîner. Vous m'entendez sans doute, mon cher et illustre confrère, et cette disposition morale de notre vieillard a surtout besoin de votre attention et de vos soins[2].

La lettre à Bonnet est, à proprement parler, l'énumération des rapports de Tronchin avec le poëte, l'historique peu attendri[3] de cette vie d'agitation, de

1. Tronchin venait d'être élu membre associé de l'Académie des sciences. A propos de sa nomination imposée despotiquement par D'Alembert à ses confrères, voir des détails curieux dans la *Correspondance secrète, politique et littéraire* (Londres, John Adamson), t. VI, p. 184, 185; Paris, 25 avril 1778.
2. Sayous, *Le dix-huitième siècle à l'étranger* (Paris, Didier, 1861), t. II, p. 510, 511. Collection des manuscrits du colonel Tronchin.
3. « Il y aurait bien quelque chose à dire sur cette lettre du docteur Tronchin, qui traitait assez ses correspondants comme ses malades, cherchant plutôt à abonder dans leur sens qu'à leur écrire des choses qui contrariassent leur manière de voir. On sait assez quels étaient, à l'égard du vieillard de Ferney, les sentiments de Bonnet, de Haller et de quelques autres philosophes genévois et suisses, qui exerçaient une grande influence sur le public religieux, comme aussi dans le monde politique des alentours. Ces hommes remarquables étaient, à l'un et à l'autre égard, des conservateurs éminents, comme on dirait aujourd'hui. Tronchin était de leur école... » Gaullieur, *Étrennes nationales* (Genève, Gruas, 1855), IIIe année, p. 208, 209. On

fièvre et de folie, comme il se complaît à le dire. A ce point de vue, le document est plein d'intérêt et, sauf quelques confusions involontaires que le lecteur a déjà relevées, il est un tableau fidèle des événements auxquels il a assisté. Mais les dernières scènes font défaut, car ce qu'il ajoute, en finissant, est une allusion aux quelques jours qui s'écoulèrent dans les efforts désespérés du poëte pour se créer des forces en proportion de la tâche qu'il s'était imposée, efforts dont les funestes et inévitables conséquences étaient faciles à prévoir[1]. Qu'on se rassure, les relations ne feront pas défaut, relations terribles, horribles, d'une crudité à soulever le cœur. Si tout cela est vrai, il n'y a rien à dire ; l'historien a mission de tout enregistrer. Au premier moment, bien qu'émouvants, les incidents de la dernière heure, se bornaient à ce que nous rencontrons dans les correspondances de La Harpe et de Grimm. Mais on conçoit que cela ne pouvait suffire aux ennemis, à la catégorie trop nombreuse des dévots exaltés qui ne pensaient pas manquer de charité en ajoutant quelques coups de pinceau à un tableau déjà si sombre : ce réprouvé devait être mort de la mort des réprouvés, pour servir d'exemple et d'épouvante à cette tourbe

sent, en effet, dans le récit du docteur, une sorte de complaisance qui laisse soupçonner qu'il s'adresse à un esprit hostile dont ces faits viennent confirmer les prédictions. Est-ce intentionnel ou tout simplement instinctif? Ce phénomène moral est trop vulgaire pour surprendre et indigner, et il faut bien se surveiller soi-même, pour ne pas tomber, le cas échéant, dans le même travers, cela soit dit à la décharge de Tronchin.

1. Tronchin ne vit pas Voltaire le jour de sa mort. Longchamp et Wagnière, *Mémoires sur Voltaire.* (Paris, André, 1826), t. II, p. 102.

d'impies dont il était le chef. Chacun y apportera son trait, sa couleur, le dernier venu exagérant, outrant les relations de ses aînés, affirmant là où les autres n'avaient raconté que sous une forme plus ou moins dubitative, sachant bien que plus le temps chemine, moins la fraude court les risques d'être démasquée. *La Gazette de Cologne*, dans un de ses numéros, cinq semaines après[1], à la date du premier juillet, insérait un article qu'il faut citer, au moins en partie, car c'est à lui que Feller et les autres emprunteront l'ignoble incident qu'on va lire.

Cette mort, dit le correspondant anonyme de la *Gazette*, n'a pas été une mort de paix. Si ce que mande de Paris un homme bien respectable, et ce qui est attesté d'ailleurs par M. Tronchin, témoin oculaire, et qu'on ne peut guère récuser, est bien exactement vrai : « Peu de temps avant sa mort, M. de V*** est entré dans des agitations affreuses, criant avec fureur : *Je suis abandonné de Dieu et des hommes*[2]. Il se mordait les doigts, et portant les mains dans son pot de chambre, et saisissant ce qui y était, il l'a mangé. » — « *Je voudrais*, dit M. Tronchin, *que tous ceux qui ont été séduits par ses livres eussent été témoins de cette mort. Il n'est pas possible de tenir contre un pareil spectacle.* » Ainsi a fini le patriarche de cette secte qui s'en croit honorée[3].

Le narrateur anonyme date sa lettre d'Erlang (peut-

---

1. *Gazette de Cologne*, du 7 juillet 1778.

2. Il s'agirait de fixer à qui ces paroles furent dites, et dans quel sens ; ou ces autres un peu différentes : « Je suis abandonné de tout le monde. » Wagnière assure que ce fut à madame de Saint-Julien, quand il la revit sans le notaire qu'il l'avait suppliée à plusieurs reprises d'aller chercher. *Mémoires sur Voltaire*. (Paris, André, 1826), t. II, p. 102.

3. Courtat, *Défense de Voltaire contre ses amis et contre ses ennemis*. (Paris, Lainé, 1872), p. 31.

être Erlangen), il n'a pas assisté aux faits inouïs qu'il raconte, il n'était même pas à Paris ; aussi n'avance-t-il ces énormités que sous le couvert du doute [1] : « Si ce que mande de Paris un homme bien respectable, et ce qui est attesté d'ailleurs par M. Tronchin, témoin oculaire et qu'on ne peut guère récuser, est bien exactement vrai... » Pour n'être pas inventé d'hier, le procédé est commode, il abrite son homme ; car on ne garantit rien, quoique tout cela soit mandé par « un homme bien respectable. » Mais cet homme bien respectable, quel est-il, s'il existe ? Vous nommez Tronchin, pourquoi ne le pas nommer également ? Mais vous avez eu tort de nommer Tronchin, vous l'associez perfidement, dans une phrase intentionnellement confuse, au propos de l'homme respectable. Il a bien pu dire : « Je voudrais que tous ceux qui ont été séduits par ses livres eussent été témoins de cette mort [2], » mais sans faire allusion, même la moindre, à l'affreuse

---

[1]. La *Gazette de Cologne* était rédigée par un ex-jésuite qui communiquait et correspondait avec le clergé de Paris.

[2]. Wagnière, qui habitait Ferney, n'eut connaissance que fort tard de ces paroles prêtées à Tronchin dans la *Gazette de Cologne*. Ce fut une note des *Mémoires pour servir à l'histoire de Voltaire*, de Chaudon (t. II, p. 42), qui les lui révéla. Il écrivait aussitôt au cousin de celui-ci une lettre indignée pour lui demander s'il savait quelque chose de ces assertions. Et Tronchin des Délices lui répondait, le surlendemain, que rien ne ressemblait moins au docteur que le propos que l'auteur du livre lui faisait tenir au lit de mort de Voltaire. « On a beau jeu à faire parler les personnages qui ne sont plus, » disait-il en finissant. Ces propos ou d'autres équivalents n'étaient que trop réels ; mais il n'est pas inutile de constater que le procureur général, syndic de Genève, n'y ajoutait aucune foi. Longchamp et Wagnière, *Mémoires sur Voltaire*. (Paris, André, 1826), t. II, p. 101, 102, 103. Lettre de Wagnière à M. Tronchin ; Ferney ; le 23 janvier. Réponse de Tronchin : aux Délices, 25 janvier 1787.

circonstance dont vous ne parlez d'ailleurs que dubitativement (nous insistons à cet égard) sur la foi de ce personnage mystérieux[1], et qui n'en deviendra pas moins, sous la plume de vos successeurs, aussi incontestée qu'incontestable.

L'Espion anglois est le premier qui mentionne « cette anecdote aussi absurde que dégoûtante[2]. » Deux ans après (1780), le ère Élie ramassait ce conte dans le fumier de la feuille de Cologne et le glissait dans une note ; mais, moins hésitant que cette gazette, il affirme tout, en en faisant assumer la responsabilité au médecin genevois : « le docteur Tronchin, qui a raconté ce fait à des personnes respectables[3]... » Voilà toutefois des « personnes respectables » qu'on a cru devoir substituer à « un homme bien respectable ; » et l'on ajoute, de soi : « on peut donc dire que Voltaire a lui-même accompli cette prophétie d'Ezéchiel dont il s'était tant moqué : *et quasi subcinericium hordeaceum comedes illud, et stercore, quod egreditur de homine, operies illud*[4]. » On sait ce mot de Montes-

---

1. Voir une lettre de Duluc à l'abbé Barruel, en date du 23 octobre 1797, dont nous citons un fragment, p. 384. *Mémoires pour servir à l'histoire du jacobinisme* (Hambourg, Fauche, 1803), t. III, p. viij. Tout y est, sauf cette circonstance épouvantable qu'il n'aurait pas omise si elle n'eût point été de pure invention.

2. *L'Espion anglois* est une publication sous le manteau, dans le genre des Nouvelles à la main, mais plus développée dans les matières qu'elle traite. Tout ce qui a rapport à Voltaire y est mentionné avec une parfaite indépendance, souvent même avec une sorte de dénigrement et de persiflage, qui n'indique pas un enthousiaste, t. IX, p. 188.

3. Élie Harel, *Voltaire, particularités curieuses de sa vie et de sa mort.* (Paris, Le Clère, 1817), p. 123.

4. « Ce que vous mangerez sera comme un pain d'orge cuit sous la

quieu, d'une vérité presque triviale : « Il y a des choses que tout le monde dit, parce qu'elles ont été dites une fois[1]. » La légende était accréditée, et l'allusion au verset du prophète devait faire fortune.

Feller, en 1784, dans la première édition de son dictionnaire, dit : « On se rappelle surtout le badinage indécent qu'il avait fait sur un prétendu déjeûner d'Ézéchiel, et que par une espèce de punition divine il réalisa d'une manière tout autre que le prophète[2]. » L'étrange abbé Barruel, dans ses *Helviennes*, qui sont également de 1784, se garde bien, lui aussi, de passer sous silence un tel fait, qu'il emprunte, en y renvoyant, à la publication du père Élie. « On y verra tout ce qui ne m'autorise que trop à parler comme je l'ai fait de la fin déplorable de ce héros des sages modernes, et en particulier comment il accomplit cette prophétie humiliante d'Ézéchiel, dont il s'était joué si souvent et si indécemment; comment il l'accomplit, dis-je, d'une manière plus humiliante encore qu'elle n'est exprimée par le prophète...[3] » Soyons justes avec tout le monde. L'auteur des *Mémoires pour servir à l'histoire de Voltaire*, le bénédictin Chaudon se respecte assez pour ne point répéter de telles infamies; et, circonstance

---

cendre; mais au lieu de cendre, vous la couvrirez devant eux de l'ordure qui sort de l'homme. » *Sainte Bible* (Toulouse, 1779), t. X, p. 659, ch. IV, v. 12.

1. Montesquieu, *Grandeur et décadence des Romains*, ch. IV.
2. On retrouve la même anecdote, sans modification aucune, dans l'édition de 1797. *Dictionnaire historique* (Liége, Lemarié), t. VIII, p. 693.
3. L'abbé Barruel, *Les Helviennes* (Paris, Poilleux, 1830), t. II, p. 77.

significative, il copie, mot pour mot, la note du père Harel jusqu'à cet inqualifiable passage dont au moins il ne souillera pas cette histoire d'ailleurs si peu bienveillante. Nous en dirons autant de Lepan, le plus acharné de tous contre la personne et les écrits de Voltaire.

Ainsi, le père Élie, le jésuite Feller et l'abbé Barruel n'ont fait que copier l'article de la *Gazette de Cologne,* dont ils se sont contentés de transformer le texte à leur gré, répudiant la forme dubitative qui ne pouvait leur suffire, à peu près sûrs qu'on n'irait pas vérifier leur dire dans une feuille étrangère. Il nous semble qu'il n'y a qu'à révéler le procédé, et que tout lecteur impartial saura tirer d'une telle supercherie la seule conséquence qui résulte de tant d'efforts stériles et vraiment inqualifiables. Mais voici un dernier venu, l'abbé Depery, qui, plus de cinquante ans après, se présente avec des preuves incontestables. Ce ne sera plus un article de journal auquel il en référera, ce sera un témoin des mieux placés sans doute pour avoir tout su, tout vu, et qui ne sera pas suspect, celui-là, *Belle et Bonne,* madame de Villette, pour tout dire, dans l'hôtel de laquelle se sont passées toutes ces scènes d'un dramatique plus sombre que les plus sombres tragédies de Crébillon. Laissons parler l'abbé : il nous promet de déchirer le voile qui a empêché la vérité de se faire jour.

Jusqu'ici des nuages d'obscurités et de contradictions ont entouré les derniers momens de Voltaire. Mais puisque l'occasion se présente, nous pourrons en parler savamment; car nous avons été à même d'en recueillir toutes les circonstances de la bouche de madame la marquise de Villette, chez qui Voltaire mourut. Madame de Villette (*belle et bonne*) était sœur de M. Rouph de Varicourt, évêque d'Orléans, dont nous avons été secrétaire plusieurs années[1]. Pendant les fréquens séjours que ce vénérable prélat faisait à Paris, nous logions avec lui chez madame sa sœur. Nous avons donc été à même d'entendre raconter en famille, et dans l'épanchement de l'intimité, les scènes qui se passèrent au lit de mort de Voltaire. Nous ne citerons qu'en substance les particularités nombreuses que nous tenons de madame de Villette, qui nous honorait de sa confiance : « Rien n'est plus vrai, disait-elle, que ce que M. Tronchin raconte des derniers instants de Voltaire ; il poussait des cris affreux, il s'agitait, se tordait les mains, se déchirait avec les ongles. Peu de minutes avant de rendre l'âme, il demandait l'abbé Gaultier. Plusieurs fois madame de Villette voulut envoyer chercher un ministre de Jésus-Christ ; les amis de Voltaire, présens dans l'hôtel, s'y opposèrent, craignant que la présence d'un prêtre recevant le dernier soupir de leur patriarche ne gâtât l'œuvre de la philosophie et ne ralentît les adeptes, qu'une telle conduite de la part de leur chef aurait condamnés.

« A l'approche du moment fatal, un redoublement de désespoir s'empara du moribond ; il s'écria qu'il sentait une main invisible qui le traînait au tribunal de Dieu ; il invoquait avec des hurlemens épouvantables Jésus-Christ qu'il combattit toute sa vie ; il maudissait ses compagnons d'impiété, puis invoquait et injuriait le ciel tour à tour ; enfin, pour étancher une soif ardente qui l'étouffait, il porta à sa bouche son vase de nuit ; il poussa un dernier cri, et expira au milieu de ses ordures et du sang qu'il avait répandu par la bouche et par les narines [2]. »

1. M. de Varicourt, nommé évêque d'Orléans en 1820, s'attachait alors l'abbé Depery comme secrétaire. Il mourait en décembre 1822. Ces voyages fréquents à Paris durent donc se faire dans cet intervalle. Mais l'abbé l'avait connu dans sa jeunesse, lorsqu'il était curé de Gex, et c'était même par sa protection qu'il était entré au séminaire de Saint-Sulpice, en 1816.

2. Depery, *Biographie des hommes célèbres du département de l'Ain* (Bourg, 1835), t. I, p. 163, 164.

Remarquez que, lorsque l'abbé Depery publiait son livre, madame de Villette, ni son frère, l'évêque d'Orléans, n'étaient plus de ce monde. C'est donc, comme toujours, devant une affirmation unique, celle du narrateur, que l'on se trouve en présence, et l'expérience nous a prouvé que c'est trop peu. On sait, on ne le sait que trop, ce dont la passion est capable, lorsque le but semble innocenter les moyens. Nous avons démontré, autant qu'on le peut souhaiter, la mauvaise foi du père Harel, de l'auteur du *Dictionnaire historique*, ainsi que celle de l'abbé Barruel dans ses *Helviennes*, en dénaturant une anecdote présentée comme un *on-dit*, *on-dit* d'une personne « bien respectable, » il est vrai. Ce dernier, plus fougueux que tous, aveugle dans ses préventions et ses haines, au point d'être presque sincère dans ses calomnies, a écrit un autre livre d'une violence non moins grande et qui rebute les mieux disposés, ses *Mémoires pour servir à l'histoire du jacobinisme*, qu'il faut lire pour se rendre compte des excès où peut tomber un esprit hors des limites de la modération et de la raison, et dont nous avons eu occasion déjà de relever nous-mêmes l'audace et le peu de fondement des assertions [1].

Il est aisé de faire parler les morts. Mais est-il bien supposable que madame de Villette soit sortie de la réserve que commandait la reconnaissance la plus sommaire, en faveur de ce jeune abbé que l'évêque d'Orléans menait à sa suite? Nous disons en faveur de

---

1. *Voltaire à Cirey*, t. II, p. 436 à 440.

ce jeune abbé, car, depuis longtemps, le prélat, on se l'imagine, n'avait plus à questionner sa sœur sur les mille et un incidents du séjour du poëte à Paris. Ajoutons que la marquise, en pleine Restauration, devait éprouver quelque embarras à rappeler les souvenirs d'une autre époque où elle avait été amenée, elle aussi (un peu contrainte, nous le voulons), à jouer un personnage dont sa pudeur eut sans doute intérieurement à souffrir. Les paroles qu'on lui prête sont d'ailleurs en contradiction avec les faits.

Peu de minutes avant de rendre l'âme, le mourant, lui fait-on dire, demanda l'abbé Gaultier; mais les amis de Voltaire, présents dans l'hôtel, s'opposèrent à ce qu'on l'allât chercher. Est-ce bien sérieux? Pourquoi ces mêmes amis, quelques heures auparavant, n'empêchèrent-ils pas alors l'abbé Mignot d'introduire dans la place et le curé de Saint-Sulpice et le prêtre habitué des Incurables? Il aurait pris leur avis que probablement il n'eût point hasardé cette démarche; et encore, nous savons qu'au moins l'avis de D'Alembert était de se conformer aux circonstances, quelque humiliantes qu'elles pussent être pour la raison et la philosophie. Mais si, une première fois, Mignot avait poussé l'esprit de conciliation jusqu'à donner son assentiment aux termes de la nouvelle rétractation, comment supposer qu'il n'eût point persisté dans la seule ligne de conduite capable d'éviter les embarras dont, lui et les siens se savaient menacés et qu'ils n'étaient plus à essayer alors de conjurer, comme on ne tardera pas à le voir? Tout cela ne résiste pas à une discussion un peu attentive des faits.

Mais voici l'épisode d'Ézechiel qui reparaît et raconté pour la première fois par un témoin oculaire, un témoin qu'on veut bien nommer, et des mieux placés pour savoir ce qui se passait, puisque ce drame sinistre se jouait dans sa propre maison. Assurément, il n'y aurait rien à objecter à une telle autorité, si cette autorité s'était formulée autrement que dans le tête-à-tête. Le narrateur a beau faire, en présence de tant de contradictions et d'impossibilités, sa parole ne saurait suffire; on lui tient compte de son zèle, mais on demeure incrédule. Quoi! cette étrange circonstance aurait été ignorée de tout Paris, quand tout Paris était instruit des moindres incidents de l'agonie! Voilà un bourgeois de Paris, religieux, rigide et janséniste, c'est-à-dire l'adversaire le plus irréconciliable de l'auteur de tant d'œuvres sacrilèges, à la piste de tous les événements, de toutes les rumeurs, avide des plus minces détails qu'il recueille avec plus de hâte que de discernement : si le fait qu'on signale est parvenu jusqu'à lui, il n'aura garde de le passer sous silence, il l'aura consigné dans ses annales sans aucun scrupule et comme un argument de plus à sa thèse. Nous l'y avons cherché en vain. L'on n'a jamais condamné un prévenu sur un unique témoignage, et nous voudrions que la confidence de madame de Villette fût tombée en plus de mains. Mais la marquise n'a parlé qu'à M. Depery, et c'est dommage.

Nous nous trompons. M. Depery n'a pas été le seul avec lequel elle se soit complue à remonter le fleuve du souvenir. Un jour, Lady Morgan, qui était allée lui rendre visite, l'ayant questionnée sur les derniers moments de son illustre ami, *Belle et Bonne* s'empressait de la satisfaire et n'hésitait pas à démentir les bruits mensongers d'ennemis déchaînés et sans scrupules.

A l'égard du récit fabriqué par les ennemis de Voltaire, et qu'on trouve dans les écrits de l'abbé B*** [1], de la scène qu'offrit son lit de mort, madame de Villette ajoute son témoignage à toutes les preuves qui ont déjà été données de sa fausseté. Elle ne le quitta pas un instant. « Jusqu'au dernier moment, me dit-elle, tout respira la bienveillance et la bonté de son caractère; tout annonça en lui la tranquillité, la paix, la résignation, sauf le petit mouvement d'humeur qu'il montra au curé de Saint-Sulpice, quand il le pria de se retirer, en lui disant : « Laissez-moi mourir en paix [2]. »

Voilà comment devait parler *Belle et Bonne* de celui qui l'avait si tendrement aimée, avec bienveillance et discrétion, palliant peut-être les côtés scabreux, incapable, en tous cas, d'entrer dans des détails horribles, pénibles, inutiles. Ces détails, nous avions grande chance de les rencontrer dans les mémoires de M. d'Allonville. Le comte a consacré à l'agonie de Voltaire une page remarquable où, comme ses prédécesseurs, il fera parler les morts, un M. de Fusée, le neveu de l'abbé de Voisenon, jeté sans la moindre vraisemblance au milieu des épouvantements du poëte devant qui l'enfer va s'entrouvrir [3]. Ce M. de Fusée a

---

1. L'abbé Barruel.
2. Lady Morgan, *La France*. (Paris, Treuttel et Würtz, 1817), t. II, p. 335, 336.
3. Mais M. d'Allonville en veut aux grands hommes, et il faut lire les atroces accusations qu'il ne craint pas de porter contre les mœurs, contre l'honneur de l'illustre Buffon. Voir notre étude intitulée :

conservé le souvenir le plus palpitant de ce qu'il a vu, et n'en parle qu'avec une exaltation fort concevable, après tout[1]. Il est question, dans la conversation, du frétillant évêque de Montrouge, qui croyait au diable; mais le petit abbé Greluchon, comme l'appelait l'auteur de *Zaïre*, n'était pas le seul à y croire : Voltaire y croyait.

Quoi! Voltaire? s'écrie M. d'Allonville. Tout ce qu'on a dit sur ses derniers moments était donc faux? — Très-faux. Demandez à Villevieille, à Villette : ils ne le nieront pas devant moi, qui comme eux ai vu sa rage, entendu ses cris. « Il est là, il veut me saisir! disait-il en portant des regards effarés vers la ruelle de son lit... Je le vois... je vois l'enfer... cachez-les moi! » Cette scène faisait horreur[2].

Il va sans dire que, lorsque M. d'Allonville publiait ses étranges mémoires (1838), et M. de Fusée, et Villette et Villevieille étaient morts depuis longtemps, et que ceux que défiait le neveu de l'abbé de Voisenon ne sortiraient pas de leur linceul pour démentir

---

Buffon et son château de Montbard, dans la *Revue des Provinces* (15 février 1864), t. II, p. 307.

1. Ce M. de Fusée, n'ayant joué aucun rôle, nous échappe complétement; il n'en est pas de même de sa mère, petite-fille de madame Doublet, intelligente, spirituelle, savante, mais avec un notable grain de folie, se mêlant de médecine, médicamentant impitoyablement ses paysans et ses gens dont elle ne contribuait pas peu ainsi, a-t-on prétendu, à avancer la destinée. Lire, sur la comtesse de Voisenon, ce que nous en avons raconté, dans une étude sur son beau-frère. *Revue française* (10 septembre 1855), t. II, p. 468 à 471. Pour le comte, c'était un gastronome de premier ordre qui se plaisait à faire des recrues. « Je l'écoutais avec une complaisance qui le charmait, » nous dit Charles Pougens, *Mémoires et Souvenirs*. (Paris, Fournier, 1834), p. 15.

2. Comte d'Allonville, *Mémoires secrets* (Paris, Werdet, 1838), t. I, p. 70, 71, 72.

ou sanctionner de pareils récits¹. C'était le cas de faire raconter à M. de Fusée l'ignominieuse scène rapportée en dernier lieu par l'abbé Depery, et l'on s'étonne que celui-ci n'en parle point, lui qui a tout vu. L'abbé Barruel, qui, dans ses *Helviennes*, n'a pas hésité à reproduire cette fable absurde qu'il avait empruntée au père Harel, n'y fait nulle allusion dans ses *Mémoires pour servir à l'histoire du jacobinisme*, dont le ton n'est d'ailleurs ni moins violent, ni moins passionné, comme on en va juger par le tableau même des derniers moments du patriarche de Ferney.

… Voltaire avoit permis que sa déclaration fût portée au curé de Saint-Sulpice et à l'archevêque de Paris, pour savoir si elle seroit suffisante. Au moment où M. Gaultier rapportoit la réponse, il lui fut impossible d'approcher le malade ; les conjurés avoient redoublé leurs efforts pour empêcher leur chef de consommer sa rétractation, et ils y réussirent : toutes les portes se trouvèrent fermées aux prêtres que Voltaire avoit fait appeler. Les démons, désormais, eurent seuls un accès libre auprès de lui, et bientôt commencèrent ces scènes de fureur et de rage qui se succédèrent jusqu'à ses derniers jours… M. Tronchin continuoit à dire que les fureurs d'Oreste ne donnent qu'une idée bien faible de celles de Voltaire. Le maréchal de Richelieu, témoin de ce spectacle, s'enfuyoit en disant : « En vérité, cela est trop fort ; on ne peut y tenir². »

---

1. Villette était mort dès 1793 (9 juillet). Villevieille poussa sa carrière jusqu'au 11 mai 1825.

2. Barruel, *Mémoires pour servir à l'histoire du jacobinisme* (Hambourg, Fauche, 1803), t. I, p. 268. Disons, toutefois, que la sixième édition des *Helviennes*, celle dont nous nous servons, comme la première, contient le fameux passage.

Ainsi, voilà les amis de Voltaire qui ferment si bien les portes durant ces derniers jours d'agonie, que le prêtre, mandé par le poëte, ne peut réussir a être introduit. Mais l'abbé Gaultier impose donc, lui qui déclare n'avoir quitté le moribond que trois heures avant qu'il expirât? Si nous voulions relever toutes les fables débitées alors et depuis, des volumes n'y suffiraient point. Ainsi, tout récemment, l'abbé Martin, dans son *Histoire de M. Vuarin,* reproduisait un fragment de lettre de M. Bijex[1], qui, à la suite d'une enquête scrupuleuse et, notamment, de conférences particulières avec le curé de Saint-Sulpice, disait : « J'ai su encore que, dans les derniers jours de sa maladie, aucun prêtre ne put pénétrer jusqu'à lui[2]. » Sans doute, la santé revenue, l'abbé Gaultier avait trouvé porte close. Mais, si quelqu'un n'eut pas dû se méprendre sur la portée de la mesure, c'est assurément le curé de Saint-Sulpice. En tous cas, les démons, comme le dit l'abbé Barruel, n'empêchèrent ni le pasteur ni le prêtre habitué de pénétrer auprès du malade[3]. Cette petite erreur de fait enlève sans doute quelque autorité à la lettre de

---

1. Nous avons vu près de Voltaire, à titre de secrétaire, un Simon Bijex, qui dut se retirer devant le père Adam. Il ne s'agit pas de lui ici, mais d'un ecclésiastique du même nom, son compatriote en tous les cas, et peut-être son parent, alors vicaire général dans le diocèse d'Annecy, depuis évêque de Pignerol et, plus tard, archevêque de Chambéry.

2. L'abbé Martin, *Histoire de M. Vuarin* (Genève, 1861), t. I, p. 372, 373. Fragment d'une lettre de M. Bijex à M. Vuarin sur la mort de Voltaire.

3. Et remarquez que M. Bijex nous apprend qu'il avait également interrogé l'abbé Gaultier sur les derniers moments du poëte.

M. Bijex, qui finit par ce dernier trait. « Le cuisinier de M. de Villette, interrogé sur cette mort, peu de temps après, par un prêtre de la communauté de Saint--Sulpice, répondit qu'il avait été expressément défendu à tous les gens de la maison d'en parler, et que tout ce qu'il pouvait en dire, c'est que, si le diable pensait mourir, il ne mourrait pas autrement. »

Le procédé ne varie guère : citer les morts qui ne répliquent point, ou s'autoriser de l'assertion d'anonymes « bien respectables, » citer encore un cuisinier qui n'est plus là pour vous reprocher d'avoir tenté de lui faire trahir ses devoirs envers ses maîtres, ou bien un valet de chambre du poëte qui, si c'est Morand (et ce ne peut être que lui) aura dû tenir des propos bien différents[1]. Et quels sont les fauteurs de tant de versions plus ridicules que répréhensibles ? des écrivains qui, par devoir, stygmatisent le mensonge, et sont les ministres et les serviteurs du Dieu de vérité. La vérité ? N'est-ce pas bien mal la servir ; et tous ces efforts, à quoi aboutissent-ils, en quoi peuvent-ils lui être d'aucune aide ? Est-il donc si difficile d'être sincère, de se

---

1. M. d'Allonville termine ainsi le récit qu'on a lu plus haut : « Quelques années après, je racontais cela à un nommé Hardi, commis voyageur d'un gros négociant de Rouen, et il ne le voulait pas croire ; mais, un valet de chambre de Voltaire, qui venait souvent chez lui, interrogé à ce sujet, lui confirma les détails donnés par moi d'après le comte de Fusée. » Si le valet de chambre de Voltaire voyait fréquemment ce M. Hardi, comment se fait-il que ce dernier, qui savait d'où il sortait, et qui, comme tous les commis voyageurs d'alors, devait être voltairien, ne l'eût pas encore interrogé sur ces événements si palpitants, et ne sût pas à quoi s'en tenir, bien avant sa rencontre avec M. d'Allonville ?

montrer équitable? Que ce moribond soit sorti de la vie avec plus ou moins de labeur, que son agonie ait été affreuse, vraiment que cela prouve-t-il, lorsque tant de justes passent par les plus terribles angoisses avant de toucher au suprême repos? Que vous importe sa mort? c'est sa vie, ce sont ses œuvres qui vous appartiennent et que vous avez le droit et le devoir de juger en toute rigueur. Sur ce terrain, tous les honnêtes gens seront d'accord pour signaler les erreurs, écarter les conceptions malsaines, soit en vers, soit en prose, de ce trop séduisant esprit.

Nous avons cité les diverses fables auxquelles les derniers moments de Voltaire ont donné lieu, fables qui, toutes, s'autorisent des propos plus ou moins fidèles de Tronchin. Si Tronchin n'est pas un ami discret et bienveillant, c'est un honnête homme, et ce qu'il dit des agitations, des angoisses du malade est à croire, mais tout cela se rapporte à des incidents antérieurs à l'entrevue de l'auteur de *la Henriade* avec l'abbé Gaultier et le curé de Saint-Sulpice [1]. Entre la retraite des

---

1. On l'a déjà dit, Tronchin n'assista pas à son agonie. Nous avons peine à croire que ce fût pour les raisons que lui prête Deluc, dans une lettre à l'abbé Barruel écrite dix-neuf ans plus tard. « ... J'ai tenu de lui-même tout ce qui se répandit alors à Paris et au loin de l'état horrible où se trouva l'âme de ce méchant aux approches de la mort. Comme médecin même, M. Tronchin fit tous ses efforts pour le calmer, car ses violentes agitations empêchoient tout effet des remèdes. Mais il ne put y parvenir, et il fut forcé de l'abandonner par l'horreur que lui inspiroit le caractère de sa frénésie. » *Mémoires pour servir à l'histoire du jacobinisme* (Hambourg, Fauche, 1803), t. III, p. viij, lettre de Deluc à l'abbé, Windsor, 23 octobre 1797. Eût-ce été une raison pour quitter le lit du malade, comme on le fait faire ailleurs à Richelieu? et quelle lèpre physique ou morale pourrait pallier une telle défection?

deux ecclésiastiques et la mort du poëte, s'écouleront trois heures mystérieuses, à l'égard desquelles nous n'avons aucune révélation officielle. Les amis assurèrent qu'il était mort doucement, sans trouble, sans ces éclats, cette rage, ces terreurs d'un damné qui sent l'abîme ouvert sous ses pieds[1]. Dix minutes avant de rendre le dernier soupir, il prit la main de Morand, qui le veillait, la lui serra et lui dit : « Adieu, mon cher Morand, je me meurs[2]. » Wagnière affirme que ce sont là les dernières paroles qu'il ait articulées, et c'est de Morand même qu'il les tenait. Sont-ce les seules? Il se pourrait que le haineux secrétaire eût omis volontairement un dernier témoignage de tendresse à l'égard d'une nièce bien-aimée. La dépêche du prince Bariatinsky, qui rapporte ces adieux à un serviteur fidèle, dit que le mourant ajouta d'une voix très-distincte : « Prenez soin de maman... [3] »

Nous croyons à une fin sans secousses, par la raison que cette machine épuisée était à bout de ses forces, qu'elle s'était usée dans ce court réveil où la religion était venue lui offrir les suprêmes secours[4]. Cela ne saurait convenir à cette classe d'esprits avides d'émotions et pour lesquels le mélodrame

---

1. L'abbé Duvernet, *Vie de Voltaire* (Genève, 1786), p. 276. — *OEuvres complètes* (Beuchot), t. I.

2. Longchamp et Wagnière, *Mémoires sur Voltaire* (Paris, André, 1826), t. I, p. 161. Voyage de Voltaire à Paris, 1778.

3. *Journal des Débats*, du samedi 30 janvier 1869.

4. « Quelques minutes avant d'expirer, lisons-nous dans les nouvelles de Métra, M. de Voltaire se tâta le pouls lui-même et fit signe de la tête que tout était fini. » *Correspondance secrète, politique et littéraire* (Londres, John Adamson), t. VI, p. 227 ; de Paris, le 6 juin 1778.

est une nécessité au premier chef, et encore moins à ceux qui s'obstinent à ne pas admettre que cet homme odieux se soit endormi du sommeil de paix qui n'appartient qu'au juste. Qu'y pouvons-nous faire? Nous n'apercevons point, d'ailleurs, les conséquences à déduire de la plus terrible agonie, du délire le plus effrayant, quand une fièvre chaude produit les mêmes effets, provoque les mêmes accès chez le sage comme chez le méchant endurci, voué, semblerait-il, à toutes les frénésies et à tous les épouvantements de la dernière heure.

ÉPILOGUE

VOLTAIRE OUTRE-TOMBE

I

L'ABBAYE DE SCELLIÈRES. — LA BIBLIOTHÈQUE DE VOLTAIRE. MARIAGE DE MADAME DENIS.

Nous eussions uniquement entrepris de raconter cette existence mouvementée, si constamment traversée d'orages, que notre tâche serait remplie. Mais nous nous sommes engagés à plus. Il ne s'agissait pas seulement de Voltaire, bien qu'il soit la physionomie capitale de ces études et comme l'incarnation de son époque; il s'agissait encore de toute cette société du dix-huitième siècle, dont il a été l'âme, dont il a été le génie, le mauvais génie, disent ses ennemis. Restait debout cette société, qui ne lui survivra guère, il est vrai. Devions-nous laisser dans l'ombre et l'oubli une influence outre-tombe qui se fera sentir encore de nos jours, avec une recrudescence même dont ce n'est pas ici le lieu de rechercher les causes? Voltaire a-t-il été le précurseur et le fauteur d'une révolution inévitable? Quelle aura été son action sur les idées et les mœurs révolutionnaires? Et le parti démagogique, qui usera et abusera de son nom sans scrupule, représentera-t-il un ordre de choses auquel il aurait applaudi, lui vivant? Voilà ce qu'il ne nous a pas semblé inutile de rechercher, par un exposé sincère des incidents si dramatiques où son nom se trouvera mêlé et, disons-le, trop souvent compromis.

La mort de Voltaire fut connue assez tard dans le public : tout Paris était encore à sa porte, dit Grimm, pour demander de ses nouvelles, lorsque son corps était déjà enlevé pour être transporté à Scellières [1]. Elle fut sentie vivement par chacun, quoique bien diversement. Les dévots triomphaient et ne cachaient pas leur joie, comme si ses livres eussent été anéantis avec lui ; ils avaient les puissances pour eux et se flattaient de les faire les instruments complaisants d'une haine implacable. Le parti encyclopédique, ne pouvant douter qu'il ne fût le plus faible, s'indemnisait de son inaction forcée en soufflant le feu dans les nombreux salons où il avait accès : c'étaient des imprécations ou des apologies également sans mesure, se ressentant de l'exaltation et de l'exaspération dans lesquelles avait jeté ce grand événement.

La famille avait dû s'alarmer des complications trop présumables auxquelles donnerait lieu le trépas de son chef, et nous avons cité, à cet égard, un aveu plus que significatif de madame Denis. L'abbé Mignot était allé pressentir le curé de Saint-Sulpice, qui répondit nettement que, si M. de Voltaire ne faisait pas une réparation publique et solennelle, « et dans le plus grand détail, » du scandale qu'il avait causé, il ne pouvait l'enterrer en terre sainte. L'abbé eut beau objecter que son oncle, dans le moment où il jouissait de toute sa raison, avait fait une profession de foi, dont l'authenticité était hors de doute, qu'il avait désavoué les ouvrages qu'on lui imputait, et poussé la docilité pour les ministres de l'Église jusqu'à déclarer que, « s'il avait causé du scandale, il en demandait pardon, » ce fut peine inutile : M. de Voltaire était notoirement connu pour ennemi déclaré de la religion, il fallait une réparation aussi éclatante que le scandale avait été universel.

Les deux neveux allèrent alors trouver M. Amelot, qui avait le département de Paris, et le lieutenant de police

---

[1]. Grimm, *Correspondance littéraire* (Paris, Furne), t. X, p. 45 ; juin 1778.

Lenoir. Le ministre en conféra aussitôt avec l'abbé de Tersac qui, appuyé, inspiré par l'archevêché, répondit par un refus absolu de sépulture. D'Hornoy, espérant qu'un corps auquel il appartenait et dont il avait jadis partagé la mauvaise fortune accueillerait favorablement la requête de l'un de ses membres, alla trouver le procureur général; mais il ne put tirer de lui une assurance assez grande pour leur faire hasarder une démarche qui, en cas d'insuccès, forçait les deux neveux à donner leur démission, l'un de conseiller au parlement, l'autre de conseiller au grand conseil. On crut savoir, d'ailleurs, que le roi avait dit « qu'il fallait laisser faire les prêtres[1]. » Il n'y avait donc plus lieu de lutter de front, et M. Amelot leur conseilla d'éviter le scandale d'un procès dont l'issue n'était rien moins que sûre, ce à quoi, avouons-le, il eut peu de peine à les déterminer[2]. Ajoutons que l'archevêché et le curé de Saint-Sulpice, bien que poussés par les fanatiques du parti, par mesdames de Nivernois et de Gisors, notamment, ne crurent pas que le scandale fût obligatoire et se prêtèrent à certains arrangements. Il existe un certificat de l'abbé Gaultier qui reconnaît avoir été appelé par M. de Voltaire, si l'état intellectuel où il le trouva rendit inutile toute tentative de l'amener à un retour vers Dieu[3]. Le curé de Saint-Sulpice était plus net et plus sec : qu'on ne lui demandât ni sépulture, ni prières, il renonçait à ses droits curiaux, et ne s'oppo-

1. La Harpe, *Correspondance littéraire* (Paris, Migneret, 1804), t. II, p. 244.

2. Nous lisons encore dans la dépêche du prince Bariatinsky : « Le curé avait obtenu de la garde du malade qu'elle tiendroit registre de tout ce que Voltaire avait proféré contre la religion pendant sa dernière maladie, en sorte que la garde eût été entendue en déposition avec d'autres témoins affidés, si quelqu'un eût présenté requête au parlement. » *Journal des Débats*, du samedi 3 janvier 1869.

3. « Je, soussigné, certifie à qui il appartiendra que je suis venu à la réquisition de M. de Voltaire et que je l'ai trouvé hors d'état de l'entendre en confession. Fait à Paris le 30 mai, l'an mil sept cent soixante-dix-huit. *Gaultier*, prêtre. »

sait aucunement à ce que le corps fût transféré à Ferney[1]. Mais il était à craindre que l'on ne rencontrât à Ferney plus de difficultés, une résistance plus tenace. L'évêque d'Annecy, dont on connaissait l'esprit d'inflexibilité et de rancune, fort probablement ne reculerait point devant un éclat et même la perspective d'une émotion populaire que la famille voulait éviter à tout prix. Il fut convenu que l'abbé Mignot ferait transporter et inhumer le défunt dans son église abbatiale de Scellières, en Champagne. La nuit du 30 au 31, l'on procéda hâtivement à l'embaumement du corps[2]. Lorsqu'on ouvrit le crâne, le cerveau frappa par son développement. « Le jeune chirurgien qui fit cette opération, lisons-nous dans la dépêche du prince Bariatinsky, fut étonné de cette quantité de cervelle. Il témoigna sa surprise et son admiration à cet égard, et ne pouvait se lasser de regarder ce phénomène avec des yeux interdits ; il demanda même la permission de garder le cervelet, désirant conserver précieusement quelques restes de ce grand homme[3]. »

---

1. « Je consens que le corps de M. de Voltaire soit emporté sans cérémonie, et je me départs, à cet égard, de tous les droits curiaux. A Paris, 30 mai 1778. S. *de Tersac*, curé de Saint-Sulpice. » Le *fac-simile* de cette pièce et de la précédente se trouve dans *le dernier volume des œuvres de Voltaire* (Paris, Plon, 1862), p. 26-27.

2. *Rapport de l'ouverture et embaumement du corps de M. de Voltaire*, fait le trente-un may 1778, en l'hôtel de monsieur le marquis de Villette.

3. *Journal des Débats*, du samedi 30 janvier 1869. « Le crâne était petit en apparence ; il fut ouvert par Pipelet, membre de l'Académie de chirurgie. Le médecin Rose de Lépinoy, qui était présent, vint aussitôt rendre compte à la Faculté de médecine des résultats de l'autopsie. Deux choses furent principalement remarquées : le peu d'épaisseur des parois osseuses du crâne, malgré l'âge avancé du sujet, et l'énorme développement de l'encéphale. Le cerveau ne fut point disséqué ; on l'enleva en entier, et un pharmacien célèbre, Mitouart, le fit durcir dans l'alcool bouillant, pour le conserver ensuite dans de l'esprit-de-vin... Longtemps après, dans une société savante, on mit une petite portion de ce cerveau en contact avec la lumière d'une bougie ; elle s'enflamma et jeta de vives étincelles. Spectacle de pure curiosité : le cerveau de Voltaire ne projetait plus qu'une lumière toute physique, ombre de la lumière de l'esprit. » Réveillé-Parise, *Physiologie et hygiène des hommes livrés aux travaux*

Quant au cœur, M. de Villette s'en empara ou on le lui laissa prendre. Et il était bien tard pour l'en déposséder, lorsqu'une revendication de la famille, provoquée par le sentiment public, essaya de l'amener à une restitution à laquelle il ne voudra pas entendre.

Revêtu d'une robe de chambre, la tête enfouie dans un ample bonnet de nuit, le corps du poëte fut installé dans un carrosse à six chevaux[1], retenu sous les bras dans l'attitude d'un homme qui dort, à la garde d'un domestique de confiance qui ne devait pas le quitter. Un autre carrosse suivait, dans lequel étaient d'Hornoy et ses deux cousins, MM. Marchand de Varennes, maître d'hôtel du roi, et Marchand de la Houlière, brigadier d'infanterie. L'abbé Mignot avait pris les devants, et descendait, le dimanche, vers les sept heures du soir (31 mai), non pas à son abbatiale qui était une ruine, mais à l'appartement qu'il tenait à loyer de ses religieux, dans l'intérieur du monastère. Après les premiers compliments, il s'ouvrit au prieur de l'infortune qui venait de les frapper, et lui expliqua le genre de service qu'il attendait de son amitié et de sa charité. Il ne fut question d'abord que d'un dépôt momentané, car M. de Voltaire devait être transféré, selon ses dernières volontés, à son château de Ferney, où il s'était préparé lui-même une sépulture. Assurer à ses restes un asile inaccessible aux profanations avait été la préoccupation constante de l'auteur du *Dictionnaire philosophique*; et à l'époque où il habitait les Délices, il avait désigné à François Tronchin l'endroit qu'il s'était réservé, au milieu de l'Étoile de Charmille. « Il

---

de l'esprit (Paris, 1839), t. I, p. 296, 297. Virey dit également : « Nous avons vu s'enflammer à une bougie et lancer encore en pétillant des rayons de lumière, un fragment de ce cerveau, jadis pensant, qui produisit tant d'éclatants ouvrages et qui laissera de si longues traces dans l'avenir. » Guyot de Fère, *Archives curieuses* (Paris, 1830), 1re année, 1re série, p. 264. *Nouvelles de Voltaire*, par J.-J. Virey.

1. *Correspondance de Xavier de Saxe*, p. 258. Lettre du concierge du château de Pont-sur-Seine; 1er juin. A en croire Wagnière, dès le 26, ordre avait été donné de tenir le carrosse tout prêt.

faudrait, lui disait-il, que tous les monstres fussent déchaînés pour qu'on vînt ici me persécuter dans ma vieillesse. Je cherche une solitude, un tombeau; me l'enviera-t-on[1]? » Plus tard, après l'acquisition de Ferney, il s'était fait construire un tombeau donnant tout à la fois dans l'église et le cimetière. « Les malins, remarquait-il en plaisantant à M. Trudaine, diront que je ne suis ni dehors ni dedans[2]. » Mais il s'était dégoûté de ce refuge qu'il ne jugeait peut-être pas assez protégé contre les ennemis posthumes, et avait recommandé expressément à Wagnière de le faire enterrer dans sa chambre des bains[3].

Afin de tranquilliser absolument le prieur, l'abbé Mignot exhibait le consentement du curé de Saint-Sulpice pour la translation « sans cérémonie » des dépouilles de son oncle, ainsi qu'une copie de la profession de foi obtenue par l'abbé Gaultier. Il produisait encore une autorisation expresse du ministre de transporter le corps à Ferney ou ailleurs. Le prieur n'en demanda pas davantage, et se montra disposé à faire tout ce qui était en lui pour venir en aide à son abbé commendataire, dans une circonstance aussi douloureuse. Le lendemain, à midi, les deux carrosses pénétraient dans la cour de l'abbaye. A l'insu de tous les postillons et des domestiques de la maison, le corps fut assis sur une table[4], dans une salle basse dont Mignot retira la clef, et où on le laissa jusqu'au moment de l'ensevelir. Ce triste devoir fut rempli par le fossoyeur du village de Romilly, en présence d'un valet de chambre de l'abbé et d'un domestique de madame Denis[5]. Quoique embaumé, le corps exhalait une si

---

1. Gaullieur, *Étrennes nationales* (Genève, 1855), IIIe année, p. 206. Anecdotes inédites sur Voltaire.
2. *Mémoires secrets pour servir à l'histoire de la République des lettres* (Londres, John Adamson), t. X, p. 151; 15 juin. Extrait d'une lettre de Ferney, du 5 juin 1777. Cette lettre est de Trudaine.
3. Longchamp et Wagnière, *Mémoires sur Voltaire* (Paris, André, 1826), t. I, p. 161, 164. Voyage de Voltaire à Paris, 1778.
4. *Correspondance de Xavier de Saxe*, p. 258. Lettre du concierge du château du Pont, 1er juin 1778.
5. Grosley, *OEuvres inédites* (Paris, 1813), t. II, p. 456, 457. Mémoires sur les Troyens célèbres.

forte odeur, que le domestique que l'on avait mis près de lui durant le parcours, en fut presque asphyxié et tomba malade en arrivant[1]. Dans ces conditions, un trajet aussi long que celui de Paris à Ferney était impraticable, et le prieur de Scellières ne crut pas devoir se refuser aux instances de son abbé qui lui demandait de recevoir le corps en dépôt dans le caveau de l'église du monastère. Telles seront au moins les raisons que donnera plus tard le religieux à l'abbé de Pontigny, son supérieur ecclésiastique. Mais il est à penser qu'il savait à quoi s'en tenir sur les intentions véritables de l'abbé Mignot, auquel il semble tout acquis.

Vers les quatre heures de relevée, le corps, enfermé dans un simple cercueil de bois[2], était présenté à l'église par ce dernier en soutane, rochet et camail, accompagné de MM. Dompierre d'Hornoy, de Varennes et de la Houlière en habits de deuil, et du curé de Saint-Nicolas du Pont-sur-Seine, il était ensuite déposé dans le chœur, au milieu d'un riche luminaire. Après les vêpres des morts, l'assistance se retira, laissant les restes de l'auteur de *Zaïre* à la garde de Dom Meunier, religieux de Scellières, assisté de deux serviteurs de l'abbaye[3].

Le matin, à cinq heures, sur l'invitation de l'abbé Mignot, tous les prêtres des environs, les curés de Saint-Nicolas et

---

1. *Journal des Débats*, du samedi 30 janvier 1869.

2. « Quand on proposa, raconte Wagnière, à madame Denis de faire faire un cercueil de plomb à son oncle, elle répondit : *A quoi bon ? cela coûterait beaucoup d'argent.* Je tiens cet étrange propos de M. *Guyetand*, à qui elle fit cette réponse. » Longchamp et Wagnière, *Mémoires sur Voltaire* (Paris, André, 1826), t. I, p. 163. Voyage de Voltaire à Paris, 1778.

3. Il existe tout un récit de cette solennité et de cette veillée écrit à la plus grande édification de Cubières-Palmaizeaux, ce Dorat sans-culotte, par Étienne Favreau, le futur maire de Romilly, et qui est bien l'extravagance la plus inepte qui se puisse imaginer : tempête, tonnerre, tréteaux et cercueil renversés, pêle-mêle horrible, gardiens effarés se débattant sous les débris, émotion, panique parmi les moines plongés « dans les bras de Morphée, ou peut-être dans ceux de leurs belles ; » rien n'y manque que de la vraisemblance et du bon sens. *Catalogue de la collection des lettres autographes de M. Lucas-Montigny* (Paris, Laverdet, 1860), p. 543, n° 2923.

de Saint-Martin du Pont, de Romilly, de Grancey, le desservant de Saint-Hilaire de Faverolles, disaient successivement une messe basse. On célébrait ensuite une messe haute de *Requiem*, le corps présent. Le curé de Romilly, qui ne pouvait ignorer à cet égard le complet dénuement de l'abbaye, s'était fait un devoir d'offrir au père prieur son personnel entier : choriste, porte-croix, thuriféraire, bedeau, suisse, sonneurs et fossoyeurs ; et, grâce à lui, l'office se fit avec toute la solennité digne du défunt et de la parenté du défunt. La messe terminée, il fut procédé à l'inhumation. La fosse avait été creusée dans la partie très-restreinte de l'église séparée du chœur[1]. Ce fut là, qu'en présence de ce clergé nombreux, de ses neveux, de la foule assemblée, l'auteur de *Zaïre* et du *Siècle de Louis XIV* fut déposé, en attendant que, conformément à sa dernière volonté, il pût être transféré à Ferney[2]. Il est dit, dans la relation du prince Bariatinsky, que la dépouille mortelle du poëte fut recouverte de deux pieds de chaux vive qui, en deux heures, l'eurent consommée à ce qu'il n'en restât point vestiges, afin d'empêcher qu'il ne vînt dans l'idée de l'évêque diocésain de faire exhumer le cadavre[3]. L'ambassadeur avait été mal informé ; peut-être avait-on, dans les premiers instants, fait courir ce bruit pour calmer le zèle des dévots

---

1. L'église avait été détruite par les Huguenots, en 1567, et le chœur seul avait été reconstruit. Courtalon, *Topographie historique*, t. III, p. 212.

2. « ... Incontinent après ladite messe haute, nous prieur susdit, célébrant, avons fait l'inhumation du corps dudit défunt sieur de Voltaire, dans le milieu de la partie de notre église séparée du chœur et en face d'icelui ; après laquelle inhumation nous dit Dom de Corbière avons dressé acte d'icelle ledit jour deux juin, sur les registres destinés à cet effet, portant que le corps dudit sieur de Voltaire, inhumé en ladite église (comme dit est), y est déposé jusqu'à ce que, conformément à sa dernière volonté, il puisse être transféré audit lieu de Ferney, où il a choisi sa sépulture. » Grosley, *OEuvres inédites* (Paris, 1813), t. II, p. 458, 464. Procès-verbal d'inhumation.

3. *Journal des Débats*, du samedi 30 janvier 1869. Le bruit en courut, en effet, et les papiers publics d'Angleterre rappelleront cette circonstance à laquelle ils feindront d'ajouter foi, lors de la translation des cendres au Panthéon.

fanatiques qui eussent voulu (et le voudront jusqu'au succès) que cet abominable ennemi de leur Dieu et de leur foi n'eût d'autre sépulture que la voirie qu'il avait tant appréhendée pour ses cendres.

Il ne tint pas à l'archevêque de Paris, sollicité, pressé lui-même par un entourage plus ardent que véritablement éclairé, que Voltaire demeurât sans sépulture chrétienne. Instruit des intentions de la famille et particulièrement de l'abbé Mignot, il écrivait en toute hâte dans ce sens à Monseigneur de Troyes. Mais les parents du mort firent une telle diligence que tout devait être accompli avant les défenses de l'abbé de Barral. Repoussé de Scellières, il aurait bien fallu prendre le chemin de Ferney, où l'on se serait trouvé en présence d'un prélat autrement inflexible. Il semblerait que l'évêque d'Annecy n'avait besoin que d'être prévenu, cependant il lui fut dépêché trois lettres consécutives afin qu'il défendit au curé de Ferney d'enterrer et de faire aucun service pour le cadavre. Ces trois lettres, que M. Gaullieur cite sans les publier, avaient été recueillies par Tronchin des Délices dans le manuscrit où il les a trouvées[1]. Mais l'archevêque avait été gagné de vitesse, et il fallait bien accepter les faits accomplis, à moins d'une exhumation scandaleuse que le gouvernement lui-même n'aurait sans doute ni autorisée ni soufferte. Monseigneur de Barral, à cet appel de l'archevêché[2], s'empressa d'écrire à Dom Potherat

---

1. Gaullieur, *Étrennes nationales* (Genève, 1855), IIIe année, p. 210. Anecdotes inédites sur Voltaire racontées par François Tronchin. Du reste, Monseigneur Biort avait chargé directement l'abbé Bigex, dont il a été question plus haut, de l'édifier scrupuleusement à cet égard. « C'est une commission que m'avait donnée l'évêque d'Annecy. Ce prélat désirait savoir d'une manière positive à quoi s'en tenir sur la mort de Voltaire, étant exposé à devoir se prononcer sur l'introduction du cœur du défunt, qui n'était pas assurément la meilleure partie de ce mauvais homme, dans un tombeau préparé à l'église de Ferney. » L'abbé Martin, *Histoire de M. Vuarin* (Genève, 1861), t. I, p. 372. Lettre de l'abbé Bigex à l'abbé Vuarin.

2. Toutefois, D'Alembert dira : « Il paraît que cet évêque, qui, dans le fond, est bonhomme, mais gouverné par une sœur dévote et fanatique, et poussé par l'archevêque de Paris, avait fait contre son

de Corbierre la lettre suivante, dont il eût été bien difficile de ne pas tenir compte, si elle fût arrivée à temps.

« Je viens d'apprendre, monsieur, que la famille de M. de Voltaire, qui est mort depuis quelques jours, s'étoit décidée à faire transporter son corps à votre abbaye, pour y être enterré, et cela parce que le curé de Saint-Sulpice leur avoit déclaré qu'il ne vouloit pas l'enterrer en terre sainte.

« Je désire fort que vous n'ayez pas encore procédé à cet enterrement, ce qui pourroit avoir des suites fâcheuses pour vous; et si l'inhumation n'est pas faite, comme je l'espère, vous n'avez qu'à déclarer que vous n'y pouvez procéder sans avoir des ordres exprès de ma part[1]. »

La réponse du prieur, datée du 3, qui ne devait pas demeurer ignorée, est remarquable par le tour de l'argumentation et la pointe de persiflage qui s'y fait jour. Après un récit détaillé de l'arrivée du corps, des circonstances qui ont présidé à une cérémonie religieuse qu'il n'a pas cru pouvoir refuser à l'abbé de Scellières, dom Potherat ajoutait :

« Voilà les faits, Monseigneur, dans leur plus exacte vérité. Permettez, quoique nos maisons ne soient pas soumises à la juridiction de l'ordinaire, de justifier ma conduite aux yeux de Votre Grandeur : quels que soient les priviléges d'un ordre, ses membres doivent toujours se faire gloire de respecter l'épiscopat, et se font honneur de soumettre leurs démarches, ainsi que leurs mœurs, à l'examen de nos seigneurs les évêques. Comment pouvais-je supposer qu'on refusait ou qu'on pouvait refuser à M. de Voltaire la sépulture qui m'était demandée par son neveu, notre abbé commendataire depuis vingt-trois ans, magistrat depuis trente ans, ecclésiastique qui a beaucoup vécu dans cette abbaye, et qui jouit d'une grande considération dans notre ordre; par un conseiller

---

gré la démarche d'écrire au prieur de Scellières, et avait pris ses mesures pour que la lettre arrivât après l'inhumation. » Lettre du 3 juillet au roi de Prusse.

1. Voltaire, *Œuvres complètes* (Beuchot), t. I, p. 432. *Pièces justificatives*. Lettre de l'évêque de Troyes au prieur de Scellières, 2 juin 1778.

au parlement de Paris, petit-neveu du défunt; par des officiers d'un grade supérieur, tous parens et tous gens respectables? Sous quel prétexte aurais-je pu croire que M. le curé de Saint-Sulpice eût refusé la sépulture à M. de Voltaire, tandis que ce pasteur a légalisé de sa propre main une profession de foi faite par le défunt, il n'y a que deux mois, tandis qu'il a écrit et signé de sa propre main un consentement que ce corps fût transporté sans cérémonie? Je ne sais ce qu'on impute à M. de Voltaire; je connais plus ses ouvrages par sa réputation qu'autrement : je ne les ai pas lus tous; j'ai ouï dire à M. son neveu, notre abbé, qu'on lui en imputait de très-répréhensibles, qu'il a toujours désavoués : mais je sais, d'après les canons, qu'on ne refuse la sépulture qu'aux excommuniés, *latâ sententiâ*, et je crois être sûr que M. de Voltaire n'est pas dans ce cas; je crois avoir fait mon devoir en l'inhumant, sur la réquisition d'une famille respectable, et je ne puis m'en repentir. J'espère, Monseigneur, que cette action n'aura pas pour moi des suites fâcheuses ; la plus fâcheuse, sans doute, serait de perdre votre estime; mais d'après l'explication que j'ai l'honneur de faire à Votre Grandeur, elle est trop juste pour me la refuser. »

Cette lettre n'eût pas, à coup sûr, été rédigée dans un autre esprit, si Dom de Corbierre l'eût écrite sous la dictée de Mignot. Mais, en réalité, cette pièce d'une argumentation serrée, où la leçon ne manque pas à l'adresse de ceux auxquels trop de zèle a fait oublier la limite de leurs droits comme de leurs devoirs, était de l'abbé, qui ne s'en cacha que sous les saules[1]. C'était donc à lui que l'on aurait dû s'en prendre, en bonne justice. Mais le neveu de M. de Voltaire était aussi conseiller au grand conseil, il n'avait, en somme, agi que par autorisation tacite du ministre, et on trouva plus commode de frapper un simple prieur. Une lettre missive de l'abbé de Pontigny, dont relevait l'abbé de

---

1. Longchamp et Wagnière, *Mémoires sur Voltaire* (Paris, André, 1826), t. I, p. 502.

Scellières, demandait à Dom Potherat un compte circonstancié des événements qui s'étaient passés dans sa maison et sur lesquels l'attention publique n'avait été que trop attirée. Trois jours après (8 juin 1778), le prieur répondait par un procès-verbal d'inhumation auquel nous avons nous-mêmes emprunté les détails qui précèdent[1]. Tout cela était fort concluant, et l'énoncé seul des faits semblait innocenter Dom de Corbierre qui, eût-il été moins le serviteur de Mignot, aurait pu malaisément se refuser, devant les différentes pièces exhibées par celui-ci, à une inhumation sollicitée par son abbé et rendue indispensable par l'état présent du corps. Mais il fallait une victime et le prieur de Scellières fut destitué. Il est à supposer que la famille l'indemnisa d'une disgrâce qu'il n'avait encourue qu'à cause d'elle[2].

Le ministère, placé entre l'opinion et les exigences du clergé qui ne semblait pas d'humeur à se contenter de faibles concessions, aurait bien voulu satisfaire ce dernier sans exaspérer un parti puissant, fanatique en son genre, et qui, sentant ces hésitations, s'était vite remis de sa première émotion. Pour gagner du temps et contenir une exaltation que la lutte ne pouvait qu'accroître, il fit interdire aux journaux de parler de M. de Voltaire, en bien comme en mal; le *Journal de Paris*, qui annonçait tous les décès, eut ordre de ne point annoncer la mort du patriarche de Ferney[3]; les comédiens, eux aussi, reçurent de la cour la défense formelle de jouer aucune pièce de ce même auteur auquel ils avaient décerné, quelques jours auparavant, les honneurs d'un triomphe sans exemple. Ces prescriptions, qui n'em-

1. Grosley, *OEuvres inédites* (Paris, 1813), t. I", p. 458, 464. Procès-verbal de l'inhumation de Voltaire.
2. Cependant nous lisons dans les feuilles de Bachaumont, à la date du 4 octobre 1778 : « Le prieur de Scellières, que le clergé vouloit faire expulser par son général, l'abbé de Pontigny, a triomphé absolument de la persécution élevée contre lui. » *Mémoires secrets pour servir à l'histoire de la République des lettres* (Londres, John Adamson), t. XII, p. 124.
3. La Harpe, *Correspondance littéraire* (Paris, Migneret, 1803), t. II, p. 245.

pêchaient d'aucune sorte les commérages dans les salons et les cafés, étaient un expédient aussi insuffisant que peu durable, car l'on ne pouvait priver indéfiniment une exploitation théâtrale de ses meilleurs éléments de succès. Aussi, dès le 20 juin, la Comédie reprenait *Nanine* et, le surlendemain, *Tancrède* qui, du reste, furent écoutés sans trouble, avec une sérénité même qui déconcerta un peu les admirateurs du poëte. Les gazettes, les feuilles publiques recouvraient en même temps le droit de dire leur avis en bien ou en mal sur l'homme et sur l'œuvre. L'auteur de *Mahomet* rentrait dans le droit commun.

L'Académie ne manquait pas d'envoyer aux Cordeliers pour commander un service pour le repos de l'âme du défunt. Mais l'archevêque, qui s'attendait à cette démarche, inévitable d'ailleurs, avait prescrit aux religieux de ne point faire de service sans prendre ses ordres. La compagnie, que ce premier obstacle ne devait pas, de son côté, étonner à l'excès, chargea son secrétaire de faire passer l'extrait de l'acte de sépulture de l'écrivain au gardien des Cordeliers, qui fut prié, à son nom, d'accomplir toutes les formalités nécessaires et de faire en sorte qu'elle pût savoir à quoi s'en tenir lors de sa plus prochaine séance[1]. Mais ces religieux répondirent qu'ils ne pouvaient acquiescer à la demande avant que l'Académie n'eût elle-même obtenu l'agrément des puissances civiles et ecclésiastiques[2]. D'Alembert, l'âme de la coterie encyclopédique, alla trouver le prince Louis de Rohan qui, comme Loménie de Brienne, affichait une indépendance philosophique sur laquelle, sans doute, il ne fallait pas compter outre mesure; mais, habitué à peser toute chose, le géomètre n'avait que peu d'illusions à cet égard, et c'était moins pour recourir sérieusement à son crédit qu'il tentait une démarche dont l'issue n'était que trop prévue, que pour embarrasser le prélat, qui s'en tira par des politesses et des assurances de bienveillance

---

1. Secrétariat de l'Institut. Registre de l'Académie française, 1747 à 1793; du jeudi 4 juin 1778.
2. *Ibid.*, du samedi 6 juin 1778.

envers l'assemblée. Pressé par son tenace confrère, le cardinal répondait que son avis était d'attendre quelque temps pour faciliter les voies, et ce fut aussi l'avis auquel se rangèrent les douze membres présents, à la séance du jeudi 11 juin. Si l'on ne devait pas en demeurer là, il résultait de l'état des choses et de la disposition des esprits que la temporisation était le seul parti qui restât à la compagnie. D'Alembert écrivait au roi de Prusse à la date du 1ᵉʳ juillet : « L'Académie française n'a pu encore obtenir de faire pour M. de Voltaire le service qu'elle a coutume de faire pour tous ceux qu'elle perd ; et peut-être, malgré ses sollicitations, elle n'obtiendra pas cette grâce, dont le refus est un nouvel outrage à la mémoire du grand homme que nous regrettons. Au reste, tous les gens de lettres lui rendent cette justice, que personne n'ose se présenter encore pour lui succéder ; et il y a tout lieu de croire que l'élection ne se fera pas sitôt. Elle devrait ne se faire jamais, et mon avis, s'il était suivi, serait de laisser la place vacante[1]. »

Des catholiques de la force de D'Alembert avaient-ils bien le droit de s'indigner des résistances du clergé sur son propre terrain ; et, s'il se fût montré de facile composition, n'eût-ce pas été, comme le fait observer Linguet, « une matière de s'égayer, dans les banquets philosophiques, qu'une messe chantée pour de l'argent, par des moines, à la réquisition de M. D'Alembert, pour le repos de l'âme de M. de Voltaire[2] ? » Mais tout en appréciant à sa juste valeur l'indignation encyclopédique, bien des gens sages, qui avaient blâmé le refus de sépulture après des actes de foi et de soumission à l'église des plus formels, s'ils ne parurent pas encore assez catégoriques, n'applaudirent pas davantage à cette autre défense non moins excessive et dont le résultat

---

1. *OEuvres de Frédéric le Grand* (Berlin, Preuss), t. XXV, p. 109, 110. Lettre de D'Alembert au roi de Prusse ; 1ᵉʳ juillet 1778. — « On remarque, dit de son côté La Harpe, que jusqu'ici personne ne s'est présenté pour remplacer Voltaire à l'Académie, comme si on voulait rendre à sa mémoire cette nouvelle espèce d'hommage. » *Correspondance littéraire* (Paris, Migneret, 1804), t. II, p. 291.
2. Linguet, *Annales politiques et littéraires*, t. IV, p. 288.

n'irait pas à l'apaisement des esprits. N'était-ce pas faire la partie belle à des adversaires qui se souciaient fort peu, au fond, de ce qu'ils considéraient comme des momeries indignes d'eux? Dès le lendemain, de la décision connue de l'archevêché, on lisait au Louvre, sur la porte de l'Académie, écrits en gros caractères, ces deux vers qui commencent la tragédie de *Mithridate* :

> On nous faisait, Arbate, un fidèle rapport :
> Rome, en effet, triomphe [1].

Il fallait prouver aux timides du parti que ce triomphe n'était ni aussi complet ni aussi décisif qu'on pouvait le supposer.

Nous avons vu la vieille marquise de Gouvernet, après la visite de Voltaire, renvoyer le portrait de l'auteur des *vous* et des *tu* à l'hôtel de Villette ; ce dernier, qui, depuis des années, laissait espérer la triste reproduction de son anguleux visage à l'Académie sans que cette promesse se fût jamais réalisée, s'était enfin souvenu de sa parole et avait commandé qu'on fît une copie de la jolie toile de Largillière. Mais il s'éteignait avant d'avoir pu acquitter cette trop vieille dette. Madame Denis se fit un devoir de réaliser la dernière volonté de son oncle et envoya le portrait à la compagnie, qui le reçut, « avec reconnaissance et avec douleur. » L'assemblée arrêtait aussitôt qu'elle ferait faire un second portrait d'après le beau buste que venait d'achever Houdon [2], et que ces deux portraits, peints à soixante ans de distance l'un de l'autre, seraient tous deux placés dans la salle de ses séances [3]. On s'adressa au sculpteur, qui répondit obligeamment qu'il consentait, par considération pour l'Aca-

---

1. *Courrier de l'Europe*, du mardi 23 juin 1778, t. III, n° L, p. 295.
2. *Mémoires secrets pour servir à l'histoire de la République des lettres* (Londres, John Adamson), t. XI, p. 198 ; 19 avril. — *Correspondance secrète, politique et littéraire* (Londres, John Adamson), t. VI, p. 164, 291 ; 16 avril et 13 juin 1778.
3. Secrétariat de l'Institut. Registre de l'Académie française, 1745-1793. Procès-verbal du jeudi 4 juin 1778.

démie, à déroger à la loi qu'il s'était faite de ne laisser point prendre de copie en peinture du buste de M. de Voltaire. Pour reconnaître ce procédé généreux, l'Académie décida d'une voix qu'il serait fait don à l'artiste de deux billets d'entrée à ses séances publiques[1].

Mais ce premier projet devait être sensiblement modifié, et D'Alembert, un mois après, présentait un amendement qui ne pouvait être accueilli qu'avec faveur. Il priait l'Académie d'accepter le buste en terre de Voltaire que Houdon avait fait à sa demande (il n'était pas assez riche pour le donner en marbre[2]), la suppliant de vouloir bien le placer dans la salle d'assemblée, le jour de la Saint-Louis ; ce qui lui fut accordé[3]. C'était du reste à qui, sur ce chapitre de Voltaire, se ferait le plus de politesses et d'honnêtetés. D'Alembert, à la séance du 10 juin, annonçait à ses confrères qu'Houdon se proposait de donner « à la plupart » des académiciens le buste en plâtre du poëte moulé d'après l'œuvre originale ; et ceux-ci le chargeaient aussitôt de remettre au statuaire une bourse de cent jetons, brodée avec la devise de l'Académie, ainsi qu'un exemplaire relié du Dictionnaire, sur le dos duquel il serait écrit : *Donné par l'Académie à M. Houdon*. On arrêtait encore qu'indépendamment des deux billets d'entrée aux solennités publiques, il aurait, sans billet, à toutes les séances, son accès personnel (1er février 1779). C'était, comme on le voit, être tout à fait de la maison.

Par son testament daté du 30 septembre 1776, l'auteur de *Zaïre* instituait madame Denis son héritière universelle. Il léguait à l'abbé Mignot et à son petit-neveu d'Hornoy cent mille francs. Il donnait à Wagnière huit mille livres, à Rieu ses ouvrages anglais, à madame Wagnière (mais elle devait partager avec la bonne, Barbara, à laquelle il laissait

---

1. Secrétariat de l'Institut. Registre de l'Académie française, 1745-1793. Procès-verbal du mercredi 10 juin 1778.
2. *OEuvres de Frédéric le Grand* (Berlin, Preuss), t. XXV, p. 118. Lettre de D'Alembert à Frédéric, Paris, 9 octobre 1778.
3. Secrétariat de l'Institut. Registre de l'Académie française, 1745-1793. Procès-verbal du lundi 17 août 1778.

huit cents livres) ses pelisses, ses habits de velours et ses vestes de brocart ; à chaque domestique une année de ses gages, aux pauvres de la paroisse trois cents livres, « s'il y a des pauvres, » ajoutait-il en homme qui sait ce qu'il a fait pour qu'il n'y en eût plus. Il priait le curé de vouloir bien accepter un petit diamant de cinq cents livres et donnait encore quinze cents francs à l'avocat Christin, qui devait aider madame Denis dans l'exécution de son testament. On sera frappé de l'apparente mesquinerie des legs en faveur des domestiques et particulièrement de Wagnière, dont l'affection et le dévouement semblaient mériter plus. Ce dernier, pourtant, loin de se plaindre, ne parle de son maître qu'avec une tendresse, un respect profonds, et prend sa défense avec vivacité contre ceux qui n'étaient pas fâchés de ce prétexte pour crier à l'ingratitude et à l'avarice. C'est à madame Denis qu'il s'en prendra, c'est elle qu'il accuse avec une amertume qui n'aide pas sans doute à le rendre équitable. « M. *de Voltaire*, dit-il, voulait, par la médiocrité de la somme énoncée dans son testament, forcer madame *Denis*, sa nièce, dont il supposait l'âme noble et généreuse, d'avoir aussi la gloire de contribuer à mon bien-être ; c'est même ce qu'il lui recommandait expressément dans les instructions qu'il lui donnait dans une feuille séparée, qui accompagnait son testament[1] ; » quoi qu'en dise Wagnière, Voltaire nous semble coupable au moins d'imprévoyance, et l'on regrette la parcimonie avec laquelle il rétribue d'anciens serviteurs dont il aurait dû assurer plus largement les vieux jours. Quant à madame Denis, elle est, en toute hypothèse, inexcusable. Ces gens avaient servi son oncle avec zèle et fidélité, ils l'avaient servie elle-même ; elle se déconsidérait en n'ajoutant pas aux dons insuffisants de M. de Voltaire.

1. Voici les termes du testament relatifs à Wagnière : « Je lègue à monsieur Wagnière huit mille livres ; ce qui, joint avec la rente de quatre cents livres qu'il possède de son chef à Paris, par contrat passez chez M. Lalleu, sur la compagnie des Indes, poura lui faire un sort commode, surtout, s'il reste auprès de madame Denis. »

Wagnière, rappelé hâtivement auprès du moribond qui le demandait à tout instant, ne devait pas le retrouver. Il ne séjourna guère à Paris. Madame Denis le renvoyait aussitôt à Ferney, chargé de sa procuration pour y gérer ses affaires. C'était un poste de confiance qui réclamait autant de tact et de zèle que de probité. A part l'administration du domaine, il y avait à faire face à bien des difficultés inattendues exigeant une solution plus ou moins soudaine. La famille de Brosses qui, par la mort de Voltaire, rentrait dans la propriété de Tournay, déclarait qu'elle n'entendait point accepter la situation telle que la laissait le défunt. Elle accusait des dégâts, des transformations, des appropriations qui ne pouvaient lui convenir, et alla jusqu'à réclamer, sur les estimations de ses experts, soixante et onze mille livres de dommages. Ce fut Wagnière, aidé de l'avocat Christin, qui eut à répondre au premier choc et à débattre avec la partie adverse cette épineuse question. Nous avons trouvé, notamment, deux lettres du secrétaire, qui accusent une notable intelligence des affaires et indiquent la nature de services qu'il était appelé à rendre [1]. En fin de compte, les prétentions de la famille de Brosses s'abaisseront sensiblement, et la nièce de Voltaire en sera quitte pour quarante mille livres [2].

Nous avons vu M. de Villette, avec l'assentiment au moins tacite de madame Denis, s'attribuer le cœur de Voltaire qu'il avait fait embaumer et pour lequel il se proposait d'élever un petit monument dont Houdon aurait tracé l'esquisse. Tout cela avait eu lieu en dehors de l'abbé Mignot et de M. d'Hornoy, qui apprirent avec étonnement, au retour

---

1. Bibliothèque de Dijon. Manuscrits, F. Baudot, n° 231, t. V. Lettres de Wagnière à ***; Ferney, 24 juillet et août 1778.
2. 27,875 livres 10 s., auxquelles il fallut joindre 12,181 l. 10 s., pour la non-jouissance de la terre depuis le décès du poëte, et 1,788 l. 10 s. représentant un bétail attaché à la terre lors du bail à vie et quelques meubles et ustensiles qui ne s'étaient pas retrouvés. Foisset, *Voltaire et le président de Brosses* (Paris, Didier, 1858), p. 236 à 244. Transaction entre M. Réné de Brosses et madame Denis, signée chez Dutertre, notaire, le 12 janvier 1781.

des obsèques de leur oncle, cette étrange appropriation. Comme M. de Villette n'était pas aimé[1], cette fantaisie fut envisagée avec malignité, l'on blâma hautement le désintéressement de la famille pour une dépouille qu'elle n'aurait dû abandonner à personne ; et cette manifestation de l'opinion semble n'avoir pas été sans action sur la détermination quelque peu tardive des deux neveux qui crurent devoir protester, par une déclaration datée du 15 juin, contre des faits qu'ils n'avaient pas connus et qu'ils n'auraient point approuvés[2]. La protestation, d'ailleurs, était rédigée dans les termes les meilleurs et les plus honnêtes pour M. et madame de Villette, dont la famille de M. de Voltaire ne saurait oublier ni méconnaître les bons soins et le dévouement, durant le séjour de leur oncle à l'hôtel de la rue de Beaune. La voie légale était une instance en justice réglée, façon de procéder que leur interdisaient de légitimes sentiments de gratitude envers les deux époux. Que faire pour arriver à un arrangement amical? Le marquis s'était nettement refusé, en présence de plusieurs amis, à rendre la précieuse relique : et de leur côté, les parents déclaraient qu'ils ne pouvaient consentir à cette distraction arbitraire, que « n'autorisaient aucune clause, aucun écrit émané de M. de Voltaire. » Mais ceux-ci, par les termes de leur protestation, laissaient trop entrevoir leur répugnance à pousser les choses à toute extrémité ; le marquis fit le mort, et comme cette déclaration par-devant notaire ne fut suivie d'aucun acte judiciaire, le cœur de Voltaire demeura dans les mains de M. de Villette, qui devait le léguer à son fils, lequel le léguera par distraction à un prélat français, dans les mains duquel il ne devait pas rester, il

---

1. Voici, entre autres lardons, une saillie de mademoiselle Quinault, qui courut Paris. « Vous devez savoir, sur le refus du curé de Saint-Sulpice d'enterrer Voltaire, que la maligne personne aurait dit : « Voltaire est mort, et il n'y a que le marquis de Villette d'enterré. » Collé, *Correspondance inédite* recueillie par Honoré Bonhomme (Paris, Plon, 1864), p. 151, 152 ; à Grignon, ce 12 août 1778.

2. *Le dernier volume des Œuvres de Voltaire* (Paris, Plon, 1862), p. 28, 29. Succession de Voltaire, 15 juin 1778. Déclaration notariée, *fac-simile.*

est vrai. Cette petite revendication, qui nous semble faite en vue de la galerie[1] et dont nous venons de dire l'issue, n'amenait pas de rupture entre les contendants; l'époux de *Belle et Bonne,* restait dans les meilleurs termes avec madame Denis, particulièrement intéressée à ne pas se brouiller avec un ami qui allait, en la débarrassant de son château de Ferney, lui rendre le plus signalé service.

Si l'Académie n'avait pu obtenir de l'archevêché une messe aux Cordeliers pour le repos de l'âme de l'auteur de *Zaïre,* si elle avait dû prendre au moins provisoirement son parti sur un refus sans antécédents dans ses annales, elle en avait gardé, au fond, un très-vif ressentiment, et comptait bien, un jour ou l'autre, avoir sa revanche. A la séance du 3 août, D'Alembert, qui d'habitude improvisait sans plus de façon les observations ou les communications qu'il croyait devoir soumettre à ses confrères, tirait, cette fois, avec un certain apparat un écrit de sa poche et en donnait lecture à l'assemblée intriguée par ces airs de mystère.

« Vous aurez l'année prochaine, leur disait-il, deux prix à donner, un d'éloquence, et un de poésie. Le sujet du prix d'éloquence a été annoncé dès l'année dernière; celui du prix de poésie reste à proposer.

«Attaché, messieurs, pendant plus de trente années à feu M. de Voltaire par l'amitié la plus tendre, connaissant d'ailleurs toute l'admiration dont vous étiez pénétrés pour lui, et dont vous lui avez donné tant de preuves, je crois satisfaire à la fois et vos sentimens et les miens, en vous proposant de donner son éloge, pour sujet du prix de poésie de l'année prochaine; et afin d'augmenter encore, s'il est possible, l'ardeur que les gens de lettres auront sans doute de s'exercer sur un sujet si intéressant pour eux et pour nous, je prends la liberté de vous offrir une somme

---

1. L'abbé Mignot, qui savait les bruits répandus en France et même dans les feuilles étrangères au sujet du cœur de Voltaire, crut devoir des explications au public, et les lui donnait dans une lettre adressée au libraire Panckoucke, à la date du 15 juillet. Elle a été reproduite dans les *Mémoires secrets,* t. XII, p. 52; 27 juillet 1778.

de six cens livres, qui, jointe à la valeur ordinaire du prix, formera une médaille d'or de 1100 livres.

« Je ne doute point, messieurs, qu'un grand nombre de sociétés littéraires, même des pays étrangers, n'acceptassent l'offre que j'ai l'honneur de vous faire. Mes profond respect pour cette compagnie et mon zèle pour tout ce qui peut contribuer à sa gloire ne me permettent pas d'adresser à d'autres qu'à vous le vœu que je forme ici de voir concourir tous les talens à la gloire d'un confrère illustre, dont nous chérissons et respectons la mémoire. La crainte que j'ai d'ailleurs de voir quelque autre académie nous enlever un si beau sujet m'engage à saisir avec empressement la première occasion qui se présente de vous faire cette proposition, à laquelle j'ose espérer que vous voudrez bien accorder votre suffrage [1]. »

Non-seulement l'offre fut acceptée avec enthousiasme, mais l'Académie témoigna le désir de partager les frais du prix avec son secrétaire, qui demanda avec tant d'instance « qu'on ne le privât pas de la satisfaction de donner à la mémoire de M. de Voltaire une marque particulière de son ancien attachement pour lui, » que tous ses confrères crurent l'en devoir laisser jouir. On convint aussitôt de garder le silence sur cette délibération, jusqu'au jour de la séance publique, « afin de surprendre plus agréablement l'assemblée par la proposition du prix. » Mais était-ce bien dans ce but de galanterie, comme on voudrait le faire croire assez jésuitiquement? « Il est probable, dit La Harpe avec plus de franchise, que, si notre intention avait été devinée, elle n'aurait pas eu d'effet. La délibération avait été prise trois semaines auparavant dans une séance particulière de l'Académie, composée de douze personnes. Toutes s'engagèrent au secret [2]; il fut inviolablement gardé... Si la chose eût trans-

1. Secrétariat de l'Institut. Registre de l'Académie française, 1745-1793. Procès-verbal du 3 août 1778.
2. Les présents étaient : D'Alembert, Saurin, Gaillard, Foncemagne, Suard, de Chastellux, Beauzée, Arnaud, Sainte-Palaye, La Harpe, Brequigny, Marmontel. Secrétariat de l'Institut. Registre des

piré, reprend-il encore, il était possible qu'on nous défendit de l'effectuer; mais le programme une fois donné au public, c'eût été un trop grand éclat que de le révoquer et d'obliger l'Académie à choisir un autre sujet[1]. » Ce secret gardé est un fait rare et qui ne s'explique que parce que l'Assemblée, dans ses séances ordinaires, n'était guère composée que d'une douzaine de jetonniers, uniformément les mêmes, ayant les mêmes intérêts et le même but, car, dès l'arrivée de Voltaire, leurs adversaires avaient renoncé à lui disputer un terrain où ils n'ignoraient pas qu'ils n'eussent point été les plus forts.

On laisse à penser si les douze conspirateurs (Beauzée en était un) attendirent avec impatience un coup de théâtre, qu'ils comptaient bien ne pas être du goût de tout le monde, mais qui produisit tout l'effet qu'ils avaient espéré. L'annonce du prix plus que doublé en raison de l'importance du sujet, cette générosité d'un *ami de M. de Voltaire* dont on ne devait savoir le nom que plus tard, la petite mise en scène qui présida à ces communications, transportèrent l'auditoire, qui répondit par des acclamations et des bravos sans fin[2]. Depuis quelques années, nous le savons, D'Alembert donnait les primeurs de quelque éloge d'académicien au public qu'il y avait habitué et qui les accueillait toujours avec faveur. Il lisait, cette fois, *l'Éloge de Crébillon*[3], ce rival indigne de l'auteur de *Sémiramis* et de *Rome sauvée*, qui, toute sa vie, s'était, de son côté, imposé la tâche bien inutile de

---

présences à l'Académie française depuis 1757; séance du 3 août 1778.

1. La Harpe, *Correspondance littéraire* (Paris, Migneret, 1804), t. II, p. 281, 282.
2. « ... M. le directeur annonça que le sujet du prix de poésie remis à l'année prochaine seroit un *ouvrage en vers à la louange de M. de Voltaire*; que le genre du poëme et la mesure des vers seroient au choix des auteurs, et qu'on désiroit que la pièce n'excédât pas 200 vers. Le prix seroit une médaille d'or de 1,100 francs, étant augmenté de 600 francs *par un ami de M. de Voltaire*... » Secrétariat de l'Institut. Registre de l'Académie française, 1745-1793. Procès-verbal du mardi 25 août 1778 (*fête de saint Louis*).
3. Il lut aussi l'*Éloge du président Rose*.

démontrer aux Athéniens de Paris une supériorité qu'on ne pouvait sérieusement lui contester [1]. Le choix du personnage semblerait étrange ; mais D'Alembert, qui ne songeait à rien moins qu'à sacrifier Voltaire à Crébillon, s'y était pris, tout au contraire, de façon à ramener l'attention de l'auditoire sur le grand homme que la France venait de perdre ; le procédé n'était pas nouveau, et il en avait usé ainsi, Voltaire présent, dans son *Éloge de Despréaux*. Il est vrai que l'histoire de l'antagonisme des deux tragiques ne pouvait être considérée comme un hors-d'œuvre et entrait presque forcément en un pareil sujet. Pour trancher une question qui n'aurait jamais dû en être une, il ne fallait, en somme, que raconter les faits et opposer les deux œuvres. « La mort de l'un et de l'autre, disait l'académicien en finissant, a fait taire l'amitié et la haine, et ne laisse plus parler que la justice ; ce n'est ni dans des sociétés, ni dans des brochures qu'on peut apprendre à juger ces deux athlètes, c'est dans la salle du spectacle que leur place est fixée pour jamais ; et s'il pouvait y avoir encore quelque contestation sur ce sujet, on peut la terminer en deux mots : venez et voyez... » On ne saurait, à coup sûr, parler plus sagement et en des termes meilleurs.

Il avait été question, à la mort de Crébillon, de lui élever un mausolée. Après avoir mentionné ce dessein louable mais bien vite oublié, d'honorer un écrivain qui, si M. de Voltaire ne fût pas survenu, eût été notre troisième tragique, D'Alembert ajoutait : « Si jamais le projet se réalise, l'Académie verra ce monument avec intérêt, et comme consacré à la

---

[1]. « Il faudrait, écrivait-il à madame d'Argental, le 11 janvier 1771, avant que je mourusse, que j'enterrasse Crébillon, qui m'avait enterré. J'ai revu son *Atrée*; cela m'a paru le tombeau du sens commun, de la grammaire et de la poésie. » *Lettres inédites* (Didier, 1857), t. II, p. 226. Et le 15 novembre, à la même : « Vous aurez les *Pélopides* du jeune homme qui ne sont pas bons, mais qui valent cent mille fois mieux que le Visigoth *Atrée* du barbare Crébillon. » Ces *Pélopides*, auxquels il travaillait encore au moment de mourir, ne furent pas représentés, et il n'y a pas à le regretter infiniment pour la gloire de leur auteur.

mémoire d'un de ses plus illustres membres, et comme le précurseur *indubitable* d'un autre monument, plus précieux encore pour elle, que déjà les étrangers demandent à la nation, dont ils se préparent à lui donner bientôt l'exemple, et dont en ce moment, Messieurs, nous ne pouvons offrir à vos regards qu'une faible et douloureuse image [1]. » D'Alembert, qui lisait à merveille, avait fait de son mieux ce jour-là, et était parvenu à ses fins. Les *Mémoires secrets* nous le représentent, le mouchoir à la main, et les larmes aux yeux, se retournant vers le buste du patriarche de Ferney, aux applaudissements, à l'attendrissement indicible de l'Assemblée, qui avait déjà accueilli avec tant de faveur l'annonce du prix de poésie [2].

La mort du poëte avait donné lieu à plus d'une pièce de vers, les unes assez plates, ce à quoi on devait s'attendre, d'autres plus heureusement tournées. On fit courir, durant la séance, une épitaphe de Le Brun. Citons cette autre, de la marquise de Boufflers, qui fit fortune.

> Celui que dans Athène eût adoré la Grèce,
> Que dans Rome à sa table Auguste eût fait asseoir,
> Nos Césars d'aujourd'hui n'ont pas voulu le voir,
> Et monsieur de Beaumont lui refuse une messe [3].

Le clergé devait envisager comme un défi le choix de concours du prix de poésie que nous voyons taxer d'acte public d'idolâtrie et d'impiété. Les moins malveillants trouvèrent dans la conduite du célèbre géomètre (car c'était lui qui

---

1. D'Alembert, *Œuvres complètes* (Paris, Belin, 1821), t. III, p. 555, 557, 562. *Éloge de Crébillon.*
2. *Mémoires secrets pour servir à l'histoire de la République des lettres* (Londres, John Adamson), t. XII, p. 90 ; 25 août 1778.
3. Et ceux-ci de la même et sur le même sujet :

> Oui, vous avez raison, monsieur de Saint-Sulpice,
> Et pourquoi l'enterrer ? N'est-il pas immortel ?
> Sans doute à ce grand homme on peut, avec justice,
> Refuser un tombeau, mais non pas un autel.

Rappelons encore l'*Ombre de Voltaire au curé de Saint-Sulpice, par un Génevois*, attribuée à Blin de Sainmore, où le clergé et le curé sont malmenés impitoyablement.

avait tout mené) « un peu de faste encyclopédique et peut-être même un peu de maladresse. » C'était jouer, en effet, avec plus puissant que soi et risquer de perdre ce qu'on avait reconquis dans l'esprit public, grâce aux violences inhabiles du camp ennemi. Mais on avait brûlé ses vaisseaux de part et d'autre, aux menées sourdes avait succédé une guerre ouverte : la question était de savoir ce qu'il en résulterait, et qui aurait le dernier mot. « Les curés de Paris, dit Grimm, se sont même assemblés pour délibérer à ce sujet, et sont convenus de présenter à Sa Majesté une espèce de mandement pastoral pour la supplier de vouloir bien interdire à l'Académie française le choix d'un sujet aussi profane, aussi scandaleux que l'éloge de M. de Voltaire. La lettre était faite, signée et prête à être envoyée au roi, lorsque des considérations supérieures l'ont arrêtée. On assure que M. le curé de Saint-Eustache, le confesseur du roi et de la reine, est le seul qui ait refusé constamment de la signer, et c'est probablement la modération de ce vertueux pasteur qui a le plus contribué à nous épargner au moins l'éclat honteux de cette nouvelle persécution[1]. » Ce serait donc à tort que les *Mémoires secrets* feraient répondre par M. de Maurepas aux curés que « c'était à eux à prier pour le repos de l'âme du défunt, et aux gens de lettres à célébrer son génie et ses ouvrages[2]. » Quant à ce que raconte Grimm au sujet du vertueux abbé Poupart, le curé de Saint-Eustache, cela s'accorde avec ce que nous savons de cet esprit modéré qu'effraient par-dessus tout le bruit et le scandale. « M. le curé de Saint-Eustache, qui n'est pas un brûlot (c'est Collé qui parle), s'estime fort heureux de ce que Voltaire n'est pas mort sur sa paroisse. Il m'a dit à moi-même que cette esclandre lui

---

1. Grimm, *Correspondance littéraire* (Paris, Furne), t. X, p. 98 ; août. — La Harpe, *Correspondance* (Paris, Migneret, 1804), t. II, p. 291.
2. *Mémoires secrets pour servir à l'histoire de la République des lettres* (Londres, John Adamson), t. XII, p. 118 ; 26 décembre 1778. Si nous citons ce propos, c'est que l'article est rédigé dans un sentiment qui n'est rien moins qu'hostile pour le clergé, et qu'en somme, la réponse est dans le ton habituel de persiflage du Mentor.

aurait déplu souverainement et l'eût embarrassé. Quatre mois plus tard, Voltaire était son paroissien [1]... » On se tromperait, du reste, si, quoi qu'en dise Grimm, l'on croyait les curés de Paris tous des boute-feu, de fanatiques aveugles ; il y avait parmi eux des esprits conciliants, éclairés, n'envisageant pas sans chagrin la voie dans laquelle on s'était engagé. Le curé de Saint-Étienne du Mont, nommément, qui déclara publiquement qu'il aurait enterré Voltaire dans son église entre Racine et Pascal [2].

Cette fois, l'Encyclopédie l'emportait, l'éloge de Voltaire serait maintenu sur son programme. Toutes les clameurs n'y purent rien. Le ministre fit entendre qu'il ne se donnerait pas de gaieté de cœur et pour si peu des airs de persécution. L'Académie, qui se sentait surveillée, n'oserait point, y fût-elle disposée, couronner un ouvrage contre la religion ou la morale, tout se bornerait donc à subir l'éloge d'un écrivain que l'on haïssait, qui sans doute avait commis plus d'un livre répréhensible, mais aussi qui était sans conteste le plus grand écrivain de sa nation et de son siècle : c'était un léger dégoût qu'il fallait affronter bravement, avec résignation tout au moins. Le public, qui ne demandait qu'à rire, persifla les vaincus qui étaient aussi les agresseurs ; et les plaisanteries de tous genres, de circuler dans ce monde de désœuvrés et d'écervelés. C'était la belle époque des mystifications. Monseigneur de Beaumont, par sa candeur primitive, son peu d'esprit, devait être la victime née de ces plaisants qui eussent mis pour un bon mot le feu aux quatre coins de Paris. Ils firent courir le bruit que l'archevêque, en dépit des apparences, bien loin d'être l'ennemi de

---

1. Collé, *Correspondance inédite*, recueillie par M. Honoré Bonhomme (Paris, Plon, 1864), p. 148 ; 31 mai.
2. *OEuvres de Frédéric le Grand* (Berlin, Preuss), t. XXV, p. 109. Lettre de D'Alembert au roi de Prusse ; Paris, 3 juillet. D'Alembert cite un autre curé, dont il ignore le nom, et qui, interrogé sur la manière dont il se serait conduit, le cas échéant, avait répondu : « Je l'aurais fait enterrer solennellement, et je lui aurais fait faire une épitaphe, au bas de laquelle j'aurais mis sa profession de foi. » *Ibid.*, p. 112 ; 1er juillet 1778.

SIMPLESSE DE MONSEIGNEUR DE BEAUMONT.   415

Voltaire, était son admirateur fanatique, et qu'il songeait à lui ériger un monument superbe. Cela se disait, se répétait du plus grand sérieux, en toute occasion comme en tous lieux. La consigne était donnée, et il ne fut plus question d'autre chose. On le dit à l'archevêque lui-même, on lui soutint que, quelles que fussent ses dénégations, on savait à quoi s'en tenir : encore un peu et on le lui faisait croire. Le duc de Noailles, ce duc d'Ayen, l'un des originaux du *Méchant*, l'homme le plus spirituel et aussi, ajoutait-on, le plus dangereux de la cour, poussa la plaisanterie et l'inhumanité jusqu'à lire à l'infortuné prélat des vers qu'aurait faits Sa Grandeur pour servir d'inscription au monument. Les voici :

> Ses écrits sont gravés au temple de mémoire ;
> Il a tout vu, tout dit, et son cœur enflammé,
> Des passions de l'homme a su tracer l'histoire.
> Du feu de son génie, il mourut consumé ;
> Il ne manque rien à sa gloire :
> Les prêtres l'ont maudit, et les rois l'ont aimé.

Le pauvre archevêque s'imagina que l'accusation pourrait trouver crédit, et donna par ses terreurs et son désespoir la comédie à tout Paris. Il poussa l'ingénuité jusqu'à porter plainte au comte de Maurepas, ce qui, on le pense bien, ne diminua point l'hilarité de la galerie[1]. Nous n'eussions pas cité cette petite anecdote, si elle n'était pas tout un trait de mœurs. Mais elle peint, mieux que quoi que ce soit, la frivolité sans seconde de cette société condamnée, si voisine pourtant de sa fin.

Devant un deuil qui était celui de l'univers civilisé, la loge des *Neuf-Sœurs* se crut obligée de manifester ses propres regrets, dans une réunion solennelle exclusivement consacrée à rendre hommage au génie de ce défenseur du pauvre et du faible, dont les bienfaits valaient les ouvrages. Cette cérémonie funéraire eût été comme l'équivalent de celles que l'Église avait refusées à ses cendres illustres, et

---

1. *Correspondance secrète, politique et littéraire* (Londres, John Adamson), t. VII, p. 227, 228 ; de Paris, le 13 janvier 1779.

l'on avait songé à lui donner un caractère particulier de revanche, en ouvrant, ce jour-là, les portes de la loge au secrétaire de l'Académie, qui serait venu ainsi s'asseoir à la place que le mort avait laissée vide. Mais si, dans les assemblées, les têtes chaudes ne font jamais défaut, les majorités, fort heureusement, sont là pour faire contre-poids par leur circonspection, et c'est ce qui se serait produit au Louvre, où l'offre eût encore plus effrayé qu'ébloui. On craignit qu'une pareille démarche, quelque innocente qu'elle pût être, ne réveillât la fureur du clergé et n'indisposât la cour; et quoique D'Alembert se fût très-indiscrètement engagé, nous dit-on, il dut céder aux représentations de ses confrères et retirer sa parole[1].

La fête avait été fixée au 28 novembre. Nous ne décrirons point cette nouvelle solennité à laquelle assistèrent madame Denis et *Belle et Bonne*, fait inouï et sans précédent dans les annales maçonniques. Le docteur Franklin s'était empressé de rendre, par sa présence, un dernier hommage à celui qui avait souri aux efforts de ce jeune monde s'éveillant aux cris d'affranchissement et de liberté; et sa vue, saluée de mille bravos, inspirait au vénérable Delalande cette réflexion mélancolique dont l'à-propos fut senti par tous. « Qui l'eût dit, lorsque nous applaudissions avec transport à leurs embrassements réciproques, au milieu de l'Académie des sciences, lorsque nous étions dans le ravissement de voir les merveilles des deux hémisphères se confondre ainsi sur le nôtre, qu'à peine un mois s'écouleroit de ce moment flatteur jusqu'à celui de notre deuil[2]? » Le temps

1. *Mémoires secrets pour servir à l'histoire de la République des lettres* (Londres, John Adamson), t. XII, p. 173, 174; 29 novembre 1778. Nous ne trouvons aucunes traces de ces démarches de la loge des *Neuf-Sœurs* dans les procès-verbaux de l'Académie : ce qui n'infirme d'aucune façon la réalité de l'anecdote. A cette date, le recueil de Bachaumont est des mieux informés sur tout ce qui a rapport à l'Académie, comme nous avons été à même de le constater; et en ajoutant au procès-verbal, il se peut qu'il ne fasse que révéler ce qu'on a intentionnellement omis.

2. Grimm, *Correspondance littéraire* (Paris, Furne), t. X, p. 131, 132; décembre 1778.

nous presse, et nous passerons, sans nous arrêter, sur cette fête funèbre à laquelle concourront tous les arts, et qui fut remplie par des discours, des éloges, des vers, des chants symphoniques dirigés par l'auteur de *Roland* et d'*Atys*. Les surprises, les épouvantements de la mise en scène, ce déploiement théâtral, l'accompagnement obligé de ces réunions faites pour impressionner fortement les imaginations, n'étaient pas omis, on s'en doute; et les éclats de la foudre, une clarté céleste dissipant comme par enchantement l'obscurité sinistre qui pesait sur tous, une musique suave rappelant le calme dans les esprits éperdus, l'apothéose enfin de l'auteur de *la Henriade* en dépit de l'Envie qui s'efforçait de l'entraver, faisaient passer les spectateurs par tous les genres et les degrés de l'émotion [1].

Madame du Deffand mandait, à la date du 17 juin, à Walpole, qu'elle avait eu la visite de madame Denis, « bonne grosse femme, sans esprit, mais qui a un gros bon sens et l'habitude de bien parler, qu'elle a sans doute pris avec feu son oncle; » et elle donnait à son flegmatique ami des détails sur la fortune de Voltaire, qu'elle diminuait un peu, et sur sa bibliothèque qu'elle grossissait, en revanche, sensiblement, composée d'ouvrages presque tous remplis de remarques et de notes de la main du poëte. « C'est un effet bien précieux, ajoutait-elle, et qu'elle vendrait tout ce qu'elle voudrait, mais elle est bien résolue de ne s'en point défaire [2]. » C'était beaucoup s'aventurer; et quelques mois après seulement, les livres de Voltaire passaient des mains de sa nièce dans celles de la *Sémiramis du Nord*. Mais, de la part de madame Denis, que l'on se hâta trop d'accuser d'avarice, ce fut, croyons-le, condescendance respectueuse pour une auguste volonté, qui devait d'ailleurs la

---

1. *Mémoires secrets pour servir à l'histoire de la République des lettres* (Londres, John Adamson), t. XII, p. 173 à 177; 29 novembre 1778.

2. Madame du Deffand, *Correspondance complète* (Paris, Plon, 1865), t. II, p. 654. Lettre de la marquise à Horace Walpole; Paris, 17 juin 1778.

consoler et la récompenser de son sacrifice par l'excès des caresses et une générosité toute royale. L'impératrice de Russie lui avait dépêché le baron Grimm, qui n'eut pas de peine à faire réussir la négociation. La lettre de Catherine à madame Denis, si honorable pour l'auteur de l'*Histoire de Pierre le Grand*, est tout un document historique.

« Je viens d'apprendre, madame, que vous consentez à remettre entre mes mains ce dépôt précieux que monsieur votre oncle a laissé, cette bibliothèque que les âmes sensibles ne verront jamais sans se souvenir que ce grand homme sut inspirer aux humains cette bienveillance universelle que tous ses écrits, même ceux de pur agrément, respirent, parce que son âme en était profondément pénétrée. Personne avant lui n'écrivait comme lui; à la race future il servira d'exemple et d'écueil. Il faudra unir le génie et la philosophie aux connaissances et à l'agrément, en un mot, être M. de Voltaire, pour l'égaler. Si j'ai partagé avec toute l'Europe vos regrets, madame, sur la perte de cet homme incomparable, vous vous êtes mise en droit de participer à la reconnaissance que je dois à ses écrits. Je suis sans doute très-sensible à l'estime et à la confiance que vous me marquez; il m'est bien flatteur de voir qu'elles sont héréditaires dans votre famille. La noblesse de vos procédés vous est caution de mes sentimens à votre égard. J'ai chargé M. de Grimm de vous en remettre quelques faibles témoignages, dont je vous prie de faire usage. CATHERINE[1]. »

La bibliothèque de Voltaire n'était point considérable. Elle consistait en six mille deux cent dix volumes de tous formats, tous assez médiocres. L'auteur de *la Henriade* n'était pas un bibliophile. Les livres n'étaient pour lui ni un luxe, ni un objet de vanité et d'étalage; c'étaient autant d'outils, autant d'instruments en ses mains, dont il usait et abusait avec un sans-gêne impitoyable. Que de livres,

---

[1]. Grimm, *Correspondance littéraire* (Paris, Furne), t. X, p. 106, 107; octobre 1778. Sur l'enveloppe, de la propre main de l'impératrice, comme le corps de la lettre : « Pour madame Denis, nièce d'un grand homme qui m'aimait beaucoup. »

sans doute, qui n'offriraient pas plus de dix pages dignes d'être méditées et recueillies! Ces dix pages, semées ici et là, il les séparait de ce fatras indigeste et stérile, les rassemblait, les faisait cartonner ensemble; c'était tout ce qu'il y avait de bon à garder, c'était tout ce que sa mémoire devait retenir de tant d'inutilités mal conçues et aussi mal digérées. En somme, il ne faisait qu'appliquer un passage de son *Temple du goût*, qu'on avait pu prendre pour une boutade, et qui était la conviction bien établie déjà de cet esprit limpide, antipathique au bavardage, quelque habillé qu'il fût. « On nous fit voir ensuite la bibliothèque de ce palais enchanté : elle n'était pas ample... Presque tous les livres sont corrigés et retouchés de la main des Muses. On y voit, entre autres, l'ouvrage de Rabelais réduit à un demi-quart. Marot, qui n'a qu'un style, et qui chante de même tous les psaumes de David et les merveilles d'Alix, n'a plus que huit ou dix feuillets. Voiture et Sarrazin n'ont pas à eux deux plus de soixante pages. Tout l'esprit de Bayle se trouve dans un seul tome, de son propre aveu [1]... »

Voltaire fait plus que d'enlever ce qui lui semble remarquable et de jeter le reste; il nous le dit, il veut que les Muses retouchent et corrigent. Dans sa bibliothèque, c'est lui qui corrige et retouche. Vif, passionné comme il est, avec un goût exquis, et, partant, aisé à blesser, il faut qu'il se soulage; et, comme il n'a personne sous la main à qui communiquer son impression, il saisit tout aussitôt la plume, et, sur la marge du livre mais plus souvent sur un lambeau de papier qu'il fixe avec un pain à cacheter au plus près du passage qui l'a frappé, il exécute son homme en un tour de main. « On prétend, dit Peignot, et nous n'avons pas de peine à le croire, que ce sont les livres de théologie qui ont été les plus annotés de cette manière [2]. » Il n'est pas tou-

---

1. Voltaire, *OEuvres complètes* (Beuchot), t. XI, p. 352, 353. *Le Temple du goût*, 1731.

2. Gabriel Peignot, *Souvenirs relatifs à quelques bibliothèques des temps passés* (Paris, 1836), p. 15. — Ancelot, *Six mois en Russie en 1826* (Paris, 1827), p. 212, 213.

jours en colère, mais il n'est jamais de sang-froid, sa pétulance l'emporte et il s'y abandonne sans scrupule : d'ailleurs, qui lira ces chiffons qui ne sont que pour lui ? Un jour, il lui tombe sous la main un exemplaire de *la Henriade* annoté par Pesme de Saint-Saphorin, un diplomate suisse, qui entre autres négociations importantes, traitera avec le roi de Prusse de la cession de Neufchâtel. Il va sans dire que le lecteur et l'auteur ne peuvent être, tous les deux et à toutes les pages, du même avis. Voltaire, tout aussitôt de contre-annoter son annotateur dans une espèce de dialogue humouristique des plus étranges [1]. Renvoyons également à ses notes marginales sur le *Christianisme dévoilé*, qui ont été publiées dans ses œuvres, mais que nous ne donnerons pourtant pas comme un échantillon de ces improvisations [2] qui pour la plupart sont loin de répondre à l'idée qu'on s'en était faite. Ces notes sont courtes : c'est une exclamation qu'on ne se donne pas la peine de motiver, un gros mot à l'adresse de l'auteur incongru, rarement une discussion même sommaire. Il sait ce qu'il a voulu dire, à qui il répond ; il a protesté, il s'est soulagé, cela lui suffit. Joseph de Maistre nous dit ces notes presque toutes marquées au coin de la médiocrité et du mauvais ton [3], c'est beaucoup et trop dire ; au moins n'ajouteraient-elles rien à sa gloire et même ne seraient-elles pas de nature, pour la plupart, à trouver place dans une édition définitive de l'auteur de la *Henriade* [4].

1. *L'Athenœum français* (12 avril 1854), IIIe année, p. 753, 754. *Lettres et notes inédites de Voltaire* sur la *Henriade*, par Eusèbe-Henri Gaullieur. L'exemplaire avait échappé à l'envoi fait en Russie ; il était resté en Suisse, et était devenu la propriété de l'auteur de l'article.

2. Voir aussi *Une visite à l'ermitage*, le *Discours sur l'inégalité des conditions* et le *Contrat social*, annotés par Voltaire, dans le *Bulletin du Bibliophile* (Techener, 1860), XIVe série, p. 1519 à 1543. — *Mémoire du citoyen Fontanes sur quelques notes écrites de la main de Voltaire à la marge d'un exemplaire de Virgile*. La Décade philosophique, an IV (8 juillet 1796), IVe semestre, p. 90 à 95.

3. Joseph de Maistre, *Soirées de Saint-Pétersbourg*, t. 1, p. 319. Note du IV du quatrième entretien.

4. Léouzon Leduc, *Études sur la Russie et le Nord de l'Europe*

Ce fut l'impératrice qui fixa, en grande princesse qu'elle était, le chiffre de l'achat à cent trente-cinq mille livres [1], elle joignait à cette somme considérable l'envoi de son portrait dans une boîte d'or entourée de diamants, et des pelleteries d'un grand prix. Catherine avec les livres entendait acquérir les manuscrits, les lettres originales, tout ce qu'avait pu laisser cet écrivain si fécond et si laborieux. La nièce était autorisée à conserver des copies et à publier de ces derniers travaux ce qui serait susceptible d'ajouter à la gloire du poëte philosophe [2]. Ces manuscrits, qui ont passé de l'Ermitage à la bibliothèque de Saint-Pétersbourg, sont en grande partie des documents, des notes historiques déjà utilisés ou écartés, des copies de ses tragédies, des pièces relatives aux procès de ses clients, le chevalier de La Barre et Lally, ses lettres au roi de Prusse et les réponses de Frédéric, auxquels il faut joindre, il est vrai, une infinité de contes, madrigaux, odes, épîtres, chansons, fables même. Mais, parmi tout cela, trop de choses échappées à la verve profane de l'auteur de *la Pucelle*, que leur licence condamne inexorablement à ne point voir le jour [3].

(Paris, Amyot), p. 336. Disons, toutefois, que le comte de La Ferrière, chargé par le gouvernement de rechercher à la bibliothèque de Saint-Pétersbourg les lettres originales et les manuscrits français sortis de France, est moins sévère et dédaigneux ; il pense même qu'il y aurait un choix curieux à faire, sous ce titre : *Les Lectures de Voltaire*, *Archives des missions scientifiques et littéraires* (Paris, imprimerie impériale, 1867), t. IV, p. 98.

1. Nous avons trouvé la quittance de madame Denis, où elle déclare avoir reçu, à la date du 15 décembre 1778, de l'impératrice de Russie, la somme de 135,398 livres 4 sous 6 deniers tournois, pour la bibliothèque de feu M. de Voltaire, son oncle. Étienne Charavay, *Catalogue de lettres autographes de M. Rathery*, du lundi 24 avril 1876, p. 55, n° 484.

2. *Mémoires secrets pour servir à l'histoire de la République des lettres* (Londres, John Adamson), t. XII, p. 178, 182 ; 1er et 6 décembre. — *Correspondance secrète, politique et littéraire* (Londres, John Adamson), t. VII, p. 183, 184 ; de Paris, le 26 décembre 1778.

3. M. Léouzon Leduc fait allusion, sans le nommer, dans sa curieuse description des manuscrits voltairiens, à un *Sottisier, recueil de vers et de prose, et remarques historiques en différentes langues*, sans suite,

Il était difficile, l'eût-elle voulu, pour madame Denis de se refuser aux désirs ainsi formulés d'une grande souveraine dont la démarche et les procédés étaient d'ailleurs si honorables pour elle et les siens. Il faut avouer qu'elle n'eut pas les mêmes excuses en se défaisant de ce Ferney qui aurait dû demeurer un sanctuaire et passer de générations en générations à la famille de Voltaire. Mais nous avons déjà fait allusion à la vente de ce beau domaine au marquis de Villette qui en devenait le possesseur et le maître, pour la somme de deux cent trente mille livres. Si la nouvelle frappa de stupeur les habitants de Ferney [1], l'indignation fut grande parmi les amis du poëte, et l'on considéra comme une véritable impiété un parti que n'expliquait aucune raison plausible. Mais elle s'y était tellement ennuyée du vivant

le tout de la main de M. de Voltaire. Une copie de ce cahier nous a été confiée; nous l'avons parcourue, et nous avons pu surprendre, dans la sincérité du négligé, cet esprit étrange, en passe de butiner sur tous les sujets, ramassant tout ce qui le frappe ou peut avoir son application : saillies, couplets, anecdotes, ordures, non sans de nombreuses fautes orthographiques, dont Voltaire n'était pas moins exempt que tous les écrivains de son temps. Ce qu'il y a de plus remarquable, c'est moins ce qu'on trouve dans ce *Sottisier*, que le caprice du collecteur, qui est rarement élevé. On ne pourrait se douter, si l'on n'était averti, que cette cueillette, d'une saveur équivoque, fût le fait de cet écrivain d'un goût si fin et si attique. La vraie, nous dirons la seule curiosité de ce document, est dans ce constraste et cet imprévu quelque peu désillusionnant.

1. Nous la voyons pourtant s'occuper, même après la vente, de ses anciens vassaux, et faire pour les Fernésiens des démarches, sur lesquelles elle s'abuse un peu sans doute, auprès du contrôleur général. « ... Je vous envoye la lettre qu'enfin M. Necker m'a accordée ; il n'a pas pu faire mieux ; mais les horlogers doivent être dans la plus grande sécurité ; ils travailleront aussi tranquillement que s'ils étoient à Genève, et les transports de leurs montres auront le même sort. Cette lettre-là me paroît d'autant plus sûre, que quand même le ministre changeroit, son successeur ne voudroit pas ôter ce privilége à Ferney et me faire de la peine. Quand les choses sont établies, on ne les détruits pas. Je vous envoye une copie de cette lettre dont je garde l'original. » Étienne Charavay, *Catalogue de lettres autographes* (cabinet d'un amateur lyonnais) ; du mardi 12 avril 1870, p. 9, n° 84. Lettre de madame Denis à Wagnière ; Paris, ce 11 mars 1779.

de son oncle qu'elle était bien déterminée à n'y plus remettre les pieds, quoiqu'elle y fût aimée et qu'elle n'ignorât point que le sort de la ville naissante et de tous ces braves gens appelés là par Voltaire dépendît complétement d'elle.

« Je voudrais, écrivait-elle à la date du 29 septembre à Wagnière, à la suite de nous ne savons quel dégoût dont ce dernier n'a pas pris soin de nous instruire, je voudrais que le feu fût à Ferney. » Cette vente débarrassait d'ailleurs madame Denis d'un serviteur qui lui était peu agréable et qui lui rendait bien l'antipathie dont il était l'objet [1]. Heureusement pour ce dernier, à l'instigation du baron de Bohême, l'impératrice le faisait venir à Saint-Pétersbourg pour ranger la bibliothèque de son maître, dans le même ordre qu'elle était à Ferney ; et il partait, le 8 août 1779, quelques jours après l'arrivée du nouveau propriétaire. Lorsque cette installation fut terminée, Catherine II voulut voir comment toute chose était ordonnée. Elle s'inclina profondément, en entrant, devant l'effigie de l'auteur de l'*Essai sur les mœurs*, et se tournant ensuite vers Wagnière : « Monsieur, lui dit-elle, voilà l'homme à qui je dois tout ce que je sais et tout ce que je suis [2]. » Mais la santé du secrétaire de Voltaire le forçait bientôt à quitter un climat trop rigoureux et à reprendre le chemin de son pays de Gex, comblé des bienfaits

1. Wagnière écrivait au comte de Rochefort, le 11 octobre 1778 ; « ... J'ai été prodigieusement occupé des affaires de madame Denis avec M. Christin. Ensuite, nous reçûmes la nouvelle inopinée de la vente de Ferney à M. de Villette. Jamais surprise ne fut égale à la nôtre, et M. Christin partit sur-le-champ pour s'en aller chez lui. Vous aurez sans doute su comment toutes ces choses se sont passées à Paris, et les regrets de M. d'Hornoy, etc., etc. J'ai été pendant quinze jours dans la plus cruelle incertitude de mon sort, ne recevant ni nouvelles ni instructions de madame Denis. Elle vient enfin de m'écrire qu'elle continuera de me donner 1200 francs par an pour recevoir ses rentes viagères... » Charavay aîné, *Catalogue de lettres autographes*, du mercredi 21 avril 1869, p. 18, n° 167. Mais, ce qui était à prévoir, ces arrangements ne tinrent point, et Wagnière fut heureux de trouver dans l'impératrice une bienfaitrice qui lui fût reconnaissante de sa fidélité envers son maître.

2. *Bibliothèque universelle* (Genève, 1816), t. III, p. 87. La chambre de Voltaire.

de Catherine qui lui accordait une pension viagère de quinze cents livres [1]. M. de Villette avait acquis Ferney par caprice, par vanité; voyant la czarine acheter la bibliothèque du patriarche, il crut faire sa cour en le lui faisant offrir par le prince Bariatinski; mais Catherine remercia le marquis, elle avait formé le projet de construire, dans son parc de Czarskozelo, un château sur le modèle de celui du poëte et d'y faire placer ensuite, dans le même ordre, la bibliothèque que lui avait apportée Wagnière [2].

Madame Denis, en se défaisant de Ferney, avait peut-être une raison autre que sa très-réelle antipathie pour cette solitaire retraite, et cédait apparemment à un désir, à un mot d'ordre plus ou moins catégoriquement formulé. La trop sensible nièce n'avait pas su garder son cœur, et songeait encore à faire le bonheur d'un honnête homme. Nous l'avons vue, dans une circonstance tragi-comique, repoussée violemment par son terrible oncle, tomber « dans un fauteuil, ou plutôt tomber dans les bras de celui qui se trouvait alors dans ce fauteuil [3]. » Le personnage auquel échéait

---

[1]. Cette générosité de l'impératrice envers Wagnière et ceux qui avaient appartenu au poëte ne devait rendre que plus cruelle la condition d'un pauvre diable ruiné, lui et les siens, pour elle et par elle, sans qu'à coup sûr elle s'en doutât. Nous voulons parler d'un ouvrier bijoutier, nommé Dupuits, attiré à Ferney par Voltaire, qui lui avait commandé un superbe déjeuné destiné à la czarine. L'ouvrage n'était pas terminé quand le poëte mourut; l'artiste dut faire le voyage de Saint-Pétersbourg; mais il ne put jamais obtenir d'être présenté à Catherine. Potemkin, ébloui par ce merveilleux travail, avait conçu le dessein de se l'approprier sans bourse délier; et ce ne fut qu'après des peines infinies que Dupuits réussit à se faire rendre, grâce à l'énergique intervention de notre ambassadeur, ce service dont la description est tout un rêve, qu'il se trouva trop heureux encore de sortir des griffes du favori. Dieudonné Thiébault, *Souvenirs de vingt ans de séjour à Berlin* (Paris, Didot, 1860), t. II, p. 364 à 369.

[2]. Elle avait fait exécuter, en conséquence, en relief le château et les jardins de Ferney dans les plus minutieux détails; jusqu'à la forme et l'étoffe du meuble, tout y était rappelé. Senac de Meilhan, *le Gouvernement, les mœurs et les conditions en France avant la Révolution* (Paris, Poulet-Malassis), p. 309.

[3]. Longchamp et Wagnière *Mémoires sur Voltaire* (Paris, André, 1826), t. I, p. 138. Voyage de Voltaire à Paris, 1778.

cette bonne fortune, était un M. Duvivier, ci-devant dragon, puis secrétaire du comte de Maillebois. Il avait été envoyé en dernier lieu à Saint-Domingue comme commissaire des guerres, à l'époque où M. de Clugny y était intendant, et ses liaisons avec celui-ci ne lui avaient pas été inutiles, durant le temps assez court que Clugny était resté au contrôle général. Ce mariage extravagant et ridicule devait exercer la verve d'un public peu charitable, qui s'égaya sans mesure sur le compte des époux. Duvivier était connu au régiment sous le sobriquet, qui lui était resté, de Nicolas Toupet[1], parce qu'il était, assure la chronique maligne, frater de son métier, et que c'était lui qui accommodait ceux de la chambrée. En somme, il avait fait son chemin, et n'avait pas moins de quinze ou vingt mille livres de revenus. N'était un bras mal remis et dont il était estropié, il portait trente ans de moins que la veuve de M. Denis. Les relations tendres avec les doux propos existaient du vivant de Voltaire qui faisait bon accueil au survenant, comme cela résulte de ces trois lignes qu'elle écrivait sentimentalement, après la mort du poëte, à son prétendu : « Je vous envoie l'image de l'être qui m'a été le plus cher. J'espère que vous la recevrez avec d'autant plus de plaisir, que vous aimiez ce grand homme et qu'il vous aimait. » Nous savons la dame devisante et roucoulante, et nous avons surpris déjà de ses billets galants, à l'époque où c'était Baculard d'Arnaud qui faisait palpiter ce trop faible cœur[2]. Voici des lambeaux de billets à l'adresse du commissaire des guerres, qui ont bien leur prix. L'on est sensible et, conséquemment, susceptible ; on s'inquiète, on s'alarme à tout instant et à propos de tout, lorsqu'on aime. Elle lui a vu la mine triste et préoccupée, la veille : « J'en ai cherché le sujet dans ma teste et dans mon cœur : je n'y ai trouvé que la douceur de vous aimer. »

---

1. Son nom de baptême n'était point Nicolas, mais François, comme son nom de famille. Sa mère s'appelait Vivier, et, de là, s'est fait insensiblement Duvivier, nous dit Wagnière.

2. Voir notre quatrième volume, *Voltaire et Frédéric*, p. 184, 185, 186.

C'est un madrigal [1]; mais dans celui-ci, elle est hors d'elle, on a manqué de confiance, et c'est ce qu'elle ne peut admettre. « Je vous déclare, s'écrie-t-elle, que je veux partager avec vous mes pensées, ma vie et tout ce que je possède. Ou donnez-moi un coup de pistolet par la teste : vous me rendrez un grand service [2]. »

On ne saurait s'imaginer l'effet que produisit la nouvelle de cette plaisante union. Elle n'aurait dû que faire rire, et vraiment l'indignation était de trop. L'Académie la blâma non-seulement comme une faiblesse ridicule mais comme un outrage aux mânes de M. de Voltaire, et « comme une espèce d'adultère spirituel. » La nièce de l'auteur de *Zaïre* fut rangée sur la même ligne que l'indigne Thérèse de Rousseau, et, convenons-en, il y a aussi une pointe de ridicule dans cette grande ire des quarante, que tout cela n'importait guère. D'Alembert cessa, comme ses confrères, de fréquenter la nouvelle mariée. Le hasard la lui faisait rencontrer, toutefois, le lendemain de ses noces. Et, comme on lui demandait si elle avait l'air d'être heureuse : « Heureuse, répartit-il, je vous en réponds, heureuse à faire mal au cœur [3] » Grimm a reproduit, sur le compte de ce couple hors d'âge, un dialogue à mourir de rire entre le secrétaire perpétuel et un domestique qui avait été chargée d'une commission auprès de madame Duvivier, de la part d'une de ses amies : « Est-il vrai qu'on vous a fait entrer dans la chambre à coucher, et que vous avez-vu madame dans son lit? — Oui, monsieur; mêmement, il y avait deux personnes dans le lit que je ne pouvions pas d'abord distinguer, étant toutes

---

1. M. Duvivier était un homme positif, qui ne devait pas avoir un bien grand fond de poésie et d'idéal dans l'esprit, s'il faut en croire un plaisant récit de madame Vigée-Le-Brun, qui avait fait, en 1790, le voyage de Rome à Naples, dans la voiture de l'ex-commissaire des guerres. *Souvenirs* (Paris, Charpentier, 1869), t. I, p. 188, 189, 190.
2. Charavay, *Catalogue de lettres autographes*, du lundi 6 novembre 1865, p. 18, n°. 161. Billet de madame Denis à M. Duvivier (sans date).
3. Chamfort, *OEuvres* (Lecou, 1852), p. 82, 83.

deux en bonnet de nuit, de façon que j'ai demandé si c'était à monsieur ou à madame que j'avions l'honneur de parler. — Son mari était donc couché avec elle? — Ah! monsieur, je ne pourrions pas vous assurer ça, si c'était son mari, mais c'était toujours un queuques-uns... » — « Nous demandons pardon, ajoute Grimm, à M. D'Alembert de gâter un conte qu'il fait si gaiement, mais nous ne devions pas nous dispenser de citer ici l'historiette qui a coûté à l'Académie une si belle statue, une statue que l'artiste n'avait composée que pour cet auguste lycée, et qu'il aurait sans doute conçue différemment, s'il eût prévu qu'elle serait placée dans l'enceinte d'un théâtre[1]. » Ces compliments donnés à D'Alembert, seront mieux compris, lorsqu'on saura qu'il était un véritable arlequin, un excellent mime, un farceur des plus gais, qualités inattendues, à coup sûr, dans un personnage d'apparence aussi sérieuse, et qui lui étaient communes avec un écrivain de l'autre siècle, que l'on n'eût pas soupçonné d'avantage de ces aptitudes à un comique plus plaisant que relevé, La Bruyère[2].

Madame Denis avait intrépidement tendu sa main à M. Duvivier. « On dit qu'il est aimable, quand il veut, mais qu'il ne le veut déjà plus vis-à-vis de sa femme; qu'à peine le mariage a-t-il été déclaré, il s'est rendu le maître; qu'il a forcé madame Denis, accoutumée à dîner, à n'avoir personne le soir et à se coucher de bonne heure, à changer de train de vie; qu'il lui procure beaucoup de monde à souper, la fait veiller et jouer, et semble vouloir s'en débarrasser promptement à force d'excès[3]. » Assurément, tout cela est fort grossi, et l'on fait à plaisir de M. Duvivier un tyran de mélodrame. Cela ne regardait, en définitive, que sa femme, et peut-être aussi son beau-frère et son neveu.

---

1. Grimm, *Correspondance littéraire* (Paris, Furne), t. X, p. 221; septembre 1779.

2. Édouard Fournier, *La Comédie de La Bruyère* (Paris, Dentu, 1866), seconde partie, p. 346.

3. *Mémoires secrets pour servir à l'histoire de la République des lettres* (Londres, John Adamson), t. XV, p. 33; 27 janvier 1780.

Mignot, qu'elle avait engagé à demeurer avec elle, la quitta aux premiers bruits de mariage, et M. d'Hornoy ne montra pas plus de stoïcisme devant une folie dont il pouvait payer les frais. Quant à l'Académie, encore un coup, sa susceptibilité, son indignation, ses mépris nous semblent insuffisamment motivés, et ce qui nous paraît mieux fondé, c'est le ressentiment de l'outrage, qui se manifestera, comme Grimm vient de nous l'apprendre, en privant la docte assemblée de la statue de M. de Voltaire, qui lui était destinée, et dont bénificiera la Comédie-Française [1].

II

LE FAUTEUIL DE VOLTAIRE. — SERVICE A BERLIN. — PANCKOUKE ET BEAUMARCHAIS. — L'ÉDITION DE KEHL.

L'apaisement ne s'était pas fait sur cette grande renommée, et la mort avait plutôt irrité que calmé les passions soulevées et surexcitées par son retour. La haine d'un côté, de l'autre un engouement aveugle, quand des motifs moins

[1]. Les comédiens profitaient habilement du courroux de madame Denis, à laquelle ils adressaient une supplique des plus soumises et qui eut tout l'effet qu'ils en attendaient. *Journal de Paris*, du vendredi 29 septembre 1780, n° 273, p. 1107, 1108. Mais ceux-ci, ayant changé irrévérencieusement la destination de la statue du patriarche de Ferney, en en faisant « un meuble d'ornement pour leur chambre, » la terrible nièce leur écrivit une épître des plus virulentes, qui fut reproduite dans les papiers du temps (12 mars 1783). Grimm, *Correspondance littéraire* (Paris, Furne), t. XI, p. 371, 372. — La Harpe, *Correspondance littéraire* (Paris, Migneret, 1804), t. IV, p. 148, 149, 150. Tout s'arrangea, néanmoins, au gré de madame Denis, par un ordre du duc de Duras, du 27 juin 1783. Comédie-Française. Registre des délibérations pour les affaires d'intérest, p. 84. Plus tard, la Comédie se vit menacée dans sa possession : le ministre avait décidé que la statue de Voltaire serait transférée dans la salle des séances publiques de l'Institut. *Décade philosophique*, an IV (8 juillet 1796), IV° semestre, p. 109. Mais elle fit une telle diligence, qu'elle parvint à détourner le danger. Il y a tout un volume de pièces relatives à cet incident aux archives du Théâtre-Français.

impersonnels ne venaient pas encore se mêler à l'enthousiasme et à l'admiration, conspiraient également en faveur de cette gloire déprimée avec rage ou exaltée sans mesure : au théâtre, à l'Académie, dans les journaux, dans les chaires chrétiennes et les mandements des évêques, il n'allait plus être question, de longtemps, que de l'auteur de *Zaïre* et du *Siècle de Louis XIV*. Le premier février, le Théâtre-Français jouait *les Muses rivales*, dont l'auteur attendit la quatrième représentation pour se faire connaître[1]. Cet auteur, circonspect plus que modeste peut-être, était La Harpe, qui trouvait, dans ces applaudissements de bon aloi, une revanche à ses *Barmicides* tombés et à des dégoûts qu'il s'était attirés par un article assez maladroit, dont ses ennemis abusèrent du reste indignement[2]. Ce sont les Muses qui, toutes, se disputent l'honneur de présenter le poëte au Dieu qui veut le couronner et partager avec lui l'empire de la double colline. Tout réside dans les détails, mais il y en a de charmants; cela est d'ailleurs bien et élégamment écrit, et chacune des neuf pucelles tient le langage qui lui est propre et dans les termes les meilleurs. La Harpe, dans un passage, faisait allusion à l'amitié cé-

---

1. Ce ne fut pas la seule pièce inspirée pour la circonstance, et Moline avait soumis aux comédiens, qui l'écartèrent, une comédie-ballet, *l'Ombre de Voltaire*. Archives de la Comédie-Française. Registre concernant MM. les auteurs, du 25 mai 1772 au 20 novembre 1780, p. 92.

2. A propos de *Bajazet*, La Harpe, opposant à l'ouvrage de Racine la *Zulime* de Voltaire, avait fait ressortir avec trop de désintéressement l'infériorité de cette dernière, et ajoutait judicieusement que c'est encore une terrible entreprise que de refaire une pièce de Racine, même quand Racine n'a pas très-bien fait. *Mercure de France*, 5 juillet 1778, p. 67, 68. C'était l'opinion de Voltaire tout le premier, qui, lui-même, professait une médiocre estime pour sa *Zulime*. Le tort de La Harpe était d'avoir mal choisi son moment, et c'est ce que lui apprenait bientôt une lettre du marquis de Villevieille où il était traité avec la dernière indignité. Voir, pour les détails de cet incident littéraire, le *Mercure* des 5 et 15 juillet, le *Journal de Paris* des 10 et 14 juillet. — Grimm, *Correspondance littéraire* (Paris, Furne), t. X, p. 58, 59, 60 ; juillet 1778. — Voltaire, *OEuvres complètes* (Beuchot), t. I, p. 112. Éloge de Voltaire par La Harpe.

lèbre de Voltaire et de madame du Châtelet; c'était un fait acquis, connu de tous, historique, dirons-nous, et il avait cru pouvoir se permettre cet à-propos. Mais le fils d'Émilie jugea de son devoir de protester contre une pareille hardiesse, et il n'y avait eu qu'à s'incliner devant d'aussi respectables susceptibilités[1]. Madame Vestris avait bien voulu être l'intermédiaire discret de l'auteur des *Muses rivales*, qui l'avait chargée de faire remettre le manuscrit avec une lettre anonyme des plus soumises. « L'extrême modestie de cette lettre, dit Grimm plaisamment et finement, a contribué plus que tout le reste à écarter l'idée de La Harpe et dans l'esprit de M. d'Argental et dans l'esprit des comédiens... » et il ajoute plus sérieusement : « quoi qu'en puisse dire l'envie qui ne pardonne jamais, si l'hommage que M. de La Harpe vient de rendre à la mémoire de son maître et de son bienfaiteur n'est pas la plus douce vengeance qu'il peut tirer de l'injustice de ses ennemis, c'est au moins la réparation la plus juste et la plus noble des torts qu'on avait à lui imputer[2].

Le fauteuil de Voltaire était resté vacant et l'on se demandait quel serait le téméraire qui oserait prétendre à une telle succession. On ne doutait pas, en somme, qu'après un premier moment de pudeur hésitante, il ne se rencontrât des gens qui se sentissent la force de ramasser les armes d'Achille. Lemierre marchait en tête de ces Titans, et fut fort étonné, pour ne pas dire indigné, de voir que le choix ne tombait point sur lui. Les suffrages des quarante s'adressaient à l'honnête Ducis, l'auteur d'*Hamlet* et d'*Œdipe chez Admète*, génie un peu abrupte, moins que Lemierre,

1. *Mémoires secrets pour servir à l'histoire de la République des lettres* (Londres, John Adamson), t. XIII, p. 259, 270 ; 19 janvier et 2 février 1779.
2. Grimm, *Correspondance littéraire* (Paris, Furne), t. X, p. 146, 147, 148 ; février. — *Correspondance secrète, politique et littéraire* (Londres, John Adamson), t. VII, p. 413, 414 ; de Paris, 1er mai. Le secrétaire de l'Académie remerciait La Harpe, au nom et de l'avis unanime de la Compagnie, de l'hommage public qu'il venait de rendre à la mémoire de M. de Voltaire ; jeudi 18 février 1779.

ayant des coups d'ailes de grand poëte, qui devait nous donner un Shakespeare mitigé, adouci, civilisé, que Voltaire eût encore trouvé trop sauvage et qui était, sans nul doute, tout ce que nous méritions alors. Il fut élu le 28 décembre 1778. Cette réception prochaine devenait un objet de grave souci pour le clergé qui ne pouvait se faire à l'idée qu'on parlât de Voltaire dans une toute autre fin que de l'anathématiser. L'archevêque prit la peine d'écrire au nouvel élu pour l'exhorter à ne pas blesser, par un éloge sans mesure, les sentiments chrétiens de son auditoire. Si la démarche était à bonne intention, il faut convenir que c'était son seul mérite; et Ducis, piqué un peu de la leçon, eût répondu qu'il ne saurait blesser des oreilles religieuses en faisant l'éloge d'un académicien qui n'avait pas voulu mourir sans témoigner de sa foi, qui avait servi la religion par ses écrits contre les athées, et avait proclamé si manifestement le dogme de l'immortalité de l'âme[1]. La cotterie philosophique comptait bien que cette solennité serait pour la vérité un jour d'indicible triomphe. Les portes, malgré la garde, furent forcées, à deux ou trois reprises. Des ovations furent faites à la nièce du grand homme, parée, pour la circonstance, des riches présents qu'elle avait reçus de l'impératrice, ainsi qu'à M. et à madame de Villette, qui l'avaient accompagnée. « Le discours de Ducis a été fort goûté de l'auditoire, dit La Harpe; on y a trouvé d'assez beaux traits pour croire que son ami Thomas y avait mis la main, soupçon qui a paru d'autant plus probable, que jamais Ducis n'avait écrit une ligne de prose[2]. » Ce soupçon, formulé par La Harpe, est, en effet, celui des connaisseurs en style. « Toute l'Assemblée applaudissait avec transport, rapporte de son côté le baron de Bohême, et mes voisins répétaient tout bas: *Optime! Thomas! optime!* »

1. *Correspondance secrète, politique et littéraire* (Londres, John Adamson, t. VII, p. 243, 244; 23 janvier 1778. Nous laissons la responsabilité de l'anecdote au recueil de Métra; nous dirons même qu'elle n'est que peu dans la vraisemblance du caractère de Ducis.
2. La Harpe, *Correspondance littéraire* (Paris, Migneret, 1804), t. II, p. 342.

C'était l'abbé de Radonvilliers « prêtre et dévot » ajoute l'auteur des *Muses rivales*[1] » qui, à titre de directeur, était chargé de recevoir le récipiendaire et de faire l'éloge de l'académicien défunt. A coup sûr, la circonstance était piquante, et l'on attendait à l'œuvre le pauvre abbé qui devait jouer, au sein de ce troupeau déchaîné d'admirateurs frénétiques, le rôle de bouc émissaire. « L'abbé de Radonvilliers a esquivé le danger de sa situation par la faiblesse de sa voix et de sa poitrine, qui ne permettait guère qu'on l'entendît. Sa manière de débiter qui ressemblait trop à une causerie familière, a excité d'abord le rire du public, ensuite l'impatience et l'humeur. On a vu le moment où le bruit devenait si grand, qu'on croyait que l'abbé de Radonvilliers n'achèverait pas sa lecture, et si on l'a laissé finir, ce n'est que par égard pour l'Académie. Le chevalier de Boufflers découpait sur une carte, pendant ce temps-là, la figure de l'orateur, la faisant courir dans la salle, ce qui redoublait encore le tumulte[2]. » On comprend que son éloge de M. de Voltaire ne dut pas être sans réserves; il y glissait l'espérance que « bientôt une main amie, en retranchant des écrits publiés sous son nom tout ce qui blesse la religion, les mœurs et les lois, effacera la tache qui ternirait sa gloire[3]. » Ces souhaits parurent une impiété à l'assistance qui les couvrit de ses murmures et même de ses huées. Il avait dû, selon l'habitude, communiquer son manuscrit à l'Académie, qui l'aurait engagé à effacer des expressions déplacées dans l'éloge d'un confrère[4]. On avait

---

1. « *Très-dévot*, assurément, écrit La Harpe, ensuite, en 1804, après sa conversion, car il donnait presque tout son bien aux pauvres : c'est un fait dont j'ai la certitude. »

2. La Harpe, *Correspondance littéraire* (Paris, Migneret, 1804), t. II, p. 343, 344.

3. *Discours prononcés dans l'Académie française*, le jeudi 4 mars 1779, à la réception de M. Ducis (Paris, Damonville, 1779), p. 35.

4. Cependant l'abbé, qui débute par un modeste aveu d'insuffisance, ajoute : « ... J'ai quelque droit, d'ailleurs, à l'indulgence de ceux qui m'écoutent. Ils savent que si je porte la parole, ce n'est pas une fonction que j'ai choisie ou désirée. J'obéis à nos usages, en regret-

essayé, assure La Harpe, de lui faire entendre que la mission qui lui était échue jurait avec son caractère, et que le plus sage parti comme le plus convenable à sa robe était de remettre à quelqu'un de plus libre ses fonctions de directeur; mais on n'y eût pas réussi. Ce qui nous a étonné, nous autres, c'est le ton de modération, la bonne grâce, la bienveillance extérieure de l'ouvrage; à l'exception d'une restriction bien justifiée, il faut l'avouer, par de déplorables écarts au point de vue de la seule morale, il n'y a pas une ligne qui ne soit une louange, une appréciation glorieuse du talent et des œuvres de cet écrivain qui « tenait dans le siècle de Louis XV, la place des beaux génies qui ont illustré le siècle de Louis XIV. » Ce sont ses expressions. Que le morceau ne fût point un chef-d'œuvre d'éloquence, qu'il n'offrît ni vastes perspectives, ni images grandioses, ni grande élévation dans les jugements, cela est incontestable, et il fallait plus d'autorité, et de voix aussi, que n'en avait l'abbé de Radonvilliers, qui continua et acheva, dans le tumulte et sans être entendu. Mais nous soupçonnons, malgré ces manifestations peu tendres, que le clergé fut un peu dépité de ne rencontrer dans cette pièce oratoire, sauf les quelques lignes auxquelles nous avons fait allusion, rien qui répondît à ses rancunes et à ses colères.

Il ne devait être question que de Voltaire et de son génie. Marmontel récitait ensuite un discours *sur l'espérance de se survivre*, où se trouvaient ces vers adressés aux mânes du grand écrivain, qui furent acclamés avec fureur :

> Et d'un monde par toi si longtemps éclairé,
> Ton indigne tombeau t'aura-t-il séparé ?

L'inexorable D'Alembert, à l'occasion des deux bustes de Molière et de Voltaire, que l'Académie avait récemment fait placer en regard dans la salle de ses séances, indiquait

---

tant que le sort n'ait pas mieux servi M. de Voltaire. » *Discours prononcés dans l'Académie française*, le jeudi 4 mars 1779 (Paris, Demonville, 1779), p. 34.

les quelques points de rapprochement qui pouvaient exister entre des écrivains si différents d'ailleurs : tous deux avaient amené la philosophie sur la scène ; tous deux avaient combattu l'hypocrisie, celui-ci dans *Tartufe*, celui-là dans *Mahomet* ; tous deux, en butte à la haine et au ressentiment des faux dévots qu'ils dévoilaient, avaient été applaudis et encouragés, Molière par le grand-roi, Voltaire par un vertueux pontife, Benoît XIV[1]. Saurin lisait, en dernier lieu, des vers presque entièrement consacrés, cela va de soi, à l'auteur de *la Henriade*. La séance avait, comme on le voit, pleinement répondu à l'attente de ce public passionné et qui s'était montré aussi emporté, aussi agressif qu'on le pouvait souhaiter.

De tous les éloges dont Voltaire fut l'objet, celui qui dut faire tressaillir plus délicieusement son ombre (car se le figure-t-on, au delà du tombeau, moins affamé de gloire et de renommée?) et le plus flatteur assurément, n'était pas lu à l'Académie. Nous voulons parler de l'hommage rendu à sa mémoire, par le philosophe de Sans-Souci : « Voici, écrivait le roi de Prusse à D'Alembert, *l'Éloge de Voltaire*, moitié minuté dans les camps, moitié corrigé dans les quartiers d'hiver. Je crains bien que l'Académie française ne critiqué un peu le langage ; mais le moyen de bien parler Velche[2] en Bohême? j'ai fait ce que j'ai pu ; l'ouvrage n'est pas digne de celui qu'il doit célébrer ; toutefois, j'ai profité de la liberté de la plume pour faire déclamer en public à Berlin, ce qu'à Paris on ose à peine se dire à l'oreille ; voilà en quoi consiste tout le mérite de cet ouvrage[3]. » Nous n'avons pas à porter un jugement sur l'éloge, qui ne pouvait manquer d'avoir un grand retentissement et dont les amis de Voltaire se targuèrent avec un légitime orgueil. Le roi avait voulu

---

1. Grimm, *Correspondance littéraire* (Paris, Furne), t. X, p. 161; mars 1779.
2. Nom des habitants de l'ancienne Gaule. « C'est le nom qu'on donne encore aux Français dans la Basse-Allemagne. Voltaire, *Œuvres complètes* (Beuchot), t. XXIX, p. 488.
3. *OEuvres de Frédéric le Grand* (Berlin, Preuss), t. XXV, p. 119. Lettre de Frédéric à D'Alembert.

que le panégyrique fût récité dans son Académie, en assemblée publique extraordinaire et convoquée « pour cet objet », le 26 novembre 1778. La date est remarquable : cet éloge du poëte est antérieur de quelques mois à ceux que débitaient au Louvre nos académiciens, à cette séance du 4 mars [1].

Infatigable dans la tâche d'honorer, à tout événement, la mémoire du patriarche de Ferney, D'Alembert voudrait bien qu'à son exemple, Frédéric commandât un buste à Houdon pour son cabinet ou pour l'Académie de Berlin, si ce n'était pour les deux. Il s'en ouvrira à son auguste ami, dès juillet 1778, et il ne s'en tiendra pas à cette insinuation unique. Mais le méthodique souverain répondra que ce n'est pas l'envie qui lui manque, et que la guerre l'a mis à sec. « Ce serait une affaire pour l'année prochaine, ajoutait-il, où les plumes commenceront à nous revenir [2]. » Il ne pouvait être question d'un buste en terre mais en marbre, et le géomètre avait lui-même annoncé, que l'ouvrage reviendrait à trois mille livres. Le prince, qui comptait avec lui-même et échelonnait ses dépenses, priait de remettre l'achat et l'envoi au mois de septembre (1780) ; et le beau buste d'Houdon, lui fut ponctuellement dépêché pour cette époque. Tassaert eut ordre de le recevoir et de l'installer dans la salle des séances de l'Académie. « C'est en effet, dit Thiébault, de l'angle qui touche à la porte du cabinet d'histoire naturelle, que Voltaire semble voir, écouter, et épier tous les académiciens rassemblés devant lui, ce qui me faisait dire, en regardant son rire malin : « Pouvons-nous ne pas convenir « qu'il se moque de nous [3] ? »

Les comédiens recevaient, le 7 mai 1779, à l'unanimité

---

1. Œuvres de Frédéric le Grand (Berlin, Preuss), t. VII, p. 67. L'éloge a été reproduit dans les Œuvres complètes (Beuchot), t. I, p. 5 à 32.

2. Ibid, t. XXV, p. 129, Lettre de Frédéric à d'Alembert; 7 octobre 1779.

3. Dieudonné Thiébault, Souvenirs de vingt ans de séjour à Berlin (Didot, 1860), t. II, p. 358, 359. — Preuss, Urkundenbuch zu der Lebensgeschichte Friedrichs des Grossen (Berlin, 1834), t. VI, p. 210, 211.

cette tragédie d'*Agathocle*, que Voltaire n'avait pas eu le temps d'achever. C'était de leur part une marque de respect et de reconnaissance dont ils auraient d'autant moins pu se départir sans ingratitude, lors même qu'ils n'eussent fondé aucune espérance de succès sur cette dernière œuvre de sa vieillesse, que madame Denis avait encore resserré les liens qui les attachaient à la mémoire du grand écrivain, en faisant à la comédie une cession de tous les honoraires des pièces de son oncle [1]. Il avait été convenu, à la requête de celle-ci, qu'*Agathocle* serait représenté pour l'anniversaire de la mort de Voltaire ; et Vanhove, alors semainier, fut chargé par ses camarades, d'adresser une lettre circulaire aux auteurs qui avaient des pièces sur le répertoire, pour leur demander leur acquiescement à un tour de faveur déjà obtenu pour *Irène* [2]. Avant la représentation, Brizard débitait un discours très-adroit, composé par D'Alembert, dans lequel étaient plaidées les circonstances atténuantes, et où il en était appelé à la bienveillance de cet auditoire d'Athéniens éclairés, pour une esquisse à laquelle le dernier coup de lime avait manqué. « Votre équité suppléera à ce que vos lumières pourraient y désirer ; vous croirez voir ce grand homme présent encore au milieu de vous, dans cette même salle qui fut soixante ans le théâtre de sa gloire, et où vous-même l'avez couronné, par nos faibles mains, avec des transports sans exemple. » La pièce fut écoutée avec recueillement et respect. Mais la faiblesse de l'ouvrage n'en fut pas moins sensible, et, malgré quelques beaux vers, qui ne suffisent point pour soutenir un sujet dénué de ressort et d'intrigue, on pressentit, dès le premier soir, qu'il ne devait pas aller loin. En effet, après la troisième représentation, la tragédie dut être retirée.

1. Archives de la Comédie-Française. Registre concernant MM. les auteurs, du 25 mai 1772 au 20 novembre 1780. La cession était du 28 juin 1778 et datée de Boulogne.
2. *Mémoires secrets pour servir à l'histoire de la République des lettres* (Londres, John Adamson), t. XIV, p. 51, 52 ; 15 mai 1779.

Le moment approchait où seraient décernés les prix de la Saint-Louis. L'attention des juges s'était d'abord portée sur une *Épître à Voltaire*, de Murville, qui ne manquait ni de mouvement ni de détails heureux[1], et elle paraissait devoir fixer les suffrages. Mais tout n'avait pas été inventorié ; il y avait là encore une pièce qu'on ne se hâtait pas d'examiner et dont le volume semblait avoir plus effrayé qu'attiré ses juges[2]. La Harpe eut pitié de la pauvre pièce en disgrâce, et se mit à réciter les vingt premiers vers qui ne produisirent qu'une médiocre impression, il insista pour qu'on le laissât poursuivre, et se fit si bien écouter, qu'en dernière analyse l'Épître de Murville dut céder le premier rang au dithyrambe. A la devise avait été jointe une lettre, dans laquelle, au cas où l'ouvrage paraîtrait digne d'être couronné, le secrétaire perpétuel était prié de n'ouvrir qu'à la séance d'après la Saint-Louis le billet qui, selon la coutume, devait renfermer le nom de l'auteur. L'intérêt que La Harpe avait paru porter à la pièce, donna à penser ; et l'on supposa que l'auteur était le comte de Schowaloff, avec lequel on le savait lié, d'ailleurs poëte aimable, dont la personne et les vers avaient également réussi parmi nous. Mais celui-ci s'empressa de démentir si nettement cette rumeur qu'il fallut bien, faute de mieux, attendre du temps le mot de l'énigme[3]. Une lettre de d'Argental[4], qui déclarait avoir été l'entremetteur officieux de l'auteur anonyme, ne changeait rien aux choses. Le poëte avait ses raisons de ne pas se découvrir, il n'avait voulu que rendre hommage à un grand homme, il suppliait qu'on lui permît de ne pas accepter

---

1. Voir cette pièce dans la *Correspondance secrète* (Londres, John Adamson), t. VIII, p. 339 à 346.
2. La limite indiquée par l'Académie aux concurrents était deux cents vers, chiffre auquel Murville se conformait. Le dithyrambe de La Harpe n'en contenait pas moins de trois cent soixante-six.
3. Grimm, *Correspondance littéraire* (Paris, Furne), t. X, p. 206, 207 ; avril 1779.
4. Secrétariat de l'Institut. Registre de l'Académie française ; 1745-1793. Séance du jeudi 12 août 1779. Lettre de d'Argental au secrétaire ; 11 août.

la médaille[1] et ajoutait qu'il la verrait avec plaisir retourner à l'auteur de l'ouvrage qui venait après le sien, ce qui en effet eut lieu. Ce fut La Harpe qui lut encore, à la séance solennelle, et le dithyrambe, *Aux mânes de Voltaire*, et l'*Épitre*, de Murville.

Mais il fallait bien qu'on pénétrât un jour ou l'autre ces ténèbres, et l'auteur anonyme n'était pas le moins impatient sans doute d'être deviné. On connut bientôt la paternité sournoise de La Harpe, qui, n'ayant pas le droit de concourir puisqu'il était un des juges nés du concours, n'avait pas su davantage résister à la tentation de rendre cet hommage désintéressé à son maître, et de prouver ainsi à la malignité qu'elle l'avait bassement et indignement calomnié. Il croyait l'avoir démontré dans *les Muses rivales*; il le fera, en troisième et dernier lieu, à la réception de Chabanon, le 20 janvier, par la lecture de quelques fragments d'un *Éloge de M. de Voltaire*, parmi lesquels se trouvait un parallèle du style de Racine et de Voltaire, qui devait enlever tous les applaudissements et tous les suffrages[2].

Le cardinal de Rohan, auquel ses confrères de l'Académie s'étaient adressés pour obtenir la messe d'usage aux Cordeliers, avait cru sortir d'embarras en leur donnant le sage conseil de remettre à plus tard l'accomplissement d'un projet auquel les circonstances ne se prêtaient point alors. C'était une défaite dont personne ne fut dupe. Ajourner, en tous cas, n'est point se désister, et le parti encyclopédique comptait bien ne pas en demeurer là. L'occasion, d'ailleurs, se présenta de renouer cette négociation interrompue. Le feu ayant pris au château de Saverne, l'Académie fit faire au cardinal de Rohan, par Marmontel, un compliment auquel il fut sensible, et dont il la remercia avec empresse-

---

1. La Harpe, *Correspondance littéraire* (Paris, Migneret, 1804), t. II, p. 415, 416.
2. Grimm, *Correspondance littéraire* (Paris, Furne), t. X, p. 263; janvier 1780. — *Mémoires secrets pour servir à l'histoire de la République des lettres* (Londres, John Adamson), t. XV, p. 29; 24 janvier 1780.

ment. M. de Foncemagne venait de mourir (26 septembre), et il allait être question de lui faire dire une messe aux Cordeliers. D'Alembert fit observer à ce propos que, avant de procéder au service de ce dernier, il était nécessaire que l'Académie prît une détermination au sujet de celui de M. de Voltaire jusqu'à présent suspendu, et pour lequel la famille de cet homme illustre renouvelait ses plus pressantes sollicitations. Après en avoir délibéré, il fut décidé que M. le cardinal de Rohan, grand aumônier, et, à ce titre, maître de la chapelle du Louvre, serait prié d'obtenir de l'agrément du roi que les services funéraires des académiciens se fissent désormais dans cette chapelle, et qu'en conséquence on célébrât à la fois ceux de MM. de Voltaire et Foncemagne. Le cardinal, qui était présent, ne fit nulle objection, pas plus que l'évêque de Limoges (Coetlosquet), et l'abbé de Radonvilliers, puisque la mesure fut votée à l'unanimité [1]. C'était une surprise de D'Alembert, sans pareil pour ces sortes d'habiletés, et qui, comme on le pense, ne devait pas en demeurer là. L'Éminence, acculée, demanda un répit de quelques jours qui lui permît de s'occuper plus à loisir de cette importante affaire [2].

Un mois s'écoula de la sorte. Mais le 16 décembre allait réunir la majeure partie des membres présents à Paris. Il s'agissait de donner un successeur à Foncemagne, et de pareilles assemblées sont toujours nombreuses. Nous n'avons point à entrer dans les détails de l'élection qui se fixa sur Chabanon, un élève de Voltaire. Le vote achevé, M. de Rohan, sachant bien qu'il ne pouvait reculer davantage l'explication qu'on attendait de lui, dit, qu'à la suite des démarches qu'il avait faites, et après y avoir mûrement rêvé, il estimait plus convenable pour l'Académie comme pour lui, que le premier service qui aurait lieu pour leurs confrères morts fût célébré dans une église de Paris, différente de la chapelle du Louvre. C'était une fin de non-recevoir polie, et

1. Secrétariat de l'Institut. Registre de l'Académie française; 1745 à 1793; du jeudi 11 novembre 1779.
2. *Ibid.*, du jeudi 18 novembre 1779.

dont il fallait se contenter. On se mit à délibérer de nouveau sur cette question d'une si délicate solution, et l'assemblée arrêta, à la pluralité des voix, que, dorénavant, il ne serait plus fait de service particulier pour les académiciens défunts, mais seulement, à l'exemple de plusieurs compagnies, un service général à la fin ou au commencement de chaque année, et l'on pria l'archevêque de Lyon, Montazet, d'instruire Sa Majesté de la délibération [1]. Deux jours après, le prélat venait rendre compte à ses confrères de la réponse du roi, qui avait déclaré que son intention était que la compagnie suivît ses anciens usages. L'expédient proposé eût été pourtant une solution dictée aux pacifiques par le besoin d'en finir avec cette cause d'aigreur et de division. D'Alembert, qui ne devait pas être l'auteur de l'amendement [2], se hâta de dire que l'Académie devant se conformer aux ordres du roi, et son ancien usage étant de ne faire le service d'un académicien défunt qu'après celui de l'académicien mort avant lui, il proposait à l'Assemblée d'envoyer, selon la coutume, son libraire [3] aux Cordeliers pour demander le service de M. de Voltaire, ce qui fut arrêté d'une voix unanime. Mais le résultat n'était pas douteux, et

1. Un procès-verbal ne dit pas tout, et nous rencontrons des détails supplémentaires fort piquants dans le recueil de Bachaumont, très-bien informé à cette date, comme on l'a déjà remarqué, sur ce qui se passait parmi les quarante. L'archevêque de Lyon, qu'on n'était pas fâché d'embarrasser tout au moins, s'en tirait avec esprit et habileté. Il répliquait qu'il était primat des Gaules, et que les contradictions qu'occasionneraient peut-être dans Paris la demande et le refus du service en instance, pourraient, si elles prenaient d'autres proportions, ressortir de son tribunal, et qu'à toute éventualité, il devait ne pas s'expliquer à l'avance sur ce qu'il aurait un jour à juger. *Mémoires secrets pour servir à l'histoire de la République des lettres* (Londres, John Adamson), t. XIV, p. 321, 322; 23 décembre 1779.

2. C'était l'archevêque d'Aix qui avait donné l'idée de réformer l'usage d'un service à chaque académicien décédé, pour en établir un à perpétuité, qui engloberait indistinctement tous les morts de la Compagnie. On se demande pour quelle cause Louis XVI n'y avait point consenti.

3. On appelait ainsi l'employé chargé de faire les copies. Voyez le *Dictionnaire de Littré*.

le messager de l'Académie rapportait le billet suivant de la main même du P. gardien des Cordeliers, mais non signé. « Mr de Mouville a rempli sa mission auprès du p. gardien, qui persévère dans les mêmes sentimens qu'il a eu l'honneur de manifester à Mr D'Alembert. A Paris, ce 19 décembre 1779. » Le secrétaire perpétuel communiquait, le lendemain, le document à la compagnie : la chose méritait une mûre délibération, et il proposait de remettre la discussion à quelque autre assemblée, « après que Mrs les académiciens auraient fait leurs réflexions sur le parti qu'il était le plus à propos de prendre[1]. » Pour le coup, à moins de chercher une revanche sur un autre terrain, il n'y avait qu'à se résigner : le débat était clos et bien clos.

Mais cette messe si inexorablement refusée à Paris par M. de Beaumont et l'abbé de Tersac, on allait l'obtenir d'un clergé ou plus tolérant ou moins indépendant. C'est encore D'Alembert qui se mettra en campagne avec cette ardeur de haine que sa santé perdue ne saurait ralentir. Il écrivait au roi de Prusse, à la date du 29 février : « Votre Majesté a bien raison d'être indignée du traitement que ces superstitions ont valu en France à la mémoire de Voltaire : j'oserais vous proposer, Sire, une petite réparation qui mortifierait un peu les fanatiques ; ce serait de lui faire faire dans l'église catholique de Berlin le service funèbre que nos prélats Welches lui ont refusé. On vient encore d'insulter sa mémoire d'une manière indécente dans un plaidoyer fait au parlement de Rouen par un conseiller au parlement de Paris. Nos parlements, Sire, sont plus plats et plus ignorans que la Sorbonne, et c'est assurément beaucoup dire[2]. »

La veille même de sa mort, nous avons vu Voltaire, comme le vieux Siméon, entonner l'hymne d'actions de grâce, en apprenant l'arrêt du grand Conseil qui cassait la sentence du parlement relative à la condamnation de l'in-

---

1. Secrétariat de l'Institut. Registre de l'Académie française ; 1745-1793 ; du lundi 20 décembre 1779.
2. OEuvres de Frédéric le Grand (Berlin, Preuss), t. XXV, p. 141. Lettre de D'Alembert à Frédéric ; 29 février 1780.

fortuné Lalli, après trente-deux séances de commissaires, à l'unanimité de soixante-douze voix, et qui renvoyait l'affaire devant le parlement de Rouen. Mais, pour ce procès, comme pour celui de Calas, l'esprit de corps se révolta à l'idée seule d'admettre qu'une cour souveraine eût failli; et l'aréopage normand confirmait le premier jugement (23 août 1783). Il en sera de même, devant le parlement de Dijon, qui donnera raison aux deux arrêts; et Tollendal n'obtiendra que plus tard cette réhabilitation qu'il poursuivit avec une infatigable persévérance. D'Alembert, en parlant de ce conseiller de Paris qui n'avait pas craint d'insulter à la mémoire de l'auteur des *Fragments historiques sur l'Inde*, avait en vue d'Esprémesnil qui, intéressé à écarter l'effet moral d'un appui si éloquent, s'écriait en plein prétoire : « Vers la tombe de M. de Voltaire, s'avance à pas lents, mais sûrs, la postérité qui, dans l'écrivain le plus vanté, cherchera vainement l'homme de bien[1]. »

La proposition du géomètre fut favorablement accueillie de la part du Salomon du Nord, qui promit de faire de son mieux; car il n'était pas absolument le maître sur ce terrain, ou du moins ne voulait pas parler en maître. « Il faudra s'y prendre adroitement pour arracher de nos prêtres une messe et un service pour Voltaire; les Allemands ne connaissent son nom que comme celui d'un athée, d'un Vanini et d'un Spinoza, et il faudra négocier pour amener cette messe à une fin heureuse[2]. » D'Alembert s'empressait d'expédier en conséquence les diverses pièces dont l'abbé Mignot s'était servi pour vaincre les scrupules du prieur de Scellières, et qui lui furent confiées par les deux neveux du poëte, mais à la condition de ne pas les rendre publiques, ce qui eût pu avoir des inconvénients graves pour

---

1. *Mémoires secrets pour servir à l'histoire de la République des lettres* (Londres, John Adamson), t. XV, p. 84, 85; 15 mai. — *Correspondance secrète, politique et littéraire* (Londres, John Adamson), t. IX, p. 279; Paris, le 25 mars 1780.
2. *OEuvres de Frédéric le Grand* (Berlin, Preuss), t. XXV, p. 144. Lettre de Frédéric à D'Alembert; 26 mars 1780.

eux (14 avril 1781). Quinze jours après, Frédéric accusait réception du concluant dossier, et annonçait au secrétaire perpétuel que l'auteur de *Zaïre* aurait une belle messe chantée dans l'église catholique de Berlin. « Muni de toutes les pièces que vous m'avez envoyées, j'entame à Berlin la fameuse négociation pour le service de Voltaire, et quoique je n'aie aucune idée de l'âme immortelle, on dira une messe pour la sienne. Les acteurs qui jouent chez nous cette farce connaissent plus l'argent que les bons livres. Aussi j'espère que les *jura stolæ* l'emporteront sur le scrupule[1]. » Ce fut le Français Thiébault qui fut chargé de négocier avec le curé de Berlin. Il avait été antérieurement décidé avec le roi que la démarche serait faite au nom des académiciens catholiques, MM. de la Grange, de Francheville, Borelly, Pernetti, qui ne demandèrent pas mieux de concourir à cette œuvre expiatoire. Les pièces dont il a été question plus haut parurent suffisantes, et l'on s'entendit aisément sur les frais du service, qui furent fixés à cent reisdalers (360 fr.). La cérémonie eut lieu avec beaucoup d'apparat, et en présence d'une nombreuse assistance. Mais l'important n'était pas tant de dire cette messe que de faire connaître au monde entier qu'il n'y avait que des Welches capables de refuser les derniers devoirs religieux à un aussi bon chrétien que M. de Voltaire. Le jour même (30 mai 1780), Thiébault rédigeait la note suivante qui paraissait incontinent dans la *Gazette de Berlin*, et, bientôt après, dans le *Courrier du Bas-Rhin* et les autres journaux étrangers.

« Aujourd'hui à neuf heures du matin, on a célébré en l'église catholique de cette ville, avec toute la pompe convenable, un service solennel pour l'âme de messire Marie-Arouet de Voltaire..., etc..., etc... Ce service a été demandé par les académiciens catholiques de Berlin; ils l'ont obtenu de M. le curé, avec d'autant plus de facilité, de justice et de raison, qu'ils ont produit des preuves authentiques que feu

---

[1]. *Œuvres de Frédéric le Grand* (Berlin, Preuss), t. XXV, p. 149. Lettre de Frédéric à D'Alembert; le 1ᵉʳ mai 1780.

M. de Voltaire a fait, peu avant sa mort, une profession de foi orthodoxe, qu'il s'est confessé, qu'il a édifié les âmes chrétiennes par des aumônes considérables et autres bonnes œuvres, et qu'il a eu à l'abbaye de Scellières, au diocèse de Troyes, en Champagne, tous les honneurs de la sépulture ecclésiastique; de sorte que c'est méchamment qu'on a fait courir le bruit que le clergé français aurait voulu les lui refuser; chose que ce clergé si respectable n'eût pu faire sans violer les lois de la justice, sans blesser les principes de la bonne police, et sans donner à des haines particulières une influence incompatible avec la charité chrétienne, et avec toutes les vertus sincères et véritables [1]. »

Si Thiébault avait été le rédacteur et l'expéditeur, on sent qu'il avait dû s'inspirer du roi et de son compère. Des traductions de la *Gazette de Berlin* furent diligemment envoyées en France, et La Harpe, pour sa part, reproduisait en entier la note dans sa correspondance [2]. Diderot y faisait également allusion, avec un contentement qui déborde, dans un livre où sûrement on ne serait pas allé la chercher [3]. C'était là une victoire, en effet, et une leçon de tolérance et de charité donnée au clergé français qu'elle ne devait qu'indigner et non corriger.

Pour cette fois, D'Alembert avait lieu, ce semble, d'être satisfait, et l'on s'attend à le voir un peu respirer après cette succession de combats, d'assauts contre un ennemi formidable. Mais D'Alembert ne désarme point. Ce succès, bien plutôt, lui donne envie d'en remporter un autre de nature plus durable, car les cérémonies s'oublient et les monuments restent. C'est encore à Frédéric qu'il a recours, c'est à Frédéric qu'il suggère ce nouveau moyen de chagriner un clergé odieux, auquel il ne peut penser sans bondir. « Nous sommes bien sûrs, dit-il, à présent que Voltaire a

---

1. Dieudonné Thiébault, *Souvenirs de vingt ans de séjour à Berlin* (Paris, Didot, 1860), t. II, p. 359 à 364.
2. La Harpe, *Correspondance littéraire* (Paris, Migneret, 1804), t. III, p. 114, 115, 116.
3. Diderot, *Essai sur les règnes de Claude et de Néron* (Londres, 1782), t. II, p. 308.

pour le moins un pied en paradis. Il ne manquerait plus, Sire, aux honneurs de toute espèce que Votre Majesté lui a fait rendre, que de lui élever dans l'église de Berlin un monument où il serait représenté se prosternant devant le Père éternel, et foulant aux pieds le fanatisme. L'épigramme serait excellente, et le sculpteur Tassaert pourrait exécuter cette idée sous les yeux et d'après les vues de Votre Majesté (24 juillet 1780). » Mais, pour le coup, le philosophe de Sans-Souci ne se prêta point à cette vengeance coûteuse, si elle était plus durable. « L'église catholique de Berlin, répondit-il, ne conviendrait guère au cénotaphe que vous proposez de lui ériger. Cette église est bâtie sur le modèle du Panthéon de Rome, et on ne saurait sans la défigurer y placer de ces sortes de mausolées (1er août). » L'argument était-il bien sérieux? D'Alembert, qu'on ne paye pas de mauvaises raisons, répliquera que Raphaël est enterré dans le Panthéon, et qu'on lui a érigé un monument sur le modèle duquel on pourrait en élever un semblable, à Berlin, au Raphaël de la littérature. Et il terminait, en disant, qu'il osait encore espérer que le roi se laisserait gagner par l'opportunité d'un monument également digne du poëte et du souverain. Mais Frédéric n'est pas convaincu. D'ailleurs, était-ce dans une église qu'il fallait confiner l'auteur du *Dictionnaire philosophique* et du *Sermon des cinquante?* « Je crois qu'il ne s'y plairait pas. Il vaut mieux placer son buste dans l'académie (2 octobre). » C'eût été, pourtant, une nouvelle et bien éloquente protestation contre une dernière insulte faite aux cendres du grand homme. « Croiriez-vous, Sire, qu'on refuse ici à sa famille de lui faire un mausolée très-modeste dans la petite église obscure de province où il est enterré? (3 novembre.) » L'abbé Mignot avait commandé, en effet, au sculpteur Claudion un mausolée destiné à surmonter la dalle nue et sans inscription qui recouvrait ces restes illustres, mais il dut renoncer à un projet qui n'eût pas été toléré[1]. Fut-ce pour se faire pardonner son refus?

---

1. *Mémoires secrets pour servir à l'histoire de la République des*

Frédéric faisait dire encore, à Breslau, cette fois, une messe pour le repos de l'âme du patriarche, qui lui valait une belle épître de la comtesse Fanny de Beauharnais, à laquelle il répondait galamment par une lettre de remerciement et d'éloges pour son talent facile et gracieux [1].

D'Alembert se plaignait du refus fait à la famille du poëte d'édifier un mausolée à la place où reposait son chef illustre; mais, à défaut de ce monument de pierre et de marbre, un autre se préparait, et plus durable que le marbre et la pierre. C'était une édition complète des œuvres du grand écrivain, édition digne de son génie, expurgée des apports étrangers, des fautes grossières de langage, de grammaire, d'orthographe, dont fourmillaient les moins défectueuses parues de son vivant. Le libraire Panckoucke, qui était allé voir Voltaire à Ferney avec madame Suard, sa sœur, amassait depuis lors les matériaux de cette vaste entreprise, qu'il n'était pas destiné à sortir même de ses fondements. A la fin de septembre 1778, madame Denis faisait remettre au célèbre éditeur deux caisses de papiers et de manuscrits; il s'y rencontrait peu de pièces inédites, car Voltaire n'aimait pas à remettre ses jouissances : c'étaient, avec une correspondance sur tous les sujets et à l'adresse de tout l'univers, les retouches, les corrections, les expurgata de ses divers ouvrages, poëmes, tragédies, épîtres, contes; sa dernière pensée, pour tout dire, quelque chose comme son testament littéraire [2].

lettres (Londres, John Adamson), t. XII, p. 124, 125; 4 octobre 1778.
1. *Journal de Paris*, du vendredi 26 janvier 1781, n° 26, p. 103. Réponse du roi de Prusse à l'épître que madame la comtesse de Beauharnais avait adressée à Sa Majesté ; à Berlin, le 5 janvier 1781. L'envoi de l'épître était du 20 novembre 1780. M. Preuss ne semble pas avoir connu cette lettre, qu'il ne reproduit point dans son édition des *OEuvres de Frédéric le Grand*.
2. Les corrections devaient être portées sur un exemplaire interfolié de papier blanc de l'édition encadrée (en quarante volumes in-8°, 1775), envoyé par Panckoucke à l'écrivain. Quand Voltaire mourut, il n'avait pas eu le temps d'achever cette révision. L'on remit au libraire, avec les manuscrits, ceux des volumes qu'il avait

Au lieu d'applaudir au zèle que l'on déploya pour rassembler tant de fragments épars, souvent désavoués par leur auteur, les gens de goût auraient voulu, dans l'intérêt du poëte, que l'on procédât avec une sage rigueur au choix des ouvrages qui seraient admis ; car tout publier d'un écrivain qui ne s'était que trop abandonné à sa facilité, c'était, semblait-il, compromettre celles des œuvres, dont le mérite assurait la durée : était-on, d'ailleurs, jamais allé à la postérité avec un tel bagage ? L'argument avait du poids ; il pouvait être sans réplique à l'égard de tout autre que cet esprit excessif, le représentant le plus net comme le plus illustre de cette époque excessive. Mais Voltaire, mais son siècle, ne sont-ils pas tout entiers dans ces mille feuilles volantes d'histoire, de morale, de philosophie et de polémique passionnée ? A part l'esprit, tout cela est à maintenir, à respecter dans son intégrité, comme l'expression historique d'une société si intéressante à étudier et qui allait aux abîmes. C'est ce que ne comprit point Palissot, homme de goût, lettré circonspect bien que satirique effréné. Lui aussi songera à se constituer l'éditeur de l'auteur de la *Henriade*; et la supériorité de son édition sur celle qui s'annonçait avec tant de fracas, résiderait avant tout dans le choix des pièces qui y seraient accueillies, dans l'exclusion impitoyable des avant-propos inutiles, des variantes superflues, des lettres oiseuses, des redites fatigantes, et de tout ce que l'intérêt de la gloire de l'écrivain ou même un sentiment de bienséance ordonnait de supprimer[1]. Mais, pour ne parler

eu le loisir de retoucher. Quérard, *Bibliographie voltairienne*, p. 99.

1. « Beaumarchais, dira-t-il, par esprit de spéculation plutôt que par amour pour la gloire de Voltaire et de l'intérêt public, mit à contribution, sans distinction, les portefeuilles de ceux qui pouvaient avoir eu quelque relation avec cet illustre écrivain ; il a publié jusqu'aux lettres que Voltaire écrivait à ses gens d'affaires. L'enthousiasme et le désir de multiplier ses volumes lui firent tout admettre sans choix, et il ne s'aperçut pas que ce triste superflu, dont il croyait enrichir sa collection, que le public improuve aujourd'hui, était au contraire le plus sûr moyen de l'appauvrir. Il ne parvint cependant pas à épuiser tous les portefeuilles, car quelques personnes

que des lettres, qu'entend-il par « ces inutilités prodiguées dans la correspondance, » et à quelle lettre, à quel billet de Voltaire de tels qualificatifs sont-ils attribuables?

A l'heure qu'il est, cette correspondance formidable, qui se grossit tous les jours de nouveaux acquets, est peut-être le titre le plus assuré à l'immortalité de ce roi des polygraphes. La correspondance à elle seule n'est-elle pas toute l'histoire du dix-huitième siècle, l'histoire au jour le jour, l'histoire heure par heure, de Voltaire sans doute, mais presque autant de son époque? Et quel merveilleux et incomparable ensemble sans prétention, sans préoccupation d'un public, préoccupation qui donne quelque contrainte, il faut bien le dire, à cet autre admirable ensemble des lettres de madame de Sévigné! Ce fut pourtant une question très-controversée que celle d'une publication un peu libérale des lettres de Voltaire, grosse d'alarmes et de tempêtes. Le principe décidé, restait l'exécution, restait la tâche épineuse de rassembler, d'obtenir des détenteurs ces matériaux sans nombre. Et l'on devine en présence de quelles difficultés on allait se trouver. Ces lettres, écrites pour la seule intimité, avec la liberté du tête-à-tête, étaient pleines de révélations délicates à l'égard de gens vivants pour la plupart et qui ne manqueraient pas de jeter les hauts cris devant une révélation indiscrète. De pareilles communications, lors même qu'elles échappent à cet écueil, tiennent d'ailleurs toujours un peu de la profanation et de la prostitution; c'est fausser leur destination foncière, c'est une sorte de déloyauté et d'abus de confiance qu'excuse aisément la postérité, mais qui n'en est pas moins réelle, et que durent sentir ceux auxquels on demandait de commettre cette action équivoque.

---

qui comptent parmi la république des lettres, ayant eu connaissance de notre édition, se sont empressées de nous transmettre des matériaux de la main de Voltaire, qui ne peuvent qu'embellir notre collection, sans la surcharger. » *Moniteur universel* (supplément au n° 308), octidi, 8 thermidor an II (26 juillet 1794); annonce de l'édition de Palissot.

Une chose fort intéressante et qui édifie d'une manière bien piquante sur la tâche des metteurs en œuvre de l'entreprise, c'est le témoignage écrit de leurs efforts. Nous avons recueilli à cet égard bien des documents que nous regrettons de ne pouvoir faire figurer dans ce travail. Tantôt ce sont des refus nets sous l'entortillage poli de la forme. Le duc de Nivernois, dans les mains duquel se trouvaient les lettres de Voltaire à Thiériot, répondra que ces épîtres, d'ailleurs de peu de valeur au point de vue littéraire, écrites presque toutes en anglais, ne valaient pas la peine d'être traduites. « Quelques-unes sont importantes, mais elles contiennent des choses de telle nature qu'il vaut mieux les jeter au feu que de les publier[1]. » Heureusement n'en fit-on rien, et ont-elles été publiées depuis, comme nous croyons l'avoir dit. Madame Necker ne consentira pas davantage, pour des raisons très-concevables et qu'elle déduit avec quelque raffinement : « Je redoute l'éclat comme l'ennemi le plus dangereux de mon bonheur et de ma réputation... Les lettres que M. de Voltaire m'a écrites ne pourroient être publiées sans inconvéniens pour moi : elles sont toutes dictées par l'indulgence qu'il conservoit encore après un long éloignement et que l'affection d'un vieillard pour une jeune personne pouvoit seule justifier[2]... » Le duc de Choiseul repoussait absolument toute confidence de ce genre ; et ce ne fut que longtemps après qu'on parvint à se procurer, par voie indirecte, quelques lettres à lui adressées[3]. Il

---

1. Charavay, *Catalogue des lettres autographes*, provenant du cabinet du chevalier de R....y ; du lundi 30 novembre 1863, p. 67, 68, n° 478. Lettre du duc de Nivernois à Panckoucke ; Paris, 15 septembre 1778.

2. *Ibid.* même catalogue, p. 66, 67, n° 472. Ces lettres de Voltaire à madame Necker furent publiées par le comte Golowkin dans ses *Lettres diverses recueillies en Suisse* (Genève, 1821). Les originaux se trouvent à la bibliothèque de Lausanne.

3. Longchamp et Wagnière, *Mémoires sur Voltaire* (Paris, André, 1826), t. II, p. 4, note. — *Mémoires secrets pour servir à l'histoire de la République des lettres* (Londres, John Adamson), t. XII, p. 132, 133 ; 12 octobre 1778.

en fut de même des Tronchin, auprès desquels le marquis de Florian avait promis de s'entremettre [1].

Les gens de lettres, qui vivent de la renommée, se montrèrent autrement faciles, et s'empressèrent de confier leurs lettres à Panckoucke. [2] La Harpe envoya soixante lettres[3]; Grimm, quatre-vingt-quinze lettres adressées à la duchesse de Saxe-Gotha [4]. François de Neufchâteau envoie tout ce qui lui reste des lettres de l'auteur de *Zaïre;* mais la meilleure partie était passée dans les mains d'une femme « dont je croyois être aimé, dit-il avec une naïveté plaisante, et qui n'aimoit, en effet, que les lettres de Voltaire[5]. » Bien des gens du monde ne firent point difficulté d'apporter leur part au monument. Senac de Meilhan, l'intendant du Hainaut, fut de ceux-là[6]. Chaque jour, la moisson s'augmentait et effrayait déjà par son volume, bien qu'elle fût loin encore des proportions qu'elle devait atteindre. « Comment se flatter, disait La Harpe, de rassembler toutes ces lettres écrites dans le cours d'une si

---

1. Gaullieur, *Mélanges historiques et littéraires sur la Suisse française* (Genève, 1855), p. 3, 4. Lettre du marquis de Florian à Tronchin des Délices; 28 septembre 1778. Depuis, ce dépôt, si fermé, s'est ouvert un instant; mais il existe, et nous l'avons palpé, un ensemble de lettres autographes ne formant pas moins de sept volumes, qu'on se refuse, avec une obstination qu'il faut respecter, à laisser publier.

2. Charavay, Cabinet du chevalier de R....y, p. 78, n° 558. Lettre de Saint-Lambert à Panckoucke; 18 octobre 1780. Réponse de Panckoucke.

3. *Ibid.*, Charavay, même catalogue, n° 327. Deux lettres de La Harpe à Panckoucke; 4 et 11 février 1781. Réponse; 12 du même mois.

4. *Ibid.*, n° 254. Reçu délivré par Grimm à Panckoucke; Paris, 14 juillet 1779, p. 78, n° 558.

5. *L'Amateur d'autographes*, 11e année (16 novembre 1867), p. 348, 349. Lettre de François de Neufchâteau à Panckoucke; Mirecourt, le 6 décembre 1778. — Walpole laissera publier les lettres à sa vieille amie, madame du Deffand. Charavay aîné, *Catalogue d'autographes du vicomte de Fer...*; du lundi 3 décembre 1866. Lettre de Walpole au duc de Guines; Londres, 23 mars 1784.

6. Charavay, (cabinet du chevalier de R....y), p. 81, n° 581. Lettre de Senac à Panckoucke; Valenciennes, 23 octobre 1779.

longue vie, par un homme qui en écrivait tant? Panckoucke
en possède du moins une assez grande partie. M. d'Argental
lui a remis toutes celles qu'il avait, et ce dépôt grossi par
un commerce assidu de plus de quarante années est sans
doute le plus considérable de ce genre. Plusieurs gens de
lettres ont donné au même libraire celles qu'ils avaient
gardées, et qui est-ce qui ne gardait pas les lettres de Voltaire? M^{rs} D'Alembert et Condorcet[1] ont donné les leurs; je
n'ai pas cru devoir refuser les miennes. C'est à l'éditeur à
voir ce qu'il peut faire de ce recueil, dont la publication
n'est pas sans difficulté ni sans inconvénient. On imagine
aisément que lorsque l'auteur écrivait à ses amis avec
liberté, il ne se gênait pas sur plusieurs articles fort délicats. L'amour-propre de plusieurs personnes en place et de
plusieurs gens de lettres peut se trouver compromis; cependant ce serait ôter beaucoup de prix de ces lettres que de
les altérer; et si l'on veut satisfaire la curiosité publique,
il faut montrer Voltaire tel qu'il était, et ne se permettre
de retranchemens que dans des cas fort graves[2]. »

Mais avec l'amour-propre il n'est que des cas graves; et,
quelque réserve qu'on y mît, l'on devait s'attendre à bien
des clameurs. La Harpe parle du dépôt fait par d'Argental de lettres à lui adressées, et les *Mémoires secrets*
vont jusqu'à fixer à quatre mille livres le chiffre du marché[3]. Après les avoir confiées un instant à Panckoucke,

---

1. L'édition de Beuchot ne contient pas, comme on l'a pu voir,
toutes les lettres de Voltaire à Condorcet. Les *OEuvres de Condorcet*
(édit. Arago) en ont révélé cinquante-deux complétement inédites.
Mentionnons également Morellet, qu'oublie La Harpe. « ... J'ai donné
ces lettres, dit l'abbé, aux éditeurs de la collection de ses œuvres,
entreprise par Beaumarchais. On en a retranché quelques-unes un
peu fortes sur certains sujets, dans un temps où l'on connaissait
encore quelques limites qui n'arrêteraient pas des éditeurs aujourd'hui. » *Mémoires de Morellet* (Paris, Ladvocat, 1822), t. I,
p. 234, 235.

2. La Harpe, *Correspondance littéraire* (Paris, Migneret, 1804),
t. II, p. 296, 297.

3. *Mémoires secrets pour servir à l'histoire de la République des
lettres* (Londres, John Adamson), t. X, p. 132, 133; 12 octobre 1778.

l'Ange gardien les avait retirées; il les léguera à une dame « de sa société. » Ce fut d'elle, nous dit Wagnière, que Panckoucke les tint gratuitement. « S'il lui en témoigna de la reconnaissance, ajoute-t-il, ce n'aura été qu'avec la délicatesse convenable en pareil cas[1]. » Nous, qui avons sous les yeux l'acte de vente, nous sommes forcés de donner raison aux nouvelles à la main, des mieux renseignées cette fois, car madame de Vimeux, la dame en question, ne consentait à l'abandon et au transport de son précieux dossier qu'en échange d'une somme de quatre mille livres, dont deux mille payées comptant, et les deux autres lors de la publication de la correspondance. Madame de Vimeux, la légataire de d'Argental (peut-être sa fille), autorisait, par l'acte de vente, M. Suard à supprimer ce qu'il trouverait de compromettant ou de scabreux dans ces lettres où étaient agitées tant de questions, remués tant de sujets, tant de personnages évoqués avec cette indépendance absolue de l'intimité[2]. Nul doute que cette sorte de castration imposée par la force même des choses, n'ait été appliquée en plus d'une rencontre, et nous en pourrions citer des cas, bien que Suard ait dû procéder à cette révision avec son tact, un respect dont ne s'écartera que trop, pour sa part, l'abbé Duvernet[3].

1. Longchamp et Wagnière, *Mémoires sur Voltaire* (Paris, André, 1826), t. III, p. 4, note.
2. *Le Collectionneur* (juillet 1868), n° 2, p. 2, 3. L'acte passé par madame de Vimeux avec Panckoucke est du 8 août 1778. Autres détails infiniment curieux dans le *Catalogue des lettres autographes* de M. Duvivier (Étienne Charavay); du vendredi 14 décembre 1873, n° 4, p. 158, 191.
3. Citons ce fragment d'une lettre autographe de D'Alembert à Voltaire : « Voilà la Sorbonne qui veut condamner l'abbé Rémy, comme hérétique, pour son *Éloge de l'Hopital* : mais ces gredins sont, à ce qu'on dit, divisés entre eux, et d'ailleurs, ils craignent le parlement dont on les menace. Quelle vermine et quelle canaille ! » Charles Nisard, *Mémoires et Correspondances* (Paris, Lévy, 1858), p. 350. Dans l'édition Beuchot, « ces gredins » se sont changés en « ces messieurs, » et « Quelle vermine et quelle canaille ! » ne se trouvent plus. *OEuvres complètes*, t. LXX, p. 380, 381. Lettre de D'Alembert à Voltaire ; Paris, 18 novembre 1777. Disons-le, les suppressions, les

Panckoucke devait être le précurseur et non le messie de cette œuvre colossale. Devant une aussi grosse affaire, à tous les points de vue, devant la perspective d'entraves et même de persécutions de toute nature, le plus résolu pouvait se sentir ébranlé; celui-ci, trouvant un acquéreur qui, en le délivrant des soucis d'une entreprise aventureuse, achetait cent soixante mille livres (et non trois cent mille, comme on en avait fait courir le bruit) le droit d'aboutir à un naufrage, sut profiter d'une occasion peut-être unique, et résigna son marché à un oseur, s'il en fût, que le danger et la lutte n'effrayaient point. Il y aurait toute une étude des plus intéressantes sur l'enfantement laborieux de cette multiple machine, sur la coopération financière et littéraire de Beaumarchais, car il avait trop de tempérament et de feu pour ne point se réserver sa part et ne pas glisser son mot à l'occasion; et les quelques notes qui lui sont échappées et qu'il signait de l'appellation bizarre de « Correspondant général de la société typographique » (société, disons-le en passant, qui n'était que dans sa tête) ont un cachet particulier et portent bien sa griffe[1]. Mais ce travail a été fait avec beaucoup de soin et une complète possession de la matière, et nous ne pouvons que renvoyer à des études consciencieuses et savantes, après lesquelles il n'y a plus guère à glaner[2], nous contentant de donner un historique sommaire de l'immense entreprise.

retranchements étaient inévitables. Était-il possible d'imprimer, du vivant de Ximenès, qui n'est mort qu'en 1817, les petites vivacités dont il est l'objet, notamment dans les lettres des 10 et 22 septembre 1755; et celle à Richelieu, du 27 du même mois; et les énormités contre le parlement, qui était debout en 1780 et qui n'eût pas poussé la longanimité jusqu'à tolérer cette phrase d'une lettre de D'Alembert, datée du 31 juillet 1762 : « Enfin, le 6 du mois prochain, la canaille parlementaire nous délivrera de la canaille jésuitique. » On imprimait à Kehl, mais il fallait introduire l'édition en France et obtenir que l'on fermât les yeux; il fallait donc mériter cette occulte indulgence. Quérard, *Bibliographie voltairienne*, p. 100.

1. *La Décade philosophique*, an VII, 20 messidor. IV⁰ trimestre, p. 123, 124, 125.

2. Loménie, *Beaumarchais et son temps* (Paris, Lévy, 1873). — *OEuvres complètes de Beaumarchais* (Paris, Laplace, 1876), avec une

Beaumarchais, qui n'aurait pas voulu attacher son nom à une spéculation misérable et qui savait que ses ennemis ne le perdaient pas de vue, ne reculera devant aucune dépense. Il fit à grands frais l'acquisition des caractères de Baskerville[1], devint propriétaire, dans les Vosges, de trois papeteries qu'il mit en état de suffire aux quinze presses expédiées de Paris et de Londres, et qui ne devaient point gémir assez tôt au gré de ses désirs. A la recherche d'un prote auquel il pût se fier et qui fût au niveau de ce qu'on devait attendre de lui, il avait songé à l'auteur du *Paysan perverti* et du *Drame de ma vie*, Rétif de la Bretonne, compositeur d'imprimerie avant d'écrire des livres. Mais Rétif ne se maniait pas aisément : il avait des idées à lui en bien des matières, et particulièrement en orthographe, idées dont il n'aurait pas fait le sacrifice pour tout au monde ; et l'auteur du *Barbier de Séville* comprit vite que c'était le dernier homme auquel il fallût s'en reposer du soin d'une telle besogne[2]. Son choix s'arrêtait sur un esprit très-intelligent et très-compétent

introduction par Édouard Fournier. — *Théâtre de Beaumarchais;* (1875), avec une notice par Marescot.

1. Supplément au *Dictionnaire historique de Ladvocat* (Paris, Leclerc, 1789), p. 55, 56, 57, au mot *Baskerville*.

2. « Le plus celebre des homes que j'ai conus, dit Rétif, c'est certainement le cit. *Caron de Beaumarchais.* Je l'avais abordé, dès 1778, à l'occasion de son imprimerie de Kell, dont il me proposa d'être le prote : mais il y avait plus de 10 ans que j'avais quité ce genre d'ocupation. J'étais cependant tenté d'acepter, par un effet de mon admiracion pour *Voltaire*, dont On y alait imprimer les immortels ouvrages... Je lui donai, sur notre ortografe, 18 remarques qu'il comuniqua à l'*Académie française* d'alors, qui n'en aprouva que six. Mais on vit, peu de temps après, par la dispute sur *voyiez* et *soyiez*, insérée au *Journal de Paris*, que Delaharpe, coryfée du corps-académique, ne savait pas l'ortografe... » *Monsieur Nicolas* (Paris, 1797), t. VIe, onzième partie, p. 3185, 3186. Nous avons trouvé dans les procès-verbaux de l'Académie, à la date du samedi 30 décembre 1780, trace de cette décision académique. « Le même jour, disent-ils M. le secrétaire a lu une lettre signée *Caron Beaumarchais*, par laquelle les éditeurs de la collection qu'on prépare des œuvres de M. de Voltaire font à la compagnie quelques questions grammaticales et orthographiques relatives à cette édition. La compagnie a commencé la lecture de ces questions, et a chargé M. le secrétaire d'envoyer la réponse à M. de Beaumarchais, quand cette lecture serait achevée. »

qui ne se bornera pas à l'épuration typographique, Decroix, dont le reste de la vie, bien après l'achèvement de l'édition de Kehl, sera consacré à la recherche et au sauvetage des reliques voltairiennes, et particulièrement de la correspondance [1].

Quoique Beaumarchais se fût assuré la bienveillance et la protection occulte de M. de Maurepas, les œuvres complètes de Voltaire ne pouvaient s'imprimer en France. Il se mit en quête, à nos frontières, d'un abri où il fût possible de faire, sans être troublé, fonctionner ses incomparables presses. Le margrave de Bade lui permit de s'établir dans le fort de Kehl, complaisance et gracieuseté bien entendues, et qui ne devaient point profiter médiocrement à ses petits États, qu'enrichissait toute une armée d'ouvriers. On a dit que le fils de l'horloger Caron n'avait vu dans cette entreprise qu'un moyen de donner le change sur des desseins d'une autre nature. Il peut y avoir un peu de vrai dans cette allégation; cela prouverait, en tous cas, qu'il savait mener de front plus d'un objet [2], car il donna à sa double édition toute l'attention et les soins que commandait une affaire aussi épineuse que complexe. Mais c'était la moindre chose de franchir le Rhin et d'imprimer au delà de la fron-

1. *Biographie universelle* (Michaud, nouvelle édition), t. X, p. 265.
2. Une chose complétement ignorée, c'est qu'à cette époque même il songeait à faire exécuter le *Samson* de Voltaire qu'il avait retouché et remis en trois actes. M. Le Noir, auquel le ministre avait envoyé le manuscrit, répondait, trois semaines après, qu'il avait consulté un homme éclairé et judicieux qui avait estimé que « si le poëme de *Samson* étoit bien arrangé, on en pourroit faire un très-bon poëme; mais que, corrigé comme il est, il n'offre ni conduite, ni vraisemblance, ni intérêt... » Le jugement est dur pour Beaumarchais; mais cet homme éclairé et judicieux, quel est-il? Peut-être Suard, dont le mauvais vouloir pour l'auteur du *Mariage de Figaro* nous est connu. Ce qu'il y a de sûr, c'est que Beaumarchais, pour cette fois, eut le dessous. Il prenait sa revanche avec *Tarare*, cinq ans après, en 1787. Archives nationales, ancien régime : opéra, carton O1-632, *Compte que le comité rend au ministre de ce qui s'est passé en son assemblée* du lundi 17 juin 1782; — carton O1-639, Lettre de M. Le Noir au ministre; le 9 juillet 1782.

tière; il fallait vaincre la résistance intérieure et repasser le pont de Kehl. Il y parviendra, non sans de grands soucis, même pour l'entreprise matérielle, car il prétendait élever un monument à la gloire nationale, et nous le voyons dans une agitation voisine du désespoir en présence d'imperfections moins sérieuses, il est vrai, qu'il les supposait [1].

L'éclosion fut laborieuse. Le prospectus paraissait en janvier 1781. Il formait à lui seul un volume entier « fort bavard, » où l'on ne taisait rien des mérites de l'entreprise, des frais énormes qu'elle avait dès lors exigés, du zèle, de l'inébranlable dévouement des éditeurs [2]. Concurremment, Moreau jeune, dans un prospectus particulier, annonçait une suite d'estampes destinées à orner la nouvelle édition. Mais si l'on n'avait rien omis de ce qui pouvait entraîner un public hésitant, l'on n'avait pas pris les mêmes mesures pour conjurer les foudres d'un clergé qui, d'ailleurs, avait

1. Loménie, *Beaumarchais et son temps* (Paris, Lévy, 1873), t. II, p. 226, 227. Lettre de Beaumarchais à Letellier, son agent principal; Paris, ce 10 mars 1781. Beaumarchais n'hésitait pas à offrir l'ouvrage entier à ceux qui s'étaient montrés sympathiques à son œuvre et témoignaient l'envie de la soutenir de leur influence et de leur crédit. « Je n'ai point répondu, monsieur, lui écrivait de Rome le fameux marquis de Bièvre, à l'offre obligeante que vous avez bien voulu me faire d'un exemplaire de l'édition des œuvres de Voltaire. Vous m'annoncez votre prochaine arrivée à Rome : et je l'avois déjà annoncée moi-même d'après vous à M. le car. de Bernis et à l'archiduc de Milan, qui étoit alors ici. Tous deux désiroient avec beaucoup d'empressement l'instant de vous connoître de près. D'ailleurs, je n'aurois point accepté un présent aussi considérable et que je mérite si peu. Vous avez depuis essuyé des contradictions que nous partageons tous. Milady Walpole, l'une des trois souscripteurs pour qui je vous avois écrit, a été attendre son exemplaire dans l'autre monde. Mais milady Cowper et madame la princesse d'Albanie (femme du dernier Stuart et l'amie d'Alfieri) sont encore dans celui-ci et en sont toujours l'ornement. Vous ne m'avez pas envoyé non plus de prospectus. Le Parlement et la Sorbonne ont éteint sur-le-champ notre correspondance... » Étienne Charavay, *Catalogue de lettres autographes*, du 7 mai 1875, n° 44. Lettre du marquis de Bièvre à Beaumarchais ; à Rome, ce 5 novembre 1781 (déjà citée).

2. *Mémoires secrets pour servir à l'histoire de la République des lettres* (Londres, John Adamson), t. XVII, p. 48, 49; 31 janvier 1781.

les yeux ouverts sur la terrible machine de guerre; et l'attaqué ne se faisait pas longtemps attendre. L'archevêque de Paris se plaignit aussitôt, et fit admonester les journalistes qui avaient annoncé le prospectus. « Mais, ajoutait le gazetier que nous mettons à contribution, M. de Beaumarchais est trop chaudement appuyé par de grandes dames pour craindre aucune censure civile ni ecclésiastique [1]; » ce qui était un peu trop s'avancer. L'évêque d'Amiens [2] donna le branle par un mandement foudroyant où il était fait, d'ailleurs, assez malencontreusement allusion à l'affaire du chevalier de La Barre : circonstance qui parut assez grave aux curés d'Abbeville pour les déterminer à ne pas se conformer à l'ordre de leur évêque [3], et ne faisait que trop le jeu des violents de l'autre bord. « Si on savait en France imposer silence à ces sonneurs de tocsin, s'écriait impétueusement à ce propos D'Alembert, ils n'auraient ni partisans ni imitateurs. Peut-être à la fin sentira-t-on la nécessité de les réprimer, pour l'honneur de la raison et le repos public [4]. »

L'archevêque de Vienne, cet ancien évêque du Puy, ce Jean-George, si bafoué, avec son frère, par le fielleux poëte, lançait, de son côté, une circulaire pastorale, dans laquelle il déclarait à ses diocésains qu'ils ne pouvaient, sans pécher mortellement, souscrire à cette œuvre pernicieuse ni faciliter en aucune façon son débit. Le préambule de l'homélie n'était rien moins que le panégyrique de l'auteur du *Pauvre Diable*, qui, dans un parallèle entre lui et Jean-Jacques, cette fois encore, était sacrifié à son rival, auquel on décernait le premier rang, si l'on convenait que l'auteur du *Dictionnaire philosophique* avait gardé, jusqu'à la fin de ses

---

1. *Correspondance secrète, politique et littéraire* (Londres, John Adamson), t. XI, p. 71 ; Versailles, 15 février 1781.
2. Machault, fils de l'ancien contrôleur général des finances.
3. *Mémoires secrets pour servir à l'histoire de la République des lettres* (Londres, John Adamson), t. XVII, p. 159, 160; 8 et 9 mai 1781.
4. *Œuvres de Frédéric le Grand* (Berlin, Preuss), t. XXV, p. 182. Lettre de D'Alembert au roi de Prusse; 11 mai 1781.

jours, « la dictature dans la secte des mécréants. » Le prélat était dans son droit, il exerçait un légitime devoir en stygmatisant tant d'œuvres qui attaquaient son Dieu et sa foi, et trop souvent répréhensibles au seul point de vue des bonnes mœurs. Mais il allait plus loin, mais il allait trop loin, en provoquant, bien qu'il s'en défendit, les rancunes et les sévérités du parlement[1].

Frédéric, en appelant de ses vœux, en juin 1780, une publication dont devait bénéficier le genre humain tout entier, ne soupçonnait point qu'il eût rien à en redouter. Il n'allait pas tarder, toutefois, à apprendre l'existence de ces curieux mais sanglants *Mémoires pour servir à la vie de Voltaire*, écrits en 1759, sous l'impression tenace d'une rancune que les avanies de Francfort ne justifiaient que trop. Ces mémoires, nous avons vu La Harpe en dérober une copie, avec un chant de la *Guerre de Genève*, et chassé du paradis terrestre pour une infidélité qu'on oublia bientôt. Après la mort de Voltaire, deux copies se retrouvèrent parmi ses papiers. Madame Denis, qui n'avait point pardonné au roi de Prusse la grossièreté de ses agents, en envoya une à Saint-Pétersbourg, et ne se fit pas scrupule de joindre l'autre aux pièces inédites qu'elle avait cédées à Panckoucke. Beaumarchais, le successeur de ce dernier, entrevoyant dans ce mystérieux manuscrit toute une fortune, alléchait son monde par des lectures en petit comité; et La Harpe nous dit en avoir entendu une faite par Caron lui-même, chez le duc de

---

1. Voltaire, *Œuvres complètes* (Beuchot), t. I, p. 461, 452. Pièces justificatives. Mandement de l'archevêque et comte de Vienne; le 31 mai 1781. Cette invite de l'archevêque de Vienne au Parlement avait été devancée par une brochure anonyme des plus violentes, qui parut sous le titre de *Dénonciation au Parlement de la souscription pour les Œuvres de Voltaire*, avec cette épigraphe : *Ululate et clamate*, de Jérémie. Grimm en donne un fragment, *Correspondance littéraire* (Paris, Furne), t. X, p. 408 à 411. Il désigne l'auteur sous l'initiale D....... M. de Loménie reproduit la pièce en entier dans le tome II de ses études, p. 570 à 575, à la date du 10 mars 1781. Beaumarchais répliquait avec une virulence égale à l'attaque, le 29 avril, par une note envoyée aux gazettes étrangères. *Ibid.*, t. II, p. 575, 576.

Choiseul[1]. Cela ne pouvait manquer de faire rumeur; et M. de Vergennes, prévoyant les chiffonneries diplomatiques qu'elles occasionneraient, enjoignit à l'auteur du *Mariage de Figaro* de se tenir tranquille. Ces ordres formels imposèrent à celui-ci, qui semble même avoir sérieusement renoncé à donner les *Mémoires* dans son édition. C'est au moins ce que l'on peut conjecturer, d'après cet essai de fusion des *Mémoires* avec les *Commentaires historiques,* de l'édition de Kehl. Mais, soit que la copie dont il était le détenteur ne fût pas la seule, soit qu'il l'eût fait imprimer sous main, après avoir vainement essayé de la céder à bon prix à Frédéric, comme on l'a prétendu (sans preuves, il est vrai), les *Mémoires* circulaient clandestinement dans Paris, en mai 1784[2].

Le baron de Goltz, le ministre de Prusse, jeta les hauts cris, et fit tout pour arrêter la vente et racheter tous les exemplaires qu'il put trouver, expédient bien insuffisant et dont l'effet ne pouvait être que de donner plus de prix au libelle. Les éditions se multiplièrent; et Beuchot avait pu en retrouver quatre du même temps. Une publicité si générale devait diminuer, chaque jour un peu plus, les scrupules des éditeurs de Kehl, qui, toutefois, attendirent prudemment, gagnèrent du temps, et ne reproduisaient, finalement, les *Mémoires* que dans le dernier volume de l'édition in-8°, à la suite de la *Vie de Voltaire,* de Condorcet. Mais, alors, Frédéric était allé rejoindre le patriarche depuis quatre

---

[1]. La Harpe, *Correspondance littéraire* (Paris, Migneret, 1804), t. IV, p. 105.

[2]. Si les torts étaient indiscutables, Voltaire les avait pardonnés, puisqu'il avait repris avec le Salomon du Nord ses relations d'autrefois. On considéra donc comme une action injustifiable l'existence seule de ces mémoires, que leur auteur aurait dû anéantir. M. de Guibert, dans un éloge du roi de Prusse, blâma sans adoucissement (ce sont ses propres paroles) cette vengeance posthume que rien n'excusait plus. Villette, dans une lettre qu'il faut lire, rétablit les faits, fait la part de chacun, et démontre la parfaite innocence du patriarche, victime tout le premier d'un détournement déloyal. *OEuvres* (Édimbourg, 1788), p. 247 à 251. Lettre de Villette à M. de Guibert et réponse de ce dernier; 1787.

années[1]. Si le baron de Goltz ne négligea rien pour faire supprimer le livre, son maître, silencieux et indifférent, évita toujours d'avoir à se prononcer sur ce procédé de son ancien chambellan. Au sujet de l'arrivée du marbre d'Houdon, Thiébault dira : « Ce qu'il y a de remarquable ici, c'est que Frédéric n'a jamais vu ce buste, et n'a pas même voulu le voir; car la caisse qui le contenait fut envoyée par mer, nous arriva par l'Elbe, le Hawel et la Sprée, et traversa Postdam sans y être ni visitée ni arrêtée[2]. » Cela est étrange, en effet. Quoique les fameux *Mémoires* n'aient paru qu'en 1784, leur existence fut assez tôt révélée, et lorsque le buste arrivait à destination, il est probable que le roi de Prusse n'ignorait pas avec quelle amertume, quel ressentiment, la tragi-comédie de Francfort était racontée; et ce pourrait bien être là le mot de cette abstention bizarre et vraiment inexplicable de Frédéric.

L'édition de Kehl devait être le rocher de Sisyphe de Beaumarchais, une affaire ardue, pénible, interminable, offrant à chaque pas des obstacles qui l'arrêtaient sans le vaincre. A ses yeux, comme aux yeux de Decroix, la correspondance était la partie vitale et durable de l'œuvre, et c'était elle qui les préoccupait le plus. Les lettres de Catherine et de Voltaire étaient composées, et l'on ne devait s'attendre à aucune difficulté à cet égard de la part de la Russie. Mais l'impératrice, que cette révélation ne contrarie pas outre mesure, tient pourtant à ce que le public ne sache que ce qu'elle voudra bien lui laisser connaître. Le volume est imprimé; on supprimera, on taillera, on rognera : l'on en sera quitte pour faire des cartons. Grimm eut ordre d'exiger un exemplaire interfolié où la princesse indiquerait de sa main ce qu'elle entendait retrancher. Cela fut l'objet de réclamations diplomatiques, car l'intervention officieuse

---

1. Longchamp et Wagnière, *Mémoires sur Voltaire* (Paris, André, 1826), t. II, p. 54, 55. — Voltaire, *OEuvres complètes* (Beuchot), t. XL, p. 38. Préface du nouvel éditeur.
2. Dieudonné Thiébault, *Souvenirs de vingt ans de séjour à Berlin* (Paris, Didot, 1860), p. 359.

de M. de Montmorin fut réclamée, et la publication de la correspondance de Voltaire avec sa « Catau » n'eut lieu que conformément aux indications de l'exemplaire retourné de Saint-Pétersbourg et paraphé par le baron Grimm ; ce qui ne s'accomplissait pas sans une notable dépense, dont Beaumarchais devait, d'ailleurs, être dédommagé. Mais cette dernière clause fut oubliée, et l'éditeur, qui l'avait prévu sans doute, en fut pour ses frais [1].

Ajoutons que cette affaire épineuse ne fut pas une bonne affaire; que Beaumarchais, qui avait compté sur un écoulement aussi rapide que fructueux, avait fait un tirage de quinze mille exemplaires, et que les souscriptions s'élevèrent tout au plus, malgré les coups de grosse caisse, au chiffre de deux mille. Pour affriander son monde, l'habile homme offrit des primes en loterie : une somme de deux cent mille francs avait été affectée à la création de quatre cents lots en argent au profit des quatre mille souscripteurs les plus diligents [2]; et cette loterie fut ponctuellement et loyalement tirée, encore bien que le nombre des adhésions fût loin d'être atteint. On comprend, à ce compte, quelle masse de papier les deux éditions successives devaient représenter. Lorsqu'en août 1792, le peuple, auquel on avait mis dans la tête que Beaumarchais avait transformé en arsenal sa maison du boulevard Saint-Antoine, envahit cette splendide demeure, il ne rencontra, en guise de fusils et de canons, que les feuilles tirées des *OEuvres complètes*. Et il ne vint à l'idée d'aucun de ces braves gens que c'étaient là pourtant des engins de guerre autrement formidables que les ridicules canons de la Bastille.

Trois années s'écoulaient avant l'apparition des premiers volumes, dont la mise en vente avait lieu en 1783 ; deux ans

---

1. *OEuvres complètes de Beaumarchais* (Paris, Laplace, 1876), p. XLIV, avec une introduction par Édouard Fournier.
2. Loménie, *Beaumarchais et son temps* (Paris, Lévy, 1873), t. II, p. 231. — *Journal de Paris*, des dimanche 4 et lundi 20 février 1781, p. 141; 227. Réponse à une question arithmétique, et lettre de M. de Beaumarchais aux auteurs du *Journal*.

plus tard, en juin 1785, il n'était encore question que des trente premiers volumes. Ce fut alors que les persécutions commencèrent. L'archevêque de Paris, à propos de l'usage des œufs pour le Carême, lançait un mandement dont l'évêque de Senez était, disait-on, pour une bonne moitié, et où les *Œuvres complètes* étaient assez mal menées, mandement auquel Beaumarchais, de son côté, ripostait par une chanson en sept couplets, intitulée : *Cantique spirituel d'un très-spirituel mandement de Carême* :

> A Paris sont en grand saoulas
> Deux saints prélats [1].

Un arrêt du Conseil du 3 juin venait, en outre, supprimer l'édition, qui ne s'en portait pas plus mal, au fort de Kehl. Mais il fallait faire passer en France des milliers de volumes, en dépit d'une surveillance embarrassante quoiqu'on pût l'endormir. Il fallait encore prévenir les souscripteurs, et défense avait été intimée aux journalistes d'annoncer l'édition, d'y faire même la moindre allusion. Tout cela n'aidait pas sans doute au développement commercial de l'affaire qui, tous comptes établis, représentait pour Beaumarchais une perte de plus d'un million, capitaux et intérêts. On ne devait rendre que bien plus tard justice à l'entreprise typographique. Après avoir été discréditée sans nulle mesure, la belle édition de Kehl a repris, et depuis longtemps, le rang qui lui était légitimement dû, c'est-à-dire le premier. Elle est l'édition des Bibliophiles, si le Voltaire-Beuchot est l'édition recherchée des gens de lettres et des érudits ; dans les ventes publiques, elle arrive à des chiffres plus qu'honorables et qui donnent raison, en fin de compte, à cet homme-légion, dont elle n'avait été que la moindre des spéculations.

---

1. *Mémoires secrets pour servir à l'histoire de la République des lettres* (Londres, John Adamson), t. XXVIII, p. 146, 147, 148.

III

VILLETTE JOURNALISTE. — LA CHRONIQUE DE PARIS. — TRANSLATION DES CENDRES AU PANTHÉON.

On avait accusé Villette d'avoir exploité, au profit de sa vanité, l'hospitalité qu'il avait été heureux d'offrir à l'auteur de *la Henriade*; il s'était emparé du cœur de Voltaire, en dépit des légitimes mais peu énergiques réclamations de la famille, et avait, en dernier lieu, acquis pour deux cent trente mille francs ce château de Ferney, dont madame Denis n'aurait pas dû se défaire, par respect pour son oncle. Ce cœur, qu'il avait recueilli dans une boîte de vermeil, trouvait son naturel sanctuaire dans la chambre même du poëte, dont on avait conservé avec un soin religieux la distribution et l'emménagement. Le monument dans lequel il était déposé était une pyramide quadrangulaire contre laquelle avait été adossé un autel formé d'un simple tronçon de colonne cannelée. Cet ensemble, d'une élévation approximative de sept pieds, paraissait de marbre blanc, noir et vert antique, et était encaissé dans une niche drapée de noir[1]. Quelque sommaire qu'elle soit, cette description donnerait l'idée d'un monument tout autre qu'il n'était en réalité, à n'écouter que Wagnière. « Ce soi-disant superbe monument de trois sortes de marbre, nous dit-il, n'est que de la terre glaise, cuite et vernissée en couleur de marbre, et dont la valeur est au plus de deux louis[2]. »

---

1. *Mémoires secrets pour servir à l'histoire de la République des lettres* (Londres, John Adamson), t. XIV, p. 284, 285, 286. Extrait d'une lettre de Ferney du 15 novembre 1779.
2. Longchamp et Wagnière, *Mémoires sur Voltaire* (Paris, André, 1826), t. II, p. 30. Examen des *Mémoires de Bachaumont*, 1779.

Il semble qu'on ne saurait dire pis ; mais le haineux secrétaire aura trouvé le moyen d'être plus dur encore. « Il fit, ajoute-t-il ailleurs, arranger dans une armoire une espèce de petit tombeau de terre cuite vernissée, ou plutôt les débris d'un poêle, de la valeur d'environ deux louis, et dit avoir déposé dans un beau monument le cœur de M. *de Voltaire*, qui n'y est point du tout [1]. » Son peu d'affection pour le mari de *Belle et Bonne* le rend aussi outré dans son énumération dénigrante que l'a été lui-même le marquis dans sa pompeuse description d'un mausolée fort médiocre. Il assure que le cœur de Voltaire en était absent, et il n'est pas le seul qui l'ait prétendu ; La Borde ira jusqu'à dire, dans ses *Lettres sur la Suisse*[2], qu'il avait été relégué sur une tablette de l'office. Mais c'est ce que relèvera avec indignation M. de Villette. « La chambre de M. de Voltaire n'a jamais été habitée par personne depuis sa mort. Les meubles y sont à leur place, tels qu'ils étaient pendant sa vie. On lit sur la porte de cette chambre : *Son esprit est partout, et son cœur est ici*. Le cœur de M. de Voltaire, déposé dans cette chambre, est renfermé et scellé dans l'intérieur d'une pierre tumulaire, dont on peut lire la description faite par un voyageur impartial (dans un *Mercure* de novembre 1779 [3]) qui ne s'écrie jamais avec transport ni

---

1. Longchamp et Wagnière, *Mémoires sur Voltaire* (Paris, André, 1826), t. I, p. 169. Voyage de Voltaire à Paris, 1778.
2. *Lettres sur la Suisse adressées à madame de M**** par un voyageur français (Genève, 1783), t. I, p. 244 et suiv. Lettre XVIII ; à Ferney, ce 21 juillet 1781.
3. *Mercure* (journal politique de Bruxelles), p. 133, 134. « M. l'abbé de B***, est-il dit en tête de l'article, nous a adressé la lettre suivante de Genève ; elle contient des détails qui pourront intéresser la plupart de nos lecteurs et que nous nous empressons de transcrire. » Quant à cette inculpation d'ignoble abandon, l'abbé Depery la dément positivement. « Le cœur de Voltaire n'a jamais été abandonné, dit-il, à la valetaille, comme l'ont répété quelques biographes ; renfermé dans une boîte de vermeil, il est aujourd'hui entre les mains de M. le marquis de Villette, au château de Villette, département de l'Oise. » *Biographie des Hommes utiles du département de l'Oise*. (Bourg, 1835), t. I, p. 163.

surprise, mais qui raconte simplement et sans humeur[1]. »
M. de Villette nous renvoie à la description d'un « voyageur
impartial. » Il aurait bien ses raisons pour cela, si l'extrait
que publient les *Mémoires secrets*, et qui n'est autre que la
reproduction du *Mercure*, était, comme le prétend Wagnière,
de M. de Villette lui-même.

Ceux qui avaient cru le marquis converti et corrigé
avaient trop présumé de lui. La lune de miel, fort tendre,
avait été de courte durée; les séductions de Paris, les anciennes connaissances et les vieux penchants, un instant
écartés, devaient reprendre faveur dans cet esprit incon-
sistant, dont le principal souci était d'occuper de lui. « Il re-
paroît maintenant dans les lieux publics, disent les nouvelles
de Métra, et honore de ses agaceries nos Phrynés et nos
Laïs : il leur associera sans doute ceux qui partageoient autrefois avec elles l'honneur de célébrer les mystères de ses
orgies nocturnes[2]. » Nous trouvons ailleurs des insinuations
autrement odieuses, et auxquelles nous ne voulons pas
nous arrêter[3]. Ce qu'il y a de réel, c'est que la jeune femme,
indignée d'un tel abandon, avait pris le parti de demander
un asile à madame Denis, en attendant une séparation juridique qui semblait inévitable[4]. Pour échapper aux commérages et au blâme général qu'une telle conduite lui avait
attirés, le mari coupable était parti pour Ferney, le lieu le
mieux choisi pour préparer une réconciliation. Son beau-
père, dont il était voisin, sentant les conséquences d'une
telle rupture, était tout aussitôt allé chercher *Belle et Bonne*
et l'avait réintégrée au domicile conjugal où les choses fini-

---

1. *Journal de Paris* du 12 août 1783; n° 224, p. 927. Lettre de Villette aux auteurs du *Journal;* Paris, ce 3 août 1783.
2. *Correspondance secrète, politique et littéraire* (Londres, John Adamson), t. VII, p. 375, 376; de Paris, 10 avril 1779.
3. Lescure, *Correspondance inédite sur Louis XVI, Marie-Antoi-nette, la cour et la ville* (Paris, 1866), t. I, p. 270 ; de Versailles, 2 juillet 1779.
4. *Correspondance secrète* (Londres, John Adamson), t. VIII, p. 16, 150; Paris, 10 mai et 13 juillet 1779.

rent par s'accommoder au gré de tout le monde [1]. Tête légère, livrée à tous les vents, Villette, en somme, valait mieux que sa réputation, ce qui n'est pas dire beaucoup, hélas! et ces dernières frasques, qui semblaient une sinistre et perpétuelle menace pour l'avenir de ce ménage, seront les seules, apparentes du moins, que la marquise aura à reprocher à ce fou. Le reste de l'année s'écoulait paisiblement, heureusement, à Ferney, où le marquis oubliait sans peine le tourbillon de Paris et les enchantements équivoques de sa vie de garçon. « Ma femme, sa mère et sa sœur, écrivait-il alors, se disputent à qui répandra plus de charme sur mes jours. Je n'ai que faire d'aller chercher les plaisirs; ils arrivent chez moi comme d'eux-mêmes : je suis seulement embarrassé de ma reconnaissance [2]. » A la bonne heure, et le voilà retrouvé, le Villette que l'auteur de *Zaïre* prétendait donner à sa fille d'adoption. De temps à autre, en effet, on rencontre un témoignage de bon accord, qui console et rassure, entre autres, un compliment de ce mari redevenu tendre à sa femme dont il est séparé non sans ennui. « Nous ne sommes pas accoutumés à vivre loin de vous; tout se ressent ici de votre absence, » lui écrit-il, en juin 1782, dans une lettre qu'il termine par de jolis vers à l'adresse de son « aimable amie [3] ». Cette épître est datée de Villette, et non de Ferney, que le mari de *Belle et Bonne* avait loué à un gentilhomme anglais, le gendre du célèbre chirurgien Daran. Cette détermination avait eu sa raison, comme la vente de la propriété devait avoir ses motifs sérieux. Mais cela fit mauvais effet dans le public qui ne comprit pas qu'on livrât à la discrétion d'étrangers de tels souvenirs et de telles reliques. « S'il me fût arrivé, lui répliquait durement mais justement La Borde, d'acheter le château de

---

1. *Correspondance secrète, politique et littéraire* (Londres, John Adamson), t. VIII, p. 181, 24 juillet; t. IX, p. 67, 4 décembre 1779.
2. Marquis de Villette, *OEuvres* (Édimbourg, 1788, p. 143, 144. Lettre de Villette à la comtesse de C*** (Coaslin); Ferney, 1779).
3. *Ibid.*, p. 161, 166. Lettre de Villette à sa femme; au château de V..., le 4 juin 1782.

Ferney, jamais je n'eusse loué à personne le cœur de M. de Voltaire[1]. » Au moins la leçon profitera-t-elle ; et quand, compromis pour des sommes très-considérables dans la banqueroute du prince de Guéménée[2], Villette prendra le parti de se défaire du domaine, il emportera le cœur de Voltaire et s'installera dans son château de Villette, jolie résidence où la marquise recevra avec une grâce parfaite, faisant le bien, secourable aux pauvres dont elle était la vraie providence. « J'ai vu dans son parc, raconte madame Vigée Le Brun, une élévation circulaire et naturelle où l'on m'a dit qu'elle rassemblait les jeunes filles du village pour les instruire comme aurait pu le faire un maître d'école[3]. »

Mais cette existence paisible, cette vie bucolique et ces plaisirs champêtres ne devaient avoir qu'un temps. L'orage grondait au loin ; encore un peu, et toute cette société, ébranlée dans sa base, allait passer de l'imprévoyance et de l'apathie à l'effarement. Les optimistes, il est vrai, n'entrevirent que la perspective de réformes indispensables et d'ailleurs désirables, dans cette fièvre qui avait pris ce peuple comme un seul homme. Villette fut de ceux-là. Il donna dans toutes les espérances, faisant bon marché de lui-même et de ses aïeux, renonçant à ces vils hochets indignes d'une nation où il n'y a plus que des citoyens et plus de maîtres. Il s'appellera Charles Villette tout court[4], comme le premier venu, et transformera ses vassaux en des égaux et des amis[5], ce dont il sera récompensé par un joli madrigal :

1. *Journal de Paris* du mercredi 13 août 1783, n° 225, p. 930. Lettre de Laborde aux auteurs du *Journal*.
2. Il y allait pour Villette de trente mille livres de rentes, aventurées dans cette horrible débâcle de trente-trois millions, qui, avec l'affaire du Collier, ne contribua pas peu à pousser à l'abîme une société d'une corruption si invétérée.
3. Madame Vigée Le Brun, *Souvenirs* (Charpentier, 1869), t. I, p. 101, 102.
4. *Chronique de Paris* du samedi 14 novembre 1789, n° 83, p. 331.
5. Il ira faire, chez le notaire de Pont-Sainte-Maxence, M° Le Clercq, sa renonciation à toute espèce de corvées, de servitudes de la

> Tu l'avais bien prophétisé
> Que le nom de marquis serait un ridicule.
> Te voilà donc débaptisé :
> Tu signeras Charles Tibulle [1].

Il se fit journaliste, journaliste d'avant-garde, et remplit la *Chronique de Paris* d'articles légers, spirituels, violents parfois, mais qui n'eurent jamais cet accent farouche et sanguinaire du journalisme de l'époque. Comme beaucoup de gens de son étoffe, il croyait, il le croira jusqu'à la fin, faire l'opinion, quand il était emporté par elle, s'étourdissant sur l'imminence et l'inévitable fatalité de la catastrophe. D'abord, Louis XVI sera mieux que le Roi, il sera le Père de ses sujets; et la vénération dont il était entouré le protégera bien autrement que des milliers de satellites. C'était bien pour l'instant, et jusqu'au moment où le Père ne sera plus que le Tyran, même pour Villette. Mais avant d'être démocrate, Villette est voltairien, il le sera jusqu'à son dernier jour. C'est assez dire qu'il a en antipathie grande la gent cléricale et monacale, et qu'il ne demande, s'il y a lieu, que de lui jouer de méchants tours. Il était propriétaire de diverses maisons frappées de redevances au profit de l'archevêché, et il avait intentionnellement laissé accumuler la dette pour forcer le prélat au petit scandale d'une procédure. Comme l'archevêque ne se hâtait point de l'actionner, il s'impatienta et crut avoir trouvé un moyen infaillible de l'amener à ses fins, en lui écrivant une belle lettre où il

---

part des habitants de sa terre. *Chronique* du mercredi 17 février 1790, n° 48, p. 189, 190.

1. Il est très-maltraité, en revanche, par une feuille royaliste, qui lui disait son fait avec cet excès commun à tous les partis : « Le marquisat de M. de Villette est un peu trop *billet de caisse*; il n'y a que le comte Matthieu de Montmorency qui puisse se vanter de sacrifier quelque chose, si, comme on l'assure, il ne veut plus être dorénavant qu'un *Matthieu* tout court... » 28 janvier 1790. *Les Actes des Apôtres*, version seconde, n° 33, p. 10. Dans une estampe satirique en tête de la version troisième, intitulée : *les Douleurs de Target ou les travaux d'Hercule*, Villette vient déposer sur l'autel de la patrie « son marquisat, ses services, ses pensions, ses blessures. »

sollicitait une réduction, bien persuadé de l'insuccès de la supplique. Mais l'archevêque répondait sur-le-champ, et de sa propre main, qu'il était trop heureux de trouver l'occasion d'obliger une brebis de son troupeau qui lui était chère, et qu'il se restreignait à vingt-cinq louis dont profiterait la bourse des pauvres[1]. Villette n'eut qu'à se résigner. Il avait été deviné par M. de Beaumont, dont la réputation n'était rien moins que celle d'un homme d'esprit. C'était être doublement battu[2].

Deux ans après, il prenait sa revanche avec les Théatins, ses voisins. Ces religieux venaient d'élever un bâtiment immense accolé à son hôtel. C'était, en partie du moins, une construction de rapport et qui attendait des locataires. Villette se présente, offre un bon prix du rez-de-chaussée et de l'entresol, et l'affaire est bientôt conclue, sans que l'on songe à demander au marquis ce qu'il voulait en faire. Ils ne le surent que trop tôt. L'une des boutiques était relouée à un marchand d'estampes, à l'expresse condition pour celui-ci de mettre en lettres d'or, sur son enseigne : *Au grand Voltaire*[3], ce qui eut lieu à l'indignation des pères Théatins auxquels il ne restait d'autre ressource que de prendre patience jusqu'au prochain bail, qu'ils n'étaient pas destinés, hélas! à renouveler[4].

Cette enseigne : *Au grand Voltaire*, mettra en goût notre Villette, qui se demandera, mais plus tard (1791), pourquoi son quai s'appelle le quai des Théatins et non le quai Voltaire. Si l'auteur de *la Henriade* était né dans le vieux Paris,

---

1. *Correspondance secrète, politique et littéraire* (Londres, John Adamson), t. VIII, p. 182, 183; de Paris, le 24 juillet 1779.
2. Le cardinal de Bernis disait de M. de Beaumont : « C'est une lanterne sourde qui n'éclaire que lui. » *L'Espion anglois* (Londres, John Adamson), t. I, p. 188.
3. Cette enseigne existait encore, il y a quelques années, avec le portrait de Voltaire. Le portrait a disparu, mais le médaillon où il se trouvait existe encore. Cette maison des Théatins, actuellement la propriété de M. Vigier, forme les n°s 23 et 25 du quai Voltaire.
4. Grimm, *Correspondance littéraire* (Paris, Furne), t. X, p. 440, 441 ; juin 1781.

il avait habité dans sa jeunesse cette même maison où il s'était éteint cinquante ans après [1] ; n'était-ce pas plus qu'il n'en fallait pour substituer ce nom glorieux à celui d'un couvent de moines qui n'avaient fait ni *Zaïre*, ni *Mérope*, ni *Mahomet*, ni l'*Essai sur les mœurs*, ni le *Dictionnaire philosophique* ?

« Frères et amis, j'ai pris la liberté d'effacer, à l'angle de ma maison, cette inscription : *Quai des Théatins*; et je viens d'y substituer : *Quai de Voltaire*. C'est chez moi qu'est mort ce grand homme, son souvenir est immortel comme ses ouvrages. Nous aurons toujours un Voltaire, et nous n'aurons jamais de Théatins... Je ne sais si MM. les municipaux, MM. les voyers, MM. les commissaires de quartier trouveront illégale cette nouvelle dénomination, puisqu'ils ne l'ont pas ordonnée : mais j'ai pensé que le décret de l'Assemblée nationale, qui prépare les honneurs publics à *Mirabeau*, à *Jean-Jacques*, à *Voltaire*, étoit, pour cette légère innovation, une autorité suffisante [2]. »

On devine que cette « légère innovation » ne trouva que des approbateurs parmis les « frères et amis » dont l'assentiment ne se faisait pas d'ailleurs attendre. Le jour même, les habitués du café Procope lui adressaient leurs félicitations sincères; mais, à leurs yeux, ce n'était qu'une moitié

---

1. Gabriel Charavay, *Revue des autographes* (décembre 1874), p. 13, n° 197. Lettre de Villette à Palissot; château de Villette; 25 septembre 1778 (déjà citée).

2. *Chronique de Paris*, du jeudi 14 avril 1791, p. 415. Charles Villette à ses concitoyens. Villette n'aurait eu, en réalité, que le mérite de l'initiative. Gabriel Brizard écrivait, à la date du 14 janvier, an II : « Il est clair que nous devons changer la nomenclature des noms et des monumens qui portent encore ces noms bizarres... Qu'attendons-nous ? Déjà Tours et Dijon nous ont donné l'exemple, à nous qui, dans tout le reste, l'avons donné aux autres cités... Combien d'idées et de chers souvenirs ne rappelleront pas ces noms fameux ? J'irois de chez moi aux Céramiques et aux Champs-Élysées, en passant par le magnifique quai de Voltaire au lieu de celui des Théatins, et je dirois : « C'est ici qu'a terminé sa carrière l'auteur de *la Henriade*, « de *Brutus* et de *Mahomet*, le destructeur des préjugés et du fana- « tisme. » *Chronique de Paris*, du dimanche 16 janvier 1791, n° 16, p. 61.

de l'œuvre. Si ces honneurs sont la dette du pays, il doit paraître également équitable de vouer à l'opprobre universel, par des démonstrations caractéristiques, ces hommes vils que soudoie le despotisme, et qui, par leurs écrits « impurs et fangeux, » cherchent à égarer le civisme de nos frères. Ainsi, pourquoi ne pas donner aux égouts de Paris les noms des Mallet-du-Pan, des Montjoie, des Royou, des Durosoy, des Rivarol et consorts[1]? Ne serait-ce pas là un châtiment bien légitime et un exemple terrible pour les âmes lâches qui songeraient à marcher sur leurs traces?

Villette devait s'attendre, en effet, à ce que cette ingérence dans les fonctions et les droits municipaux ne fût pas approuvée de tout le monde; et cela se trouve suffisamment indiqué dans le dernier paragraphe de sa réponse aux habitués du café Procope. « Le croiriez-vous, messieurs? cette inscription si simple a trouvé des contradicteurs. Mais les contradictions doivent cesser; car j'ai laissé le nom des *Théatins* pour ceux qui ont le malheur de ne pas aimer le nom de *Voltaire* (17 avril 1791). » Au moins voilà de la conciliation, vertu d'une pratique trop rare à cette époque de passions et de haines, et qui disparaîtrait bientôt, si ce n'était fait déjà, des mœurs comme des cœurs. Mais ce n'était pas assez que le nom de l'auteur de *la Henriade*, à l'angle du quai et de la rue de Beaune. Le patriote Palloy, ce dis-

---

1. Camille Desmoulins, *Révolutions de France et de Brabant* (18 avril 1791), n° 73, p. 371 à 375. Les habitués du café Procope-Zoppy à Charles Villette, l'an deux de la liberté (14 avril). — Et maintenant voici le résultat de leurs *idées* à cet égard : rue de Tournon, égout-*Mallet-du-Pan*; rue Saint-André-des-Arts, égout-*Royou*; rue Saint-Honoré (barrière des Sergents), égout-*Durosoy*; au bas du pont Saint-Michel, égout-*Gauthier*; rue Montmartre, égout-*des-Monarchiens*; rue du Temple, égout-*Pelletier*; rue de Seine, F.-S.-G., égout-*Rivarol*; rue des Cordeliers, égout-*Montjoye*; rue du Ponceau, égout-*l'Abbé-Maury*; Vieille-rue-du-Temple, égout-*Cardinal-Collier*; la voirie, *Sulleau*. Mais on pouvait sans doute ajouter à cette liste, et les rédacteurs des *Révolutions de France et de Brabant* la font suivre de l'observation suivante : « Nous observerons à nos frères et amis du café Procope qu'ils ont oublié l'égout-*Condé*. » *Ibid.*, p. 375.

pensateur des pierres de la Bastille, s'était avisé d'inscrire le nom de Rousseau sur quatre de ces illustres moellons pour les encoignures de la rue Plâtrière, et il aurait été étrange de ne point procéder de même à l'égard de l'homme qui avait le plus servi la cause de la liberté et de l'humanité. « Ce trait est bien digne de votre civisme, lui répond Villette, auquel il avait fait part de son projet, et je ne doute pas que la municipalité ne fasse droit à votre requête; mais le quai des ci-devant *Théatins* étoit encore plus susceptible de recevoir des pierres de la Bastille pour sa nouvelle inscription : *Quai Voltaire*. Jean-Jacques n'a pas été comme lui dans cette horrible forteresse; et le nom de Voltaire, écrit à perpétuité sur une pierre de son cachot, est au milieu de Paris un monument de plus à sa gloire [1]. » Rien ne nous prouve, toutefois, que la municipalité se soit prêtée à l'acte de civisme du patriote Palloy.

Si nous anticipons sur les dates, le temps ne marche pas, il vole, il nous entraîne. Villette, à l'avant-garde, publie dans la *Chronique* de petits articles mordants sur les événements du jour. Le journal, déjà, était plus une tribune que la tribune même : il faisait l'opinion, et Dieu sait quelle opinion. Aussitôt qu'il aura un organe, son premier soin sera de réclamer pour l'auteur de *Mérope* un tombeau digne de lui [2]. Mais cette idée, tout le monde en revendiquera la priorité : Mérard de Saint-Just, le marquis de Ximenès, *Anacharsis* Clootz, le futur orateur du genre humain [3]. Les couvents, les domaines monacaux allaient être vendus comme biens nationaux; l'abbaye de Scellières ainsi que les autres. A qui écherraient alors les cendres de l'auteur de *la Henriade?* Et ces précieuses dépouilles, la propriété de la nation, deviendraient-elles, avec les terres et le monastère abandonné, la proie du plus offrant? Serait-ce le sort réservé

---

1. *Chronique de Paris*, du dimanche 1er mai 1791, no 121, p. 482. Réponse de Charles Villette à M. Palloy.
2. *Ibid.*, du lundi 21 décembre 1779, no 119, p. 478.
3. *Ibid.*, du mardi 3 mars 1790, no 62, p. 245, 246. *Un homme à des hommes, salut.* Le baron de Clootz du Val-de-Grâce.

à ce grand homme, auquel la reconnaissance du pays aurait dû élever des autels? Villette, qui n'avait pas rencontré jusque-là tout le zèle qu'il eût souhaité, se remuait, s'agitait, s'efforçait d'infiltrer dans les âmes le feu dont il était dévoré. Il va au club des Jacobins, et vient demander à l'assemblée d'appuyer une motion qu'ils sont tous intéressés à faire triompher. Sans nul doute la translation de Voltaire à Paris ne pouvait être qu'approuvée; mais il s'agissait de déterminer le lieu où il devait être déposé. Les uns proposent le Champ de la Fédération; les autres, Clootz nommément, le centre de l'Étoile; d'autres le veulent sous le Cheval de Bronze.

« On parle de Voltaire au pied de la statue de Henri IV[1]. Il faut laisser de pareils honneurs au courtisan du despote, dit Villette en réponse à ce dernier projet, à La Feuillade, enterré sous le piédestal de son maître. Osons le dire tout haut dans cette tribune qui est la chaire de vérité : Voltaire a ressuscité Henri IV. Parmi tant d'écrivains célèbres qui ont illustré le long règne de Louis XIV, en est-il un seul qui ait proclamé le nom du vainqueur de la Ligue? Voltaire a distribué la gloire, il ne l'a reçue de personne. Encore une fois, il est le philosophe, il est le poëte de la nation; si les Anglais ont réuni leurs grands hommes dans Wesminster, pourquoi hésiterions-nous à placer le cercueil de Voltaire dans le plus beau de nos temples?... C'est là, ajoute Villette, que j'offre de lui élever un monument à mes frais[2]. »

Cette objection de Villette en réponse à ceux qui eussent voulu placer l'auteur de *la Henriade* aux pieds de son héros, Camille Desmoulins la formule à son tour et avec son genre d'éloquence : « Fi donc! s'écrie-t-il, ce seroit, comme on dit, placer l'image de l'Éternel aux pieds de saint Crépin[3]! » Le

---

1. Cette idée venait de Beaumarchais, *Actes des Apôtres* (1790), version huitième, n° 229, p. 11.
2. *Chronique de Paris*, du vendredi 12 novembre 1790, n° 316, p. 1261, 1262. Discours de Charles Villette au club des Jacobins, même jour.
3. Camille Desmoulins, *Révolutions de France et de Brabant*, 27 décembre 1790, n° 57, p. 231,

discours fut applaudi à outrance par les amis de la Constitution, et on en demanda l'impression. Mais il fallait que l'opinion fût éveillée et surexcitée par autre chose que des discours et des articles de journaux. Les comédiens préparaient une reprise de *Brutus* qui avait lieu, en effet, le 17 novembre (1790). Cette annonce était, à elle seule, grosse de tempêtes ; on s'attendait à des manifestations dans l'un et l'autre sens, à des voies de fait peut-être ; la garde ordinaire avait été triplée, le commandant général avait reçu l'ordre de faire marcher des patrouilles à pied et à cheval dans les différents abords de la Comédie, et, par surcroît de précaution, les armes et les cannes devaient être consignées au vestiaire. Chaque parti s'était donné rendez-vous au parterre où l'orage devait éclater. Les loges étaient remplies, la salle comble. Mirabeau s'était établi dans une loge du centre, mais il n'allait pas y demeurer longtemps ; à peine l'y apercevait-on, qu'on s'employait à le faire descendre dans la galerie. « Venez! venez, Brutus! » lui criait-on de toutes parts. Menou et d'Aiguillon, les idoles du moment, devaient aussi quitter la place qu'ils occupaient sur le théâtre pour partager les ovations du grand tribun. Une députation leur fut dépêchée, et ces amis du peuple furent installés aux places d'honneur que leur décernaient leurs concitoyens reconnaissants. « C'est ainsi que toute la Grèce se levoit aux jeux olympiques, à l'aspect des héros défenseurs de la patrie. » Le premier acte commence ; quoiqu'il soit l'un des plus courts qu'il y ait au théâtre, il dura une grande heure. Pas un vers qui ne fût le prétexte d'une allusion applaudie avec transport par celui-ci, huée avec fureur par celui-là.

« La vue de l'Assemblée nationale romaine a élevé l'âme et fixé l'attention des spectateurs. Les débats entre Arons et Brutus, la mâle énergie des réponses du consul à l'ambassadeur toscan, l'indignation des sénateurs à son infâme apologie du despotisme, le serment fédératif fait sur l'autel de Mars ont excité le plus vif enthousiasme. Quelques noirs ont voulu applaudir les discours insidieux d'Arons et les citations des actes des apôtres¹ faites par Messala. Ils ont été repoussés avec perte. Les patriotes étaient trop forts pour ne pas voir en pitié leurs efforts impuissants; et ces petits messieurs, qui devoient, disoient-ils, apporter leurs grosses cannes et leurs pistolets, ont essayé quelques coups de sifflets derrière les portes, mais sans succès... Mais aucune allusion défavorable au roi n'a pu donner prétexte à calomnier ce peuple qui aime son prince comme ses lois. Après avoir applaudi à ces vers :

> Mais je te verrai vaincre, ou mourrai comme toi,
> Vengeur du nom romain, libre encore, et sans roi.

le peuple, craignant qu'on ne crût que son approbation tombât sur ces mots, a crié : Vive le roi ! à diverses reprises, en élevant les chapeaux et les mouchoirs ; mais bientôt, se rappelant aussi ce qu'il doit à sa propre Majesté, il a crié avec les mêmes transports : Vive la nation! Vive le roi! Vive la liberté² ! »

On a plus d'une relation de cette soirée, qui, au milieu de ces agitations incessantes, fit époque. Le jeune duc de Chartres se trouvait là, lui aussi, et il y a fait allusion, dans son journal, à son père. Il sera piquant de reproduire cette appréciation d'un adolescent lancé dans un courant d'idées auquel applaudissaient encore les esprits chevaleresques, qui croyaient la révolution faite lorsqu'elle commençait à peine, et ne s'effrayaient pas trop de désordres explicables

---

1. Allusion à la feuille de Peltier, qui méritait mieux, dans un journal dévoué à Villette. Il a été question déjà des méchancetés dont ce dernier était l'objet, nous devrions dire des noirceurs et des atrocités. A tout instant ce sont des allusions infâmes au vice attribué, avec plus ou moins de fondement, au ci-devant marquis ; et pas une de ces épigrammes ne sauraient trouver place ici; mais, encore une fois, c'est le ton de l'époque. Voyez les *Actes des Apôtres*, version cinquième, n° 131, p. 16; septième, n° 181, p. 3 à 9; n° 184, p. 15; n° 185, p. 13, 14, 15 ; n° 200, p. 20 ; dixième, n° 277, p. 13.

2. *Chronique de Paris*, du 18 novembre 1790, n° 322, p. 1286, 1287.

par une ivresse générale passagère, que le bon sens de la nation saurait bien comprimer. Le jeune prince qui, d'ailleurs, adorait son père, se repaissait des illusions de tous et n'avait garde de voir avec d'autres yeux que ceux de l'entourage exalté au sein duquel il vivait. Son récit devait se ressentir et de cette éducation et de l'ardeur généreuse de ses dix-sept ans : ce n'est pas un prince du sang, c'est un patriote qui parle.

« 19 *novembre*. Le soir, nous avons été à *Brutus*. On a fait beaucoup d'allusions. Lorsque Brutus dit : *Dieu, donnez-moi la mort plutôt que l'esclavage*, toute la salle a retenti de bravos, tous les chapeaux en l'air : cela étoit superbe. Un autre vers, qui finissoit par ces mots : *être libre et sans roi*. Quelques applaudissemens (auxquels ni moi, ni ceux qui étoient dans la loge, n'ont pris part) se sont fait entendre. On a sur-le-champ crié : Vive le roi! Mais, sur l'observation que le cri universel de : Vive le roi! étoit inconstitutionnel, on lui a substitué le triple cri qui sonne si bien aux oreilles patriotes, et toute la salle a crié : Vive la nation, la loi et le roi! et Vive la liberté[1]. »

Comme le rédacteur de l'article de la *Chronique*, le duc de Chartres, parle de cris de : Vive le roi! proférés par toute la salle, pour protester contre l'interprétation malveillante qu'on pouvait donner à tout ce délire patriotique. Mais cette protestation ne vint pas de l'initiative de la majorité de la salle; elle lui fut plutôt commandée par un de ces appels généreux aux consciences contre lesquels les foules ne sont pas plus prémunies que les individus. Le « sans roi » avait été reçu, en réalité, avec des clameurs significatives par cette classe d'esprits avisés qui savent où ils vont et savent aussi qu'on finira par marcher à leur suite. Emporté par un élan d'indignation, un homme se lève et s'écrie : « Quoi! l'on ne veut donc plus de monarchie en France? Qu'est-ce

[1]. *Correspondance de Louis-Philippe d'Orléans avec Louis XVI, la reine, Montmorin, Liancourt, Biron, Lafayette*, etc. (Paris, Marchand, 1801), t. II, p. 114. Extraits tirés du journal du fils aîné de d'Orléans (le roi Louis-Philippe).

que cela veut dire? Vive le roi!... » L'accent avec lequel ces derniers mots furent prononcés parut électriser toute l'assemblée : les loges, l'orchestre, les balcons, le parterre même; tout le monde se lève, les chapeaux volent en l'air et la salle retentit pendant quelques minutes des cris de : Vive le roi! [1] Mais c'était une surprise sur le sentiment de la salle qui ne dura que quelques minutes; et la *Chronique*, (en admettant qu'elle soit sincère), ne nous paraît pas lire au fond des âmes, quand elle termine par cette chimérique assurance : « Le public a prouvé dans ce moment que, s'il y a diversité d'opinions sur certains points de la Constitution, il n'y a au moins qu'un sentiment pour la personne de Louis XVI. » Sur sa personne, soit encore; mais le vrai, c'est qu'on ne voulait plus de monarchie, et que cela se disait tout haut et de toutes les façons dans les journaux, dans les clubs, dans les brochures, jusque dans des estampes allégoriques trop significatives, comme celle-ci : Une Renommée, proclamant la gloire de Voltaire, dont on apercevait le buste surmonté d'une auréole d'étoiles, avec cette inscription à sa base : *L'Homme immortel*, et faisant en même temps rouler à terre, d'un coup de pied, le buste du roi de France [2]. Ainsi, sans plus de gêne, se disaient et se publiaient les paroles les plus téméraires, les plus révoltants libelles contre ce roi encore sur le trône, entouré d'ironiques respects sur lesquels personne ne se méprenait, pas même lui.

Revenons à notre représentation de *Brutus*, qui ne fit que démontrer davantage l'inefficacité de la résistance. La *Chronique de Paris* triomphait; elle voyait dans cet événement toute une révélation. « Il faut que *Brutus* soit représenté dans les provinces, s'écrient les patriotes, que ce spectacle soit regardé comme une des fêtes de la liberté, jusqu'à ce que nous ayons des pièces vraiment nationales... Comme une pareille représentation feroit passer dans toutes les

---

1. Grimm, *Correspondance littéraire* (Paris, Furne), t. XV, p. 220; novembre 1790.
2. Bibliothèque de Rouen. Collection Leber, n° 5,914.

âmes le saint amour de la liberté[1] ! » Ce cri devait être entendu, ce souhait exaucé. Un mois plus tard, Nantes avait fait sa manifestation civique, et la représentation de *Brutus* n'avait été là ni moins passionnée, ni moins significative, ni moins agressive que la solennité parisienne[2].

Les têtes s'exaltaient, les intérêts menacés d'une part, l'ivresse de l'affranchissement de l'autre, n'annonçaient pas de luttes pacifiques. Ce n'était que pelotter en attendant partir. Après *Brutus* vint la *Mort de César*, qui ne fut pas moins bien reçue et avec non moins d'enthousiasme (29 novembre 1790). La *Chronique de Paris*, qui commençait à céder au courant sur la violence duquel elle voulait s'abuser, interprète tout ce délire avec un optimisme auquel les faits apporteront, sans trop de délai, le plus éclatant démenti. « Quelques personnes, dit-elle, ont paru craindre l'effet de ces applaudissemens donnés au meurtre de César; mais elles n'ont donc pas senti que cette pièce, qui rend d'une manière si sublime les grands événemens de cette époque de l'histoire romaine, n'a aucun rapport direct avec notre situation. Les Romains vouloient vivre en république; César usurpe l'empire; les patriotes durent l'immoler. Notre constitution est monarchique; nous aimons la monarchie, parce que nous aimons notre constitution; nous aimons notre roi, parce qu'il est juste, bon et qu'il est citoyen[3]. »

A la troisième représentation de *Brutus*, Villette, qui avait juré de triompher de la malveillance ou de l'indifférence des Athéniens de Paris, demanda la parole. La toile se levait, on la fit baisser, et le public attendit dans le recueillement le plus absolu la communication qui allait lui être faite et sur laquelle il avait quelques raisons de compter d'ailleurs[4].

1. *Chronique de Paris*, du vendredi 19 novembre 1790, n° 323, p. 1290.
2. *Ibid.*, du samedi 1er janvier 1791, n° 1, p. 3. Extrait d'une lettre de Nantes; ce 24 décembre.
3. *Ibid.*, du mardi 1er décembre 1790, n° 334, p. 1317.
4. « Au lieu d'interrompre les travaux de l'Assemblée nationale, lisait-on dans *la Chronique* du 23 novembre, pour un objet de police

« Messieurs, dit-il, je demande au nom de la patrie que le cercueil de Voltaire soit transporté à Paris ; cette translation sera le dernier soupir du fanatisme. Le grand homme qui a buriné le caractère de Brutus seroit aujourd'hui le premier défenseur du peuple. Les charlatans d'église et de robe ne lui ont pas pardonné de les avoir démasqués : aussi l'ont-ils persécuté jusqu'à son dernier soupir. La veille de sa mort, la cour lui envoya une lettre de cachet ; le parlement un décret de prise de corps[1], et les prêtres le condamnèrent à la voirie.

« C'est à des Romains, à des Français tels que vous, qu'il appartient d'expier tant d'outrages ; c'est à vous à demander que la cendre de Voltaire soit déposée dans la basilique de Sainte-Geneviève, en face de Descartes... Si cette pétition souffre la moindre difficulté, le pèlerinage de l'abbaye de Scellières, et le monument de Voltaire, j'offre que tout soit à mes frais. »

Le discours ne pouvait manquer d'obtenir tous les suffrages, et son auteur espérait bien que la municipalité, pressée, sollicitée, finirait par sortir de son engourdissement et de son apathie. Toutes les feuilles publiques, d'ailleurs, étaient à l'unisson. « Nous avons assez de temples pour les reliques des saints, s'écriait Desmoulins, qu'il y en ait un pour nos grands hommes[2]. » La vente de l'abbaye de Scellières était fixée au 3 mai 1791. Villette avait prié le maire de Romilly de l'avertir de l'époque de l'adjudication. Ce magistrat, très-voltairien, lui écrivait, en conséquence,

que la municipalité a promis de prendre en considération, c'est au Théâtre-Français, c'est à la représentation de *Brutus* qu'il faut crier : *Voltaire à Paris !* Tous les amis de sa gloire, c'est-à-dire tous les honnêtes gens élèveront la voix. Ce suffrage éclatant sera le vœu de tous ; et la translation de son corps, décrétée par le public, recevra des honneurs dignes de lui. »

1. Aucunes traces et de cette lettre de cachet de la cour et du décret de prise de corps du parlement. C'est là un pieux mensonge qu'excusait la légitimité du but.

2. Camille Desmoulins, *Révolutions de France et de Brabant*; 27 décembre 1790, n 57; p. 230.

le 18 avril, une lettre des plus pressantes. « Il s'agit de savoir, lui marquait-il, si votre municipalité qui, au nom de la France, a le droit de réclamer le corps de Voltaire, fera cette réclamation avant la vente de cette église; et si elle s'occupe enfin, comme elle l'a promis, de transporter à Paris les cendres de ce grand homme[1]. » Mais la municipalité, sommée en quelque sorte par Villette, avait déjà pris un arrêté qui remettait à l'officier municipal Charron, « digne héritier de Charron le philosophe, » le soin de présider à la translation des cendres du grand écrivain[2]. Paris n'avait qu'à se hâter s'il voulait n'être pas prévenu par des municipalités plus vigilantes. La Société des Amis de la Constitution de Troyes, se préoccupant à juste titre de ce que deviendraient ces restes illustres, réclamait l'exhumation du corps de Voltaire. « Où pourroit-il être mieux que dans une ville où le génie de la liberté alloit se déployer de plus en plus sous les auspices d'une administration aussi sage qu'éclairée[2]? » Mais ces titres-là étaient ceux d'à peu près toutes les villes de France, et la commune de Romilly, sur le territoire de laquelle se trouvait l'abbaye de Scellières, aurait eu autant et plus de droits à s'approprier ces dépouilles, si l'on a des droits quand on est le plus petit et le plus faible. Sentant qu'elle serait peu écoutée dans ses prétentions, cette dernière se bornait à exprimer modestement le vœu que le chef et le bras droit de l'auteur de *la Henriade* fussent distraits du corps et conservés pieusement dans la commune. Mais la bizarre requête était loin de trouver faveur auprès du procureur-syndic du département dont les conclusions sont à reproduire. « Cette division des restes d'un mortel fameux, s'écrie-t-il, pouvait trouver place dans la politique de la cour de Rome, et entrer pour quelque

---

1. *Chronique de Paris*, du mardi 26 avril 1791, n° 116, p. 461. Lettre de Favreau, maire de Romilly, à Charles Villette; 18 avril 1791. C'est ce Favreau auquel est attribué le récit fantastique des obsèques du poëte, dont il a été question p. 395, note 4.

2. *Ibid.*, du mardi 15 mars 1791, n° 74, p. 294. Lettre de Charron à Villette; du 9 mars 1791.

chose dans le trafic de ses faveurs; mais ce procédé barbare n'est point de saison. Quand la religion, de concert avec la liberté, aura consacré le tombeau de Voltaire, il appartiendra aux habitants de Romilly, à tous ceux du département, à tous ceux du genre humain, car la mémoire d'un grand homme est la propriété du genre humain [1]. »

La leçon était sévère, et les habitants de Romilly durent se le tenir pour dit. Le Directoire, par contre, autorisait la Société des Amis de la Constitution à faire transférer à Troyes la dépouille du poëte. « Deux heures plus tard, écrivait le maire Favreau à Charles Villette, le 10 mai, le corps de Voltaire étoit emporté à Troyes. Malgré ma vive résistance, les Amis de la Constitution de cette ville, autorisés par un arrêté du département de l'Aube, vouloient à toute force s'en emparer. Mais le décret de l'Assemblée arrive, et tout a changé. » Ces mesures avaient été prises, grâce à la diligence de Charron, qui, en présence de la force majeure, crut pouvoir se dispenser d'en référer au corps municipal, et s'adresser directement à l'Assemblée nationale. Ce fut Regnaud, l'un des secrétaires, qui lut la lettre et les pièces à l'appui de cette demande d'urgence, à laquelle ses conclusions furent des plus favorables. Le projet de décret n'allait point passer, cependant, sans une opposition assez vive. Cette assemblée, où la majorité était sans nulle doute acquise à la Révolution, avait encore à compter avec le parti de la résistance disputant le terrain pied à pied, sans trop d'illusions pourtant; et le clergé, résolu à la lutte jusqu'à la dernière heure, devait se montrer particulièrement implacable contre celui qui lui avait porté les plus funestes coups. En septembre 1789, Palissot avait sollicité de l'Assemblée qu'elle voulût bien accepter la dédicace de l'édition qu'il préparait des œuvres de Voltaire. Mais un membre du clergé faisait tout aussitôt observer le peu de convenance qu'il y aurait à accepter l'hommage d'œuvres entachées d'impiétés et d'im-

---

1. *Moniteur universel.* Dimanche 22 mai 1791. Département de l'Aube; Troyes, le 11 mai 1791.

puretés. Palissot, il est vrai, s'engageait à faire disparaître tout ce qui était une attaque à la religion et aux mœurs. A la bonne heure, mais encore n'y avait-il pas à délibérer sur ce qui n'était qu'en projet. Cet argument de l'abbé Grégoire était appuyé par l'archevêque de Paris qui finit, toutefois, par convenir qu'une édition expurgée des œuvres de Voltaire ne pourrait être que profitable. Le rapporteur voulait insister, mais sa voix était étouffée, et il fut décrété non-seulement qu'il n'y avait pas lieu à délibérer, mais qu'aucune dédicace ne serait reçue[1]. Palissot sera plus heureux avec la Convention, à laquelle il faisait accepter l'hommage des vingt premiers volumes de son édition. Mais cinq ans s'étaient alors écoulés, et l'ancienne société s'était effondrée entraînant ses défenseurs avec elle[2].

Ces honneurs qu'on voulait rendre à la mémoire et aux mânes du grand écrivain, même en 1791, rencontraient une opposition chagrine qui ne partait pas uniquement des rangs du clergé et de la droite de l'Assemblée. Lanjuinais se montrera contraire au vote, et voici la raison qu'il en donnera : « Un écrivain célèbre, Bayle, a dit : *Voltaire a mérité les remerciemens, mais non pas l'estime du genre humain.* Si ce jugement est vrai, je crois qu'il seroit plus sage de passer à l'ordre du jour[3]. » La tribune est faite pour tout entendre, comme le papier pour tout recevoir. Mais Voltaire se trouve ici un peu dans la situation de l'agneau de la fable. Bayle mourut en 1706, le 28 décembre. Arouet, à cette même date, accomplissait sa douzième année. Nous croyons qu'alors, malgré sa précocité merveilleuse, il n'était pas encore en état de mériter les remerciements, sinon l'estime du genre humain; et que, si Lanjuinais n'avait à s'appuyer

---

1. Condorcet, *Mémoires sur la Révolution française* (Paris, Ponthieu, 1824), t. II, p. 36. *Moniteur universel* du 23 au 25 septembre 1789. Séances des jeudi 24 et vendredi 25 septembre 1789.
2. *Ibid.* Sextidi, 26 prairial an II (14 juin 1794). — Le Brun, *Œuvres* (Paris, Waré, 1811), t. IV, p. 284. Lettre de Palissot à Le Brun; messidor, an II (25 juin).
3. *Ibid.*, du mardi 10 mai 1791. Séance du dimanche 8.

que sur cet arrêt de Bayle, il n'était pas aussi sage qu'il le pensait de passer à l'ordre du jour.

Le neuf mai, à trois heures après midi, le clergé, les officiers municipaux et la garde nationale de Romilly, se rendaient processionnellement à l'abbaye pour procéder à l'exhumation. Il fallut avant tout autre soin lever les scellés apposés sur les issues par les administrateurs de Nogent-sur-Seine, après quoi on procéda à l'extraction de la bière et du cadavre qu'elle renfermait[1]. « Les citoyens s'arrachaient les pioches, les piques et les pêles pour ôter les terres qui couvroient la relique du patriote philosophe. C'étoit à qui le verroit le premier. Tout à coup mille cris de joie se font entendre : Le voilà! le voilà! » Le cercueil était presque entier. Deux chirurgiens, amenés par le maire de Romilly qui nous donne ces détails, visitèrent le corps, qu'ils déclarèrent intact, à cela près du pied, « dont il n'est paru aucun vestige[2]. » Le linceul était pourri, noir et collé au corps, les chairs desséchées. Le cadavre fut déposé, ainsi que la planche inférieure à laquelle il adhérait, dans un « cercophage ». La garde nationale, en crêpe de deuil, rangée autour de la fosse et les armes renversées, fit une salve générale au son « déroulant » du lugubre tambour.

1. Aucune marque distinctive n'indiquait dans l'origine l'endroit de la sépulture ; mais le prieur, Dom Champagne, le successeur de Dom Potherat, avait fait dans la suite poser une pierre grise longue d'environ un pied et demi sur un pied de large ; les deux lettres initiales A et V entrelacées avaient été creusées sur cette dalle ; l'A, surmonté d'une croix entre ces chiffres 17 + 78. Cette pierre nue, sans autre ornement, était posée sur l'estomac. On a conservé la pierre avec son inscription. Thévenot, *Correspondance de Xavier de Saxe*, p. 258. — *Journal de Champagne*, 14 octobre 1782.

2. *Extrait des registres des délibérations du greffe de Romilly-sur-Seine*, p. 9. On dissimulait ainsi, grâce à ces termes vagues, l'enlèvement de quelques os du pied par des admirateurs fanatiques. A part le calcaneum, dont il va être question, le premier os du métatarse recueilli d'abord, a-t-on dit, par le docteur Bouquet, présent à l'exhumation (quoiqu'il ne soit pas question de lui dans le procès-verbal), se trouve actuellement au musée de Troyes. *Annuaire de l'Aube*, 1857. Translation de Voltaire à l'abbaye de Scellières, par Amédée Aufauvre ; — Albert Barbeau, *l'Exhumation de Voltaire* (Troyes, 1874), p. 11.

« Après la cérémonie, ajoute le magistrat municipal, et du vœu de tous les assistans, on a exposé le corps à découvert, afin que tous pussent le voir. Une couronne de chêne est posée sur sa tête; et l'on se remet en marche sur le chemin de Romilly. Partout des branches d'arbres, des feuilles nouvelles, des cyprès se trouvent border notre passage, et des fleurs jetées à pleines mains sur le drap de sa résurrection. Les femmes tenoient leurs enfans et leur faisoient baiser le sarcophage... Arrivé seulement à 8 heures du soir à l'église de Romilly, Voltaire fut exposé dans le chœur et mis à découvert. A minuit nous avons fermé le cercueil et mis les scellés aux quatre coins.

« Dimanche nous lui ferons dresser un mausolée provisoire. Le vendredi suivant nous célébrerons un service en son honneur et en commémoration du bien qu'il a fait aux hommes. Les municipalités voisines ont demandé en grâce d'y assister.

« Jaloux de posséder le dépôt que l'Assemblée nationale vient de confier à notre surveillance, on nous avertit d'être sur nos gardes. Nous avons arrêté cette nuit deux particuliers qui rôdoient autour de notre église et qui paroissoient avoir de mauvais desseins. Mais, soyez tranquille; il faudroit rompre deux mille bras avant de nous enlever ce trésor[1]. »

Ces deux mille bras prêts à tout évènement sembleront une de ces phrases à effet qui, à cette date, étaient entrées dans le langage même familier. Cependant, nous con-

---

Deux dents furent aussi enlevées; l'une a été longtemps conservée par Charron; l'autre fut donnée à Ant.-Fr. Lemaire, le rédacteur du *Citoyen français*, qui mourut depuis fou à Bicêtre. Lemaire portait cette relique dans un médaillon sur lequel étaient gravés ces deux vers :

> Les prêtres ont causé tant de mal à la terre,
> Que je garde contre eux une dent de Voltaire.

A la mort de Lemaire, la dent passa à l'un de ses cousins, du même nom, dentiste à Paris. (Note de Beuchot.)

1. *Chronique de Paris*, du samedi 14 mai 1791, n° 134, p. 534. Lettre de Favreau à Charles Villette; 10 mai.

viendrons qu'il n'était pas tout à fait inutile de se tenir sur ses gardes. Dès l'origine, d'étranges bruits avaient couru, et, si ces rumeurs qu'un certain parti se croyait intéressé à propager avaient perdu toute consistance par l'inspection seule du cadavre, il était sage d'enlever à la malveillance tout prétexte à des commérages toujours accueillis favorablement par la crédulité ou la haine. On racontait, et on racontera, en dépit de l'évidence des procès-verbaux, que, quelques mois après son inhumation, un étranger de haute taille, un Russe probablement, avait demandé à visiter l'emplacement où dormait de son dernier sommeil l'auteur de *Zaïre*, ce qu'il avait obtenu aisément. Il se retira, non sans avoir adressé force questions à son confiant cicérone. On prévoit déjà ce qu'il va arriver : la sépulture violée par une nuit noire, le cadavre enlevé. Malgré le mystère dont on s'enveloppa, tout cela n'avait pu se passer sans qu'il en transpirât quelque chose, et cette disparition du corps de Voltaire était un fait généralement acquis dans le pays, à ce qu'assurait du moins un correspondant de la *Feuille du jour*[1], un M. Zimerman, auquel le maire de Romilly répondra avec une indignation où les injures seront de trop[2]. C'était s'y prendre un peu tard, en tous cas, pour ressusciter un conte ridicule propagé par les feuilles anglaises[3], dont l'abbé Mignot s'était donné la peine de

---

1. *Feuille du jour*, du lundi 18 juillet 1791, n° 199, p. 141, 142, 143. Anecdote sur le corps de Voltaire.
2. *Chronique de Paris*, du dimanche 31 juillet 1791, n° 212, p. 855. Lettre du maire de Romilly en réponse à une calomnie insérée dans la *Feuille du jour*. Remarquons, toutefois, pour ce qui le regarde, que Favreau se fait jouer fort gratuitement un rôle, à l'arrivée du corps à Scellières. « Je suis maire de Romilly ; j'y suis né, je connois tous les habitans, j'ai vu arriver le corps de Voltaire à Scellières ; je l'ai déshabillé, je l'ai vu mettre dans la bière, j'ai vu sceller le cercueil... » Les détails que nous donne l'abbé Mignot et l'indication des personnes qui procédaient aux derniers services à rendre à son oncle, sont un démenti à cette petite vanterie du magistrat municipal, bien petite, si nous la comparons à l'étrange récit auquel il a été fait allusion plus haut et que nous aurions eu honte de reproduire.
3. Disons, à ce propos, que, pendant les discussions qui eurent lieu

démontrer l'invraisemblance dans sa lettre à M. Patris[1], et que le curé de Romilly, Bouillerot, réfutait à son tour avec toute l'autorité d'une personne présente. « L'enlèvement du corps de Voltaire, dit ce dernier, est une vraie fable. J'ai été témoin de son inhumation, de son exhumation, de sa déposition dans l'église de Romilly, et enfin de sa translation pour Paris... Lors de l'exhumation de Voltaire, ajoute-t-il, on trouva un cadavre décharné, desséché, mais entier, et dont les parties étaient jointes. On l'enleva de la fosse avec beaucoup de précaution, et il ne se détacha que le calcaneum[2], qu'une personne emporta. Le corps fut exposé pendant deux jours aux regards du public, dans l'église de Romilly, puis renfermé dans un sarcophage, placé quelque temps dans la sacristie, ensuite déposé dans le chœur, sous une tente, jusqu'au jour de la translation[3]. »

Cela semble concluant, comme l'intention des propagateurs de l'historiette. Il eût été plaisant, en effet, que la bonne ville de Paris, que les ardents séides de l'auteur de *Mahomet* se fussent donné tout ce mal, eussent déployé ce zèle religieux, tout ce fanatisme politique, au profit de l'humble dépouille du jardinier de Scellières, dont le cadavre aurait été substitué à celui du poëte[4]. Répétons-le, si les honneurs qu'on se proposait de décerner au grand écrivain étaient bien dans le sentiment de l'immense majorité

à l'égard des funérailles de Voltaire, le marquis de Villevieille proposa assez étrangement d'enfermer le corps dans une malle, de le porter à Londres, et de l'inhumer entre Newton et Shakespeare. *Abrégé chronologique du président Hénault* (Édit. Michaud, Paris, 1836), p. 456.

1. *OEuvres inédites de Grosley*, t. II, p. 456. Lettre de l'abbé Millot à M. Patris. Sans date.

2. Ce calcaneum était conservé dans le cabinet d'histoire naturelle de M. Mandronnet, propriétaire à Chicheroi, près de Troyes, et fut le sujet d'une pièce de vers par M. Renard, publiée dans les *Mémoires de la Société académique du département de l'Aube*.

3. Voltaire, *OEuvres complètes* (Beuchot), t. I, p. 441, 442. Pièces justificatives. Extrait d'une lettre de M. Bouillerot à M. Patris-Dubreuil. Sans date.

4. Albert Barbeau, *l'Exhumation de Voltaire* (Troyes, 1847), p. 7.

de la population parisienne, sans compter le clergé, qu'une telle solennité devait exaspérer, il y avait bien encore un groupe considérable de gens que leur éducation, les idées de toute leur vie, leur respect pour la religion, rendaient peu sympathiques à ce qui n'était selon eux qu'une insulte préméditée à leurs croyances; esprits religieux et libéraux tout à la fois, enivrés de ces belles promesses d'affranchissement auxquelles ils avaient souri des premiers, mais estimant que « la souveraineté de la nation et l'autel se tiennent inséparablement ». A cette pétition pour la translation des restes de Voltaire, on opposa une autre pétition, qui n'était pas un pamphlet, qui n'était, malgré sa virulence, que l'expression de la pensée d'hommes pieux, convaincus, saluant, la plupart, la Révolution comme une délivrance, mais désavouant, combattant les envahissements d'une philosophie sacrilége. Ne pouvait-on pas transférer les cendres de l'écrivain illustre, que l'Assemblée nationale a « décoré du titre de grand, sans une *translation*, des *stations*, des *chants d'hymnes* », tout ce programme où figurent jusqu'aux démonstrations consacrées dans nos fêtes, dans nos processions religieuses? Fallait-il donc faire une exception en faveur de « cet adulateur des grands, ce contempteur du peuple, cet homme d'un esprit versatile, sans loi, sans principes? » Les signataires de la pétition (des jansénistes pour la plupart)[1], finissaient par ces considérations qui indiquent aussi l'état troublé de l'Église séparée en deux camps, l'un repoussant des opinions qui dépassaient de bien loin ces libertés gallicanes dont Bossuet s'était constitué le défenseur, l'autre voulant secouer, tout en restant chrétien, des chaînes qui, à ses yeux, n'étaient que le fait de l'usurpation. « Une masse de citoyens éclairés vous représente, avec le serrement et la douleur, que les auteurs

---

[1]. « M. Agier a signé la protestation contre les honneurs à rendre à Voltaire, et M. Agier est sur la liste des candidats pour la place de gouverneur de l'héritier présomptif de la couronne. Ceux qui lui ont donné leur voix veulent avoir sans doute un roi *janséniste.* » *Chronique de Paris*, du mardi 12 juillet 1791, n° 193, p. 779.

de cette fête offrent aux prêtres non assermentés un véritable triomphe, et aux assermentés un déplaisir amer ; que ces auteurs laissent manier à nos adversaires cet argument calomnieux dont ils ont tant abusé en disant : *Les amis de la Constitution ne le sont pas de la religion*[1]. »

Mais c'étaient les non assermentés qui étaient dans le vrai, et la haine au moins les avait rendus clairvoyants. Encore un peu, assermentés ou réfractaires devaient disparaître dans le même gouffre. Suivaient cent soixante-cinq signatures de gens connus et importants dans leur district, des prêtres, des avocats, des juges de paix, un ancien président de section, un ancien conseiller au Châtelet, des républicains sincères, mais ne comprenant pas que la fin d'un monde et la fin du monde dussent être même chose. Un ex-président de la section des Lombards, Bricogne, faisait imprimer, en son nom propre, au bas de cette pétition : « Je réclame contre tout honneur rendu aux cendres de Voltaire. » Un ancien instituteur, Semillard, disait aussi : « Je fais la même réclamation : ayant été employé toute ma vie à l'éducation de la jeunesse, je n'ai malheureusement que trop souvent vu combien ce fameux auteur a corrompu les mœurs, a détruit jusqu'aux sentimens de la nature dans la jeunesse. » Mais ces objurgations ne pouvaient guère contre l'enthousiasme général[2]. Encore ne demeuraient-elles pas sans répliques ; nous citerons, entre autres, une *Réponse d'un ami des grands hommes aux envieux de la gloire de Voltaire*[3]. M. Quatremère, qui figurait en tête de la liste des signataires, fut l'objet particulier avec M. Bricogne[4], des railleries et des sarcasmes de ses adversaires. Les considérations de dépenses avaient été par eux assez

---

1. *Pétition à l'Assemblée nationale relative au transport de Voltaire.* Nouvelle édition, revue et corrigée, p. 5, 6.
2. Cette pétition, sérieuse par le ton et l'intention, ne devait pas être la seule protestation des ennemis du poëte. Nous mentionnerons encore, mais celle-ci n'est qu'une facétie, *l'Apothéose de Voltaire et le Triomphe de la religion et des mœurs.* In-8 broch. de 8 p.
3. Par Ph. Gudin, broch. de 16 p.
4. *Chronique de Paris*, du samedi 9 juillet 1791, n° 190, p. 763.

jésuitiquement alléguées. « M. Quatremère, de la *section des Innocents*, s'écrie Villette avec plus de passion que de convenance, oppose des raisons très-innocentes au triomphe de Voltaire... La translation de Voltaire comme elle est ordonnée aujourd'hui coûteroit peut-être plus de cent mille écus à la ville de Paris ; mais ce que les amis du grand homme, les ardents patriotes, les gens de lettres, les différentes corporations entreprennent à leurs frais ; tout cela n'est point à la charge de la municipalité. Elle dépensera tout au plus dix-huit mille livres pour appeler dix-huit mille étrangers, qui laisseront à Paris quatre-vingt mille livres dans la consommation. Interrogez les marchands et tout ce qui tient aux modes, et vous reconnaîtrez que la fête de Voltaire, considérée simplement sous le rapport politique, anéantit, par cela même, toute la rhétorique de M. Quatremère des *Innocents*. » On répondait à ces opposants, sinon avec de meilleures raisons, mais avec plus de gaieté et de bonne humeur, dans cette prétendue prophétie extraite des manuscrits de Nostradamus :

> Le jour triomphal de Voltaire
> Un très-grand prodige adviendra ;
> A maint opposant signataire
> Le nez d'un pied allongera ;
> Et si, le nez aura beau faire,
> Plus court qu'oreille il restera.

Si rien n'avait été négligé de ce qui devait frapper les imaginations et rendre le spectacle plus imposant, on voit qu'il avait été procédé à tous ces préparatifs avec une louable économie, fort éloignée du gaspillage des fêtes de l'ancien régime. Nous citerons un exemple significatif de cette sage entente, qui sait tout utiliser. Un officier municipal, commissaire à l'administration des biens nationaux, était dépêché au dépôt général des effets mobiliers provenant des maisons et communautés de la reine Marguerite afin de réclamer de Lenoir deux cents aubes pour la cérémonie de la translation. Le recueil auquel nous devons ce document curieux présume qu'en ordonnant la délivrance de ces aubes, on se proposait d'obtenir le concours religieux de l'évêque Gobert, ou, à son refus, de grossir le cortége de deux cents lévites de faux aloi ; ce qui, en outrageant gratuitement un culte abhorré, aurait, en même temps, par une mascarade sacrilége, compromis la dignité de cette cérémonie réparatrice. Il ajoute que, quelles que fussent les intentions des organisateurs, nulle aube, nulle étole ne parut à cette solennité [1]. Ces aubes y figurèrent pourtant ; mais leur appropriation fut bien différente, et ces costumes religieux allaient être revêtus par les symphonistes et chanteurs de l'opéra, métamorphosés en chœurs antiques. Voltaire mandait à d'Argental, en avril 1768, qu'il avait fait don à son curé des aubes des prêtres de *Sémiramis* ; il ne s'imaginait pas alors qu'il lui serait tenu compte au centuple de sa munificence et de sa générosité [2].

Charron, l'ordonnateur officiel de la fête, partait pour Romilly, s'en reposant sur le goût, le zèle de Villette et de *Belle et Bonne* pour veiller à ce qu'aucune disparate ne vînt nuire à l'effet de l'auguste cérémonie. « Avant-vous, lui disait-il, je verrai la tombe de Voltaire ; plaignez-vous de votre utilité, mais restez dans les murs où se prépare le triomphe de Voltaire [3]. » La translation avait été fixée en dernier lieu, au lundi 11 juillet [4] ; mais, à la dernière heure, il parut presque impossible de n'en pas ajourner le moment. Un événement politique bien considérable avait jeté le trouble et la consternation au sein de cette population si impressionnable, d'ailleurs, travaillée, surexcitée,

---

1. *Revue rétrospective* (Paris, 1834), t. IV, p. 317 à 320. Département des travaux publics. Municipalité de Paris à messieurs de l'agence des biens nationaux ; ce 5 juillet 1791.
2. Voltaire, *Œuvres complètes* (Beuchot), t. LXV, p. 65, 66, 67. Lettre de Voltaire à d'Argental ; 22 avril 1768.
3. *Chronique de Paris*, du mardi 21 juin 1791, n° 172, p. 686, 687. Charron à Villette.
4. Elle avait été originairement fixée au lundi 4 juillet par le Directoire du département de Paris. Extrait des registres des délibérations, du 4 juin 1791.

exaltée par des agitateurs fanatiques. Louis XVI et la reine, arrêtés dans leur fuite, à Varennes, ramenés en captifs, en coupables dans Paris, c'était un fait bien grave dont personne ne pouvait dès lors prévoir les conséquences, mais qui était le renversement en même temps que l'abdication de la monarchie. Voltaire « le roi Voltaire », rentrant dans sa capitale, triomphant, acclamé, vengé du pouvoir arbitraire, vengé des prêtres au même moment où le souverain légitime, découronné, sans prestige, sans défense, humilié, avili, s'y voyait, lui et les siens, traîné au milieu d'une foule armée et aliénée, ne sachant point ce qu'on ferait de lui mais sachant bien qu'il n'avait plus ni sceptre, ni épée; quel contraste! quelle moquerie du sort! quel spectacle et quelle leçon! Là où la force avait régné, allait régner l'idée, la liberté à la place du caprice, la raison unie à l'intelligence succédant au mépris du droit, au régime des favoris et des maîtresses! Qui s'en fût plaint, si le despotisme n'eût fait que changer de forme, si cette révolution si soudaine, en froissant les intérêts, les vanités de quelques-uns (ce qui était inévitable) eût démontré la sainteté de sa cause et de ses droits par la sagesse, la modération, l'honnêteté, la justice de ses actes et de ses arrêts? Hélas! bien que des esprits confiants et sincères se crussent à l'aurore d'une ère de concorde et de paix, ces temps fortunés n'étaient pas prêts de naître; des flots de sang innocent allaient ternir et déshonorer cette rénovation sociale dont les débuts lui avaient gagné la sympathie des nations émerveillées d'un tel effort, chez un peuple que l'on jugeait corrompu jusque dans la moelle de ses os. Mais, alors encore, malgré tant de présages sinistres, les illusions s'obstinaient, et le souvenir des fêtes de la Fédération entretenait cette décevante mais touchante confiance en l'avenir des gens de bonne volonté.

Le convoi funèbre s'était mis en route et le cortège était allé coucher, le 6, à Provins. La seconde station fut à Langis, le 7, le 8, à Guignes, le 9, à Brie-Comte-Robert. Il arrivera, le lendemain, à Paris, vers les dix heures du soir. Toutes les municipalités riveraines s'empressaient autour du char que l'on couvrait de couronnes et de fleurs; et (ce qui était mieux et plus inattendu) on lui disait des messes. Une lettre du département annonçait, le 9, à l'Assemblée nationale l'approche du corps, pour le dimanche. Le procureur-syndic et les maires allèrent au-devant de l'auteur de la *Henriade*, le premier aux confins du département, le second aux limites de Paris. Le cortége franchissait les murs à dix heures. Un piquet de cavalerie marchait en tête, puis une troupe d'infanterie; le char suivait, entouré d'urnes, de guirlandes, de crêpes noirs et de cyprès. Derrière venaient les diverses voitures, dans lesquelles se trouvaient Pastoret le procureur-syndic, le maire Bailly, Charron et les officiers municipaux. On avait élevé une plate-forme sur l'emplacement de la tour de la Bazinière, dans laquelle le poëte avait jadis été renfermé. Son cercueil, avant d'y être déposé, était montré à la foule, qui répondait par des acclamations frénétiques. Des bouquets jonchaient le sol; avec les pierres provenant de la démolition de la Bastille, on avait formé une espèce de rocher sur le sommet duquel avaient été prodigués les attributs et les allégories. On lisait sur une de ces pierres :

> Reçois en ce lieu où t'enchaîna le despotisme,
> Voltaire,
> Les honneurs que te rend la patrie[1].

Tout cela était au diapason de l'enthousiasme général. Cependant on ne pouvait empêcher qu'un cri d'indignation ou de révolte ne se fît entendre par intervalles. Un prêtre « satanique, » ne sut se contenir devant cette idolâtrie sacrilége; il s'écriait : « Dieu, tu seras vengé! » Pour cette fois, le peuple fut clément, et l'imprudent en fut quitte pour quelques huées. « Et c'est la seule punition, ajoute le chroniqueur, qu'il réserve sans doute aux imitateurs de cet

---

1. *Moniteur universel*, du 13 juillet 1791. — *Journal général de France*, du mercredi 13 juillet, n° 194, p. 780.

insensé ¹. » Pourquoi dans la suite n'eut-il pas toujours ce calme, ce bon sens et cette humanité ?

La pluie était tombée en abondance tout le matin, et si dru que le département avait décidé que la fête serait remise au lendemain. Celui-ci adressa même à l'Assemblée une lettre pour la prévenir de cet ajournement forcé. « A l'ouverture de la séance, dit l'abbé Royou, dans la feuille royaliste, on lit une lettre de M. Pastoret, procureur-syndic du département, qui témoigne à l'Assemblée son dépit contre la basse jalousie du ciel aristocrate, qui, pour *retarder le triomphe du grand homme*, du grand Voltaire, rival et vainqueur de la divinité, verse des torrents de pluie ². » L'abbé Royou y met du sien et prête à M. Pastoret un lyrisme et un courroux dont on ne retrouve nulle trace dans le *Moniteur*, qui se contente de mentionner la lecture sans reproduire la lettre ³. Ce ne sera pas la seule malice et le seul conte que se permettront les opposants trop faibles de nombre pour rien entraver, mais qui ne laissaient pas de s'indemniser de leur impuissance dans les feuilles à leur dévotion. Ainsi, le *Journal général de France* disait avec irrévérence : « Nous donnerons les détails de cette mascarade dans laquelle on prétend qu'on verra un paysan parfaitement ressemblant à Voltaire, porté sur un char, et affublé d'une vieille perruque, d'un vieil habit appartenant à l'auteur de Ferney, et que M. Charles Villette conservoit soigneusement

---

1. *Chronique de Paris*, du lundi 11 juillet 1791, n° 192, p. 775. La *Chronique* ajoute, dans son numéro du mardi 12 : « La dévote rage des ennemis de la philosophie s'est encore bien plus signalée pendant la nuit ; ils ont tenté d'enlever les restes du grand homme ; mais les bataillons des sections voisines ont été appelés, et les troupes *innocentes* de Quatremer (*sic*) et de Bricogne ont été repoussées. »

2. *L'Ami du roi*, du mercredi 13 juillet 1791. Séance du lundi 11 juillet 1791.

3. *Moniteur universel*, mardi 12 juillet 1791, n° 193, p. 796. Voici, du reste, la motion : « Un de MM. les secrétaires fait faire lecture d'une lettre par laquelle le procureur syndic du département de Paris prévient l'Assemblée que le mauvais temps a fait remettre la cérémonie de la translation de Voltaire à demain. »

dans son armoire¹.» Il va sans dire qu'il n'y a là rien de sérieux, et que ce paysan de bonne volonté est de pure invention. Mais la réflexion qui suit, de la feuille royaliste, a une autre portée, elle est très-sérieuse et frappe juste, cette fois.

« Éloigné du cortége, à l'endroit où nous l'avons vu passer, nous n'avons pu lire les vers inscrits sur le sarcophage. On nous assure que d'un côté on lisait :

> Si l'homme est créé libre, il doit se gouverner.

et sur l'autre :

> Si l'homme a des tyrans, il doit les détrôner.

En supposant, car nous n'avons pu lire, que cela soit, nous demandons si ces deux vers, qui sont de Voltaire, ainsi isolés, ne semblent pas dire, que les peuples doivent se gouverner eux-mêmes (erreur assurément bien grande) et qu'il faut renverser le trône des rois? Voilà ce qu'on suppose, voici ce qui est vrai : ces deux vers commencent un discours sur *l'Envie*. Ce discours est le troisième de ceux que Voltaire a réunis sous le titre de *Discours en vers sur l'homme* ². Le vers qui suit est celui qu'on va lire :

> On ne le sait que trop, nos tyrans sont nos vices.

Ainsi, d'une réflexion morale, on a fait un principe beaucoup plus qu'indiscret. C'est avec cette bonne foi qu'on cite et qu'on applique dans la très-bonne ville de Paris ³. »

Mais, le temps s'étant éclairci, on jugea préférable de courir les risques d'une ondée que de tromper et d'irriter l'attente du public. Paris regorgeait d'étrangers. Les patriotes venus de Varennes avec le roi étaient restés dans l'intention d'assister à la cérémonie funèbre, et ne se

---

1. *Journal général de France,* du lundi 11 juillet 1791, n° 192, p. 774.
2. Voltaire, *OEuvres complètes* (Beuchot), t. XII, p. 63.
3. *Journal général de France,* du jeudi 14 juillet 1791, n° 195, p. 784, 785. Ces vers se trouvaient bien où il les indique.

fussent pas résignés volontiers à partir sans l'avoir vue. Ils n'étaient pas d'humeur davantage à prolonger leur séjour : on dit qu'ils s'étaient transportés en nombre à la Bastille et que l'on était à la veille d'une rixe, lorsque le département, alarmé, envoya l'ordre au cortége de s'ébranler, vers deux heures de relevée [1].

Marchaient en tête un détachement de cavalerie, les sapeurs, les tambours, les canonniers, le bataillon des enfants, la députation des colléges, les clubs avec leurs bannières, notamment la Société paternelle des halles, qui avait inscrit sur la sienne cette devise qu'on oubliera trop plus tard de mettre en pratique :

> Grands dieux, exterminez de la terre où nous sommes
> Quiconque avec plaisir répand le sang des hommes.

Suivaient les portraits en relief de Voltaire, J.-J. Rousseau, Mirabeau et Desilles, entourant le buste de Mirabeau donné par le citoyen Palloy à la commune d'Argenteuil. Les ouvriers employés à la démolition de la Bastille, ayant à leur tête le même Palloy, portaient des chaînes, des boulets et des cuirasses, ces trophées de leur victoire. On avait posé sur un brancard le *procès-verbal des électeurs de* 1789 à côté de l'*Insurrection parisienne*, de Dusaulx. Les citoyens du faubourg Saint-Antoine, auxquels s'était jointe une *citoyenne* en amazone, l'une des héroïnes du siége de la Bastille, escortaient, drapeau en tête, un plan en relief de la prison d'État. Les anciens gardes-françaises portaient le quatre-vingt-troisième modèle de la forteresse destiné au département de Paris. Les électeurs de 1789 et 1790, les cent suisses et les gardes suisses, la députation des théâtres, précédaient la statue d'or de Voltaire couronnée de lauriers, et portée par des hommes habillés à l'antique, avec les aubes sans doute des communautés de la reine Marguerite. Les académiciens, les gens de lettres, environnaient un magnifique coffret renfermant les soixante-dix volumes des Œuvres

---

[1]. La *Chronique de Paris* dit : Trois heures, et le *Journal de Paris* : Quatre heures.

que Beaumarchais s'était empressé d'offrir au département. Un corps nombreux de musiciens, exécutant des hymnes appropriés à la circonstance, se trouvait en avant du char traîné par douze chevaux blancs, attelés quatre de front, (dont deux avaient été fournis par la reine[1],) et menés par des piqueurs également à l'antique. Le catafalque, d'une ornementation sévère, était d'un grand effet. C'était un sarcophage de porphyre élevé de trois marches au-dessus du niveau du char, et dominé lui-même par un lit funéraire sur lequel on voyait le philosophe étendu dans l'attitude du sommeil. A ses côtés, une lyre brisée et, derrière le chevet, une figure symbolique de l'Immortalité, posant une couronne d'étoiles sur sa tête. Nous disons le philosophe, ce n'était pas plus lui que ce paysan « parfaitement ressemblant » affublé d'une vieille perruque et d'un vieil habit que nous annonçait, sous forme dubitative, le *Journal de Paris*. Le vrai Voltaire était demeuré dans son cercueil, mais on sentait sa présence, et c'était plus que suffisant pour impressionner profondément cette foule où s'étaient bien glissés quelques sceptiques, mais sincère, elle du moins, dans ses acclamations et son enthousiasme. Quatre Génies, tenant des flambeaux renversés, dans la pose de la douleur, ornaient les faces latérales, et quatre masques scéniques décoraient les quatre angles supérieurs du sarcophage[2]. On y lisait: « Il vengea Calas, La Barre, Sirven et Montbailly. Poëte, philosophe, historien, il a fait prendre un

---

1. « L'objet de la pompe funèbre de Voltaire, dit l'abbé Grégoire, pour laquelle Marie-Antoinette fournit deux chevaux blancs, étoit moins d'honorer la mémoire du poëte que d'afficher le mépris pour la religion. » *Discours préliminaire de l'Histoire des sectes religieuses* (1810), p. 4. L'ouvrage, qui avait été saisi en 1810, fut rendu au mois de juin 1814, mais sous la condition de faire des changements. On réimprima les faux-titres et titres, et l'on fit onze cartons. B. Voltaire, *OEuvres complètes* (Beuchot), t. I, p. 460. Pièces justificatives.

2. *Translation de Voltaire à Paris, et détails de la cérémonie qui aura lieu le 4 juillet.* Arrêtés par le district du département de Paris, sur le rapport de M. Charron, officier municipal, commissaire à la translation (de l'imprimerie de Lottin), p. 17, 18.

grand essor à l'esprit humain ; il nous a préparés à devenir libres. » Au moins, n'y avait-il rien de trop dans cette inscription, rien d'exagéré, rien qui ne fût l'exacte expression de la reconnaissance équitable de ses concitoyens, de ses contemporains de tous les pays.

Derrière le char venaient immédiatement la députation de l'Assemblée nationale, le Département, la Cour de cassation, les juges des tribunaux de Paris, les juges de paix. Nous allions oublier la municipalité, son maire en tête. « M. Bailly, dit le *Journal général de France*, suivoit le char au milieu des applaudissemens prodigués à Voltaire; on a même cru qu'il se trompoit à l'intention de ces applaudissemens, à cause d'une pantomime d'attendrissement, de reconnaissance, et de politesse dont il sembloit payer chaque témoignage de l'enthousiasme du public[1]. » Le bataillon des vétérans fermait cette marche plus triomphale que funéraire, qu'un corps de cavalerie protégeait contre une multitude sans cesse grossissante.

Le cortége longea ainsi le boulevard jusqu'à l'opéra[2]. Le buste de l'auteur de *la Reine de Navarre* ornait la façade du théâtre. On avait rappelé, sur trois médaillons entourés de festons et de guirlandes de fleurs, les trois poëmes écrits par ce génie universel pour la scène de Lully et de Quinaut : *Pandore*, le *Temple de la Gloire*, *Samson*. Les sujets de l'Académie royale de musique attendaient à l'entrée ; ils se mirent à entonner à son approche un hymne en son honneur. Le chanteur Chéron s'avança, une couronne de lauriers à la main, et madame Ponteuil, dans un transport qui était au niveau de l'exaltation générale, embrassa la statue, puis, le cortége reprit lentement son chemin, descendant toute la ligne des boulevards jusqu'à la place Louis XV, le quai de la Conférence et les Tuileries. « Toutes les fenêtres étaient ouvertes et garnies de valets du roi, à l'exception

---

1. *Journal général de France*, du mercredi 13 juillet 1791, n° 194, p. 780.
2. Le théâtre de la Porte-Saint-Martin, incendié par les insurgés en 1871.

d'une seule, dont la jalousie étoit fermée, et c'est à travers ce guichet, que ce prince et son épouse, glacés sans doute d'épouvante aux fiers accents de la philosophie, du patriotisme et de la liberté qui retentirent de toute part, ont été les témoins des honneurs rendus à un simple citoyen, honneurs que leur liste civile ne pourra jamais leur procurer[1]. » C'était, en effet, un contraste étrange, que cette royauté posthume de l'intelligence représentée par de froides cendres, mais étendant sa puissance sur cette foule qui venait de renverser ses maîtres, trop justement inquiets de leur sort et portant envie à ces dépouilles inanimées : commandaient-elles, du moins, le respect, l'admiration et l'amour à ce peuple déchaîné. Mais personne ne songeait à cela, sauf peut-être le journaliste impitoyable qui semble prendre plaisir à ce cruel rapprochement?

Après avoir traversé le Pont-Royal, le défilé, à peine engagé sur le quai Voltaire, s'arrêtait devant la maison de Villette. Vis-à-vis la façade, on avait planté quatre peupliers très-élevés, reliés entre eux par des guirlandes de feuilles de chêne qui formaient un dôme de verdure au-dessus duquel était suspendue une couronne de roses destinée à s'abattre sur le char, au moment de son passage. On lisait sur le devant de l'hôtel cette inscription, que Villette avait précédemment fait placer à Ferney sur la porte de la chambre à coucher du poëte :

> Son esprit est partout, et son cœur est ici.

Un vaste amphithéâtre avait été élevé, débordant de jolies femmes et de jeunes personnes vêtues de blanc, une guirlande de roses sur la tête, avec une ceinture bleue, et une couronne civique à la main. Du plus loin que l'on aperçut le char, l'on se mit à joncher le sol de fleurs. Lorsque le chef-d'œuvre d'Houdon se trouva à la hauteur de l'amphithéâtre et directement sous le dôme de verdure, on fit halte. Madame de Villette descendit et fut portée jusqu'à

---

1. *Chronique de Paris*, du mardi 12 juillet 1791, n° 193, p. 781.

la statue de son père adoptif. « Les yeux baignés des pleurs délicieuses du sentiment, le visage animé par les douces émotions de la piété filiale[1] », elle s'avança, s'inclina religieusement, tint un instant le marbre embrassé, et posa la couronne sur ce front glorieux, aux cris retentissants d'un peuple immense. Prenant ensuite sa fille, jolie enfant de quatre ans et demi, elle l'en approcha, et « la voua, pour ainsi dire, par cette espèce de consécration, à la raison, à la philosophie, à la liberté. » Les chœurs, au voisinage de l'hôtel de Villette, avaient interrompu leurs accents funèbres pour des chants d'un tout autre caractère, exprimant la joie du triomphe : n'étaient-ce pas les seuls accents qui convinssent à cette grande ombre en pleine possession de l'immortalité? Ils entonnèrent les strophes d'une ode composée par Chénier, dont Gossec avait fait la musique et qu'accompagnait un orchestre d'instruments antiques « copiés sur la colonne Trajane. » *Belle et Bonne*, avec sa fille et les deux demoiselles Calas, prit rang en avant du catafalque, ainsi qu'un groupe de jeunes femmes qui leur firent escorte : Villette marchait près d'elle, avec l'auteur de *Warwick* et de *Mélanie*, qui aurait pu, tout simplement, se mêler à la foule de ses confrères.

Le cortège quittait le quai à la rue Dauphine. Devant l'ancienne Comédie, rue des Fossés-Saint-Germain, ce théâtre des premiers succès du poëte, on fit une courte station. Un grand tableau avait été appliqué contre la façade : c'était le buste de Voltaire couronné de feuilles de chêne, deux Génies à ses côtés, avec cette inscription : « A dix-sept ans il fit *Œdipe*. » On arrivait, à la nuit, devant le théâtre de la Nation (l'Odéon). Comme partout, les guirlandes serpentaient le long des colonnes; trente-deux médaillons, échelonnés de distance en distance, rappelaient les chefs-d'œuvre de l'auteur de *Zaïre* et de *Mahomet*. Cette autre inscription (la contre-partie de celle de l'ancienne Comédie) se lisait sur le fronton : « Il fit *Irène* à quatre-vingt-quatre ans. » Les chanteurs de l'Opéra exécutèrent un

---

1. *Chronique de Paris*, du mardi 12 juillet 1791, n. 193, p. 782.

chœur de *Samson*, qui ne pouvait s'harmoniser mieux avec les idées, l'exaltation du moment :

> Peuple, éveille-toi, romps tes fers.
> La liberté t'appelle.
> Peuple fier, tu naquis pour elle ;
> Peuple, éveille-toi, romps tes fers !

A ce moment, la pluie qui avait menacé tout le jour, « mais qui jusque-là avait semblé respecter l'apothéose d'un grand homme » fondit sur le cortége avec une violence effrayante. Ce fut à qui chercherait un abri dans la Comédie, où il fallut allumer un grand feu pour sécher les vêtements des femmes, qui étaient tout ruisselants d'eau [1]. Cela dut prendre un certain temps, que les chanteurs et l'orchestre s'efforcèrent de faire oublier. La musique s'était installée dans le vestibule ; elle y reprit le chœur de *Samson*, qui produisit le plus grand effet ; puis, un peu séché, mais sous la menace d'une pluie qui n'avait fait que diminuer d'intensité, on se remit en route avec courage, se contentant de hâter le pas, et l'on finissait ainsi par aborder les degrés de Sainte-Geneviève, le glorieux asile ouvert par la

1. « Décrirai-je cette solennité ? raconte un témoin de la fête. Elle fut vraiment magnifique dans son commencement. Des chars découverts où se trouvoient en toilette brillante les actrices des grands théâtres suivant le char triomphal. Autour marchaient les acteurs en costume héroïque. On se croyoit à Athènes ; le temps était superbe ; quand tout à coup le temps change, l'illusion s'évanouit aussitôt. Entre les torrents que vomissoient les gouttières et ceux qui grossissoient les ruisseaux, les dames les mieux empanachées ne sont plus que des poules mouillées, et les héros dans la boue ne ressemblent plus qu'à ces Romains de carnaval que je vous laisse à désigner par leur nom propre. » Arnault, *Souvenirs d'un sexagénaire* (Paris, Dufey, 1833), t. I, p. 248, 249. Nous ne doutons pas qu'Arnault assistât, comme il le dit, à cette fête funèbre. Mais, quand il les fixait, ses souvenirs étaient loin d'être de date récente, et il raconte plus ce qui se devait passer que ce qui se passa en effet. « On doit bien regretter, dit la *Chronique de Paris*, que le jour n'ait pas été aussi beau que l'exigeoit une pareille fête. Une partie intéressante du cortége y manquoit ; si le tems eût été serein, il devoit y avoir une foule de femmes costumées dans le goût antique, les unes en Muses, les autres en Grâces, etc. » Du mardi 12 juillet 1791, n° 193, p. 782.

patrie à ses grands hommes. En définitive, la solennité avait été des plus belles et des plus imposantes, et tout aurait été au mieux sans cette malencontreuse averse des derniers instants. « Quelques personnes ont paru regretter que ce monstre (il s'agit du fanatisme) sous les traits de Royou, n'ait pas été enchaîné au char : mais outre qu'il n'eût pas été facile à trouver, car le maraud se cache avec soin, tous les cœurs étoient ouverts à la joie, et c'eût été attrister le plus beau des spectacles que d'exposer les regards à tomber sur cette sale et hideuse figure. » C'est à l'auteur de l'*Ami du roi* que s'adressait cette plaisanterie un peu vive, à l'abbé Royou, forcé alors de se cacher pour échapper à la violence de ceux qu'il contredisait, du reste, avec une aménité pareille. Le siècle en avait fini avec cette politesse si renommée et à laquelle avait succédé le langage imagé et de haut goût de l'*Ami du peuple* et du *Père Duchesne*. Le naufrage était bien complet.

Les saillies heureuses, les traits de sentiment ne firent pourtant pas défaut. Voici deux mots bien différents de ton mais qui peignent on ne peut mieux l'état des esprits et des cœurs, dans cette foule bigarrée, pour laquelle la surexcitation est devenue déjà un besoin de toutes les heures. Le catafalque était soutenu par quatre superbes roues de bronze, qui étaient l'objet de l'admiration générale. « Voilà de bien belles roues », dit quelqu'un. — Oui, répondit son voisin, elles écrasent le fanatisme. » C'est le lieu commun de la situation : ce qui suit a un tout autre caractère ; c'est une note harmonieuse et touchante au milieu de ces éclats discordants, de ces voix dissonantes. Nous avons dit que l'on avait placé sur la façade de la maison de Villette ce vers à effet : « Son esprit est partout, et son cœur est ici. » Des femmes du peuple, qui ne savaient pas que le cœur de Voltaire fût véritablement dans l'hôtel, lisaient sans trop comprendre l'inscription : « Eh ! dit l'une d'elles, son cœur, c'est madame de Villette. » Ce mot est d'une délicatesse, d'un sentiment exquis, et il n'y a pas, comme le fait remarquer *la Chronique*, à en faire l'éloge. Ce serait le gâter.

IV

VOLTAIRE ET LA RÉVOLUTION. — FANATISME DES DEUX PARTS. CERVELET DE VOLTAIRE. — SÉPULTURE VIOLÉE.

Des protestations, cela était inévitable, se mêlent aux chants du triomphe et aux éclats de l'enthousiasme [1]. Convenons également que ces hommages rendus au patriarche n'étaient pas aussi désintéressés et aussi sincères qu'on le pourrait croire. Là, comme aux représentations de *Brutus* et de la *Mort de César*, Voltaire abritait des idées qui, certes, n'étaient pas les siennes, car il est à croire que, favorable aux débuts d'une révolution fondée sur de légitimes revendications, il se fût vite effrayé de tant de violences et d'excès, et qu'il se serait séparé, en fin de compte, comme l'abbé Raynal, d'un déchaînement qui ne faisait que déplacer l'oppression. Avec son bon sens, son amour de la justice, sa haine et son mépris, disons-le, de la démagogie, il n'aurait pas attendu le renversement du pouvoir pour comprendre la nécessité de lui venir en aide [2]. Il voulait un gouvernement libre régissant un peuple libre, les institutions les plus libérales. « On feroit un beau cahier, lisons-nous dans la feuille de Villette, de tout ce qu'il a demandé et commandé à l'opinion sur la réforme des abus

1. « On a cependant remarqué quelques émissaires répandus dans la foule, et qui critiquoient avec amertume le luxe du cortége ; mais le raisonnement des gens sensés les ont bientôt réduits au silence. » *Moniteur universel*, du 13 juillet 1791. — « La fidélité de l'histoire nous oblige de dire que les applaudissemens qui partoient des beaux hôtels du quai Voltaire étoient un peu moins vifs que ceux du peuple, qui sembloit déifier son libérateur. » *Chronique de Paris*, du mardi 12 juillet 1791, n. 193, p. 782.
2. Voltaire, *OEuvres complètes* (Beuchot), t. LXVII, p. 155. Lettre de Voltaire à Richelieu ; 20 mai 1771.

des lois, dans le gouvernement, dans la justice, dans la magistrature, dans la finance, dans le clergé, dans l'Église : c'est lui qui a relevé la noblesse de l'agriculture, et abattu par conséquent la noblesse paladine et vraiment roturière, puisqu'elle étoit fénéante, qui l'écrasoit du haut de ses donjons ruinés. » Tout cela était vrai, et ses amis n'avaient qu'à revendiquer à son profit et comme son ouvrage tout ce qui allait survivre d'une révolution qui aurait gagné sans doute à être plus clémente. *La Chronique de Paris*, à laquelle nous empruntons ces lignes, reproduisait sous le titre de : *Cahier de Voltaire aux États généraux*, un chapitre du *Dictionnaire philosophique*, où le philosophe doublé du réformateur dit nettement sa pensée. Il a particulièrement en vue le clergé, auquel il enlève ses privilèges, qu'il croit traiter durement et qui, en somme, vit à l'heure qu'il est, depuis bientôt un siècle, sous la législation qu'il avait rêvée : le mariage civil, la suppression des annates et des juridictions ecclésiastiques, l'égalité politique et civile, l'égalité devant l'impôt qui doit être payé par tous, parce que tous font partie, au même titre, de l'État [1]. Les divers gouvernements qui se sont succédé en France ont accepté ces lois dont, à la longue, on a senti non-seulement la nécessité mais aussi l'équité. Quant aux institutions, Voltaire ne pouvait en concevoir que de monarchiques : c'aurait été cette monarchie anglaise, dont il eût accepté sans difficulté la forte aristocratie. Trop pratique pour être excessif, il ne voulait pas de révolution sanglante ; et, comme ce n'est qu'à de telles conditions que l'on fait table rase, il aurait attendu avec patience un enfantement que les mœurs eussent amené sans secousses et qu'elles eussent rendu plus durable [2]. Sa pensée ne pouvait aller au delà de cet idéal

---

1. Voltaire, *OEuvres complètes* (Beuchot), t. XXXI, p. 84, 85, 86. Lois civiles ecclésiastiques.
2. Il fait dire à la Vérité, par la Raison, sa mère : « Ma fille, vous sentez bien que je désire à peu près les mêmes choses et bien d'autres. Tout cela demande du temps et de la réflexion. J'ai toujours été très-contente, quand, dans mes chagrins, j'ai obtenu une partie des

que le temps a réalisé et dépassé. Tout ce qui s'est fait en dehors de cette réforme si radicale lui est étranger, et, à coup sûr, il l'eût répudié avec horreur.

Certains esprits se laissent impressionner par des analogies ou des contrastes dont l'à-propos semblerait, il est vrai, être le fait d'une ironique destinée. Sénac de Meilhan, observateur sagace, mais cédant trop volontiers à cette face providentielle des événements, s'est rappelé que, près d'un demi-siècle avant un triomphe sans pareil, Voltaire, à la suite de sa réception à l'Académie, avait été l'objet d'une satire sanglante composée par un prétendant évincé, sur le compte duquel nous avons eu à nous étendre. Cette calotine avait pour titre : *Triomphe poétique*. Voltaire est dans un char ridicule ; son grotesque cortége part de la Bastille ; autour de son char des emblèmes et des peintures satiriques attirent le regard. Il fait halte devant la Comédie et l'Académie ; et le peuple s'amasse pour saluer son passage.

> Badauds, battez des mains ici,
> Place à l'Apollon, le voici[1].

Mais ces ennemis ont emporté avec eux dans la tombe leur haine impuissante, et ils n'ont fait que frayer, par leurs clameurs, la voie à ce victorieux. « Combien ne doit-il pas paraître étrange, remarque Senac de Meilhan, que quarante-cinq ans après cette satire, les restes de cet homme célèbre soient conduits en triomphe et partant de cette même Bastille ; que le convoi s'arrête devant la Comédie et l'Académie ; que son char soit orné d'emblèmes et de titres en son honneur, enfin qu'une satire ait tracé en quelque sorte la marche triomphale de ce singulier convoi ? Rien ne manque, comme on voit, à la gloire de cet homme si jus-

---

soulagements que je voulais. » *OEuvres complètes* (Beuchot), t. XXXIV, p. 335. Éloge de la Raison, 1774.

1. *Voltariana ou Éloges amphigouriques de Fr. Marie Arrouet* (Paris, 1748), p. 263 à 268. Le Triomphe poétique, tel qu'il est venu à notre connaissance, en 1739, avec les variantes pour l'an 1746. Cette pièce est du poëte Roi.

tement célèbre, les persécutions, les louanges, les succès publics, la faveur des plus grands souverains, les honneurs du triomphe pendant sa vie et de l'apothéose après sa mort [1]. » Mais ce n'est pas la seule satire prophétique dont l'auteur d'*Alzire* sera l'objet, de la part de ses rivaux et de ses ennemis. En 1771, Le Franc de Pompignan composera un opéra qu'il intitulera *Prométhée*. *Prométhée*, c'est Voltaire. Thétis, sa mère, lui reproche son ingérence criminelle et sacrilège :

> Tes arts ont pris la place et des lois et des dieux.

Sa statue était couronnée dans une sorte d'apothéose décernée par des artistes et des citoyens. « Il paraît, dit M. Villemain frappé de ces rapports, que Pompignan avait deviné le triomphe de Voltaire à la représentation d'*Irène* [2]. » Ajoutons que le tonnerre gronde, qu'il éclate et tombe sur les trophées : la ville est en flammes et croule jusque dans ses fondements. Mais l'auteur de *Didon* ne nous semble pas annoncer moins nettement, sans le soupçonner, l'avenir réservé à une révolution splendide dans ses débuts, à laquelle il ne manque que la modération, cette raison et ce bon sens pratique, sans lesquels on n'édifie que sur le sable.

Moins d'une année après la translation de ses cendres au Panthéon, le « roi Voltaire » se voyait coiffer du bonnet rouge tout aussi bien que s'il eût été Louis XVI: Le bonnet rouge commençait à être en honneur parmi les membres de la Société des Amis de la Constitution, autrement dits les Jacobins. Le président, les secrétaires, les orateurs abordant la tribune, étaient coiffés du bonnet phrygien. Dans les promenades, aux spectacles, il se produisait sinon encore avec despotisme, du moins avec une certaine fatuité. Le mardi 14 mars (1792), au Théâtre-Français, après la repré-

---

1. Senac de Meilhan, *le Gouvernement, les mœurs et les conditions en France avant la Révolution* (Paris, Poulet-Malassis), p. 308, 309.
2. Villemain, *Tableau de la littérature au dix-huitième siècle* (Paris, Didier, 1852), t. I, p. 280, 281.

sentation de *la Mort de César*, les *zelanti* apportèrent le buste du poëte sur la scène, le couronnèrent du bonnet rouge et le livrèrent ainsi à l'admiration des spectateurs, durant l'entr'acte et toute la seconde pièce. Quoique les événements eussent terriblement marché, cette nouveauté n'était pas encore assez radicalement entrée dans les mœurs pour ne point étonner et indisposer la portion sage et réservée de la population. Péthion, qui avait succédé à Bailly, très-populaire alors, se crut assez fort pour démontrer à ces ardents non-seulement l'inutilité mais le danger de l'innovation. Il adressait, le lundi 19, une lettre à la Société, où il s'expliquait à cet égard avec une franchise toute républicaine, qui, du reste, réussit pleinement. « Tel est le pouvoir de la confiance en un magistrat estimé et chéri, remarque le rédacteur du *Moniteur*, qu'avant la fin même de la lecture de sa lettre, tous les bonnets étoient rentrés dans la poche de ceux des membres de la Société qui avoient été les plus empressés à le porter. M. Dumourier, ministre des affaires étrangères, et M. Grave, ministre de la guerre, assistoient à cette séance[1]. »

Villette, pour ce qui est de lui, descendait cette pente glissante qui ne se remonte point. Après avoir été un constitutionnel, après avoir, comme plus d'un, pensé qu'il ne fallait point séparer les devoirs du citoyen du respect dû au chef de la nation, il avait vu dans ce fantôme de souverain un embarras et un écueil, et il était de ceux qui ne croyaient plus à la possibilité d'une république avec un roi patriote. S'il avait épousé les idées avancées des meneurs, il leur avait également pris leur excentricité de forme et de langage, non pas ces façons et cet idiome innommable des Marat et des Hébert, mais ce débraillé, ce sans-culottisme orthodoxe de tout bon républicain. Un fils lui naît. Il faut le déclarer à la commune, il lui faut donner un nom. Nous allions parler de baptême : on baptisait encore, à la ri-

---

1. *Moniteur universel*, du vendredi 23 mars 1792. France; de Paris, le 21 mars 1792.

gueur, mais ce n'est pas Villette qui aura recours à une cérémonie démodée et surannée. Le témoin est de nécessité absolue, et le mari de *Belle et Bonne* a soin d'en trouver un qui fasse honneur au nouveau-né. Quant au nom, en est-il deux ? et le fils de Villette peut-il s'appeler autrement que « Voltaire » ? Ce sera son nom de saint. En conséquence, il prévient Manuel, celui auquel il s'est adressé pour l'accompagner à la municipalité, que Voltaire doit être l'unique patron de son enfant. Manuel ne pouvait qu'applaudir à un tel choix; il se met à la disposition de son ami, dans une lettre qui a été retrouvée, que nous regrettons de ne pas pouvoir reproduire, non certes pour ce qu'elle a d'édifiant, mais parce qu'elle est un curieux échantillon du style et de la plaisanterie révolutionnaires de l'année 1792, de ce persiflage épicé et irréligieux qui ne pèche pas, à coup sûr, par excès de décence et d'atticisme[1]. Le *Moniteur* lui-même eût manqué à tous ses devoirs en ne signalant point ce grand événement dans ses colonnes. « Le patron choisi par Charles Villette, dit-il, a fait des miracles plus certains et surtout plus utiles à l'humanité, que les Dominique, les Thomas-d'Aquin, et tant d'autres inscrits au *Martirologe*[2]. »

Cette physionomie de Villette tranche, dans cette galerie sombre, par un regain de l'ancien esprit français, très-net, quoique mélangé du nouvel accent et dont il faut chercher la trace dans la *Chronique de Paris*, où il se trouve comme chez lui et se produit en robe de chambre. S'il est léger, si la trame de son esprit est loin d'être vigoureuse, si l'absence de principes devait le laisser aller à la dérive, s'il vit au jour le jour et se grise sur la croissante gravité des événements, il montrera du caractère et de l'intrépidité dans une circonstance terrible, où il hasardait plus que sa popularité, où il jouait sa vie. Député de l'Oise, il n'hésita pas à pro-

---

1. *L'Amateur d'autographes* (1863), 11º année, p. 379, 380. Lettre de Pierre Manuel à Charles Villette ; ce 5 novembre, l'an 1ᵉʳ de la république.

2. *Moniteur universel*, du mercredi 7 novembre 1792. La présentation de l'enfant à la municipalité est du 4 novembre 1792.

tester avec l'indignation de l'honnête homme contre les massacres de Septembre ; et, lorsqu'il s'agira de se prononcer, dans le procès du roi, bien que menacé d'être massacré, s'il ne votait pour la peine de mort, il demandera la réclusion, et le bannissement des terres de la République, à la paix [1]. Il aurait assurément payé de sa tête cet acte de courage, mais sa santé délabrée devait lui sauver l'échafaud, auquel il n'eût point échappé : il succombait quelques mois après, à une maladie de langueur, le 9 juillet 1793. Palissot prétend que les meilleurs ouvrages de Villette doivent être restitués à Gugeland, son secrétaire ; on en a dit autant de Lauraguais, qui faisait faire ou du moins refaire ses tragédies par Malfilâtre. Mais Lauraguais n'en fut pas moins doué d'un rare esprit ; et notre Villette, lui aussi, était un garçon pétillant de verve, avec ce grain de bon sens que retrouvent ces fous aux grands moments.

Belle et Bonne, veuve à trente-six ans, jeune, charmante encore, se renferma dans son intérieur et ses souvenirs, gardant un véritable culte à celui qui avait souri à son enfance, qui l'avait mariée, dont elle avait reçu le dernier soupir. C'était à elle qu'était échu le cœur de Voltaire, et ce dépôt ne pouvait être en des mains plus dévouées. Elle cessa d'habiter l'hôtel de la rue de Beaune, qui ne devait être rouvert que trente ans plus tard, et alla résider au numéro 54 de la rue de Vaugirard, cul-de-sac Férou, qu'elle ne quittait que pour son château de Villette. L'abandon respectueux dans lequel on prétendait laisser toutes choses dans cette maison qui avait vu s'éteindre l'auteur du *Siècle de Louis XIV* et de *Mérope*, permit, aux mauvais jours de 93, de donner asile à plus d'un prêtre proscrit que protégea et sauva peut-être l'ombre de ce grand ennemi des prêtres, mais qui n'avait haï en eux que leur puissance et leur manque de tolérance. Dans son hôtel du cul-de-sac Férou, la marquise voyait peu de monde, à l'exception des siens.

---

1. *Moniteur universel*, des vendredis 18 et dimanche 20 janvier 1793.

Elle avait, plus qu'elle l'aurait voulu, figuré dans ces fêtes mélodramatiques où la pudeur d'une femme bien née, à laquelle on imposait un rôle, devait sans nul doute se trouver mal à l'aise. Mais c'était la servitude inévitable de son personnage, et, bien des années après, en 1819, elle se laissera instituer la patronne d'une loge maçonnique qui ne voulut prendre d'autre dénomination que celle de *Belle et Bonne*. Le mardi, 9 février, la fête d'inauguration avait lieu à l'hôtel de Villette, où mademoiselle Duchesnois, l'émule de Clairon, récitait à la distance de quarante-sept ans, devant le buste du patriarche, l'ode de Marmontel, qui avait produit une si vive impression jadis dans le petit salon de la rue du Bac. « Une société brillante, au milieu de laquelle se trouvaient réunis tous les genres de distinctions, embellissait cette fête philosophique, dont les arts ont augmenté le charme et l'intérêt[1]. » Madame de Villette, qui présidait à ces solennités païennes, n'était plus jeune; elle n'avait pas moins de soixante-deux ans alors. On était en pleine Restauration, et l'attitude de la fille adoptive du patriarche de Ferney n'était pas des plus aisées, au milieu de ce monde si divisé et qui n'avait eu le temps ni de cicatriser ses blessures ni d'oublier ses rancunes. Mais son culte avait cette sorte de conviction qui marche le front haut et n'admet pas qu'on le discute. Si elle était « voltairienne » elle appartenait à une famille qui avait eu ses martyrs royalistes; son oncle, Varicourt cadet, garde du corps, avait été frappé à la porte de la chambre de la reine où il s'était conduit avec une rare intrépidité, dans les journées des 5 et 6 octobre[2]. Les étrangers de distinction n'eussent point quitté Paris, où ils affluaient de tous les coins de l'Europe, sans rendre

---

1. Le journal *le Commerce*, du 15 février 1819.
2. On a dit et répété unanimement qu'il avait été massacré. Le vieux bouquiniste Lecureux, qui vient de s'éteindre à quatre-vingt-deux ans, s'inscrit en faux contre cette assertion, dans une note manuscrite extraite des Souvenirs qu'il doit avoir laissés; il le vit, en 1806 ou 1807, rue de Vaugirard, où il demeurait, chez sa sœur, auprès de laquelle le jeune Lecureux avait accès.

visite à *Belle et Bonne*, qui les accueillait avec une grâce et une politesse dont ils sortaient enchantés. Lady Morgan nous a laissé un récit enthousiaste de la réception qui lui avait été faite, avec des détails assurément fort curieux mais où se mêle, toutefois, plus d'une erreur (1816).

« L'appartement qu'occupe habituellement madame de Villette, nous dit-elle, est une sorte de temple dédié à la mémoire de Voltaire. La bibliothèque est garnie de ses œuvres ; le secrétaire contient ses lettres manuscrites ; le fauteuil sur lequel il s'asseyoit est au coin de la cheminée ; c'est sur le pupitre, ingénieusement attaché à l'un de ses bras, qu'il lut et qu'il écrivit pendant les vingt dernières années de sa vie [1]. Le buste en porcelaine de Sèvres orne la cheminée : dans le coin de la chambre est le modèle de la célèbre statue de Pigal, et son portrait, par Largillière, est suspendu à l'un des murs... »

« En rassemblant autour d'elle les monuments que le génie a élevés à la mémoire de son illustre ami, madame de Villette a aussi conservé quelques souvenirs plus intimes et plus familiers... Elle conserve dans une armoire la riche robe de chambre que mettoit Voltaire pour recevoir la foule qui s'empressoit de venir lui rendre hommage à l'hôtel de Villette, et l'habit avec lequel il parut au spectacle le jour qu'une couronne de laurier fut placée sur son buste par Clairon (Vestris), au milieu des applaudissements réitérés des spectateurs.

« J'ai eu la permission d'examiner ces *reliques* en détail... Le plaisir avec lequel j'usai de ce privilége intéressant, engagea madame de Villette de faire une espèce de commémoration en l'honneur de Voltaire. Elle y déploya tous ses trésors, et y invita tout ce qui existoit encore des amis et des contemporains du patriarche de Ferney. Cette fête (un déjeuner à la fourchette) étoit tout à fait *Voltairienne*, et peut-être un peu *françoise*. Les livres, la garde-robe, les manu-

---

[1]. Ce fauteuil a été acquis à la vente du dernier marquis de Villette, et figure au Musée Carnavalet.

scrits de Voltaire, tout étoit déployé. On brûla de l'encens dans un encensoir devant son buste, qui portoit cette même couronne que sa modestie retira du front où l'avait placée l'admiration de tout un peuple. On lut à haute voix l'ode sublime qui lui fut adressée par Chénier, et on l'entendit avec une émotion qui ne peut être conçue et ressentie que par ce peuple ardent et enthousiaste, pour qui le génie n'est qu'un autre mot pour désigner la divinité, et dont la vénération place bien près du *grand esprit* ceux qu'il a daigné animer de quelque étincelle de son intelligence [1]. »

Ces souvenirs, ces reliques précieuses passaient, après la mort de la marquise, à son fils, le dernier marquis de Villette, qui, à défaut de postérité [2], instituait un évêque de France son légataire universel. On sait que ce n'était là qu'un fidéi-commis, et que le véritable destinataire était le comte de Chambord (3 juin 1859). Malgré les mesures les mieux prises, les volontés du défunt devaient être entachées de nullité par la cour d'Amiens (1er août 1861), et cette belle fortune revenait à ses héritiers naturels, MM. de Roissy et de Varicourt, en dépit des prétentions des Montreuil, dont le rôle médiocrement chevaleresque dans ces revendications fut jugé par l'opinion avec la dernière rigueur [3]. Mais que faire de ces portraits, de ces bustes, de cet attirail de théâtre, de cette bibliothèque peu édifiante, de ce cœur enfermé dans une boîte de vermeil, conservé pieusement par le dernier marquis demeuré voltairien, s'il avait hérité de cette foi en la royauté absolue de ses oncles? Les reliques voltairiennes furent vendues à l'encan sans plus de façons; le portrait de Largillière fut acquis par un amateur au prix de six mille deux cents francs; la bibliothèque, d'ailleurs peu

---

1. Lady Morgan, *la France* (Paris, Treuttel et Würtz, 1817), t. II, p. 333 à 337.
2. Il avait eu une fille, morte en 1835.
3. *Testament de M. le marquis de Villette.* Question du fidéi-commis. M. de Montreuil contre Monseigneur de Dreux-Brézé, évêque de Moulins (Paris, Durand, 1860). — *Gazette des tribunaux*, audiences des 1er et 2 août 1861.

considérable[1], subit le même sort. Mais le cœur du patriarche de Ferney? C'était un dépôt qu'on se montrait peu jaloux de joindre à l'actif de la succession, et l'on ne trouva rien de mieux (et rien au fait, n'était plus convenable) que de le rendre à l'État dont il était la véritable et naturelle propriété. M. Léon Duval, membre de l'ordre des avocats de la cour, fut chargé par MM. de Roissy de prendre les ordres de l'Empereur, qui décida que le cœur de l'auteur de tant de livres serait recueilli d'une manière définitive par notre Bibliothèque nationale, où le ministre de l'instruction publique, M. Duruy, se transportait le 16 décembre 1864, pour le recevoir des mains du célèbre avocat. On constata que le cœur était enfermé dans un récipient en métal doré, sur lequel étaient gravés ces mots : « Le cœur de Voltaire, mort à Paris, le xxx may MDCCLXXVIII. » M. Duruy, en présence de l'administrateur général et des membres du comité consultatif, après avoir accepté ces précieux restes, arrêta qu'ils seraient conservés au Département des Médailles, jusqu'au moment où l'état d'avancement des travaux permettrait de les installer au premier étage de la rotonde qui se trouve à la jonction des rues Richelieu et Neuve-des-Petits-Champs. Là, dans cette pièce du Cœur, se trouveront réunies les œuvres d'art, toiles, bronzes, médailles, qui le représentent et nous le livrent pour ainsi dire vivant, avec ses ouvrages, où il vit pourtant d'une vie autrement saisissante [2].

Le chirurgien Mitouart, qui avait procédé à l'ouverture du crâne de Voltaire, avait obtenu, on s'en souvient, de recueillir le cervelet de l'auteur de *Zaïre* et de *Tancrède*, et il le conserva avec un soin religieux, tant qu'il vécut[3]. Son

---

1. Le catalogue ne contient que 57 numéros. Nous ne signalerons qu'un album contenant huit lettres autographes de Voltaire à divers, et deux lettres de Frédéric au poète. *Notice des livres et de quelques lettres autographes de Voltaire*, provenant des objets mobiliers dépendant de la succession du marquis de Villette ; vendredi 17 novembre 1865.

2. *Moniteur universel*, 22 décembre 1864, n° 357, p. 1451.

3. *La Décade philosophique et littéraire*, an VII, III° trimestre, n° 19, p. 108.

fils, par un sentiment de convenance qui l'honore, pensa que ces reliques seraient plus décemment placées dans un établissement public que chez un particulier où elles demeuraient soumises aux diverses fortunes de leur détenteur ; et il écrivait, en conséquence, à la date du 14 mars 1799, au ministre de l'Intérieur une lettre dont nous n'extrairons que les détails purement historiques. « A la mort de Voltaire, mon père, qui était son apothicaire, et qui fut chargé de son embaumement, prit, avec la permission du feu marquis de Villette, le cervelet de ce grand homme ; il fut conservé dans l'esprit de vin, et depuis ce temps, est resté intact par les soins que j'en ai pris. Si, comme l'ont pensé tous les physiologistes, c'est dans cette partie de l'homme qu'est le siége du génie, je crois que cette pièce anatomique, par rapport au sujet à qui elle a appartenu, peut avoir quelque prix, et doit faire un des principaux ornements du Muséum d'histoire naturelle. Comme ce cervelet est en quelque sorte ignoré chez moi, je vous propose de l'offrir à la République. » Il offrait de remettre en même temps les certificats signés de M. de Villette, des médecins et chirurgiens présents à l'embaumement. Sur sa lettre on lisait, à la marge, cette note du ministre ; « Faire un rapport bien motivé ; proposer d'accepter l'offre et de placer le cervelet de Voltaire à la Bibliothèque nationale, au milieu des productions du génie. » Le 10 germinal suivant, un rapport était présenté à François Neufchateau, qui l'apostillait. Cinq jours après, François adressait à Mitouart une lettre d'acceptation et de remerciement. « Puisque vous voulez, lui disait-il, avoir la bonté d'apporter vous-même chez-moi ces restes vénérables, je vous prie de ne pas différer cet instant. » Et, dès le même jour, il prévenait les conservateurs. « Comme j'ai consenti à ce que le citoyen Mitouart m'apportât lui-même le précieux objet qu'il offre au gouvernement, je vous engage à vous rendre, l'un des jours prochains à la maison du ministère de l'intérieur, pour le faire transporter vous même à la Bibliothèque nationale. » Qui s'aviserait de douter, sur des pièces aussi décisives, que la remise du cervelet ait été opérée dans les quarante-huit heures, et qu'en recueillant le cœur du poëte, en 1865, l'on ait eu autre chose à faire que réunir ces derniers restes à ceux auxquels, depuis plus d'un demi-siècle, la bibliothèque de la rue Richelieu avait donné asile ? Il n'en fut rien pourtant. Mitouart avait dû garder ce cervelet, dont la transmission ne s'accomplit point, sans qu'on ait jamais su la cause déterminante d'une fin de non-recevoir qui devait venir du gouvernement lui-même, puisqu'elle changeait si inopinément la décision du ministre[1]. Si cette acceptation n'avait eu son opportunité ni sous le Directoire ni sous l'Empire, on ne pouvait demander à la Restauration de se montrer plus libérale et plus indépendante. C'est ce que comprit sans doute M. Mitouard, qui se tint coi. Mais, à l'avénement de la branche cadette, il estima l'occasion particulièrement propice à une nouvelle démarche, comme il s'en explique du reste, dans une lettre au ministère, à la date du 30 août 1830. La lettre fut renvoyée à M. Lenormand, qui fit indubitablement son rapport; mais sans que l'affaire avançât d'un pas. *Le Voleur*, du 2 juillet 1858, racontait qu'un arrière-neveu du premier Mitouart, M. Verdier [2], possesseur du cervelet de Voltaire, l'avait offert à l'Académie française, qui, elle aussi, avait refusé le don, « parce qu'elle n'avait pas de reliquaire pour placer ce dépôt inattendu. » Le cervelet de Voltaire n'avait passé des mains du pharmacien de Villette que pour échoir à son fils, et, par suite, à mademoiselle Virginie Mitouart, l'une de ses petites-filles. Celle-ci le conserva religieusement tant qu'elle vécut; il la suivit rue du Bouloi, n° 10, rue des Petites-Écuries, n° 20, et, en dernier lieu, rue des Bons-Enfants, n° 23, où elle est morte, de 1869 à 1870. Après elle, un M. La Brosse-Torcher, longtemps employé à la pharmacie du second Mitouart, rue Coquillière, en devint le possesseur. Mais M. La Brosse expirait, lui aussi, laissant, avec un mobilier quelconque, l'infortuné dépôt, qui fut adjugé, en salle des

---

1. Gabriel Charavay, *Revue des autographes*, 15 août 1866, n° 8, p. 65, 66. *Le cœur et le cervelet de Voltaire*, par Louis Combes.
2. *Le Courrier de Champagne* (juin 1858) dit arrière-cousin.

ventes, à un acquéreur que nous avons vainement recherché. Si cela est lamentable à tous égards, ces reliques, évincées, dédaignées, repoussées, n'ont pas été profanées : on leur a refusé la porte; au moins ont-elles évité la voirie [1].

Contempteur de tout culte, de toute croyance, Voltaire avait dû s'aliéner non-seulement les prêtres des différentes confessions, mais encore les esprits religieux par conscience ou par raisonnement; car les sceptiques eux-mêmes ne sont pas sans comprendre la nécessité d'une religion comme frein, comme aliment des âmes, et le danger de supprimer ce levier le plus puissant de la morale sur les classes souffrantes et déshéritées, que la perspective d'une rémunération future console et soutient. Le déchaînement de cette démagogie avinée, se vautrant dans le sang, avait donné à réfléchir aux moins prévoyants, même à l'étranger, et nous voyons le comte d'Exeter répudier de sa bibliothèque et livrer au bûcher les œuvres de Voltaire, de Rousseau, de Bolingbrocke, de Raynal, auxquelles il associait le grand recueil encyclopédique [2]. Lorsqu'avec le retour de la tranquillité et d'un régime plus stable, les églises se rouvrirent, que les prêtres proscrits purent repasser la frontière et rassembler les ouailles dispersées, ce fut comme un enthousiasme, une ivresse indicibles. Sur ces ruines fumantes la croix reparut, plantée par un clergé qui oublia vite les épreuves souffertes et redevint militant d'abord, puis intolérant, ce qui est le fait de toute force longtemps contenue et muselée. Militant c'était son droit; et, en présence du parti philosophique qui n'avait ni abdiqué ni désarmé, la tâche ne fut pas sans difficultés, si elle était désormais sans périls. Mais, avec la Restauration, son rôle allait changer; et ce fut là l'écueil où allait échouer cet esprit de modération de conciliation, de mansuétude qui est l'essence même du christianisme. On se souvint de ce que l'on avait été, naguère encore; l'on n'avait point perdu tout espoir de reconquérir, avec les âmes,

---

1. Renseignements particuliers.
2. *Moniteur universel*, octidi messidor, an VI (1798).

cette puissance, cette souveraineté temporelle un instant suspendue par la tempête révolutionnaire, mais que ne pouvait manquer de reconstituer une royauté prévoyante. On rêva le retour de la dîme, des juridictions ecclésiastiques, comme ailleurs on rêvait la revendication des priviléges seigneuriaux et nobiliaires. Ce n'était pas, hâtons-nous de le dire, les intelligents qui nourrissaient de pareilles chimères; mais les fanatiques, les esprits étroits, à illusions tenaces, et c'est toujours le plus grand nombre. Le peuple s'effraya de ces éventualités menaçantes qui n'étaient que des leurres, et c'est à ce malentendu qu'il faut attribuer, après les désastres de l'Empire, cet irrésistible éloignement de la majorité de la nation pour des souverains innocents, en somme, de nos malheurs, et qui changeaient en alliés des ennemis dont ce titre modifiait naturellement l'attitude.

Ce n'est, certes, pas ici le lieu de faire, même succinctement, l'histoire de cette époque, si intéressante d'ailleurs à étudier mais nous devions constater la situation délicate des populations qu'un clergé impatient, imprévoyant et violent inquiéta bien gratuitement par des maladresses et des aspirations trop manifestes à la domination. La réaction ne se faisait pas attendre. Une propagande toute contraire, non moins vigilante, couvrit tout le sol, distribuant, colportant les livres les plus dissolvants, qui se vendirent d'autant mieux que l'on prit plus de soin à en arrêter le débit. Mais le principal effort sembla se concentrer dans la dispersion par toute la France des œuvres de Voltaire et de Rousseau, sous tous les formats et pour toutes les bourses. Si le Théâtre-Français avec Talma, Duchesnois et mademoiselle Georges, jouait toujours *Mérope* et *Sémiramis*, si l'on faisait apprendre aux enfants dans les colléges et même dans les séminaires les plus beaux endroits de la *Henriade*[1], Voltaire,

---

1. On sait qu'en 1818, lorsqu'on rétablit, sur le terre-plein du Pont-Neuf, la statue d'Henri IV, on ne crut pas mieux honorer sa mémoire qu'en introduisant, dans le ventre du cheval, un exemplaire de *la Henriade*, édit. de Kehl. Voltaire, Œuvres complètes (Beuchot), t. X, p. V : *la Henriade*, préface du nouvel éditeur.

pour les uns et les autres, était, par-dessus tout, l'auteur de l'*Épitre à Uranie*, des *Extraits du curé Meslier*, du *Dictionnaire philosophique*, de l'*Essai sur les mœurs*, du *Sermon des cinquante* et de ces mille pamphlets irréligieux qui ne coûtaient rien à cette plume facile. De 1817 à 1829, nous ne comptons pas moins de douze éditions des œuvres complètes du moderne Julien, lancées successivement dans le public par Désoër, Perronneau, Deterville (1817), Renouard (1819), Lequien, Thomine, Touquet (1820), Esneaux (1821), Dupont (1824), Beaudoin (1826) et Didot (1829). Ce fut comme un déluge qui envahit, inonda le pays.

A l'apparition de l'édition de Désoër, le clergé de Paris, alors sans pasteur, ne crut pas devoir remettre au lendemain à conjurer le danger, et les vicaires généraux fulminaient tout aussitôt un mandement, qui ne demeurait pas sans réponse [1]. L'abbé Clausels de Montals publiait, de son côté, des *Questions importantes sur les nouvelles éditions de Voltaire et de Rousseau*, où il reproduisait, comme épigraphe, ces prétendues paroles de Louis XVI, prisonnier du Temple, en apercevant aux archives de l'ordre de Malte les ouvrages des deux écrivains : « Ces deux hommes ont perdu la France [2]. » Apparaissaient les éditions Touquet, sans nulle valeur bibliographique, mais s'adressant au gros du public dont elles flattaient les instincts et les haines, et qui ne leur en demandait pas davantage. Elles aussi s'attiraient une *Instruction pastorale de Monseigneur l'évêque de Troyes* (1821) à laquelle le colonel répliquait par une *lettre de M. Touquet à sa Grandeur Monseigneur l'évêque de Troyes*, qui n'est pas, on le soupçonne, un modèle d'urbanité. Toute la Restauration se consumera dans ces luttes acharnées,

---

1. *Lettre de l'éditeur des OEuvres complètes de Voltaire, en 12 volumes in-8° à MM. les vicaires généraux du chapitre métropolitain de Paris, au sujet de leur dernier mandement* (Paris, Desoër, 1817), broch. in-8°, 25 pages. Citons aussi : *Instruction pastorale de Son Infaillibilité Mgr le mouphti des Musulmans... sur l'introduction des OEuvres de Voltaire* (à Constantinople, 1817), in-8°.

2. Élie Harel, *Voltaire. Particularités curieuses de sa vie et de sa mort* (Paris, 1817), p. 155.

dont il serait intéressant sans doute, et profitable, d'écrire l'histoire, si l'expérience du passé avait jamais été aux hommes de quelque utilité. Nous nous bornerons à signaler cette fureur de controverse, de propagande, au nom des deux grands écrivains. La violence, l'emportement furent égaux, sans mesure comme sans limites. Mais, disons-le, ils se manifestèrent avec une sauvagerie à peine croyable, non de la part du véritable clergé qu'il faut supposer innocent de l'acte odieux que nous allons raconter, mais de celle de quelques fanatiques qui agiront dans les ténèbres et ne se décèleront que plus tard, et encore d'une façon assez obscure.

Il y a quelques années, en 1864, dans un recueil dont la nature et le but sont d'élucider toutes les questions douteuses, à quelque ordre d'idées qu'elles se rapportent, on posait ce point d'interrogation gros d'orages : « La tombe de Voltaire a-t-elle été violée en 1814 ? » Cette question avait été déjà agitée, en plein parlement même ; mais on oublie si vite, qu'elle eut le caractère d'une révélation. Le Bibliophile Jacob, cet esprit si curieux en toutes matières, cet érudit d'un savoir presque universel, ne laissait pas à d'autres le soin de répondre. Il avait, d'ailleurs, des renseignements personnels à fournir, et il les donnait avec une surabondance de particularités extraordinaires. Visitant, fort jeune, les caveaux du Panthéon, vers 1819, avec un groupe de curieux auquel le gardien répétait de la même voix monotone sa perpétuelle leçon : « C'est ici la tombe du fameux Voltaire, » il fut frappé de l'interruption brusque, sardonique d'un personnage qui se trouvait là parmi eux : « Allons donc ! vous savez bien qu'il n'y a rien là dedans; » et, comme l'endormant cicérone répondait : « Il y a le cercueil et les os de cet homme célèbre; » celui-ci répliquait avec une sorte d'emportement : « Il n'y a rien, vous dis-je ! vous devriez le savoir : le cercueil est vide. » La promenade dans les caveaux se continua ; mais on devait revenir par le même chemin et repasser devant le monument où reposait, officiellement du moins, l'auteur de *Zaïre*. Lorsque l'on fut en face de la grille, l'individu montra du bout de sa canne le tombeau en ruines et dit avec le même accent : « On l'a jeté à la voirie, comme on avait fait des restes de Marat. » Sorti des caveaux, le petit groupe se dispersa et chacun alla de son côté. Six ou sept ans après, le hasard de la conversation amenait le Bibliophile sur ce chapitre de la sépulture de Voltaire ; il se plaignait et s'indignait devant un de ses camarades de collége, qui appartenait à ce qu'on appelait alors la *Congrégation,* de ce que cette sépulture ne fût qu'une décoration de théâtre délabrée, à demi pourrie. « C'est bien assez bon pour ce scélérat de Voltaire, répartait celui-ci. Au reste, le misérable est mort comme un chien, et ne pouvait être inhumé en terre sainte, voilà pourquoi nous avons jeté dehors sa charogne. » Le Bibliophile, auquel revenait en mémoire le propos du visiteur du Panthéon, accabla de questions son ami, mais il ne put rien obtenir de plus. C'était assez pour établir une conviction ; mais les péripéties du drame, mais le drame lui-même, voilà ce qui faisait défaut, et ce qu'il fallait connaître. Un autre ami du Bibliophile Jacob, qu'il ne cite pas mais qu'il promet de citer dans ses mémoires, et que nous croyons connaître, le tirait de peine et lui racontait ce qu'il tenait lui-même d'un des acteurs, M. de Puymorin, directeur de la Monnaie. Laissons parler le Bibliophile, quitte à faire nos réserves, s'il y a lieu.

« Aussitôt après la rentrée des Bourbons à Paris, au mois d'avril 1814, les hommes du parti royaliste, qui avaient le plus contribué à la Restauration, se préoccupèrent de la sépulture de Voltaire et regardèrent comme un outrage à la religion la présence du corps de cet excommunié dans une église. Il y eut plusieurs conférences à ce sujet, et il fut décidé qu'on enlèverait sans bruit et sans scandale les restes mortels du philosophe antichrétien, que la Révolution avait déifié. L'autorité avait été sans doute prévenue, et quoiqu'elle n'intervînt pas dans cette affaire, on peut croire qu'elle approuva tacitement ce qui se passa sous la responsabilité de quelques personnes pieuses, qu'on ne nous a pas nommées. Nous savons seulement que les deux frères

Puymorin étaient du nombre. Il faut supposer que le curé de Sainte-Geneviève avait des ordres auxquels il dut obéir.

« Une nuit du mois de mai 1814, les ossements de Voltaire et de Rousseau furent extraits des cercueils de plomb où ils avaient été enfermés; on les réunit dans un sac de toile et on les porta dans un fiacre qui stationnait derrière l'église. Le fiacre s'ébranla lentement, accompagné de cinq ou six personnes, entre autres les deux frères Puymorin. On arriva vers deux heures du matin, par des rues désertes, à la barrière de la Gare, vis-à-vis Bercy. Il y avait là un vaste terrain, entouré d'une clôture en planches, lequel avait fait partie de l'ancien périmètre de la Gare, qui devait être créée en cet endroit pour servir d'entrepôt au commerce de la Seine, mais qui n'a jamais existé qu'en projet. Ce terrain, appartenant alors à la ville de Paris, n'avait pas encore reçu d'autre destination : les alentours étaient déjà envahis par des cabarets et des guinguettes.

« Une ouverture profonde était préparée au milieu de ce terrain vague et abandonné, où d'autres personnages attendaient l'arrivée de l'étrange convoi de Voltaire et de Rousseau; on vida le sac rempli de chaux vive, puis on rejeta la terre par-dessus, de manière à combler la fosse sur laquelle piétinèrent en silence les auteurs de cette dernière inhumation de Voltaire. Ils remontèrent ensuite en voiture, satisfaits d'avoir rempli, selon eux, un devoir sacré de royalistes et de chrétiens. « Plût à Dieu, disait M. de Puymorin, « qu'il eût été possible d'ensevelir à jamais avec les restes « de ces deux philosophes impies et révolutionnaires, leurs « doctrines pernicieuses et leurs détestables ouvrages ! [1]. »

Cette question posée par un érudit dans une publication ouverte à tous les curieux, mais plus particulièrement, on le comprend, à la spéculation littéraire et historique, allait

---

1. *L'Intermédiaire des chercheurs et des curieux*, Ire année (15 février 1864), p. 25, 26. La tombe de Voltaire a-t-elle été violée en 1814 ? P.-L. Jacob Bibliophile. V. sur d'autres détails racontés par le même écrivain, même année, 28 août, p. 162, 163.

bientôt passionner la publicité tout entière, intéressée à démêler le vrai de l'inexact, dans ce récit, que quelques-uns trouvèrent trop complexe et trop romanesque pour ne pas mettre en défiance. Nous ne parlons pas de ceux qui avaient un motif de le discréditer, tel que le petit-fils de l'un des acteurs de cette comédie lugubre. Le baron de Puymorin s'inscrivait en faux, quant à ses ancêtres, par des arguments tirés du caractère et des opinions de son grand-père, homme dévoué sans doute à la Restauration, mais esprit modéré, tout à fait incapable d'avoir trempé dans une telle aventure. Le Bibliophile avait parlé de « deux frères Puymorin », et M. de Puymorin de 1814 n'avait pas de frère. C'était là une erreur de détail, qui indiquait au moins chez le narrateur une infidélité de souvenirs, quoique légère [1]. Était-ce suffisant pour faire rejeter la totalité du récit d'un narrateur aussi sérieux que loyal, et qui savait la portée de sa révélation ? La curiosité publique était éveillée, elle voulait être satisfaite, elle tenait à être fixée, et les divers organes de l'opinion se mirent en campagne pour trouver le mot de l'étrange énigme. Les renseignements ne tardaient pas à affluer, mais un peu confus, pris à la légère, de nature à dérouter plutôt qu'à éclairer les recherches. On voulut faire croire à un malentendu ou à une mystification ; mais il fallut bien convenir qu'on ne pouvait en demeurer là, devant des affirmations comme celle que nous allons reproduire et qui paraissait dans le *Figaro*, du 28 février. « On avait parlé, dit M. Dupeuty, l'auteur de l'article, de profanation nocturne des cendres de Voltaire, mais la question était restée indécise. Maintenant il n'y a plus à douter : elles ne sont plus au Panthéon. Le tombeau, pèlerinage quotidien des étrangers, et devant lequel les dévots de l'art et de l'esprit français s'inclinaient avec émotion, croyant saluer les reliques du grand homme, ce tombeau est com-

---

1. « J'ai écrit de souvenir, répond à cela le Bibliophile, la note envoyée à *l'Intermédiaire*, et j'y ai fait entrer, par mégarde, *deux frères* Puymorin, au lieu de cette simple désignation que j'avais consignée dans mes Mémoires, *les deux Puymorin*. »

plétement vide; bien plus, on ne sait ce que sont devenues ces reliques. »

Mais comment était-on si bien instruit, et sur quoi reposaient ces affirmations si précises, si sûres d'elles-mêmes? M. Dupeuty ajoutait que, lorsque le cœur de l'auteur de *la Henriade* fut offert à l'État comme revenant légitimement à la nation, Napoléon III pensa que ce qu'il y avait de plus naturel, c'était de le réunir à l'ensemble des dépouilles du poëte. Le Panthéon étant rendu au culte, cela ne se pouvait faire sans en référer à l'archevêque de Paris. Monseigneur Darboy répondit qu'avant de prendre un parti quelconque, il était prudent de vérifier si les cendres de Voltaire étaient encore là, ou si, depuis 1814, il n'y avait plus rien au Panthéon, qu'un tombeau vide. L'empereur, étonné, ordonna des fouilles. « Une de ces nuits dernières, ajoutait M. Dupeuty, on est descendu dans les caveaux du Panthéon, on a soulevé la pierre qui, selon la croyance populaire devait recouvrir les cendres de Voltaire, IL N'Y A EN EFFET PLUS RIEN. Que sont-elles devenues?[1] »

Les violents et les intolérants ne pouvaient admettre que les deux tombeaux de Voltaire et de Rousseau demeurassent à la place que la Révolution leur avait assignée dans ce temple trop longtemps profané et rendu, grâce à Dieu, au culte catholique. Le gouvernement, qui pressentait l'effet que produirait sur l'opinion d'une grande partie de la population une complète expulsion, ne consentit ouvertement qu'à un déplacement, et il fut convenu que les deux cercueils seraient transférés au-dessous de l'escalier du péristyle. Nous avons le procès-verbal de la translation des deux sarcophages, à la date du 29 décembre 1821, dix heures du matin, signé de l'adjoint au maire, M. Delvincourt, du commissaire Marrigue, de l'architecte M. Baltard, de l'inspecteur des travaux M. Boucault, de M. Jay, l'inspecteur adjoint et du gardien des souterrains, Étienne. Nous extrairons du document ce qui a rapport à Voltaire.

---

1. *L'Intermédiaire des chercheurs et des curieux*, Ire année (15 mars 1864), p. 43, 44.

« ...Le dit sieur Baltard nous a représenté deux sarcophages en menuiserie, que nous avons reconnus pour être ceux de Voltaire et de J.-J. Rousseau, par les emblèmes, bas-reliefs et inscriptions qui les décorent, dont plusieurs sont dégradés par le temps. Ayant invité le chef ouvrier qui accompagnait le dit sieur Baltard à procéder à l'enlèvement du sarcophage de Voltaire, qui était posé du côté du midi, et ayant sa statue en marbre blanc placée en face dans une niche, il a fait renverser ce sarcophage sur le côté, et on a retiré de dedans une caisse en chêne, longue de 1m,92, large de 56 centimètres, fermée par deux plates-bandes en fer, formant équerre, et rattachant le dessus aux deux côtés, ainsi que par dix-sept forts clous, les extrémités des côtés de ladite caisse assemblées en queue d'aronde.

« Le sieur Étienne, gardien, *nous a dit* que cette caisse renferme les ossements de Voltaire. En conséquence, nous avons reconnu qu'il était impossible, à raison de la dimension, de faire transporter ce sarcophage au travers des galeries souterraines ; nous l'avons fait démonter avec soin, et l'avons fait transporter par parties dans la salle voûtée qui se trouve à l'extrémité de la principale galerie souterraine. Là, nous l'avons fait remonter et poser de suite dans le caveau à gauche pratiqué dans la salle, et avons fait replacer dessous, *sans qu'elle ait été ouverte*, la caisse *qui a été reconnue* pour contenir les ossements de Voltaire[1]... »

Des bruits de violation des tombeaux avaient circulé, et c'était le cas ou jamais de leur donner le démenti le plus formel, en constatant l'existence et l'état des deux cadavres. Mais on se fût bien gardé de chercher la lumière, et l'on s'en tint à la simple assurance du gardien, qui déclarait que l'une des caisses renfermait les ossements de Voltaire, l'autre ceux de Rousseau. Et après ces trop sommaires dispositions, on faisait replacer « sans qu'elle ait été ouverte » la caisse qui avait été reconnue (reconnue est admirable) pour contenir les ossements de l'auteur de *la Henriade*. L'Oppo-

---

1. *L'Intermédiaire des chercheurs et des curieux*, 1re année (1er avril 1864), p. 57.

sition, qui avait l'éveil, jugea l'occasion belle d'intervenir, et Stanislas de Girardin, à propos de la discussion du budget, interpella le ministre à la tribune (25 mars 1822). Après avoir blâmé une ordonnance qui s'attaquait aux cendres de deux grands hommes que la patrie avait déclarés avoir bien mérité d'elle, il se plaignit du silence inqualifiable du ministre à l'égard de rumeurs plus ou moins fondées mais qui avaient inquiété et alarmé le public. « Je dois, poursuivit-il, comme député de la France, sommer le ministre de dire enfin ce que ces dépouilles sont devenues ; il en est responsable, non-seulement envers la nation, mais aussi envers les étrangers, car les hommes de génie ont l'univers pour patrie... Au nom de la France, au nom des hommes éclairés de tous les pays, je demande au ministère de vouloir bien nous dire enfin où reposent les cendres de Voltaire et de Rousseau !... » A cela le ministre répondait que *les deux hommes* qui, par des lois successives, avaient été transférés au Panthéon, avaient été déposés dans les caveaux et qu'ils y étaient encore. « C'est bon à savoir » s'écriait M. de Lameth [1]; mais le ministre ne disait point si cette assurance était un peu moins illusoire que celle du procès-verbal de la commission, et si, comme elle, il s'en était tenu à l'affirmation du gardien Étienne. Ces paroles ne convainquirent personne, et M. de Montrol écrivait, quatre ans plus tard, ces quelques lignes relatives à l'abbaye de Scellières, dans son *Résumé de l'histoire de Champagne* : « C'est là que furent déposés les restes de Voltaire. On les transporta depuis au Panthéon; ils en ont été enlevés avec ceux de Rousseau, pour être jetés où il a paru convenable aux manœuvres employées à cette profanation, et sans que personne aujourd'hui puisse indiquer peut-être le lieu qui les recèle. » C'était une accusation directe qui devait être relevée. Elle ne le fut pas. Disons pourtant que l'année suivante, 26 mars 1827, M. de Thury fit établir une double clôture qu'il eut le

---

1. *Moniteur universel*, mardi 26 mars 1822, Séance de la Chambre des députés, du 25.

soin de faire poser en sa présence ; ce qui pouvait protéger le cercueil contre les indiscrets mais ne l'empêchait assurément pas d'être vide.

La branche cadette, qui inaugurait un régime plus libéral, n'avait pas les mêmes raisons de se faire inaccessible, et il n'y avait pas à douter qu'elle ne prêtât tout au moins son concours à l'investigation historique. Beuchot, qui travaillait dès lors à sa belle édition de Voltaire, s'adressait, en 1831, au ministre des travaux publics et lui demandait, au nom de l'érudition, au nom de l'histoire et des lettres, l'autorisation de se présenter au Panthéon et d'y faire toutes les recherches qui pourraient conduire à la vérité, « même l'ouverture du cercueil au lieu contenant ses restes », offrant de prendre à sa charge les frais des fouilles indispensables. M. d'Argout lui faisait répondre par son directeur, M. Hély d'Oissel, qui avait assisté aux premiers déplacements de 1821 et, par conséquent, avait été, lui aussi, édifié par l'honnête gardien, qu'il eût à se tranquiliser, que tout s'était passé en bon ordre, avec toute la régularité désirable, comme il s'en convaincrait par le procès-verbal de la translation, dont il lui envoyait copie. C'était tout ce qu'on pouvait faire pour lui être agréable. « M. le comte d'Argout n'a pas cru devoir consentir à l'ouverture du cercueil ; mais il me charge de vous annoncer qu'il est exposé aux regards du public dans la nef souterraine du Panthéon. » Il est à croire que M. Beuchot savait cela. Au moins, l'on avait le droit de révoquer en doute une histoire bien vieille, forgée par la mauvaise foi et la passion. L'empereur, en faisant ouvrir les deux cercueils de Voltaire et de Rousseau, closait le débat : la violation des sépultures devenait un fait acquis. Qu'avait-on fait des ossements des deux philosophes ? A en croire les continuateurs du *Dictionnaire* de Feller[1] et Michaud, dans son édition de l'*Abrégé chronologique,* du président Hénault[2], les restes de

1. *Dictionnaire historique de Feller*, continué par Henrion, 8ᵉ édit. (Paris, 1832), t. I, p. 162.

2. *Abrégé chronologique* (Paris, 1836), in-8°, p. 867.

Voltaire et de Rousseau auraient été transportés au Père-Lachaise, le 3 janvier 1822. Mais alors M. de Corbière, en déclarant à la Chambre, le 25 mars, trois mois après, que les cercueils renfermaient leurs dépouilles, faisait donc un audacieux mensonge? Oui, il faisait un mensonge; mais MM. Henrion et Michaud en faisaient un autre, pour dépister sans doute toute enquête. Les registres du Père-Lachaise sont restés muets. Ce n'est pas là qu'il faut chercher les sérieuses traces de ceux qui écrivirent *l'Essai sur les mœurs* et *le Contrat social*. Mais où pouvaient les transférer des furieux qui n'avaient point reculé devant la plus lâche, la plus infâme des profanations, si ce n'est à la voirie? Voltaire aura bien réellement prophétisé la destinée dernière de ses cendres, destinée qu'il essaya de conjurer, au prix souvent de la dignité du caractère : il aura bien positivement été jeté à la voirie, — à la honte, il est vrai, d'une époque qui se disait éclairée, charitable, religieuse, et qui ne savait même point pardonner à des tombes.

FIN.

TABLE

I. — Clément de Dijon. — Lettre a M. de Voltaire. — Mesdames Suard et de Genlis. — Clément ajourné. — Se sauve à Paris. — Inutile décret de prise de corps. — Il s'adresse à Voltaire. — Procédé exquis. — Voltaire le recommande au président de la Marche. — Bon accueil de La Harpe. — Désenchantement du nouveau venu. — *Le Rossignol et le Geai*. — Clément folliculaire. — Sa généalogie par l'abbé de Voisenon. — L'abbé Delille et *les Géorgiques*. — Accusations de plagiat. — L'amour de la périphrase. — *Les Saisons*. — Voltaire a fait de la scène française une lanterne magique. — *Observations critiques*. — Clément au For-l'Évêque. — Saint Lambert et sa Doris. — Enquête préparatoire. — *Les Cabales*. — *Epître à Boileau* et *Epître de Boileau à M. de Voltaire*. — *Epître à Horace*. — Un nouvel Aristarque. — *Première lettre à M. de Voltaire*. — Analogies entre Clément et La Beaumelle. — Impudentes attaques. — Explication de la fortune littéraire de M. de Voltaire. — Secret de ce déchaînement. — Inégalité de la lutte. — L'empoisonneur Mignot. — Plaintes de Voltaire au chancelier. — Rétractation de Clément. — Buffon devant ses Zoïles. — Contenance bien opposée. — Voltaire en danger. — Prévoyance ministérielle. — Deux courants. — Avenir de la colonie. — Naïveté du résident. — Maladie de madame Denis. — Démonstrations des Fernésiens. — Le marquis et la marquise de Luchet. — Leurs portraits. — Madame Suard. — Son enthousiasme. — Voltaire cherche une âme. — M. Poissonnier. — Bavard présomptueux. — Enchantement du poète. — Une indigestion de fraises. — Sortie contre Jésus-Christ. — La comtesse de Genlis. — Le mois d'Auguste. — Graves appréhensions. — Petite malice à l'endroit de madame Suard. — M. Ott. — Un

Corrége mal placé. — L'allée de charmille et les plumes de la comtesse. — Irréligieuse saillie. — Portrait peu bienveillant. — Allégations erronées. — Douceur infinie des yeux de Voltaire. — Sa parfaite bonhomie. — Visite dans le village. . . . . Page 1

II. — VOLTAIRE ET DENON. — AFFRANCHISSEMENT DU PAYS DE GEX. — BELLE ET BONNE. — MORT DE FRÉRON. — Vivant Denon. — Un habile courtisan. — Auteur couleur de rose. — Séjour à Ferney. — Insinuation en pure perte. — Estampe de Denon. — Indignation de Voltaire. — Plaintes amères. — Denon piqué. — OEil pour œil, dent pour dent. — Décision du sculpteur de Rome. — Médailles de la Saint-Barthélemy. — Poncet. — *Le Déjeûner de Voltaire.* — Aigres soumissions. — Le statuaire de Saint-Claude. — Rosset-Dupont. — Bustes de Voltaire en ivoire. — Leur succès. — Enchantement du roi de Pologne. — Madame de Saint-Julien. — *Papillon philosophe.* — Le pays de Gex. — Despotisme des délégués du fisc. — Sully-Turgot. — M. de Trudaine. — Le tir à l'arquebuse. — Madame de Saint-Julien gagne le prix. — Racle et le palais Dauphin. — Voltaire aux États. — Vive le roi! vive Voltaire! — Popularité méritée. — *Voltaire-Ferney.* — Manque de sanction. — Les mécontents. — Fabry menacé. — Ses griefs. — Syndic et subdélégué. — Les Crassy. — Cherchent à se pourvoir. — Aigre épître de M. de Brosses. — Exagérations manifestes. — Voltaire n'entend pas les affaires. — Fabry à Ferney. — Redoublement de caresses de la part du poëte. — Quitte pour la peur. — Les Rouph de Varicourt. — Non moins nécessiteux que les Crassy. — Le futur évêque d'Orléans. — Reine-Philiberte. — La jeune religieuse. — Recueillie à Ferney. — *Belle et Bonne.* — Les deux colombes égorgées. — Fureur de Voltaire. — Villette. — Son portrait. — Pincettes épilatoires. — Existence dissipée. — Exhortations pressantes. — Villette au Vaux-Hall. — Mademoiselle Thévenin. — Affaire équivoque. — Brusque départ. — Mariage de Villette. — Ce qu'il en dit. — Cortége patriarcal. — Ravissement de Voltaire. — Conversion radicale. — Mort de Fréron. — Étrange billet d'enterrement. — Le fils de Fréron. — Un mauvais plaisant. . . . . Page 53

III. — LETTRE SUR SHAKESPEARE. — BARETTI ET LADY MONTAGUE. — GUÉNÉE. — VOLTAIRE JOURNALISTE. — Traduction nouvelle de Shakespeare. — Voltaire son premier révélateur. — Essai de traduction. — Le monologue d'Hamlet. — Insoutenable hérésie. — *Gilles* Shakespeare et *Pierrot* Letourneur. — *Traduttore traditore.* — Le *Jules César* de Shakespeare et le *Cinna* de Corneille. — Le chevalier Rutlidge. — Joseph Baretti. — Outrecuidance du personnage. — Motifs déterminants. — Inégalité de génies. — La Harpe et Palissot. — Expression du sentiment français. — Lady Montague. — La lampe d'Épictète. — *Lettre à l'Académie française.* — Indispensables retranchements. — Voltaire en remet le tout à D'Alembert. — Combat en champ clos. — Tragédies barbares. — Journée décisive. — Opinion de madame Necker. — Ce qu'elle écrit à Garrick. — Sedaine transporté. — Mot de Grimm. — L'Apollon du Belvédère et le Saint Christophe de Notre-Dame. — Diderot. — Causeur aussi incontinent que brillant. — Jugement de Voltaire. — Un nouvel adversaire. — L'abbé Guénée. — *Lettres de quelques juifs portugais.* — Modèle de dialectique. — Le théâtre de Ferney. — Le troubadour Saint-Géran. — Démarches près de la reine. — Lekain chez Voltaire. — Sa reconnaissance et son admiration. — Intérieur du patriarche. Fête de Brunoi. — *L'Hôte et l'Hôtesse.* — Peu de goût de Lekain pour *Olympie*, et pourquoi. — L'allégorie de *Sésostris*. — Voltaire garçon-journaliste. — *La Gazette littéraire.* — M. de Praslin la patronne. — Correspondance du poëte et du ministre à ce sujet. — Rapport du patriarche. — *Journal de politique et de littérature.* — Un livre de Marat. — Deux catégories d'esprits. — Voltaire relégué parmi les beaux-esprits. — Allocution à Camille Desmoulins. — Marat protégé par Beaumarchais. — Sa reconnaissance. — La dernière dent de Voltaire. — Le poëte Barthe. — *L'homme personnel.* — Plaisante comédie. — Aggravation de torts. — Barthe l'original de sa pièce. — Colardeau au lit de mort. . . . . Page 107

IV. — Joseph II. — Départ de Ferney. — Voltaire a l'hôtel de Villette. — Émotion du public. — Franklin. — Le comte de Falkenstein à Paris. — Trompeuses apparences. — Deux vers d'*OEdipe*. — Ovation du parterre. — Recrue pour la philosophie. — Cruel mécompte. — Voltaire blessé au cœur. — Il n'en fait rien paraître. — Interprétation charitable. — Charles IX et Rousard. — Les innocents payent pour les coupables. — *Monsieur l'Empereur.* — Préparatifs inutiles. — Maligne relation de Bonnet. — *Fouette, cocher !* — Voltaire en grande perruque. — Le comte de Falkenstein à Roche. — Entrevue de l'Empereur et de Haller. — Modestie de ce dernier. — Marie-Thérèse. — Un pécheur incorrigible. — Anxiétés du créateur. — *Agathocle.* — *Irène* reparaît sur l'eau. — Enthousiasme de Villevielle. — Jugement de Condorcet. — Sensibilité du poëte. — Paroles réconfortantes. — *Irène* reçue à l'unanimité. — Généreux procédé de Barthe. —

Refus de Lekain, qualifié durement par M. de Thibouville. — Tempête à la Comédie. — Longanimité du poëte. — Sentence de M. de Fériol. — Situation présente. — Louis XVI et son Mentor. — Complot général. — Départ pour Paris. — Consternation de la colonie. — Le père Adam. — Devenu important, taquin et brouillon. — Disgracié. — Le maître de poste de Bourg-en-Bresse. — L'hôtel de la Croix-d'Or à Dijon. — Extravagances dont le voyageur est l'objet. — Essieu rompu. — Plaisante recommandation de Voltaire aux postillons. — Voltaire à la barrière. — Reconnu par les commis. — Ce qu'il leur dit. — Oreste et Pylade. Mort de Lekain. — Désolation du poëte. — La cour et la ville. — Un corps d'acier. — Froideur de Tronchin. — Crainte motivée de Voltaire. — Visite de Gluck. — Madame Jules de Polignac. — Députation de la Comédie. — Allocution emphatique de Bellecour. — Mot galant de l'auteur d'*Irène* à madame Vestris. — La morale des princes. — Mécompte du public. — Madame Necker. — Le docteur Franklin. — *God and Liberty.* — Lord Stormont et Balbâtre. — Étrange billet. — Voltaire et Richelieu. — Mademoiselle Sainval cadette. — Ses débuts. — Intervention de Sophie Arnoult. — Désistement de madame Molé.   Page 157.

V. — AFFLUENCE DES VISITEURS. — L'ABBÉ GAULTIER. — RÉTRACTATION DU POETE. — LES COMÉDIENS. — IRÈNE. — Madame du Barry. — Le Brun-Pindare. — *Lycophron-Zoïle.* — Curieux récit. — Voltaire sacrifié à Buffon. — Quatre-vingt-dix mille folies. — Humilité douteuse. — Appréhensions intermittentes de Le Brun. — L'abbé Gaultier. — La porte ouverte. — Entretien préliminaire. — Ce qu'est l'abbé Gaultier. — Madame Denis le congédie. — L'abbé Marthe. — Le pistolet sur la gorge. — Madame du Deffand. — Va voir son vieil ami. — Curieux entretien. — Distribution d'*Irène*. — Buste de Voltaire commandé à Pigalle. — Le marquis de Marigny. — Le roi n'y est pour rien. — Vive alerte. — Saignée salutaire. — L'abbé Gaultier appelé. — Cordial accueil. — On les laisse seuls. — Désespoir de Wagnière. — Déclaration de Voltaire. — Sa vraie pensée. — Petites objections et petits doutes. — Voltaire s'est-il confessé ? — Anecdote rapportée par Wagnière et confirmée par D'Alembert. — Portrait de Gaultier par ce dernier. — Mal reçu de ses supérieurs. — Lettre de Voltaire à son curé. — L'abbé Gaultier évincé. — M. de Tersac. — Dernière tentative. — Réponse significative du suisse. — Conversion de l'abbé de L'Attaignant. — Gaultier et Garguille. — Députation de l'Académie. — Petit dialogue entre Voltaire et le docteur Lorry. — Walpole redressé par son amie. — Véritable point de vue. — Attitude obligatoire. — Blâme de M. de Choiseul. — Approbation de D'Alembert. — Franche explication. — Lettre de Villette à Lorry. — La Harpe et la *Pharsale*. — Lecture des *Barmécides*. — Ce qu'en pense Voltaire. — Ira-t-il à Versailles? — Bienveillance de la reine. — Décision irrévocable. — Fariau de Saint-Ange. — Repartie plaisante du patriarche. — Mercier le dramaturge. — Une existence de vingt-trois mille deux cents heures. — La chevalière d'Éon. — Irritation de Voltaire contre ses interprètes. — Parole dure. — Réplique peu probable de Brizard. — Voltaire crache du sang. — Madrigaux et épigrammes. — *Les comédiens ordinaires du Roi*. — Première représentation d'*Irène*. — Marie-Antoinette. — Inquiétude du public. — Félicitations de l'Académie. . . . . . Page 213

VI. — L'Académie et la Comédie. — Scène du couronnement. — La loge des Neuf sœurs. — Les revenants. — Députation de maçons. — *Irène* revue et corrigée. — Scène de fureur. — Madame Denis malmenée. — Le fils de M. Barthe. — Plaisant emportement du père. — Thibouville. — Voltaire s'apaise. — Turgot. — Vénération de Voltaire pour cet homme de bien. — Le charlatan de la place Louis XV.— « Voltaire, notre maître à tous! » — Le patriarche à l'Académie. — Boismont et Millot. — Désertion du clergé. — L'*Éloge de Despréaux*. — Boileau, Racine et Voltaire. — Rare spectacle. — Un public ivre. — La main de madame de Villette. — La tête à perruque de M. de Voltaire. — Brizard dans la loge de Voltaire. — Le poëte ne veut pas être couronné. — Forcé de se soumettre. — *Irène* plus applaudie qu'écoutée. — Mademoiselle La Chassaigne. — Le buste du poëte. — Scène du couronnement. — Intraduisible émotion. — Dizain de Saint-Marc. — Estampe de Moreau. — Figures et portraits. — *Nanine*. — Transports des femmes. — On veut dételer les chevaux. — Compliments du comte d'Artois. — Légitime rémunération. — Désenchantement passager. — Abstention forcée de la reine. — Tiraillements. — Madame Denis ne veut pas s'en aller. — Tronchin offre sa dormeuse. — M. et madame Suard. — Projets d'établissement à Paris. — Voltaire en quête d'une maison. — Écueils de plus d'une sorte. — Sentiment de D'Alembert. — La marchande des Tuileries. — *L'Homme aux Calas* — La loge des Neuf-Sœurs. — Initiation. — Discours du Vénérable. — Remerciements du récipiendaire. — Journée complète. — L'hôtel de madame de Montesson.— Portrait de la marquise.— Son théâtre. — On joue *l'Amant romanesque* et *Nanine*. — Charmant accueil fait au poëte. — Émeute dans un couvent. — Voltaire au Palais-

Royal. — La duchesse de Chartres. — Voltaire chez Sophie Arnoult. — Survivants et attardés. — La comtesse de Ségur. — Engouement sans limites. — Suzanne de Livry. — Démarche auprès de M. de Gouvernet. — Une lettre sans réponse. — D'un bord du Styx à l'autre . . . . Page 271.

VII. — VOLTAIRE ET LE DICTIONNAIRE DE L'ACADÉMIE. — EXCÈS DE TRAVAIL. — VIOLENTE SORTIE CONTRE VOLTAIRE. — DERNIERS MOMENTS DU POÈTE. — Départ de Wagnière. — L'abbé de Beauregard. — Pusillanimité de M. de Miromesnil. — Chaleureuse intervention du prince de Beauvau. — Portée réelle de ces insinuations. — L'abbé Delille. — Son poëme des *Jardins* et l'Épître de Pope. — Notre langue est une gueuse fière. — Le mot *tragédien*. — Nécessité d'un dictionnaire. — Prétendu dialogue entre l'abbé Barruel et l'académicien Beauzée. — Cause de l'élection de ce dernier. — Le groupe des lettrés. — Voltaire tient parole. — Procès-verbal de la séance. — Foncemagne admonesté. — Mutuels remerciements. — Représentation d'*Alzire*. — Voltaire rompt son *incognito*. — Acclamé avec transports. — Le patriarche à l'Académie des Sciences. — Franklin assiste à la séance. — *Éloge de M. Trudaine.* — Inévitables allusions. — Un mot suspect. — Apreté de La Harpe. — Madame de Luxembourg. — L'épée du maréchal de Broglie. — Veille fiévreuse. — Premiers symptômes. — L'apothicaire de Villette. — La fiole du maréchal. — Étrange mot de M. de Villette. — Sentiment de d'Argental. — *Ah! frère Caïn, tu m'as tué!* — Récits divergents. — L'estomac ne fonctionne plus. — Anéantissement extrême. — Étranges préoccupations de madame Denis. — Dissimulation forcée. — Billet de Voltaire au fils de Lally. — Spectacle touchant. — Arrêt sinistre des médecins. — Cruel persiflage. — *Un fichu moment.* — Un physiologiste enragé. — Nouvelle démarche de l'abbé Gaultier. — Conditions imposées et acceptées. — Dernière entrevue. — « Laissez-moi mourir en paix! » — Autre mot qu'on lui prête. — Omissions volontaires. — Tâche épineuse. — Curieuse lettre de Tronchin. — Voltaire en robe de chambre. — Situation morale. — Ridicules propos. — « Monsieur, tirez-moi de là ! » — Billet de D'Alembert. — Obscurité des derniers instants. — La *Gazette de Cologne*. — Un homme bien respectable. — Prophétie d'Ézéchiel. — Harel, Feller et Barruel. — L'abbé Depery. — Témoignage de *Belle et Bonne*. — La fin justifie les moyens. — Attitude concluante de Mignot. — Invraisemblance inadmissible. — Lady Morgan. — M. de Fusée. — Récit de Barruel. — L'abbé Bigex. — Le cuisinier de Villette. — Invariable uniformité du procédé. — Le seul terrain de l'historien. — Dernières paroles. — « Prenez soin de maman. » — Vaines et stériles recherches. . . . . Page 323.

ÉPILOGUE. — VOLTAIRE OUTRE-TOMBE.

1. — L'ABBAYE DE SCELLIÈRES. — LA BIBLIOTHÈQUE DE VOLTAIRE. — MARIAGE DE MADAME DENIS. — Premier effarement. — L'abbé Mignot et le curé de Saint-Sulpice. — Démarche des deux neveux près du parlement et du ministre. — Impossibilité de la lutte. — Embaumement du corps. — Le cerveau de Voltaire. — Le cadavre installé dans un carrosse à six chevaux. — Constante préoccupation du poëte. — Arrivée à Scellières. — Négociations antérieures de l'abbé Mignot. — Le prieur dans ses intérêts. — Le corps présenté à l'Église. — Service solennel. — Mouvements de l'archevêché. — Lettre de l'évêque de Troyes à dom Potherat de Corbière. — Spirituelle réponse du prieur. — Destitution de ce religieux. — Embarras du ministère. — Demande d'un service aux Cordeliers. — Refus du père gardien. — Indignation de D'Alembert. — Plaisante observation de Linguet. — Le portrait de Voltaire au Louvre. — Galanterie d'Houdon. — D'Alembert fait don du buste du patriarche à l'Académie. — Testament de Voltaire. — Mesquinerie des legs. — Wagnière disculpe son maître. — Madame Denis inexcusable en toute hypothèse. — Arrangements avec la famille De Brosses. — Villette et le cœur de Voltaire. — Molle revendication de la famille. — Communication de D'Alembert à l'Académie. — Propose l'éloge de Voltaire pour le prix de poésie. — Ajoute de sa poche six cents livres. — Son offre acceptée avec enthousiasme. — Un coup de théâtre. — L'*Eloge de Crébillon*. — Petit charlatanisme oratoire. — Vers de la marquise de Boufflers. — Fureur du clergé de Paris. — L'abbé Poupart. — L'Encyclopédie l'emporte. — Monseigneur de Beaumont et le duc de Noailles. — Simplesse du prélat. — Fête funéraire à la loge des Neuf-Sœurs. — Bibliothèque de Voltaire. — Lettre de l'impératrice à madame Denis. — Voltaire n'est pas un bibliophile. — Ses annotations marginales. — Conditions d'achat. — Vente de Ferney. — Mot touchant de Catherine II. — Mariage de madame Denis. — M. Duvivier. — « Heureuse à faire mal au cœur ! » — D'Alembert excellent mime. — Madame Denis abandonnée des siens. — Elle retire avec la statue de son oncle ses bonnes grâces à l'Académie. Page 389

II. — LE FAUTEUIL DE VOLTAIRE. — SERVICE A BERLIN. — PANCKOUCKE ET BEAUMARCHAIS. — L'ÉDITION DE KEHL. — Les *Muses rivales*. — Lemierre se porte comme candidat. — Ducis est nommé. — Jour de fête pour la coterie philosophique. — Discours du récipiendaire. — *Optime, Thomas! optime.* — Réponse de l'abbé de Radonvilliers. — Portrait de l'abbé en découpure par le chevalier de Boufflers. — Injuste accueil de l'auditoire. — Attendrissement de D'Alembert. — Éloge de Voltaire par Frédéric. — Le buste du poëte. — La guerre a mis le roi de Prusse à sec. — *Agathocle*. — Faiblesse de l'ouvrage. — Les prix de la Saint-Louis. — *Épître à Voltaire*, par Murville. — Un anonyme. — Intervention de d'Argental. — Paternité sournoise de La Harpe. — Encore la messe des Cordeliers. — Le cardinal de Rohan intermédiaire malgré lui. — S'en tire par des faux-fuyants. — Assaut d'habiletés. — Expédient proposé par l'archevêque d'Aix. — Refus du roi. — Dernière tentative de D'Alembert. — Clôture du débat. — Les parlements rivalisent avec la Sorbonne. — Desprémesnil au parlement de Rouen. — Projet d'une revanche à Berlin. — Une messe chantée à l'église catholique. — Curieuse note destinée aux journaux étrangers. — Reproduite par La Harpe et Diderot. — D'Alembert ne désarme point. — Autre requête. — Frédéric fait la sourde oreille. — Monument autrement durable. — Panckoucke prépare une édition complète des œuvres de Voltaire. — Points de vue différents. — Erreur de Palissot. — La correspondance de Voltaire. — Négociations épineuses. — Refus du duc de Nivernois et de madame Necker. — Le duc de Choiseul ne se montre pas plus accessible. — Nombreux acquiescements. — Apports de La Harpe et de Grimm. — Candide aveu de François de Neufchâteau. — Ce n'est pas lui qu'on aime, mais les lettres de Voltaire. — Lettres à d'Argental. — Madame de Vimeux sa légataire. — Vend la correspondance à Panckoucke. — Suard autorisé à faire des suppressions. — Beaumarchais se substitue à Panckoucke. — Rétif de la Bretonne et Decroix. — Le fort de Kehl. — Double prospectus. — Les presses de Baskerville. — Mandement foudroyant de l'évêque d'Amiens. — Circulaire pastorale de Jean-George. — Provoque les sévérités du parlement. — *Mémoires pour servir à la vie de Voltaire*. — Démarches du baron de Goltz. — Stoïcisme de Frédéric. — Difficultés avec l'impératrice de Russie. — Affaire médiocrement heureuse. — Mandement pour le carême. — Un cantique pour rire. — Justice tardive. . . Page 428.

III. — VILLETTE JOURNALISTE. — LA CHRONIQUE DE PARIS. — TRANSLATION DES CENDRES AU PANTHÉON. — Le cœur de Voltaire à l'office. — Réplique indignée de Villette. — La lune de miel ne durera pas. — Nouveaux désordres. — Rupture et raccommodement. — Mot dur de Laborde. — Vente de Ferney. — Aurore de la Révolution. — Villette tout court. — Journaliste d'avant-garde. — L'archevêque de Paris, son créancier. — Villette n'a pas le beau rôle. — Locataire des Théatins. — *Au Grand Voltaire.* Le quai Voltaire. — Lettre aux frères et amis. — Curieux amendement. — Le patriote Palloy et les pierres de la Bastille. — Un tombeau pour Voltaire. — Mérard de Saint-Just, le marquis de Ximenès, *Anacharsis* Clootz. — Mise en vente de l'abbaye de Scellières. — Que deviendront les cendres de Voltaire? — Voltaire et Henri IV. — L'Éternel aux pieds de saint Crépin. — Représentation de *Brutus.* — Ovation à Mirabeau. — Applaudissements frénétiques. — Le duc de Chartres à la Comédie. — Ce qu'il écrit à son père. — « Sans roi ! » — Initiative chevaleresque. — Complicité de toute la salle. — *L'Homme immortel.* — Comment se comporte la Renommée. — *Brutus* à Nantes. — *La Mort de César.* — Discours de Villette au Théâtre-Français. — Obtient tous les suffrages. — Les Amis de la Constitution de Troyes. — Bizarre requête de la commune de Romilly. — Résistance acharnée. — Dédicace repoussée par l'Assemblée. — Étrange argument de Lanjuinais. — Extraction de la bière. — Relation de la cérémonie. — Un conte de *la Feuille du jour.* — Réfutation du curé Bouillerot. — *Pétition à l'Assemblée nationale.* — Son esprit et son but. — Prophétie de Nostradamus. — Les aubes de la reine Marguerite. — Le roi Voltaire. — Voltaire à Paris. — Petite malice de l'abbé Royou. — Déloyale application. — Marche du cortége. — Description du char funèbre. — Le maire Bailly. — Jalousie fermée. — Station à l'hôtel de Villette. — Terrible averse. — Mot d'un sentiment exquis. . Page 463.

IV. — VOLTAIRE ET LA RÉVOLUTION. — FANATISME DES DEUX PARTS. CERVELET DE VOLTAIRE. — SÉPULTURE VIOLÉE. — Idées gouvernementales de Voltaire. — *Cahiers de Voltaire aux États généraux.* — Contrastes et analogies. — Le *Triomphe poétique.* — Une calotine prophétique. — Lefranc de Pompignan. — Un opéra satirique. — *Prométhée,* c'est Voltaire. — L'auteur de *la Henriade* coiffé du bonnet rouge. — Semonce du maire Péthion. — Les bonnets rouges rentrent dans les poches. — Le fils de Villette. — Voltaire sera son nom de saint. — Manuel. — Physionomie originale de Villette. — Attitude courageuse. — Ne votera pas la mort de Louis XVI. — Succombe à une maladie de langueur. — L'hôtel de la rue de Vaugirard. — Fête maçonnique. — Son frère, Varicourt. — Visite de lady Morgan. — Fête voltairienne. — Le Français, peuple ardent et enthousiaste. — Succession du dernier Villette. — Fidéi-commis. — Arrêt de la cour d'Amiens. — Les reliques voltairiennes. — Embarrassantes. — Le cœur de Voltaire. — Trouve l'hospitalité au département des Médailles. — Le cervelet de Voltaire. — Démarche du fils Mitouart. — Chaleureux acquiescement de François de Neufchâteau. — La négociation n'aboutit point. — Seconde démarche aussi peu chanceuse. — L'Académie n'a pas de reliquaire. — Mademoiselle Virginie Mitouart. — Lègue le précieux dépôt à un employé de la pharmacie de son père. — Le cervelet à la salle des ventes. — Qu'est-il devenu? — Le clergé sous la Restauration. — Propagandes en sens contraires. — Voltaire et Rousseau. — Les éditions pullulent. — Le colonel Touquet. — Visite aux caveaux du Panthéon. — Étrange propos d'un inconnu. — La Congrégation. — Récit du Bibliophile. — MM. de Puymorin. — Tombeau vide. — Plaisant procès-verbal. — Interpellation de Stanislas de Girardin. — Beuchot et M. d'Argout. — Voltaire à la voirie . . . Page 502.

FIN DE LA TABLE.

ERRATA

Page 14, ligne 18. — Au lieu de : « sainte, » lisez : « saine. »
Page 20, ligne 6. — Au lieu de : « bien que, » lisez : « quoique. »
Page 141, ligne 7. — Au lieu de : « *Panégyrique de Louis XV,* » lisez : « *Éloge funèbre de Louis XV.* »
Page 199, ligne 3 de la note. — Au lieu de : « Piccini, » lisez : Piccinni, » et, même page, au lieu de : « piccinistes, » lisez : « piccinnistes. »
Page 201, ligne 1. — Au lieu de, : « figurait, » lisez : « figuraient. »
Page 210, ligne 17. — C'est Sainval l'aînée, et non la cadette, qui eut de si furieux démêlés avec madame Vestris.
Page 259, ligne 23. — Au lieu de : « ce qui, » lisez : « ce qu'il. »
Page 269, ligne 1. — Au lieu de : « M. Dupuis, » lisez : « M. Dupuits. »
Même page, ligne 10. — Au lieu de : « qu'il compensait, » lisez : « qu'ils compenseroient. »
Page 271, ligne 3 de la note. — Au lieu de : « Durasso, » lisez : « Durazzo. »
Page 272, ligne 2 de la deuxième note. — Au lieu de : « Gehelin, » lisez : « Gébelin. »
Page 288, ligne 24. — Au lieu de : « *Irène,* » lisez : « Irène. »
Page 289, titre de la page. — Au lieu de « Dixain, » lisez : « Dizain. »
Page 353, ligne 4 de la deuxième note. — Au lieu de : « danger qu'il, » lisez : « danger auquel il. »
Page 356, ligne 8 de la note. — Au lieu de : « ajouta, » lisez : « ajoute. »

Paris. — Imp. Viéville et Capiomont, 6, rue des Poitevins.

www.ingramcontent.com/pod-product-compliance
Lightning Source LLC
Chambersburg PA
CBHW051351230426
43669CB00011B/1608